航运金融学

（第二版）

甘爱平　曲林迟　主编
曹珂　李梓毓　赵燕　副主编

格致出版社　上海人民出版社

内容简介

　　《航运金融学》（第二版）是在原 2010 年版本基础上修订的。本版在保留原基础理论内容外，新增了产业经济理论、航运金融学的实证方法与软件运用；船舶登记制度；船舶检验制度与适航性；船舶运输产业链与产业集聚；航空产业链与产业集聚；国际金融与航运结算；航运（航空）保险；船壳险、海上能源险与船东互保险；航运（航空）资产管理与交易及其金融衍生品；航运金融的科技创新与应用，智慧物流与金融科技；物流金融；供应链金融；区块链金融；物联网金融；国家战略与航运金融的发展；国家战略与产业政策；航运强国战略与航运金融政策；对外开放战略与自贸区（港）航运金融政策突破；人民币国际化与航运金融；实现"双碳"战略与航运绿色金融；"一带一路"合作倡议与航运金融等内容。处在世界百年未有之大变局的历史性交汇的航运金融，其理论内涵需要深化和与时俱进。

作者简介

甘爱平

　　上海海事大学经济管理学院金融学教授，博士生导师。上海国际航运研究中心航运金融研究所常务副所长；中国航海协会航运保险专业委员会委员，上海金融业联合会航运金融专业委员会委员，广东省海洋协会海洋经济委员会专家，复旦大学航运（航空）金融研究中心特聘专家。

曲林迟

　　曾任上海海事大学经济管理学院院长（2004–2014 年）、MBA 教育中心和 MBA 项目主任（1998–2014 年）。现任上海海事大学经济管理学院教授委员会主席，产业发展与企业战略研究所（IDES）所长，航运经济与金融研究中心主任，中国 – 荷兰教育与研究中心（CHERC）主任。

曹珂

　　上海海事大学经济管理学院讲师，硕士生导师。主持上海市教育科学研究项目"上海航运金融人才培养体系构建与教育资源配置优化研究（C17089）"，上海市教委科研创新项目"融资约束下中国民营企业出口贸易行为研究（13YS049）"等，在《世界经济研究》《中国经济问题》等期刊发表多篇论文。

李梓毓

　　上海海事大学经济管理学院讲师，经济学博士。

赵燕

　　上海海事大学经济管理学院讲师，金融学博士。

前　言

　　《航运金融学》(第二版)是在原 2010 年版本基础上修订的。经过十多年发展,航运金融学理论和实践案例得到了极大的丰富:在交通强国和航运强国的建设进程中,国内沿海沿江城市航运金融服务不断创新;国际航运中心和国际金融中心建设取得了突出成就;以人工智能、大数据、物联网为代表的新科技革命正在全面酝酿;为实现"碳达峰、碳中和"目标的绿色能源技术不断突破;世界范围内要求商品大流通、贸易大繁荣、投资大便利等,对国际贸易运输占比 90% 的海运业提出新的挑战……处在世界百年未有之大变局的历史性交汇的航运金融,其理论内涵需要深化和与时俱进。

　　本次更版在保留原基础理论内容外,新增了如下内容:航运金融起源及其对世界金融的贡献;产业经济理论、航运金融学的实证方法与软件运用;船舶登记制度;船舶检验制度与适航性;船舶运输产业链与产业集聚;航空产业链与产业集聚;国际金融与航运结算;航运(航空)保险;船壳险、海上能源险与船东互保险;航运(航空)资产管理与交易及其金融衍生品;航运金融的科技创新与应用,智慧物流与金融科技;物流金融;供应链金融;区块链金融;物联网金融;国家战略与航运金融的发展;国家战略与产业政策;航运强国战略与航运金融政策;对外开放战略与自贸区(港)航运金融政策突破;人民币国际化与航运金融;实现"双碳"战略与航运绿色金融;"一带一路"合作倡议与航运金融等。

　　本书是集体智慧的结晶。本书由甘爱平、曲林迟担任主编,曹珂、李梓毓和赵燕担任副主编。各章分工如下:

　　甘爱平、曲林迟负责总体统稿。甘爱平校编并编写第1、第4、第12、第15章;曹珂编写第2、第3、第11章;李梓毓编写第5、第9、第13章;赵燕编写第6、第7、第8章。赵燕和甘爱平共同编写第10章,李梓毓和甘爱平共同编写第14章。

　　本书出版得到了上海海事大学的大力支持。本书参考了业界和学界同仁的成果和文献,在修订完成付梓之际,一并致敬谢忱!另外,要特别感谢格致出版社的程倩、王浩森编辑在出版过程中予以的帮助和支持。

由于本书涉及内容广泛，以及编著者的水平有限，不妥和错误之处在所难免，恳请读者提出宝贵意见，以便今后进一步完善。联系方式：apgan@shmtu.edu.cn。

甘爱平

2023 年 12 月于上海

目　录

第1章 航运金融研究对象与内容

航运业与金融业有天然的联系,且相互依赖和促进。本章主要研究航运金融学研究的对象、内容和方法,以及航运金融发展历史和对部分与航运金融相关概念的释疑。

1.1 航运金融学及其体系

1.1.1 航运金融的界定

1. 航运金融研究范畴

从广义上讲,航运金融是与海上运输业密切联系的产业集群与产业链相关主体资金的融通、货币流通和信用活动以及与之相联系的经济活动的总称。包括与海上运输密切联系的内河运输、陆地运输、空运、仓储、物流配送等运输环节,以及与其海上运输企业相配套的生产、服务等环节的各类企业,如港口、造船、修船、拆船、集装箱业、机械工业,以及航运技术相关的船舶驾驶、引航、航海通信、航海仪器设备等和航运贸易服务,如船舶代理、货运代理、航运劳务、航运信息、船舶交易、航运技术等密切相关的生产活动而展开的各种资金融通及其相应服务的活动。因此,广义航运金融是以“大航运”概念下展开的各种资金融通活动及其相关服务的范畴来进行研究的。

狭义的航运金融是围绕海上和内河运输相关联的港口及其服务、船舶生产及其服务、运输及其服务,以及相关产业的生产、经营而发生的通过金融机构运用各种金融工具和方式在金融市场上所进行的各种资金融通、保险、投资及其相应的服务活动。本书主要是围绕狭义航运金融的范畴开展研究。

与航运业务相联系的金融机构主要包括:银行机构和证券、保险、信托、财务公司、担保、租赁和产业投资基金、期货等非银行金融机构。分布在各不同银行和非银行金融机构中的各种航运金融活动,虽然因其机构性载体和所使用的金融工具和方式的不同,而必然表现出不同的特点,但它们都是由航运业活动所直接和间接引致的。而且,这些航运金融活动是一个围绕航运业所形成的航运投融资及其相应服务的网络,相互之间必然存在着各种复杂的依存和制约关系。

2. 航运金融学的概念

航运金融学是航运产业与金融的交叉学科,其本质是金融学,是以航运为研究对象的金融学。其主要研究航运产业相关企业(包括港口、船舶生产和航运企业以及与其业务相关企业)的投资与融资;与航运业务相联系的各种金融业务的理论与实践;航运企业对资本积累、资本运作及其配置问题和资金运用、风险管理、风险补偿等问题;航运市场的资本运行与金融工具的定价;宏观经济通过金融对航运产业的影响和发展。

航运金融学具有一般金融学的特征,既包含广义金融的特征,又包含狭义金融的特征。广义的特征:体现了一个国家的所有经济单位、个人及政府与货币、资本、信用、证券等有关的经济活动、经济行为及其之间的各种关系;包含一国的各种金融资产、金融工具、金融市场与金融组织所具有的形式和所占的比例;包括它们同该国其他经济活动、经济部门的关系及相互作用。狭义的特征:航运企业为客体,接受从事金融中介、金融服务、创建金融市场、组织金融活动等金融机构的服务,以存贷、信用、资本、证券、外汇等金融工具为载体,参与以银行、证券和保险公司等各种以金融机构为中心的各种借贷、资本交易、债权与债务转移等经济活动(即金融活动或金融业务活动)。

无论是从广义还是狭义来讲,航运金融都是一个动态概念,它的内涵随金融工具、金融市场与金融组织以及科技的发展而变化,随金融业务活动和经济发展水平的变化而变化,并将持续发展与变化。

1.1.2 基于金融学分类的航运金融学体系

借鉴经济学中微观经济学、中观(产业)经济学与宏观经济学的分类方法,金融学也可以根据研究对象的不同,分为微观金融学、中观金融学和宏观金融学。

航运金融学是研究航运业产业面临的金融问题的学科。如果仅从金融学的意义来看,其本质应属于微观金融学和中观金融学的范畴。但是,为了研究方便,本书借助不同的分析角度,将航运金融学的研究内容分为微观航运金融学、中观航运金融学和宏观航运金融学。

微观航运金融学主要研究在动态时间和不确定环境下,单个的航运业相关企业、投资者等的投融资决策问题,探讨航运金融市场各参与主体的资产定价及其对资金在航运业领域的配置的影响。中观航运金融学探讨航运学发展的影响因素和规律。宏观航运金融学则着眼于分析整个航运业市场与金融体系的关系,重点研究政府货币、财政政策及政府机制对航运金融市场的影响,如利率、汇率变化、通货膨胀、税率、经济增长和经济周期等对投入航运业行业的资金量的影响等。

1.1.3　航运金融学研究的内容

1. 航运金融学研究的内容

根据以上思路,具体来说,航运金融学主要研究以下问题:

- 航运与金融;
- 航运市场与金融市场;
- 船舶运输产业链与产业集聚;
- 船舶的登记制度与船舶的适航性;
- 航空产业链与产业集聚;
- 航运金融及投资分析方法;
- 航运企业融资与决策;
- 航运企业债务融资;
- 航运投资;
- 国际金融与航运(航空)结算;
- 航运(航空)保险;
- 航运资产管理与交易及其金融衍生品;
- 船舶担保与相关物权;
- 航运金融相关创新与应用;
- 国家战略、航运政策与航运金融发展。

2. 航运金融市场服务体系

结合上述内容,本书主要研究船舶融资、航运结算(含第三方结算)、航运业衍生品、航运保险等方面,并以此构成了航运金融市场服务体系。

表1.1　航运金融市场服务体系

	服务类型	业务内容	代表企业
航运金融市场	船舶融资	主要是指通过船舶抵押融资(银行贷款)、股票发行、融资租赁、经营租赁、债券、产业基金、信托、私募融资(如PE)等融资方式实现船舶建造或购买资金的筹措	商业银行、投资银行和租赁公司、信托、基金等提供资金安排或引入服务的公司

	服务类型	业务内容	代表企业
航运金融市场	第三方结算	由于航运企业是在全球范围内开展业务，因此需要一个金融机构来为其进行货币保管、兑换、结算等业务，也就是资金结算业务	银行及证券公司等
	航运业衍生品	航运价格衍生品是航运业、与海运相关的石油和钢铁等行业规避海运价格风险的工具，主要有三种产品：即航运指数期货/期权、运费期权以及远期运费合约	波罗的海航运交易所等
航运金融市场	航运保险 —— 水险	保障船只在航行、作业、停泊、修理期间遭遇意外灾害或事故造成的损失。主要包括船壳险、货运险、建造险、责任险、港口险、能源险等	中国人保、中国太保、中国平安、中国大地、中国再保险、大众保险、美亚保险、苏黎世保险、东京海上日动火灾保险、日本财产保险、太阳联合保险、丘博保险、华泰保险、安联保险等
	信用保险	指保险人对被保险人信用放款或信用售货，债务人拒绝履行合同或不能清偿债务时，所受到的经济损失承担赔偿责任的保险方式，主要有出口信用保险、抵押信用保险等形式	如中国信用保险公司、Euler-hermes（裕利安宜）、Atradius（原格宁 NCM 金融信用保险集团）、Coface（科法斯）
	船东互保	船东互相保险的组织，提供保赔保险（P&I Cover）、船舶保险（Mutual Hull Cover）、战争险（War P&I）、租船人责任保险（TCL）和抗辩责任险（FD&D）	中国船东互保协会、英国 U.K. 保赔协会、Britannia 保赔协会，以及挪威 Gard 保赔协会
	再保险	保险人在原保险合同的基础上，通过签订分保合同，将其所承保的部分风险和责任向其他保险人进行保险的行为	劳氏、慕尼黑、瑞士再保险等
	自保险	自营保险公司，是由非保险企业拥有或控制的保险公司，其主要的目的是为母公司及其子公司的某些风险提供保险保障	中远海自保、中石油专属财险、中石化自保、中国铁路自保、中海油自保、上海电气自保、广东粤电自保

1.2　航运金融的起源及其对世界金融的贡献

1.2.1　人类最早的保险

1. 海上保险

人类历史的发展，一直与海洋密不可分。海上贸易的获利与风险是共存的，在长期的航海实践中，逐渐形成了由多数人分摊海上事故所致损失的方式——共同海损分摊。

在公元前 916 年《罗地安海商法》中规定："为了全体利益,减轻船只载重而抛弃船上货物,其损失由全体受益方来分摊。"在罗马法典中也提到,共同海损必须在船舶获救的情况下,才能进行损失分摊。正是海上保险的发展,带动了整个保险业的繁荣与发展。

意大利是海上保险的发源地。早在 11 世纪末,十字军东征以后,意大利商人就控制了东方和西欧的中介贸易。在经济繁荣的意大利北部城市,特别是热那亚、佛罗伦萨、比萨和威尼斯等地,由于其地理位置是海上交通的要冲,这些地方已经出现类似现代形式的海上保险。

世界上最早的、具有典型现代意义的保险契约,是在意大利佛罗伦萨诞生的。1384 年,意大利商人签订了一份保险单,这张保单对一批从法国阿尔兹运抵意大利比萨的货物承担明确的保险责任,如"海难事故,包括船舶破损、搁浅、火灾或沉没造成的损失或伤害事故",在其他责任方面,也列明了"海盗、抛弃、捕捉、报复、突袭"等情况所带来的船舶及货物的损失。这些险种,当代依然在沿用。

2. 再保险

迄今发现的世界上最古老的再保险契约,是 1370 年由意大利海上保险人签发的转嫁风险的保险合同。

3. 火灾保险

在海洋保险之后,紧接着人类涉足的是火灾保险领域,火灾保险是仅次于海洋保险的历史最悠久的保险,早在 1659 年,德国汉堡就成立了火灾合作社,而英国真正促进了火灾保险大发展。

4. 人身保险

人身保险,是以人的生命或身体为保险标的的一种保险,在习惯上也称为人寿保险。人身保险起源于海上保险。15 世纪后期,非洲奴隶被当作货物进行投保,后来,船上的船员也可投保,如遇到意外伤害,由保险人给予经济补偿。

世界上最早的人身保险契约,是 1583 年由伦敦皇家交易所、属于保险行会的 16 名保险商共同签发的一份人身保险合同。

5. 中国保险业的起源

保险招商局是中国第一个创办保险业的机构。1872 年,洋务运动的主要领导人之一李鸿章向清廷上奏《试办招商轮船折》。奏折主要提出要建立"官督民办"的轮船招商局,表达了"冀为中土开此风气,渐收利权","庶使我内江外海之利不至为洋人尽占,其关系于国计民生者,实非浅鲜"等想法。

轮船招商局开办后,新的问题又出现了:要从事海上运输,总要投保。而当时中国的保险市场被外商独霸,要投保他们的保险,不但费率奇高(船舶险费率竟高达 10%),而且还会因为各种奇葩理由——比如轮船悬挂龙旗或鱼旗等——被拒保。1875 年 11 月 4 日,《申报》刊登了一家中国保险公司的募股声明,最后募集到白银十五万两。同年 12 月

28 日，保险招商局落地上海，成为中国近代民族保险业的先行者。

1.2.2 大航海与世界金融

1. 中世纪晚期的"钱荒"与大航海

公元 5—15 世纪被称作欧洲的黑暗中世纪，经济上盛行的是封建庄园经济，庄园主奴役农奴，商业完全凋敝。曾有评价认为，货币在中世纪的欧洲是完全没有地位的。

13—14 世纪的中世纪晚期，在封建庄园经济之外，诞生了大批独立于封建领主的自治城市。这些由商人统治的城市颁布了要求人身自由、土地自由、财政和贸易自由的城市宪章，组成城市同盟（如著名的汉萨同盟），对抗封建领主。特别是在 13 世纪末以后，葡萄牙、西班牙、英国、法国等民族国家相继诞生。欧洲的商业再次步入繁荣，甚至被称作"商业革命"。

商业革命唤醒了在东方沉睡了四百年的幽灵——"钱荒"。"钱荒"实际上在罗马帝国兴盛的时候就有，那时罗马帝国在与更为强大的汉朝通商时都是贸易逆差。但中世纪晚期的"钱荒"严重得多。刚开始，应对"钱荒"靠的是以邻为壑的"重商主义"。奥地利法官在 1684 年的重商主义宣言中总结了九项国家政策，核心就是尽可能减少进口以节约金银，尽可能增加出口以获得金银。

虽然造纸术和印刷术已经普及，并推动了文艺复兴，但是，西方缺乏大范围使用纸币的基本条件：统一的政府和财政。真正解决"钱荒"问题的是大航海。大航海的目的非常单纯，就是绕开被奥斯曼帝国隔断的陆路贸易路线，去据说遍地金银的东方寻找金银。大航海兴起于 15 世纪相互竞争的两个国家：葡萄牙和西班牙。1487 年，葡萄牙国王资助的迪亚士绕过非洲最南端的好望角，发现了印度洋航线。1492 年，哥伦布向西出发，发现了美洲新大陆。从此，历史开始新纪元。

2. 哥伦布与合伙制的私募投资基金

1451 年，哥伦布出生于意大利西北部港口城市热那亚。15 世纪的热那亚航运发达，贸易繁荣，毛纺工业兴盛，是意大利著名城邦之一，也是文艺复兴运动的重镇。

拥有多年航海经验、熟知天文地理的哥伦布掌握了对西线航行至关重要的地理知识——初步发现了环大西洋大气环流的规律。勇气非凡的哥伦布立即制定了一个西线航行计划，他将率船队横跨大西洋驶往亚洲，开辟新航路。哥伦布决定通过组建类似现在风险投资基金的形式募集资金，投资于航海项目。根据现在的命名习惯，可称为"哥伦布新大陆探险基金"。风险投资基金普遍采取有限合伙制形式。现代意义上的有限合伙制形式在几百年后才由法律正式确立。

1486 年，接连融资受挫的哥伦布辗转来到西班牙。经过 6 年的不懈努力，1492 年，哥伦布获得西班牙女王伊莎贝拉的资金支持。哥伦布与伊莎贝拉女王签订了合伙协议，即著名的《圣塔菲协定》。该协定意味着哥伦布与伊莎贝拉女王正式成立了风险投资基金。

1492年8月3日,哥伦布率领船队从西班牙帕洛斯港扬帆出洋,直向正西航去。经七十昼夜的航行,哥伦布于1492年10月12日凌晨发现了陆地。地理大发现的序幕揭开,美洲及欧洲历史从此被改变。据统计,1502—1660年,西班牙从美洲获得18 600吨白银和200吨黄金。到16世纪末,世界金银总产量的83%被西班牙占有。

哥伦布与伊莎贝拉女王的合伙亦对当今的风险投资基金产生了间接的深远影响。起源于中世纪地中海沿岸的康曼达,在近代被西方国家通过立法以有限合伙制加以确认和发展。1916年,美国制定了第一部有限合伙统一法。至此,有限合伙制成为美国乃至全球风险投资基金普遍采用的一种组织形式。

3. 大航海后的金融革命

大航海在美洲找到了巨量的金银,在欧洲引发了一系列连锁反应。先是发生了"价格革命",后又发生了"利率革命"。名义利率和真实利率普遍下降,高利贷被逐出历史舞台,商业和制造业的融资成本大幅度降低,这为工业革命创造了有利条件。不过,更为重要的是"金融革命",这场革命奠定了现代财政金融体制的基础。

金融革命的第一项便是公司制和资本市场的建立。1650年,荷兰阿姆斯特丹诞生了世界第一个证券交易所。至此,股份公司和证券交易所在西欧,尤其是在英国遍地开花。

金融革命的第二项是商业银行和中央银行的形成。这使得信用可以被凭空创造出来。世界上第一个商业银行是1580年在威尼斯成立的银行。1668年成立的瑞典银行被看作是世界上第一家中央银行。

金融革命的第三项是国债发行和政府信用的建立。以往欧洲的君王,如法国君主是没有信用的,因为经常欠钱不还。1688年,英国发生了"光荣革命",财政纳税和支出的权力从国王转移给了议会,支出受到议会财政预算的约束。同时,原先各个政府机构的五花八门的借款,如海军券、陆军券等,都被统一为政府公债。从此,国债取代了土地,成为最为安全的资产,又促进了资本市场的发展。

1.3 航运金融概念与相关概念的关系辨析

1.3.1 海洋金融

航运经济是海洋经济的一部分,海洋金融板块包含了航运金融。

1. 海洋经济

海洋经济，一般包括开发海洋资源和依赖海洋空间进行的生产活动，以及直接或间接开发海洋资源及空间的相关产业活动，由这些产业活动形成的经济集合均被视为现代海洋经济范畴。主要包括海洋渔业、海洋交通运输业、海洋船舶工业、海盐业、海洋油气业、滨海旅游业等。2003年5月，国务院发布的《全国海洋经济发展规划纲要》给出定义：海洋经济是开发利用海洋的各类产业及相关经济活动的总和。

2. 海洋经济的构成

根据三次产业分类标准，海洋经济的产业可划分为海洋第一产业、海洋第二产业和海洋第三产业。海洋第一产业主要包括海洋捕捞业、海水养殖业以及海水灌溉农业。海洋第二产业包括海洋盐业、海洋油气业、海滨砂矿业和沿海造船业，以及正在形成产业的深海采矿业和海洋制药业。海洋第三产业包括海洋交通运输业、滨海旅游业和海洋公共服务业。

目前，中国海洋经济主要覆盖海洋渔业、滨海旅游业、海洋交通运输业、海洋船舶工业、海洋电力、海洋化工业、海洋生物医药业、海洋油气业、海洋盐业、海洋工程建筑业、海洋矿业、海水利用业等。通过2021年中国主要海洋产业增加值构成图可知我国海洋经济的主要构成，如图1.1。

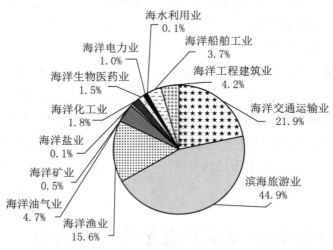

图 1.1　2021 年中国主要海洋产业增加值构成图

资料来源：《中国海洋经济统计公报》（2021 年）。

3. 海洋经济与海洋金融

根据海洋三次产业的不同特点，对其海洋金融需求进行分类。参见表1.2。

表 1.2　海洋经济与海洋金融需求范围及分类

分类	包括内容		金融需求特点
海洋第一产业	海洋捕捞业、海水养殖业以及海水灌溉农业		风险大。出现集约化、规模化的产业集聚,需求规模逐渐增加,需要获得融资支持的期限也逐渐延长。融资主体的抵押和担保能力较弱,难以获得贷款支持,民间借贷已经成为渔业农户的主要融资途径之一;在提供资金的同时,还提供信息、技术等方面的支持
海洋第二产业	海洋传统工业	海洋盐业、海洋油气业、海滨砂矿业和沿海造船业,化工业、电力业等行业,以及跨海大桥、港口等基础设施建设以及正在形成产业的深海采矿业和海洋制药业	需要的资金规模大、周期相对较长,偏好股权融资方式,具有显著的地域集中性,需要一定的政策性金融支持
海洋第二产业	海洋高科技产业	包括海洋探测与监视技术、海洋生物技术、海洋资源开发技术和海洋空间利用技术等。以海洋高新技术为核心动力,主要生产以海洋内部资源为产品或以海洋、海洋产业为依托的其他相关产品或服务的产业。其中,海洋生物医药业和海水利用业为典型的高科技产业	对金融支持者的风险承担能力要求高,技术的开发、技术转化需要有大量资金投入和金融支持;风险大、投资大、投资周期长
海洋第三产业	交通运输业、滨海旅游业、海洋公共服务业、海洋科技、海洋教育、海洋文化发展		融资渠道较开阔,不但有政府的财政资金支持,还可以通过银行贷款、吸引外资、上市融资等市场方式筹集资金;上市融资作为重要手段,基础设施建设需要大规模、长期的资金支持。另外,由于具有公益性,因此不能完全依靠市场化融资方式;需要长期性、低成本资金,消费金融、结算等服务
海洋环境保护	环境保护和可持续发展,包括治理海洋污染、促进非清洁技术的升级、减少企业碳排放等工作		绿色信贷、绿色证券、绿色保险、环境衍生品、碳交易衍生品

1.3.2　航空金融

　　航空经济与航运经济属于交通运输航运的子行业,航空金融服务航空产业、航运金融主要服务于船舶、港口、船舶运输等业务。上海在推动"全面建成"国际航运中心的过程中,把航运、航空都列入了航运中心的范畴。

　　航空经济是民航运输业(公共航空运输企业、航空物流)、民航保障业(机场、油料等)、航空制造业、航空服务业(培训、教育、销售、维修以及航空金融等)、航空旅游业、通用航空业、航天产业等行业和产业的集合与集成后并产生了新衍生收益效应的经济业态和状态。从经济具体形态来说,航空经济包括了航空运输经济、航空工业经济、航空服务经济、航空知识经济和航空信息经济等。从空间场域上来说,航空经济不是"画地为牢",即在空间范围上局限于某一个机场,而是需适当扩大到一个省域或相邻地域,亦可突破行政区划和地界边界所限。具体到一些企业活动或经济活动,还应以国际化为导向。

航空金融是航空业和航空相关产业与金融业联合发展形成的新兴业态。主要包括航空器材金融、航空物流金融和航空文化金融。航空金融业务中最活跃的业务是飞机融资租赁。

1.3.3 物流金融

航运是物流的一个环节,航运金融与物流金融有融合,也有不同。

物流经济学是研究一定的物流系统内,与物流活动有关的经济关系的学科,是综合运用宏观经济学、微观经济学、产业经济学、工程经济学、物流学、运筹学等相关学科理论,研究物流资源优化配置、物流市场的供给与需求、宏观物流产业的发展、物流产业组织形态演变规律、物流产业增长等问题的一门应用科学。

物流经济学研究的核心内容是对各种物流实践(物流技术、物流管理、物流过程、物流政策等)的经济效果进行分析、评价、选优,其目标是最大限度地节约物流总成本。物流经济学的主要研究偏重于经济技术分析,如实物流通过程中的经济关系;货物储运的规划;仓库网点的配置;储运手段的运用及建设规划;订货的处理;流通设施和经营管理的现代化;流通环节的专业化协作;实物流通的综合经济效益及其评价方法等。

物流金融伴随着物流产业的发展而产生,是一种创新型的第三方物流服务产品,它为金融机构、供应链企业以及第三方物流服务提供商业间的紧密合作提供了良好的平台,使得合作达到"共赢"的效果。它为物流产业提供资金融通、结算、保险等服务的金融业务。

1.3.4 供应链金融

1. 供应链管理

供应链是由供应商、制造商、仓库、配送中心和渠道商等构成的物流网络。

供应链管理(supply chain management,简称SCM)是指在满足一定的客户服务水平的条件下,为了使整个供应链系统成本达到最低而把供应商、制造商、仓库、配送中心和渠道商等有效地组织起来进行的产品制造、转运、分销及销售的管理方法。供应链管理包括计划、采购、制造、配送、退货五大基本内容。

供应链管理属于管理学科,管理教育类学科均将企业供应链管理包含在内。

2. 供应链金融

供应链金融起源于供应链管理,是一种针对中小企业的新型融资模式。将资金流有效整合到供应链管理的过程中,既为供应链各环节企业提供贸易资金服务,又为供应链弱势企业提供新型贷款融资服务。供应链金融以核心客户为依托,以真实贸易背景为前提,运用自偿性贸易融资方式进行。供应链金融是一种服务于供应链节点企业间交易的综合融资方案,实质是依靠风险控制变量,帮助企业盘活流动资产,即应收、预付和存货。

目前供应链金融的实施主体不仅仅是传统的商业银行,还包括产业中的龙头企业、供应链管理企业、B2B 平台、物流企业、金融信息平台、金融科技公司等。供应链资金供应方,包括商业银行、小贷公司、P2P 公司,信托、保理和担保公司等。供应链金融的资金供应方呈现多样化趋势。

1.4 航运市场与金融市场

1.4.1 航运市场

1. 国际市场

所谓国际市场是指不同国家(包括某些特定地区)之间,经济、技术、信息、劳务和金融等贸易活动及其关系的总和。国际市场是随着社会分工和社会化大生产的国际化而产生和发展的。

2. 国际航运市场

国际航运市场是国际市场的重要组成部分。

狭义的国际航运市场是指不同国家和地区间的航运劳务需求者和供给者进行航运交易活动的场所,即设在世界各地的航运交易所。广义的国际航运市场可以定义为国际(包括某些特定地区)航运服务及其相关行业结合、协调、运作等活动及其相互关系的总和。

随着航运业的发展,造船工业、修船工业、拆船工业、集装箱工业、机械工业等也得到了相应的发展,并且形成了与航运业相适应的市场规模,衍生出了国际造船市场、船舶买卖市场、拆船市场等,船舶驾驶、引航、航海通信、航海仪器设备等航运技术也得到了迅速发展。航运工业、航运技术成为与航运贸易密切相关的市场。此外,为航运贸易提供服务的行业,如船舶代理、货运代理、保险业务等已成为国际航运市场不可缺少的组成部分。航运劳务市场、航运金融市场、航运信息市场、船舶交易市场等也已成为国际航运市场体系中的重要组成部分。

国际航运市场体系是相互联系的各类市场的有机统一体，它由国际航运基本市场和国际航运相关市场所构成。国际航运基本市场以运价为媒介，实现国际航运的需求与供给平衡，是国际航运市场结构的主体；国际航运相关市场则以船舶价格为媒介，影响国际航运供给，进而影响国际航运市场的供求关系。

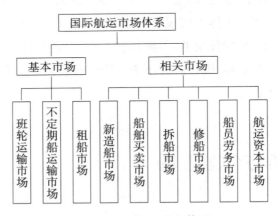

图 1.2　国际航运市场体系

3. 国际航运市场的主要类型

从地域概念看，航运主要分为内河航运、沿海航运和远洋航运。具体见表 1.3。

表 1.3　按照航行区域分类的航运主要类型

类　型	特　　点
内河航运	内河运输是水上运输的重要组成部分，是连接内陆腹地与沿海地区的纽带，在运输和集散进出口货物中起着重要的作用。中国不仅有四通八达的内河航运网，还同一些邻国有国际河流相连，这为通过河流运输和集散进出口货物提供了十分有利的条件
沿海航运	包括专门从事远洋货物或旅客运输的活动；以货运为主的远洋运输活动；配备操作人员的远洋货轮的出租活动
远洋航运	包括专门从事沿海货物或旅客运输的活动；以货物为主的沿海运输活动；原油、成品油的沿海运输活动；干散货、液体散货、件杂货、集装箱运输；普通货物、危险品货物运输活动；配备操作人员的沿海轮船的货物出租活动

航运系统主要包括运营、船舶、金融、商业、法律和监管等构成要素。具体见图 1.3。

根据其性质、功能和作用划分，国际航运市场可以分为国际航运基本市场和相关市场。国际航运基本市场是以货物运输为主体的货物运输市场。根据船舶服务方式，基本市场又分为不定期船运输市场和定期船运输市场（班轮运输市场）。

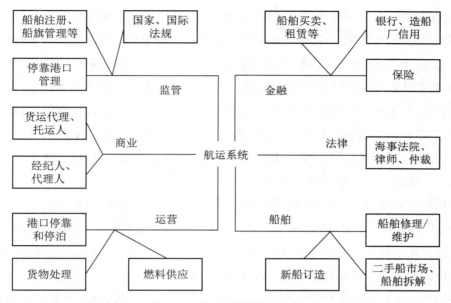

图 1.3 航运系统的构成要素

（1）不定期船运输市场。

不定期船运输是一种最古老的船舶营运方式。市场上的需求者可以是贸易商、生产商、经纪人、政府等；供给者船东可以是船主，也可以是二船东、三船东等。

不定期船运输主要用于运输大宗散货、液体货物。用于不定期船运输的船舶类型主要有油槽船、干散货船和兼用船。油槽船又分为油船、液化气船、化学品船；干散货船包括普通散货船和专用散货船，普通散货船能适应多种干散货的运输要求，专用散货船是为装运特定的大宗干散货而设计建造的船舶；兼用船是 20 世纪 70 年代开始迅速发展起来的一种能兼运干散货和液体货物的船舶，主要有石油/矿石兼用船和石油/散货/矿石兼用船。

不定期船运输主要是通过租船形式来开展的，按照订立的租船合同安排运输。因此，不定期船运输又被称为租船运输。按照租船合同的不同，租船又可以分为航次租船、期租船和光船租船等。

① 航次租船，又称程租船，是指船东用指定的船舶在指定的港口之间用一个或数个航次为承租人运输指定的货物，并负担除货物装卸费以外的一切费用（装卸费的承担通过航次租船合同的装卸条款确定），承租人按货物的实际装运数量及双方商定的费率向船东支付运费。为了尽量缩短船舶在港时间，在订立航次租船合同时，往往要约定货物装卸速度，并相应规定船舶发生延期时承租人要支付给船东"滞期费"和船舶提前完成装卸时船东要支付给承租人"速遣费"。速遣费为滞期费的一半。

② 期租船，是指船东在约定的时间内，将指定的船舶出租给承租人使用，并负责船舶

的配员、保险、维修、润物料供应、船员给养供应，负担相应的船舶经营费用；承租人自行安排、调度其租用的船舶，负担租期内船舶在各航次运输中所发生的航次费用，包括燃料费、港口及运河费、货物装卸费等，并按照船舶的吨位、租期及租金率向船东支付租金。

③ 光船租船，是指船东在约定的时间内将指定的空船出租给承租人使用；承租人调度安排船舶，负担相应的航次费用，负责船舶的配员、保险、维修、润物料供应、船员给养的供应，负担相应的船舶经营费用，并按照船舶的吨位、租期及租金率向船东支付租金。在许多情况下，光船租船的船东是银行等金融机构。光船租船的租期一般较长。

（2）定期船运输市场（班轮运输市场）。

定期船运输（班轮运输）是指船舶在固定的航线上，按公布的船期表发船，按既定的顺序挂靠既定的港口，经常性地从事营运，并按公布的运价本的运费率收取运费的一种船舶营运方式。班轮运输就是指以班轮运输服务为对象的需求者和供给者之间的交易关系。市场上的需求者是货主，供给者是班轮公司。

用于班轮运输的船舶类型主要有：传统杂货船、滚装船、载驳船、冷藏船和集装箱船等。班轮运输的货物主要是件杂货，包括工业制成品、半成品、食品、工艺品等。与大宗散货相比，这些货物批量较小，收发货人多而分散，不易于组织整船运输，而且这些货物的价值相对较高，要求保证货物运输的质量，对运输的要求较高。

与不定期船运输市场相比较，班轮运输市场有以下特点：

① 市场上的经营者数量不多，但规模较大，市场竞争激烈。

② 争取尽可能多的、稳定的货源是经营成败的关键。

③ 改变航线，退出市场的伸缩性小。

4. 国际航运市场结构

市场结构就是市场的竞争结构，是指市场上商品或劳务的竞争关系与组合模式。主要包括完全竞争、垄断竞争、寡头垄断和完全垄断市场结构。市场结构的不同特点见表1.4。

表1.4　市场结构的不同特点

	完全竞争	垄断竞争	寡头垄断	完全垄断
企业个数	大量	大量	少数	唯一
商品同质性	同质	有差别	同质或异质	无近似替代品
进入条件	自由	比较自由	困难	封锁
信息完全性	完全信息	不完全信息	不完全信息	不完全信息

决定市场结构的主要因素有两个：一是买卖双方的力量对比；二是被交易商品或劳务的差异程度。一般来说，市场上的买者和卖者数量越多竞争越激烈；参与交易的商品

或劳务的差异越小,竞争越激烈。

国际航运市场结构,是指国际航运市场上所提供的商品和劳务的竞争关系和组合模式。国际航运市场结构主要有完全竞争市场和不完全竞争市场。

完全竞争市场,又称纯粹竞争市场,是指在不受任何障碍和干扰,不存在丝毫垄断因素的市场。完全竞争的航运市场主要为即期租船市场。

在即期租船市场上,有众多船公司(或代理人)和租船人(或代理人),他们各自的交易额相对于整个市场的交易规模来说都是很小的,不能影响市场上的运价,各个船公司提供的船舶运力完全可以互相取代;船舶出租人进、出市场自由,不受任何约束和限制。决定进出的唯一条件是经济上是否有利可图。从长远的观点来看,这类市场上的船公司只能获得正常利润。

不完全竞争市场,又称为垄断性竞争市场,是指许多厂商生产和销售有差别的同类产品,有一定竞争也有一些垄断的一种市场。不完全竞争的航运市场主要包括期租船市场、班轮运输市场。

在期租船市场上,船东和货主在一定程度上可以控制和影响市场,其经营者之间的竞争也受到一定程度的抑制。从长期来看,期租船市场与完全竞争的即期租船市场具有相互替代性,市场竞争将逐渐削弱船东与货主控制市场的力量,船东也只能获得正常利润。

在班轮运输市场上从事经营活动的是一些数量不多,但规模较大的航运企业。由于班轮运输定港口、定航线进行规则运输,因此营运管理费用较高,不仅进入该市场不容易,即使在经营状况不佳时,船公司一般也不肯轻易地放弃已有的经营基础,不会轻易退出已经营的航线。此外,在班轮运输市场上经营的竞争者较少,他们为了共同的利益,有容易妥协的条件。班轮公会这种垄断组织就是经营者竞争和妥协的产物。当今,各大航运公司采取联盟的形式经营,也是为了适应班轮运输市场特点的需要。与期租船市场相比,班轮运输市场具有更强的垄断性。

5. 国际主要航运交易市场

航运交易市场是需要船舶的承租人和提供船舶运力的出租人进行船舶租赁活动的场所,通常设在世界上货主和船东汇集、外贸与运输繁荣发达的地方。当前国际上主要的航运交易市场有伦敦、纽约、东京、奥斯陆、汉堡、鹿特丹、香港、上海等。

(1) 伦敦市场。伦敦市场是历史最悠久、租船业务最多的市场,它的成交量占世界租船成交量的 30% 以上。一方面,伦敦市场有优越的地理位置;另一方面,伦敦市场有历史上最早成立的航运交易所——波罗的海交易所。波罗的海交易所成立于 1744 年,总部位于伦敦,是全球最古老的航运交易市场。交易所于 1999 年开始发布波罗的海干散货运价指数(BDI),这是衡量全球部分大宗干散货即期市场运价水平的重要指标,被誉为

"全球贸易的晴雨表"。交易所给船舶经纪人租船代理人以及保险经济人提供了聚会洽谈租船业务和互相交换信息的场所。在交易所内,经纪人可以方便地与仲裁员、共同海损理算师联系。这些因素促进了交易所的租船业务。1869年,苏伊士运河通航后,以不定期船租赁成为交易所的一项重要业务。

（2）新加坡市场。新加坡凭借马六甲海峡出海口的地理位置优势,大力发展航运业。其拥有完善的港口基础设施以及充满活力的生态系统,在政策的大力支持下,可以提供全面的海事服务,因而成为著名的国际航运中心。新加坡交易所一直在开发大宗商品,例如制定铁矿石、液化天然气和焦煤的亚洲定价基准。新加坡是全球的船舶燃油排名第一的加注中心。2016年8月,新加坡交易所收购了波罗的海交易所。

（3）纽约市场。纽约市场在二战前不过是一个地方性市场。现今已经发展成为仅次于伦敦市场的国际性航运交易市场。纽约市场主要货主是谷物、铁矿石、煤炭进出口商人;主要船东来自希腊、挪威等国。美国、加拿大、阿根廷等国都是世界上主要粮食出口国,美国同时是煤炭出口大国。希腊、挪威等航运大国的船公司都从事第三国运输,它们需要在纽约市场寻找货源。此外,澳大利亚、非洲等国向日本、美国、欧洲出口铁矿石的租船业务也在纽约市场进行。纽约市场还承担了世界上大部分石油租船合同业务。二战后,纽约成为世界上最大的经济中心,其金融业在世界经济中具有举足轻重的作用。纽约贸易繁荣,保险业也发达,有众多的代理公司、经纪人公司,还有许多海事律师事务所、海事仲裁组织,海事诉讼和仲裁法律体系健全。这些因素直接或间接地促进了纽约租船中心的繁荣和发展。

（4）东京市场。东京市场是一个地方性的市场。它在初期只是一个国内航运市场,随着日本海运事业的发展,现已成为对东南亚地区有重要影响的航运市场。日本经济发达,海运业发达,但其国土面积狭小,国内资源贫乏,经济对外依赖性很强,对外贸易量巨大,东京航运市场成为在国际上有影响力的货主型航运市场。

（5）汉堡、奥斯陆、鹿特丹市场。这几个市场也是地方性的市场,主要是船东汇集的市场。这些市场上的船东大多从事第三国运输,对租船市场的依赖性很大,船东主要在市场上寻找世界各地需要运力的租船者。

（6）香港市场。香港市场是以船东为中心的区域性国际航运市场。香港市场的动态受东京市场的影响较大。

（7）上海市场。上海市场是中国内地最大的航运市场,并且以国际航运中心为目标而高速发展。除集中了中国远洋海运集团、上海泛亚航运有限公司等大中型国有航运企业外,还有中国船舶集团公司总部、中国最大的集装箱港口上海国际港务公司,同时国际上大的航运公司也大举进军上海,使上海航运市场日益繁荣。在国家有关部门和上海市的共同努力下,建立了上海航运交易所（SEE）。

上海航运交易所于 1996 年 11 月 28 日开业,其基本功能是规范航运市场,调节航运价格,沟通航运信息,为培育公平、公正、公开的航运市场服务。目前,上海航运交易所主要业务有:第一,以信息服务为重点,研究和发布中国运价指数。目前已经编制并发布了中国出口集装箱运价指数。2023 年 8 月 18 日,以航运指数期货的标的指数为上海出口集装箱结算运价指数(欧洲航线)上市。首日共上市 5 个合约,采用"服务型指数、国际平台、人民币计价、现金交割"的设计方案。第二,根据交通部授权,实施国际集装箱班轮运输运价报备、运价协调和运价检查。第三,为会员单位提供"一关三检"配套服务。上海海关、商检、动植检、卫检、港监和银行在航交所设有办事机构,大大提高了通关效率。

1.4.2　主要船舶市场

国际船舶市场是航运企业投融资所直接面对的市场,它的发展与变化直接影响海运企业的投融资行为。

1. 二手船市场

二手船通常是指经过一段时间的营运使用后,由原船东将其转手出售给新船东,且继续投入使用的旧船。二手船市场是营运使用过的船舶买卖市场,它与造船市场、租船市场一起构成了世界海上运输的运力来源地。

一般来说,船舶在其船龄有效期和报废前的整个使用期中始终留在原船东手中营运的情况很少,大多数的商船都一换或多换其主。世界上很多航运企业都把目标瞄准二手船市场,并在适当的时候抛售手里的船舶或购进旧船。

表 1.5　船舶报废年限

船舶类别	购置、光租外国籍船船龄	特别定期检验船龄	强制报废船龄
一类船舶	10 年以下	18 年以上	25 年以上
二类船舶	10 年以下	24 年以上	30 年以上
三类船舶	12 年以下	26 年以上	31 年以上
四类船舶	18 年以下	28 年以上	33 年以上
五类船舶	20 年以下	29 年以上	34 年以上

资料来源:《中华人民共和国交通运输部关于修改〈老旧运输船舶管理规定〉的决定》。

对于这些船龄较长的营运船舶,航运企业会采取三种方式处理:第一,继续营运。第二,暂时闲置。有时航运企业会将一些营运经济效果不佳的船舶暂时封存。如果采取这一做法的话,企业需要支付一笔船舶的闲置费,包括封存保养费、保险费、系泊泊位费、守船费等。第三,售出船舶。其一是将船舶作为二手船出售;其二是将船舶作为废钢船出售。

（1）投资二手船的好处。

对于航运企业来说，投资购买二手船，尽管在许多方面比不上建造新船有优势，但也有许多有利之处。首先，投资额较少。通常来说，在正常的市场运行机制条件下，二手船的价格总是低于新造船的价格，因而投资较少，这对于一些资金欠缺的航运企业来说，投资于二手船市场是一个较为现实的方案。其次，投资二手船可以立即投入生产运营。最后，二手船的船舶性能易于掌握。一艘新船在投入营运前，要通过试航来了解该船的性能。而对于一艘旧船，投资者对它的营运状况和航行性能已经有了一定的了解。一般来说，了解一艘旧船的营运状况和性能要比了解一艘新船更容易些。

（2）二手船市场影响因素分析。

① 二手船船舶的特征。在二手船投资中，航运企业首先考虑的因素就是船舶本身的特征，如船龄、船舶载重吨等因素是否能够保障在其剩余使用年限内取得一定的总利润。

② 船舶的有形损耗。随着船舶船龄的增大，其使用价值逐渐降低，主要表现以下几方面。

第一，燃料费、保险费、保养费增大。对于同类型的营运船舶，保险公司按其船龄的长短收取保险费，船龄长的则各项保险费必将提高；船龄越长，剩余的使用年限越短，船舶的创收能力越小。

第二，船检状况的影响。显然，一艘刚通过船检的船舶，尤其是通过一次较大的特别检验的船舶，其价值将大于一艘船检即将到期船舶的价值。同时，随着船龄的增大，船检的间隔和所支付的费用影响船舶价值。

第三，船舶的无形损耗。如造船技术的一次重大革新，或者两种重要的船舶成本——燃料、船员费用的变化也会对二手船的价格造成巨大的影响，这些因素可能会使船舶尚未达到其自然寿命就提前报废。

第四，船舶的类型与规范也是影响二手船价的重要因素。船舶类型按运送对象分可分为 14 种：客船、客货船、普通杂货船、集装箱船、滚装船、载驳船、冷藏船、多用途船、散装货船、油船、液化天然气船、液化石油气船、化学品船、顶推及拖带船。在国际二手船市场中，最常见的是油船、干散货船、集装箱船和多用途船。不同类型的船舶用途不同，船舶的载重吨、价格也存在差异。

③ 二手船价格还受到相关航运市场中的影响，如运价、新船造价等。

（3）二手船价格估算方法。

① 按船龄估算二手船的价格。

在评估二手船价格时，船舶的船龄是主要决定因素。具体见表1.6。

表 1.6　船舶的船龄分类

油船		干货船	
船龄(年)	船价比例(%)	船龄(年)	船价比例(%)
5—8	45—55	5—8	50—60
8—10	35—45	8—10	40—50
10—15	25—35	10—15	30—40
15—20	15—25	15—20	20—30
20 年以上	15 以下	20—25	10—20
		25 年以上	10 以下

② 按每载重吨单价指标估算二手船的价格可参见公式(1.1)。

$$P_2 = DWT_2 \times \frac{P_1}{DWT_1} \tag{1.1}$$

其中 P_1 为已知的二手船价格(美元);P_2 为需估算的二手船价格(美元);DWT_1 为已知船价的二手船载重吨;DWT_2 为需估算船价的二手船载重吨。

2. 国际新造船市场

(1) 国际新造船市场概述。

造船市场是国际航运投资的一个重要投资市场,它是国际航运业运力资源的供给来源。目前,国际上一些大型航运企业在造船市场的投资策略通常是:在造船市场低迷时,以优惠的价格投资订造一批经济性良好的新船,而当航运市场繁荣,船价上升时,适时地售出一批经济性不佳的旧船,这样,既能节省投资费用,又能提高企业的竞争力,保持船队良好的技术状态。另外,如果造船市场的造船价格较低,一些资金较为雄厚的航运企业,或是具有较强的融资能力的航运企业或船东,即使在航运市场的运价、租金均较低的情况下,仍愿意投资订造新船;反之,如果造船市场繁荣,船舶订造价格较高,如果可以用航运市场上的高租金来补偿,对航运企业来说,有时也愿意投资建造新船。

(2) 新造船市场影响因素分析。

① 船舶自身因素。一是船舶自身因素。包括船舶类型、船舶的航区及挂旗、船舶的自动化程度、船舶的备件及供应品、船舶的钢材利用率及钢材预处理、船舶建造中使用的焊料及涂料等。本节只介绍船舶类型、船舶航区及挂旗两个因素。二是船舶类型。由于船舶类型不同,其原料用量、设备配套、技术复杂程度、施工安装、调试和试验难度也不尽相同,因而船舶建造成本及船价均有较大差异。三是船舶的航区及挂旗。船舶的不同挂旗决定了船舶不同的法定检验内容,其规范、规则的要求亦各有差异。因此,为取得法定检验的各种证书所发生的费用将造成船价的差异。

② 造船厂商因素。概括起来，主要有船厂条件、设备厂商的选定、工时（在船舶建造总工时中，船体工程占建造总工时的比例为 46％—54％，轮机工程占 19％—24％，舾装工程占 21％—22％，电气工程占 6％—9％）、劳务费的状况（主要造船国家的劳务费占造船成本的百分比也不尽相同。中国船舶工业惯用的劳务费包括了全厂工资及福利费、动力费、车间经费和企业管理费等四部分，其中，车间经费和企业管理费占工时单价的 70％左右。国外的人工费一般不包含管理费用，若按照中国的定义来衡量，则国外的人工费用占生产成本的百分比将是中国的 2—3 倍），以及船厂目标利润等。

③ 贸易谈判因素。在船东与造船厂商就造船问题进行贸易谈判过程中，涉及交船期限、交船地点、船舶建造贷款的付款方式及付款条件等方面。

④ 船舶保险因素。在船舶报价时，保险费的支付也是成本组成部分。它包括船舶及所有的已装船或已到厂的供应品、全部机械、材料设备、仪器和装配件等。

此外，影响造船价格的因素还有外汇市场、铁矿石价格的变化等。

3. 船舶修理市场

（1）船舶修理市场。船舶修理市场是指船舶的船体和结构、机器或设备、舾装或构造、系统等进行修理的市场，以达到其原设定的状态或功能要求并能够继续使用。

（2）维修种类。船舶维修通常分为以下五种。

① 岁修。又称小修，通常为 1—2 年一次。客船和冷藏船的岁修间隔要短些，普通货船和驳船的岁修间隔可以长些。船舶岁修要在修船厂的船坞内或船排上进行。岁修主要是维护保养性的，如清除依附的海洋生物并重新油漆船体，检查螺旋桨和舵，测量尾轴间隙，研磨海底阀，对主机进行吊缸检查等。岁修一般结合年度检验进行，由验船师对船体和安全、救生、消防、起重等设备，以及动力装置、电气和通信导航设备等 20 多个项目进行一般性外表检查，发现缺陷即进行修理，使船舶在下一次岁修前能保持安全航行的技术条件。

② 检修。通常为 4—6 年一次，即经过 2—3 次岁修后进行一次检修。其修理范围大于岁修，具有预防性质，也在修船厂的船坞或船排进行。检修一般结合特别检验，由验船师对船体和全船主要设备共 40 多个项目进行拆检、测量、试验。根据检验结果，对那些至下一次检修可能影响安全航行的项目加以修复，保证船舶使用寿命。

③ 航次修理，简称航修。在岁修或检修前，由修船厂派人到停靠在码头、锚地或航行中的船上，协助船员排除临时发生的故障，使船舶持续营运。

④ 事故修理。指在发生碰撞、搁浅、失火等海损事故或机损事故后，为消除事故所造成的损坏而进行的修理。事故对船舶造成的损坏程度和修理范围须经船舶检验机构检查鉴定。

⑤ 改装修理。是为改善船舶性能或改变船舶用途而进行的改装和修理工程。如将船体接长，把普通船改为专用船，把动力设备由蒸汽机改为柴油机等。对涉及船舶基本

结构和主要参数的改动,须事先设计,经船舶检验机构核准后进行。

4. 拆船市场

拆船市场是指船舶所有人与拆船业之间以拆解旧船为对象而形成的交易关系。拆船市场是减少船舶供给,减缓航运市场运力过剩压力的重要途径,有利于世界船队的供需平衡,促进航运业特别是造船业的改善和振兴。

拆解船舶的前提是船舶退役,船舶何时退役具有一定的弹性。船舶的拆解至少受到运力供给、船舶技术更新与限制、废钢需求等因素的影响。

1.4.3　金融市场

1. 金融市场的定义

从字面来看,金融是指货币资金的融通,是货币流通、信用活动及与之相关的经济行为的总称。金融包括货币的发行与回笼、银行的存款与贷款、有价证券的发行与流通、外汇及金银的买卖、保险与信托、国内国际的货币支付与结算等。金融分为直接金融,即没有金融机构介入的资金融通方式;以及间接金融,即通过金融机构进行的资金融通方式。金融市场,就是指金融商品的交易场所。

2. 金融市场要素构成

尽管各国各地金融市场的组成形式和发达程度各不相同,但都是由四大基本要素构成的。分别为:金融市场主体、金融市场客体、金融市场媒体和金融市场价格。

（1）金融市场主体。

金融市场主体是指金融市场的交易者。根据交易者与资金的关系,可将金融市场主体划分为资金需求者和资金供给者两类。

根据宏观国民经济部门来划分,金融市场主体又可分为家庭部门、工商企业、政府部门、金融机构和中央银行五大类。

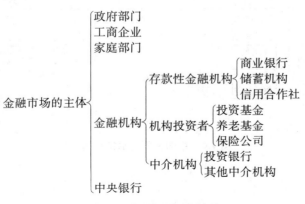

图 1.4　金融市场主体

其中,金融机构主要包括:

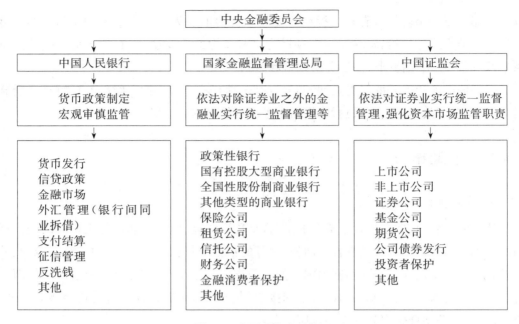

图 1.5　中国现有金融体系

(2)金融市场。

金融市场分类方式较多,这里主要从交易品种的角度进行分类,主要包括资本市场、货币市场、衍生品市场和黄金市场等。见图 1.6。

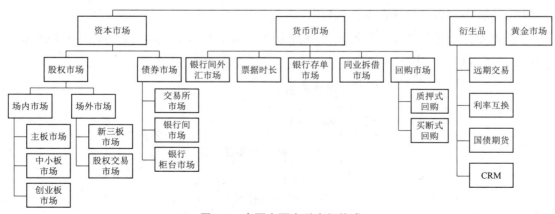

图 1.6　中国主要金融市场构成

(3)金融市场产品。

在金融市场上,各种金融交易的对象、方式、条件、期限等都不尽相同。金融市场的分类方法较多,按不同的标准可以有不同的分类。

表 1.7　金融市场产品

分类标准	类型	要　点
交易工具期限	货币市场	短期金融市场,期限一年以内,短期资金交易的场所
	资本市场	长期金融市场,期限在一年以上,以有价证券为交易工具进行长期资金交易
交易标的物	票据市场	按交易方式分为票据承兑市场和票据贴现市场
	证券市场	进行股票、债券、基金的发行和流通
	衍生工具市场	包括远期合约、期货合约、期权合约、互换协议等
	外汇市场	包括外汇批发市场以及银行同企业、个人之间进行外汇买卖的零售市场
	黄金市场	由于目前黄金仍是国际储备资产之一,黄金在国际支付中占据一定的地位
交割期限	现货市场	交易达成后两个交易日进行交割
	期货市场	交易达成后,约定在未来某一特定时间进行交割
交易性质	发行市场	也称一级市场,是筹集资金的公司或政府机构将其新发行的股票和债券等证券销售给最初购买者的金融市场
	流通市场	也称二级市场,是已经发行的证券进行买卖、转让和流通的市场
地理范围	国内金融市场	国内金融机构参与,不涉及货币资金的跨境流动
	国际金融市场	国家间的资金融通与资金交易的市场

(4)金融市场监管体系。

2023 年 9 月 24 日,中共中央办公厅、国务院办公厅调整中国人民银行职责机构编制,不再保留国务院金融稳定发展委员会及其办公室。将国务院金融稳定发展委员会办公室职责,划入中央金融委员会办公室。加强党中央对金融工作的集中统一领导,负责金融稳定和发展的顶层设计、统筹协调、整体推进、督促落实,研究审议金融领域重大政策、重大问题等,作为党中央决策议事协调机构。

思考题

1. 航运金融研究范畴是什么?

2. 航运金融学研究的内容是什么?

3. 航运金融市场服务体系是什么?

4. 航运金融起源及其对全球金融发展的贡献是什么?

5. 航运金融与海洋经济及其关系是什么?

6. 国际航运市场的主要类型是什么？

7. 航运系统的构成要素包括哪些？

8. 国际航运市场结构包括哪些？

9. 国际主要船舶市场包括哪些？

10. 金融市场产品分类是什么？

参考文献

[1] 奥勒提斯·席纳斯、卡斯滕·格劳、马克斯·约翰斯：《航运金融手册》，金海译，中信出版社 2017 年版。

[2] 林江：《航运金融法律概论》，复旦大学出版社 2012 年版。

[3] 黄达、张杰：《金融学》，中国人民大学出版社 2020 年版。

[4] 伊莱亚斯·卡拉基索斯、兰布罗斯·瓦纳维兹：《宏观航运金融学》，金海等译，上海人民出版社 2020 年版。

[5] 唐宋元：《国际航运经济概论》，机械工业出版社 2022 年版。

[6] 宋炳良、德兰根：《港口经济、政策与管理》，格致出版社 2009 年版。

[7] 熊仕涛：《船舶概论（第 2 版）》，哈尔滨工程大学出版社 2010 年版。

[8] 邵瑞庆：《国际航运船舶投资决策方法论》，上海三联书店 2006 年版。

第2章 船舶运输产业链与产业集聚

船舶运输具有较长的产业链和空间集聚效应,国际航运中心和国际金融中心是航运业发展的历史产物。船舶运输属于交通运输的子项,因此,首先要了解交通运输及其分类。

2.1 交通运输及其分类

交通运输业是国民经济的重要组成部分,是保证人们在政治、经济、文化、军事等方面联系交往的手段,也是衔接生产和消费的一个重要环节。现代化交通运输主要包括铁路、水路、公路、航空和管道五种运输方式,各有其不同的技术经济特征与使用范围(见表2.1)。

表 2.1 交通运输的主要方式比较

方 式	优 点	缺 点	适合运输的货物
铁路运输	运量大、速度快、运费低;受自然因素影响小、连续性好	造价高、消耗金属材料多;占地广,短途成本高	大宗、笨重、长途运输的货物,如矿石、金属等
公路运输	机动灵活,周转速度快,装卸方便,对各种自然条件适应性强	运量小,耗能多,成本高,运费较低	短程、量小的货物,以及活货、鲜货
水路运输	运量大,投资少,成本低	速度慢,灵活性和连续性差	大宗、远程、笨重、不急需的货物
航空运输	飞行速度快、运输效率高	运量小,能耗大,运费高,且设备投资大技术要求严格	急需、量小、贵重的货物,如急救药品等
管道运输	运具与线路合二为一;损耗小;平稳安全、管理方便,连续性强、运量大	要铺设专门的管道,设备投资大,灵活性差	液态或气态货物,如石油、天然气等

从技术性能看，水陆运输的运输能力大，运输成本最低，平均运距长，特别是远洋运输在我国对外经济贸易方面占独特重要地位，我国有超过 90% 的外贸货物采用远洋运输，是发展国际贸易的强大支柱，这是其他任何运输方式都无法代替的。主要运输工具运费比较见图 2.1。

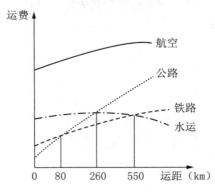

图 2.1　主要运输工具运费比较

2.2　船舶及其分类

随着人类社会的发展和科学技术的进步，船舶已被广泛应用于交通、运输、生产、海洋开发和军事活动。现代船舶种类繁多，而新型船舶还在不断出现。常见的分类方法有以下几种。

2.2.1　按用途分类

按照用途，首先把船舶划分为军用舰船和民用船舶两大类。

1. 军用舰船

按所担负的任务又划分为：（1）战斗舰艇，是指直接参加海上军事活动的舰艇。（2）辅助舰船，是指军用舰船的重要组成部分，其任务是为战斗舰艇提供技术和物资保障，并担负其他辅助性作业。军用船舶的分类详见图 2.2。

2. 民用船舶

按业务用途分为：（1）运输船舶，是指专门用于运输人员、货物和车辆的船舶。（2）海洋开发用船舶，是指专门从事海洋调查研究、海洋资源利用和海洋环境保护的船舶。

(3)渔业船舶,是指从事海上捕捞和水产品加工的船舶。(4)工程、工作船舶,是指专门为航行和航道服务,或从事水上水下工程作业的船舶。民用船舶按用途的分类详见图2.3。

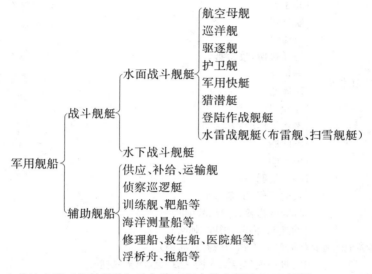

军用舰船
├ 战斗舰艇
│ ├ 水面战斗舰艇
│ │ ├ 航空母舰
│ │ ├ 巡洋舰
│ │ ├ 驱逐舰
│ │ ├ 护卫舰
│ │ ├ 军用快艇
│ │ ├ 猎潜艇
│ │ ├ 登陆作战舰艇
│ │ └ 水雷战舰艇(布雷舰、扫雪舰艇)
│ └ 水下战斗舰艇
└ 辅助舰船
   ├ 供应、补给、运输舰
   ├ 侦察巡逻艇
   ├ 训练舰、靶船等
   ├ 海洋测量船等
   ├ 修理船、救生船、医院船等
   └ 浮桥舟、拖船等

资料来源:金仲达主编:《船舶概论》,哈尔滨工程大学出版社2003年版。

图2.2 军用船舶分类

1.运输船
├ 客船
│ ├ 客船
│ ├ 客货船
│ └ 旅游船
├ 货船
│ ├ 干货船
│ │ ├ 杂货船(普通型、多用途型)
│ │ └ 散装货船(一般散货、散粮、矿砂、煤、木材)
│ ├ 液货船(油船、成品油、液体化学品、液化石油气、天然气)
│ ├ 冷藏船(普通冷藏船、肉类、果蔬)
│ ├ 全集装箱船
│ ├ 滚装船
│ ├ 载驳货船
│ └ 其他货船
├ 渡船
└ 驳船

2.海洋开发用船
├ 海洋资源开发船
│ ├ 油、气田开发船
│ │ ├ 海洋地质勘探船
│ │ ├ 海上钻井装置(接地式、浮动式)
│ │ ├ 采油生产平台
│ │ └ 其他
│ └ 海底采矿船、海水提铀船
├ 生物资源开发船
├ 海洋能源开发船(潮汐、海流、波浪、海水温差发电船)
├ 海水资源利用船(海水冷却、淡化)
├ 海上、海底空间利用船(海上机场、布缆、敷设管线、海上游览)
└ 海洋调查船(综合调查、专业调查)

```
                          ┌ 吸扬式挖泥船（耙吸、绞吸、冲吸等）
              ┌ 挖泥船 ┤ 斗式挖泥船（链斗、抓斗、铲斗）
              │          └ 泥驳
              │ 起重船
              │ 航标船
              │ 布缆船
              │ 海洋打捞，救助船
  3. 工程、工作船舶 ┤ 测量船
              │ 破冰船
              │ 浮船坞
              │ 潜水工作船
              │ 消防船
              │ 引导船
              │ 港作拖船
              └ 其他工程、工作船舶
              ┌ 渔政船（渔业指导、监督、救助）
              │       ┌ 网渔船（拖网、围网、刺网）
  4. 渔业船舶 ┤ 渔船 ┤ 钓渔船（手钓、竿钓、延绳钓）
              │       └ 特种渔船（捕鲸、光诱、捕虾蟹、海兽猎捕）
              └ 渔业辅助船（基地、加工、补给、运输）
  5. 其他船舶——拖带船舶、农用船、教学实习船等
```

资料来源：同图 2.1。

图 2.3　民用船舶按用途分类

2.2.2　按航行区域分类

　　船舶按航行区域分为海船和内河船两大类。根据水路运输的分类，水路运输分为远洋运输、沿海运输和内河运输。

表 2.2　水路运输的分类

分　类	含　　义
远洋运输	指除沿海运输以外所有的海上运输
沿海运输	指利用船舶在我国沿海区域各地之间的运输
内河运输	指利用船舶、排筏和其他浮运工具，在江、河、湖泊、水库及人工水道上从事的运输

1. 海船

　　海船通常分为远洋船、近海船和距岸不超过 25 海里的沿海船。远洋船航行于各大洋之间的国际航线，航程较远，通常船舶的尺度和载重量均比较大，具有较强的抗风浪能力。航行于北冰洋或南极区内的船舶称为极区船。

2. 内河船

航行于江、河、湖泊的船舶称为内河船。内河风浪较小，内河船的船体结构低于海船。内河船有较好的敏感性。

中国的一条重要航道是长江，分别以宜昌、江阴为界，按上、中、下游将整个航道分为C、B和A三个等级的航区。另外，中国较重要的航道还有西江和珠江。

2.2.3 按航行状态分类

所谓航行状态是指船舶正常航行时，主船体相对于水面的位置，是大部分浸于水中、局部浸于水中还是全部脱离水面。按此可将船舶分为：(1)排水型船。在航行时，排水型船的主船体大部分浸于水中，船的重量全部依靠水的浮力支承。绝大部分水面船舶和水下潜艇都属于这一类，属于水静力支承船。(2)水翼艇和滑行艇。这种艇体大部分脱离水面，这种船也可称为水动力支承船。(3)气垫船。气垫船的船体完全脱离水面而由空气螺旋桨推进，这种船也可称为空气静力支承船。(4)冲翼船。又称表面效应船、地效应船，船体带机翼，其重量靠贴近水面或地面高速航行时所产生的表面效应升力支承，因此也可称为动态气垫支承。(5)深潜器。船舶按航行状态的分类见图2.4。

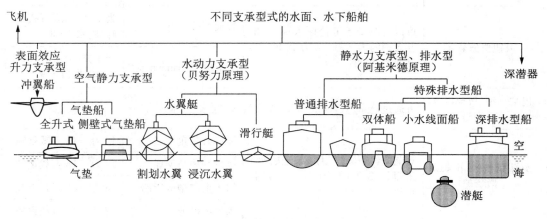

图 2.4 船舶按航行状态分类

2.2.4 按动力装置分类

(1)蒸汽动力装置船。主要是指蒸汽轮机船，功率较大。早期使用的往复式蒸汽机船早已被淘汰。

（2）内燃机动力装置船。又分为柴油机船，在现代船舰中应用最为广泛；和燃气轮机船，单机功率大，体积小，重量轻，启动快，加速性能好。

（3）核动力装置船。是指以核反应堆代替普通燃料产生蒸汽的汽轮机装置推进船舶。主要用于大型军舰和潜艇，续航能力强。

（4）电力推进船。可选用不同的动力装置发电，用电动机带动螺旋桨推进船舶。

（5）太阳能推进船。

（6）新能源船。如使用氢、氨、甲醇等能源的船舶。

2.2.5　主要船型

1. 干散货船

在散货运输中，用来运输非液体散货的船舶称为干散货船（bulk cargo ship，或 bulk carrier），简称散货船。散货船主要用来装载无包装、无液态的大宗散货。常见的大宗散货包括粮食、矿石、煤炭等。

按照吨位，干散货船可分三种，见表 2.3。

表 2.3　几种常见干散货船的分类表

类　　型	特　　点	细分名称	级　　别
灵便型散货船	可以通航于圣劳伦斯水道，进出五大湖的为 2 万—5 万载重吨的灵便型散货船	轻便型（handy）	为 2 万—3.5 万载重吨，吃水 10 米
		大灵便型（handymax）	为 4 万—4.7 万载重吨，吃水 11.5 米
巴拿马型（Panamax）散货船	可通过巴拿马运河的 6 万—7 万吨级，吃水 13 米		
好望角型（Capesize）散货船	只能绕经非洲好望角或南美洲海角而长途航行，10 万—40 万载重吨	迷你好望角型船	10 万—12 万载重吨
		标准好望角型船	17 万—18 万载重吨
		纽卡斯尔型散货船	20 万—21 万载重吨
		大型矿砂船	22 万—40 万载重吨

2. 油轮

在散货运输中，运输液体散货的船舶通常称为油轮（oil tanker）。油轮是指运载石油及石油产品（柴油、汽油和重油等）的船舶。油轮根据装载货物的不同，大致可以分为三大类：原油轮（crude oil tanker）、成品油轮（product tanker）、化学品船（chemical tanker，或 chemical carrier）和液化气船等。油轮分类见表 2.4。

表 2.4 油轮分类表

类　型	性　　质	名　　称	吨　　位
原油轮	用来运输原油,根据载重吨的大小和航线可分为超大型油轮、苏伊士型油轮和阿芙拉型油轮	超大型油轮(very large crude carrier,简称 VLCC)	通常是超过 20 万载重吨的原油轮
		苏伊士型油轮(Suezmax)	满载情况下可以通过苏伊士运河的最大型原油轮,一般在 15 万载重吨左右
		阿芙拉型油轮(Aframax)	一般在 9.5 万—11 万载重吨之间
成品油轮	用来运输成品油,根据载重吨和运输距离的不同,可以分为 MR 型、LR1 型和 LR2 型成品油轮	MR(medium range)型,也称中程成品油轮	3 万—5 万载重吨
		LR1(large ranger 1)型	5 万—10 万载重吨
		LR2(large range 2)型	10 万(及以上)载重吨
化学品船	用来运输液态化学品,如苯、乙烯等,根据装载的化学品种类不同,化学品船细分为 3 类	IMO Ⅰ IMO Ⅱ IMO Ⅲ	
液化气船	LPG 船	运输液化石油气的液化石油气船(liquefied petroleum gas carrier)	
	LNG 船	运输甲烷的液化天然气船(liquefied natural gas carrier)	

3. 集装箱船

集装箱船,又称货柜船。广义上是指可用于装载国际标准集装箱的船舶;狭义上是指全部舱室及甲板专用于装载集装箱的全集装箱船舶。其运货能力通常以装载 20 英尺换算标准箱的箱位表示。

世界上第一艘集装箱船是美国于 1956 年用一艘货船改装而成的。由于其装卸效率极高,停港时间大为缩短,并减少了运输装卸中的货损,因此而得到迅速发展。到 20 世纪 70 年代,集装箱船已经成熟定型。集装箱船的形状和结构跟杂货船明显不同,它外形狭长,单甲板,上甲板平直,货舱口大,其宽度可达船宽的 70%—80%,甲板和货舱口盖上有系固绑缚设备,以便固定甲板上装载的集装箱,货舱内部装有固定的格栅导架,以便于集装箱的装卸和防止船舶摇摆时箱子移动。

表 2.5 集装箱船发展沿革

	船长(米)	船宽(米)	吃水(米)	载箱量(TEU)	载重量(万吨)
一代	150—170	—25	8—9	700—1 000	1—1.5
二代	170—225	—29	9.5—10.5	1 000—2 000	2—3

续　表

	船长（米）	船宽（米）	吃水（米）	载箱量（TEU）	载重量（万吨）
三代	—275	—32	10.5—12	2 000—3 000	4
四代	—294	—32.2	—12.5	3 000—4 000	5.5
五代	—300	—39.4	—13.5	4 000—6 000	7.5—8
六代	—338	—46.5	—14.5	6 000—8 000	8—10

随着造船工业的发展,目前中国已经可以制造载箱量达 2.4 万—2.5 万个的集装箱船。

2.3　港口与分类

2.3.1　港口

1. 港口

在我国制定的有关法律文件中,对港口的概念如此描述:港口是指具有相应设施,提供船舶靠泊,旅客上下船,货物装卸、储存、驳运以及相关服务,并按照一定程序划定。由具有明确界线的水域和陆域构成的金融活动场所,其中公共航道除外。

港口的水域包括:进港航道、港池和锚地;陆域包括:港内水域及紧接水域的陆地。

2. 与港口相关的一些概念

（1）港界。港界是港口范围的边界线,由港口总体规划确定。港界可根据地理环境、航道情况、港口设备以及港内工矿企业的需要进行规定。一般利用海岛、山角、河岸突出部分,岸上显著建筑物,或者设置灯标、界桩、浮筒等,作为规定港界的标志,也有的港界按经纬度划分。

（2）港区。在《水路航运技术词典》中,港区被定义为:"港章中规定的并经当地政府机关划定的港口范围。一般不包括所属小港、站、点。"另外,一般将港区又分为营运港区和规划港口。营运港区是指已建成,并投入使用的港口区域。规划港区是指根据港口规划为港口进一步投资、建设划定的具有明确界线的预留水域和陆域。

（3）码头。码头是指供船舶靠泊,货物装卸和旅客上下的水工建筑物。

（4）泊位。泊位是指供一艘船舶靠泊的码头长度。

（5）港口设施。港口设施是指港口内为港口生产、经营而建造和设置的构造物和有关设备,分为港口公益性设施和港口经营性设施。

港口公益性设施是指公共的、非营利的港口设施。包括:防波堤、导流堤、港口专用航道、护岸、港池、锚地、船闸、道路、浮筒、铁路、给排水、公共通信、供电和环保、助导航设施等。

港口经营性设施是指在港口公益性设施以外的用于港口生产经营活动的设施。包括:码头、趸船、栈桥、客运站、机械、设备、车辆、船舶、仓库、堆场、水上过驳平台等。

2.3.2 港口分类

1. 按用途分

按用途分,港口可分为:

(1) 商业港:供商船进出使用的公共性质的港口。

(2) 工业港:附属于某工矿企业的,主要为企业自己使用的港口。

(3) 军用港:用于军事目的的设施。

(4) 避风港:具有良好的天然地势,为船只躲避台风等灾害而设置。

2. 按地理条件分

按地理条件分,港口可分为:

(1) 海港:位于海岸线上的港口,如大连港、青岛港等。

(2) 河口港:位于河流入海口处的港口,世界上有许多大的港口都是河口港,如鹿特丹港、上海港等。

(3) 河港:位于河流沿岸的港口,如长江上的重庆港、芜湖港等。

(4) 湖港:位于湖泊岸壁的港口,如云南的大理港等。

(5) 水库港:建于水库岸壁的港口。

3. 从航运的角度分

从航运的角度分,港口可分为:

(1) 支线港:这类港口拥有规模较小的码头或部分中型规模的码头,主要挂靠支线航运船舶和短程干线航运船舶。世界上大多数港口均属这种类型。

(2) 中转港:这类港口的地理位置优越,在水路航运发展的过程中已成为海上航运主要航线的连接点,同时又成为支线的汇集点。这类港口拥有大型码头,主要功能是在港区范围卸船、收受、堆存货物和装船发送货物。

(3) 腹地港:这类港口是国际航运主要航线的端点港,与内陆发达的交通航运网相连接,是水陆交通的枢纽。它们的主要功能是服务于内陆腹地货物的集散航运,同时兼营海上转运业务。在货物航运从"港至港"发展到"门至门"的进程中,这类港口发挥着举足轻重的作用。

2.4 航运企业

2.4.1 航运企业及其主要类型

1. 国际航运企业

（1）国际航运企业的概念。

国际航运企业一般是指以直接从事客货国际水上运输,实现客货空间位移为主要业务的独立经济实体。

广义的国际航运企业所包括的范围更广泛,除直接从事国际水上运输的国际航运企业外,还包括国际货运代理企业、国际船舶代理企业、国际船舶理货企业和港口货物装卸、仓储企业等相关水路运输服务企业。

狭义的国际航运企业是以船舶为运输工具,从事本国港口与外国港口之间或完全从事外国港口之间营业性的货物和旅客水上运输,以实现客货空间位移为主要业务,并使用常规运输票据结算运费的独立经济实体。

（2）国际航运企业的分类。

① 国际航运企业按其所有制性质,可分为:跨国经营航运企业国有航运企业、私营航运企业、中外合资航运企业等。

② 国际航运企业按其营运方式,可分为:自营、委托经营、租船营运、联合营运等多种营运形式的企业。

● 自营形式,是指国际航运企业本身购买或订造船舶,自行经营客货国际水路运输的营运方式。

● 委托经营形式,是指小型航运企业将其船舶委托给大型航运企业或有经验的航运代理人代为营运,支付代理费、货运酬金或付给代管费的营运方式。这些船舶经营的盈亏仍由船东自行负责。

● 租船营运形式,是指航运企业本身不购买或订造船舶,而是通过租用船舶经营国际水路运输,并向出租人支付租金等相关费用的营运方式。

● 联运营运形式,是指航运企业在某一条航线上通过一定的形式联合进行营运,通过协商协调达到航线上货载或营运收入的公平分配,联合体内各航运企业仍保留其独立性的营运方式。

2. 港口服务企业

港口是水路运输的始发地、目的地或途经地，是货物换装和集散的中心，是水路运输和水陆联运的枢纽。港口服务企业是在港口从事物资装卸、储存、运输、客运等生产性和服务性的经营组织，是港口生产和经营业务的基本单位。

港口的各种功能和作用都必须通过港口业务来实现。港口业务活动主要涉及三方面的利益：港口经营者、港口用户和政府。

3. 船舶代理企业

（1）船舶代理的概念。

船舶代理是指船舶代理机构或代理人接受船舶所有人（船公司）、船舶经营人、承租人或货主的委托，接受委托人的授权，代表委托人办理在港船舶有关业务和服务。在港船舶有关的其他法律行为的法人和公民，被称为船舶代理人。

（2）船舶代理的业务范围。

船舶代理业纯属服务性行业。船舶代理业务是一项综合性的业务，其范围相当广泛。根据《中国外轮代理公司业务章程》的规定，船舶代理的业务范围见图2.5。

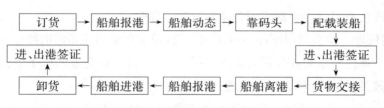

图 2.5　船舶代理业务流程

（3）船舶代理业务。

船舶代理业务主要有：

① 办理船舶进、出港口和水域的申报手续，联系安排引航、泊位。

② 办理进、出口货物的申报手续、联系安排装卸、堆存、理货、公估、衡量、熏蒸、监装、监卸及货物与货舱检验。

③ 组织货载、洽订舱位。

④ 办理货物报关、接运、仓储、中转及投保。

⑤ 承接散装灌包和其他运输包装业务。

⑥ 经营多式联运，提供门到门运输服务。

⑦ 联系安排邮件、行李、展品及其他物品装卸、代办报关、运送。

⑧ 代办货物查询、理赔、溢卸货物处理。

⑨ 洽办船舶检验、修理、熏舱、洗舱、扫舱以及燃料、淡水、伙食、物料等的供应。

⑩ 办理集装箱的进出口申报手续，联系安排装卸、堆存、运输、拆箱、装箱、清洗、熏蒸、检疫。

⑪ 洽办集装箱的建造、修理、检验。

⑫ 办理集装箱的租赁、买卖、交接、转运、收箱、发箱、盘存、签发集装箱交接单证。

⑬ 代售国际海运客票，联系安排旅客上下船、参观游览。

⑭ 经办船舶租赁、买卖、交接工作，代签租船和买卖船合同。

⑮ 代签提单及运输契约，代签船舶速遣滞期协议。

⑯ 代算运费、代收代付款项，办理船舶速遣费与滞期费的计算与结算。

⑰ 联系海上救助，洽办海事处理。

⑱ 代聘船员并代签合同，代办船员护照、领事签证，联系申请海员证书，安排船员就医、调换、遣返、参观游览。

⑲ 代购和转递船用备件、物料、海图等。

⑳ 提供业务咨询和信件服务。

㉑ 经营、承办其他业务。

（4）船舶代理关系的分类。

船舶代理关系可分为长期代理关系和航次代理关系。

① 长期代理。船公司根据船舶营运的需要，经常有船前往靠泊的港口为自己选择合适的代理人。通过一次委托长期有效的委托方法，负责照管到港的属于船公司所有的全部船舶的代理关系形式，称为长期代理。

② 航次代理。航次代理是指对不经常来港的船舶，在船舶每次来港前由船公司向代理人逐船逐航次办理委托，并由代理人逐船逐航次接受这种委托所建立的代理关系。凡与代理人无长期代理关系的船公司派船来港装卸货物，或因船员急病就医、船舶避难、添加燃料、临时修理等原因专程来港的外国籍船舶，均须逐航次办理委托，建立航次代理关系。船舶在港作业或所办事务结束离港，代理关系即告终止。

（5）备用金的索汇、使用与结算。

备用金是指委托人或第二委托方按照代理人的要求，在建立代理关系后，预付给代理人用作支付船舶在港期间所发生的一切费用、船员借支或其他费用支出的预付款项。

不论长期代理或航次代理，备用金的结算都应以"一船一结"为原则，并且都应在船舶离港后及时（或在一定的期限内）作出航次结账单，随附所付费用的收据寄交委托方。二者不同的是，在航次代理的情况下，备用金按航次结算，代理人在寄交航次结账单及随附的各项收费单据的同时，应将备用金的余额退还委托方，或根据委托方的要求将余额结存；而在长期代理的情况下，备用金虽不必按航次结清，但在船舶离港后，仍需及时将航次结账单及随附各项收费单据寄交委托方，并按月向委托方抄送往来账，核清账目。

4. 国际船舶理货企业

（1）国际船舶理货的概念。

国际船舶理货（简称外轮理货）是海上贸易运输过程中的一项货物公证业务，即对船舶装、卸的货物数量和状态以第三者的身份进行认可和公证。认可和公证的结果，与货物有关的各方都要确认，并据此分清责任，履行职责，在国际上具有法律效力。

（2）与船舶建立理货关系的方式。

各国理货机构与船舶建立理货关系的方式一般有两种，即委托理货和强制理货。

委托理货，是理货机构根据船方申请而与船方建立理货关系的理货方式。强制性理货，是船舶进入本国或本地区港口装卸货物，理货机构与船方自动建立理货关系，不需要船方提供申请，船方也不能拒绝的理货方式。

根据交通运输部门相关规定，中国外轮理货总公司对外贸运输船舶在中国港口装卸件杂货、集装箱和船方负责箱内货物的装拆箱作业，实行强制性理货；对国内运输船舶装卸货物、外贸船舶装卸散货和船方不负责箱内货物的装拆箱作业，实行委托理货。

（3）外轮理货业务的分类。

外轮理货业务主要分成五大类：

① 件杂货理货。件杂货理货主要是按舱单（货物进口）或装货单（货物出口）和货物上标明的主要标志（合同号、几何图形或符号），理清货物数目，分清货物残损。

② 散装货理货。散装货理货是指没有进行过包装。无法计算件数、以重量作为计算单位的货物。如化肥、矿粉、玉米等。外贸船舶装卸散货理货，属委托理货范围。理货工作只办理装卸船的单证、手续业务，即根据装卸货物情况，提供装卸进度、剔清残损、办理货物交接手续。

③ 集装箱理货。集装箱运输中的理货工作可分为集装箱装卸船的理箱业务和集装箱内货物装、拆箱的理货业务。

④ 载驳船理货业务。

⑤ 其他委托业务。如随船理货、监卸业务、计量业务、丈量业务。

5. 国际货运代理企业

（1）国际海运货运代理的概念。

国际海运货运代理是指在合法的授权范围内接受货主的委托并代表货主办理有关海运货物的报关、交接、仓储、调拨、检验、包装、装箱、转运、订舱等业务，这属于国际货运代理中的一类。

（2）国际海运货运代理企业。

从事国际海运货运代理业务的企业都应是经营运输业务多年，精通业务，经验比较丰富，熟悉各种运输程序、手续和规章制度的企业。它们与交通运输部门以及贸易、银行、保险、海关、商检等部门有着广泛的联系和密切的关系，从而具备有利条件为委托人代办各种运输事项，甚至比委托人自己亲自去办理更为有利。海运货运代理还可将小票货物从不同的货主那里集中起来向班轮公司订舱，以批量大争取优惠运价。集装箱运输可将同一装、卸港的不同托运人的小票货物拼装，享受包箱费率。不仅货主愿意委托给货运代理，而且船公司也乐于支付佣金给货运代理以求得到稳定的货源。

国际海运货运代理发展至今已成为一个世界性的行业，已渗透到运输领域内的各个角落，成为国际贸易运输事业不可缺少的重要组成部分。在国际贸易竞争激烈的情况下，它的作用越来越明显。

6. 国际航运经纪人

在航运业中活跃着三种类型的经纪人：船东经纪人、租船代理人和船舶买卖经纪人。

船东经纪人。顾名思义，是指船东委托的经纪人，代表船东寻找货源或需长期租用船舶的租船人。在洽谈业务时，船东经纪人维护船东利益，以求最高运费或租金率，为船东争取防止风险的合同条款。

租船代理人。这是租船人委托的经纪人，代表租人寻找合适的船舶。在洽谈租船业务时，租船代理人是船东经纪人的对手。他们力求维护租船人利益，争取最低的运费率或租金率，以及有利于租方的合同条款。船东经纪人和租船代理人每天的洽谈情况就能反映出不定期船市场的动态。

船舶买卖经纪人。船舶买卖经纪人接受委托办理船舶买卖，如购买二手船、废钢船等。买卖经纪人对船舶知识的掌握比租船经纪人（船东经纪人或租船代理人）更多。他们必须熟知船级、装载和检验，还有船舶和机器的特殊级别等。通常他们和租船经纪人一样，代表一方谈交易。若作为卖方的经纪人，船舶买卖经济人将着眼于卖出最高价格；若作为买方的经纪人，则将力争为委托人取得买入最低的价格。

2.5　船舶运输产业链与集聚：国际航运中心与金融中心

根据产业发展的规律，任何一个产业在发展到一定时期后，会形成产业链和产业集聚。

2.5.1　产业关联模型与产业链价值链

航运产业价值体现的是产业的上下产业链关系，用经济计量方法就是产业关联模型。

1. 产业关联及其模型

（1）产业关联的概念。

产业关联是指产业间以各种投入品和产出品为连接纽带的技术经济联系。产业之间的直接关联可以以产品、劳务、生产技术、价格、劳动就业、投资等为媒介，实现不同产业之间的联系。

产业关联表现为两方面：一是产业的纵向关联，引致外部规模经济。二是产业的横向关联，通过企业之间的横向联系实现产业关联。

（2）产业链分工。

产业链是基于各产业之间的经济、技术关联，依据特定的逻辑关系和区域关系所形成的链条式的产业关联。

（3）产业关联程度的测度。

衡量产业之间的关联程度，多利用投入产出表和投入产出模型分析产业关联。有前向关联测度和后向关联测度。

① 前向关联测度——影响力系数。

前向关联测度主要反映生产要素的产业之间的联系程度。一般以影响力系数来反映，是列昂惕夫逆矩阵的列元素之和除以全部产业各列系数和的均值。如果 S_j 表示第 j 个部门的影响力系数，a_{ij} 表示列昂惕夫逆矩阵的每个元素，则：

$$S_j = \frac{\sum_{i=1}^{n} a_{ij}}{\frac{1}{n} \sum_{j=1}^{n} \sum_{i=1}^{n} a_{ij}}$$

如果部门影响力系数大于1，表明该产业部门的影响力超过了国民经济各部门的平均水平，增加该部门的最终使用，对其他部门的前向关联效应较大，对国民经济有较大的带动作用。如果部门影响力系数小于1，则表明该产业部门的影响力低于国民经济各部门的平均水平，对国民经济具有较小的带动作用。

② 后向关联测度——感应度系数。

后向关联测度反映了某产业部门与该产业作为最终使用的产业之间的联系程度。一般以感应度系数反映，是列昂惕夫逆矩阵的行元素之和除以全部产业各行系数和的均值。如果 R_j 表示第 j 个部门的感应度系数，a_{ij} 表示列昂惕夫逆矩阵的每个元素，则：

$$R_j = \frac{\sum_{j=1}^{n} a_{ij}}{\frac{1}{n} \sum_{j=1}^{n} \sum_{i=1}^{n} a_{ij}}$$

如果感应度系数大于1,说明该产业部门的最终需求程度大于国民经济各产业部门的平均需求程度,其他部门对该产业的感应度较强烈,后向关联效应越明显在国民经济中的关键程度越高。若感应度系数小于1,表明该产业部门受到的感应程度较低,关键程度也就较低。

2. 船舶运输产业链

(1)船舶运输产业链。

结合产业链内涵的已有论述和航运产业的特点可知,船舶运输产业链是以贸易需求为导向,以贸易便利化为目的,在一定的时间和空间下,航运及相关企业依据特定技术经济关系联结成的具有价值增值功能的关系网链。

船舶运输产业链通过船舶和服务的关系,形成船舶辅链和服务辅链,见图2.6。

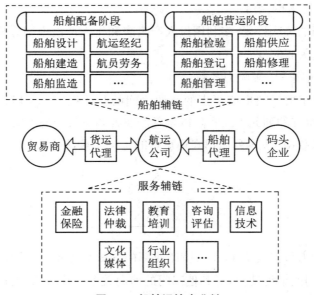

图2.6　船舶运输产业链

(2)港口产业链。

港口是综合物流的中心,对货物在流通环节中做多功能的整合。即从航运、装卸、仓储、配送、流通加工、信息服务等各个环节进行全方位的服务,通过对干散货、油船、集装箱船服务,为基础原材料加工、能源化工、消费服务等形成产业链服务。如图2.7。

(3)港航结合的产业链与价值链衍生。

航运涉及航运经营人、货主与港口三方面的相互结合关系,由此派生出复杂的供应链、服务链和价值链。如图2.8。

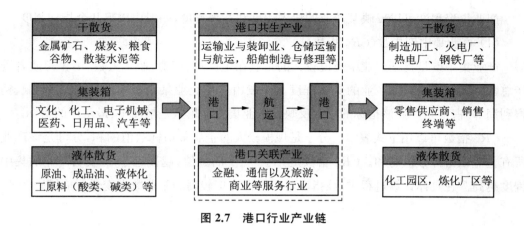

图 2.7　港口行业产业链

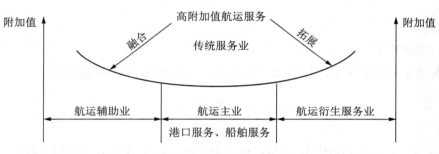

图 2.8　港航产业价值提升图

2.5.2　产业集聚

1.产业集聚相关模型

基于产业关联,产业集聚是指一个产业在某个特定的地理区域高度集中,产业人力资本、货币资本和技术等要素在空间不断汇聚的过程。产业集聚既包括指向性集聚,也包括经济联系集聚,二者形成了规模经济。

规模经济是指许多企业集聚在一起,当规模达到一定程度时使得单个企业投入的某些生产要素或生产条件实现了成本节约和效益提高的情形。规模经济分为外部规模经济和内部规模经济。

外部规模经济是指由于整个产业规模的扩大而引起的产业中单个企业和企业单位产品成本降低的经济。外部规模经济主要包括:公共产品和服务、专业化投入和服务、专业化劳动力市场、知识和技术溢出四个方面。

内部规模经济是指由于企业规模的扩大而引致该企业所生产产品的单位成本下降的经济。内部规模经济主要通过生产的专业化得以体现。

产业集聚程度可以反映某产业的集中程度和竞争程度,一般由以下几个指标测度。

(1) 产业集中度指数(CR_n 指数)。

产业集中度是指某产业中规模较大的企业在生产量、产值、职工人数、销售额或者资产总额等某一方面对该产业的支配程度。一般由这些企业某个指标的和(如销售额、销售利润等)占整个产业该指标的比重反映。产业集中度指数是最简单、最常用的指标。

CR_n 指数可以用下式表示。分子是规模较大的企业某指标数值的和,分母是该产业所有企业该指标数值的和。CR_n 指数是介于 0—1 的数值,越接近于 1,表明产业的集中程度越高。在具体计算过程中,该指标对市场占有率较高的企业数据变化反应敏感。

$$CR_n = \frac{\sum\limits_{i=1}^{n} x_i}{\sum\limits_{j=1}^{n} x_j}$$

(2) 区位商(Q)。

区位商也称专业化率,用于反映某地区的专业化程度,其计算公式为:

$$Q = \frac{N_i / A_i}{N_0 / A_0}$$

其中,N_i 表示某区域内某产业的产值或者从业人员数,A 表示该区域内所有产业的产值或者从业人员数,N_0 表示对比区域某产业的产值或者从业人员数,A_0 表示对比区域内所有产业的产值或者从业人员数,通常取更大区域的平均水平。由分子与分母分别表示该产业的比例即专业化程度。若 Q 值大于 1,表明该区域的区位商较高,专业化程度较高。

(3) 空间基尼系数(Gini coefficient)。

空间基尼系数是以洛伦兹曲线为基础反映收入分配的公平的数值。借用洛伦兹曲线的构造原理,这里可以计算空间基尼系数反映产业内部的平衡问题。其计算公式为:

$$G = \sum_{i=1}^{n} (s_i - x_i)^2$$

其中,G 为行业空间基尼系数,s_i 为 i 地区某行业就业人数占全国该行业就业人数的比重,x_i 为该地区就业人数占全国总就业人数的比重,对所有地区进行加总,就可得出某行业的空间基尼系数。

(4) 赫芬达尔—赫希曼指数(Herfindahl-Hirschman index)。

与其他指数相比,赫芬达尔—赫希曼指数是比较全面反映产业集中度的指标,是测量产业集中度的综合指数,是某特定产业中所有企业市场份额的平方和,用来计量市场份额的变化,即市场中厂商规模的离散度。

赫芬达尔—赫希曼指数是产业市场集中度测量指标中较好的一个,是经济学界和政府管制部门使用较多的指标。其计算公式为:

$$HHI = \sum_{i=1}^{n}\left(\frac{x_i}{x}\right)^2$$

其中,x 表示市场的总规模;x_i 表示 i 企业的规模;$s_i = x_i/x$ 表示第 i 个企业的市场占有率;n 表示该产业内的企业数。

当市场处于完全垄断时,HHI 为最大值 1;当市场有许多企业,且规模大致相等时,HHI 接近于 $1/n$;当市场近似完全竞争状态,有无数企业时,企业规模均比较有限,HHI 趋向 0。

2. 临港产业及其产业集群

(1)临港产业的概念。

临港产业指在世界经济一体化过程中,布局于港口及周边区域内,依托港口资源优势催生发展的一系列产业群。

(2)临港产业的划分。

① 根据与港口关联程度的不同,可以将临港产业分为:

● 港口直接产业,主要指以港口装卸运输功能为主的装卸主业。

● 港口共生产业,指与港口装卸主业有着紧密联系的海运业、集疏运业、仓储业等。

● 港口依存产业,指凭借港口综合条件而形成的石化、钢铁、电力等大型加工业以及船舶修造、粮油加工、木材加工、水产加工等制造业和加工业。

● 港口关联产业,指与港口直接产业、共生产业、依存产业相关的金融、保险、商贸、娱乐等服务业。

② 根据与港口的服务对象的不同,可以将临港产业分为船员、船舶和货物服务的三个层次,见图 2.9。

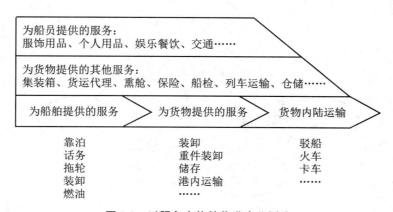

图 2.9 以服务主体的临港产业划分

③ 按与港口上下产业链条来划分,可分为三个层次。

第一层次是直接参与港口核心业务(货物和旅客中转)的各种企业和组织群体,被称为港口服务业。既包括港口企业提供的各种与港口装卸服务和运输相关的活动,也包括政府职能部门和港口提供的海关、边防、海监、引航、消防等服务活动。

第二层次是港口上游产业。所谓港口上游产业,是指为港口的生产经营活动提供所必需的原材料、产品和服务的企业,具体包括:农林渔业;矿业;加工制造业;批发、零售业;金融、保险业;水、电、煤气供应业;船舶修造业;海洋环保业;其他服务业。其中比较特殊的是港口建设以及船舶修造业,这是纯粹为港口提供产品和服务的产业,只能算作港口的上游产业。

第三层次是与港口发生间接联系的各种企业集合。例如,虽然酒店餐饮等服务业并不直接参与港口的核心业务,也不与港口服务业直接相关,但是其发展却直接受益于港口所带来的人流的增加,所以,港口城市的第三产业比重较一般城市要高。

由于港口作为一个中转机构的特殊性,城市经济中任何一个产业部门几乎都要与港口相联系。可以说,港口发展对城市推动的一个主要表现就是通过其波及作用而对其上下游产业产生推动作用。

(3) 临港产业集聚。

① 产业集群。

产业集群是指集中一定区域内特定产业的众多具有分工合作关系的不同规模等级的企业和与其发展有关的各种机构、组织等行为主体通过纵横交错的网络关系紧密联系在一起的空间集聚体,代表着介于市场和等级制之间的一种新的空间经济组织形式,国际上有竞争力的产业大多是集群模式。产业集群化发展构成了当今世界经济的基本空间构架(见图 2.10)。

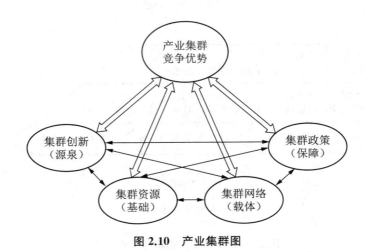

图 2.10 产业集群图

② 临港产业集群。

临港产业集群,就是依托于港口的开放式产业集群,相同或相关产业企业在港口地区的高度集中。集群化是现代临港产业的特点。在许多重要的国际性港口周边,都伴有发达的临港产业集群,并主要集中在炼油、钢铁、造船、电机几个产业。

③ 临港产业集群的特点。

● 以港口为依托。

● 集群规模大,产业覆盖面广,是一种复式集群。

● 临港产业集群具有高度的开放性。

临港产业集聚对区域经济发展产生深刻而积极的影响,主要体现在集群化使临港产业的整体效益远远大于各企业单个效应之和。可以提高区域竞争优势、提高区域创新能力、易于形成累积效应和扩散效应、增强区域经济整体实力,并在区域经济发展中发挥"增长极"的作用。

3. 临港产业集聚与国际航运中心

港口具有整合各种服务的区位优势,临港产业集聚促进了国际航运中心形成。

(1) 国际航运中心。

国际航运中心是一个发展的概念,随着时代的变迁,国际航运中心的功能也在不断演变和丰富。当前,国际航运中心是指集发达的航运市场、丰沛的物流、众多的航线航班于一体,以国际贸易、金融、经济中心为依托的国际航运枢纽。它拥有航线稠密的集装箱枢纽港、深水航道、集疏运网络等硬件设施,并拥有为航运业服务的金融、贸易、信息等软件功能的港口城市。

从空间布局来看,国际航运中心形成了由"西欧板块"向"北美板块",再向"东亚板块"的递进,先后形成于西欧(伦敦、鹿特丹等)、北美(纽约)、东亚(东京、香港、新加坡、上海),参见图2.11。其扩展的原因是以工业化为核心内容的实际经济增长重点的转移。

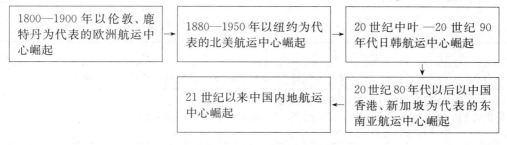

图2.11 国际航运中心空间变迁

从时间上看,航运中心随着时代的变迁,其内涵与体制也在不断变动。从功能性质来看,国际航运中心已经历了几个阶段:①货物国际运输与集散;②货物国际运输与集散加工配送;③集商品、资本、技术、信息汇集与发送为一身,成为世界再生产活动的综合资源配置中心。如表2.6。

发展阶段	航运中心类型	功能特征	航运中心实例
第一代(19 世纪初—20 世纪中叶)	航运中转型	货物集散为主	伦敦、鹿特丹是第一代国际航运中心的先行者。第二次世界大战前夕,纽约、汉堡等新兴港口也跻身其中
第二代(20 世纪中叶—20 世纪 80 年代)	加工增值型	主动集散调配产品(就地工业加工、组合、分类、包装以及商业营销),成为物流和调配中心	中国香港、新加坡成为第二代国际航运中心的创新者。纽约、鹿特丹、伦敦等也完成功能转型并继续发挥国际航运中心的职能
第三代(20 世纪 80 年代开始)	综合资源配置型	集有形商品、资本、信息、技术的集散于一身,主动参与生产要素在国际的配置	伦敦、新加坡、上海、鹿特丹、香港在向第三代国际航运中心的转型中走在前列

(2)航运中心的形成条件。

航运中心的形成条件有很多,主要有:

① 国际航运中心是按经济规律自然形成的,有深水港口、深水航道。随着国际贸易的飞速发展,货源的集中、吸收货源范围的扩大和船型的增大,国际航运中心要求承担货源的中转和集疏。

② 伴随发达的航运市场、充沛的物流和密集的船舶航班,而形成的国际航运枢纽港。

③ 随着国际贸易量的增长,物流将影响集装箱运输的货源,必然会带来区域外物资的集中与疏散,从而逐步形成航运枢纽中心。

④ 其他因素,见表2.7。

表 2.7 构成世界航运中心的其他相关因素

	具体内容	具体分析
自然	水文、气候条件以及地理位置	科技的发展已使自然条件的地位有所下降
集散传输	海陆空内河集疏运条件、邮电通信、卫星通信、全球互交网络、区域性或行业性交互网络	航运中心与外部联系的必要保证
技术	海上运输相关技术	保持高效率运作;技术作为一项商品有效转移
体制及政策	自由化和稳定性:市场的组织、运作规范与国际接轨	自由化是国际航运中心共同和重要的条件,是保证航运中心追求集散效率的关键因素;稳定性是国际航运中心的必要标志和号召力所在

	具体内容	具体分析
腹地	腹地经济的快速发展和对外贸易发展	国际航运中心"领头羊"的更替与世界经济贸易重心转移的路径相吻合
人文历史	良好的人文传统、人文特征和人文形象	展示亲和力，并对人的行为具有深远影响
金融	银行、期货、保险、证券、信托等行业全面发展，各类金融机构聚集	通过开展融资、结算、保险等业务，促进航运中心建立和发展

资料来源：真虹：《港口管理》，人民交通出版社 2022 年版。

（3）功能分类。

国际航运中心主要按照功能、航线和辐射半径来分类，见表 2.8。

① 按功能分类，可分为服务型、腹地型、中转型国际航运中心。

② 按照航线和服务辐射半径区分的国际航运中心。

表 2.8　国际航运中心分类表

分　类		内　　　容
按照功能型	服务型	以市场交易和提供航运服务为主，依靠悠久的历史传统和人文条件形成，如伦敦、纽约
	腹地型	以腹地货物集散服务为主，如纽约、上海等
	中转型国际航运中心	以中转为主，如新加坡、中国香港
按照航线和服务辐射半径区分	全球性国际航运中心	该航运中心作为全球航运网络的核心终端节点，其航线覆盖全球，其物流中转运输辐射全球，其航运服务成为全球航运的重要运行服务，如纽约、上海
	区域性国际航运中心	该航运中心作为区域航运网络的终端节点，其航线覆盖区域，其物流中转运输辐射区域，其航运服务成为区域航运的重要运行服务

2.5.3　国际航运中心与国际金融中心

国际航运中心与国际金融中心相辅相成，两个中心相互渗透、相互影响。见图 2.12。同时，金融中心和航运中心都聚集了大量的专业业务机构。两者在诸如政府政策、法律法规、服务水平等软环境因素所表现出来的特点也有许多共通性。

两个中心与区域经济的形成互动，推动区域经济和国际化水平的不断提升。为两个中心提供坚实的经济基础和广泛的国际化交流平台。

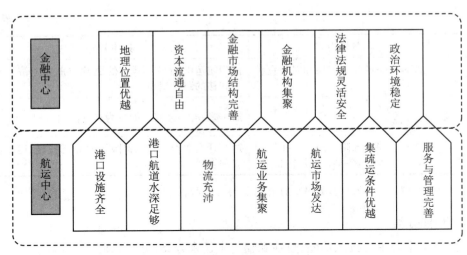

图 2.12　国际航运中心与国际金融中心的关系

1. 国际航运中心与金融的关系

航运业是一个资本密集型产业,所需投资额巨大,投资回收期限长,这些特点决定了船公司靠自有资金很难满足全部资金需求,需要从诸多的融资渠道中选择适合本公司的最有利的筹集资金方式。同时,航运业也是高风险的行业,海上保险作为一种损失补偿机制,在国际航运中具有重要的地位。由于航运业的这些特殊性,国际航运中心的建设需要金融服务业为其提供服务。

航运中心对金融的需求巨大,如融资、结算、保险和衍生品。见表 2.9。

表 2.9　航运业对金融的需求

航运企业	共性金融需求	差异性金融需求
船舶、集装箱等制造企业	国内、国际结算,长期贷款	银行信用担保、船舶建造贷款、设备、原材料采购融资
航运企业	国内、国际结算	运费集中收付、船东融资、融资租赁、汇率风险规避、服务贸易项下应收账款融资
进出口贸易企业	国内、国际结算,贸易融资	供应链融资、外汇理财及避险产品
港口服务类企业、修船企业	国内、国际结算	网上收费、服务及货物贸易项下应收账款管理及融资、外汇理财及避险产品
船代、货代等物流公司	国内、国际结算,流动资金贷款	运费集中收付、运费无承付托收、信用支持、外汇理财及避险产品、服务贸易项下应收账款融资

2. 国际金融中心

（1）金融中心。

金融中心指金融活动密集的地方。从现实中看,这样的地方一般是城市。金融中心应该是交易成本最低、交易效率最高、交易量最大的一个资金交易集聚地。

（2）金融中心的功能。

从以上金融中心的内涵不难得出，金融中心具有货币结算、筹资、投资、重组资产及信息传递等功能。

① 货币结算功能。货币结算是金融中心最起码的功能，这一功能主要由金融中心的银行体系来实现。代收、代付、汇兑、托收、信用证、银行卡、汇票、支票、自动提款机、电话银行、网上银行，多种多样的银行服务、银行产品及工具使货币结算变得越来越快捷和安全。

② 筹资和投资功能。筹资和投资功能是金融中心有代表性的功能，分为直接融资、间接融资，中长期融资、短期融资等。金融中心充分体现了金融制度所具有的将储蓄转化为投资的功能以及实现资源合理配置的功能。

③ 资产重组功能。金融中心为资本运作提供了充足的人力资源、信息资源、资金资源、企业资源、技术资源，从而将其重组资产的功能发挥到极致，资产重组包括资产注入、兼并、股份化、破产、出售与收购、建立核心子公司等，重组资产职能属于金融中心的较高层次的职能。

④ 信息传递功能。金融中心每天都在向人们传递大量信息，包括有关企业的信息、金融中介的信息、投资者的信息、政策方面的信息等，这些信息涉及政治、经济（宏观和微观）、文化等方方面面。在很多时候，信息就是价值。

⑤ 服务实体经济，促进高质量发展功能。

⑥ 资产配置功能。主要是货币自由兑换功能。通过打造本跨境使用枢纽，进而推动贸易投资高水平自由化便利化，提升本币金融资产配置中心和风险管理中心功能。

⑦ 金融制度型开放功能。通过深化与全球主要金融市场的互联互通机制和制度，以及扩大资本市场双向开放，逐步推进离岸金融和本币资本项目的制度创新，更大范围、更宽领域、更深层次的对外开放。

（3）金融中心的分类。

金融中心按其影响范围可以分为国内地区性金融中心、全国性金融中心、区域性国际金融中心、全球性国际金融中心。见表 2.10。

表 2.10　金融中心的分类

分　类		内　　容
按影响范围	国内地区性金融中心	在一国国内某个地理区域范围内处于金融枢纽地位的城市
	全国性金融中心	在一国全国范围内处于金融枢纽地位的城市
	国际金融中心	该城市的金融枢纽地位突破一个国家或地区范围，在更大的国际范围内成为金融中枢

分　类		内　容
根据金融交易发生与否	功能型金融中心	金融机构在当地金融市场为客户提供服务或从事实质性金融交易,并创造就业和收入机会
	记账型金融中心	也叫"名义中心"。不经营实质性的具体业务,只是为发生在其他地区的金融交易提供合法的登记场所,如从事借贷投资业务的转账或注册等事物手续。如许多跨国金融机构,在免税或无监管的城市设立"空壳"分支机构,以将其全球性税务负担和成本减至最低。目前,最主要的名义中心有开曼、巴哈马、泽西岛、安的列斯群岛、巴林等。它们也常被称为"铜牌中心"(Brass-plate Centers),比喻该处的金融仅仅挂上招牌而已,没有真正的金融业务或活动
根据金融交易所涉及的货币、监管、参与者等方面的不同	在岸型金融中心	本国居民之间或本国居民和非居民之间以市场所在国发行的货币从事该货币交易的市场。是传统的国际金融市场。该市场要受所在地政府的管制
	离岸金融中心	为非居民提供境外货币借贷服务且不受国以及货币发行国金融法规管制的国际金融市场

(4) 离岸金融中心。

离岸金融是指设在某国境内,但与该国金融制度无甚联系,且不受该国金融法规管制的金融机构所进行的资金融通活动。

离岸金融中心是指主要为非本地居民提供境外货币借贷或投资、贸易结算、外汇黄金买卖、保险服务及证券交易等金融业务和服务的一种国际金融中心。

离岸金融中心一般为三种:内外分离型、内外混合型、避税港型。

在国际上,目前已形成了以伦敦为代表的伦敦型离岸金融中心、以纽约为代表的纽约型离岸金融中心和避税港型离岸金融中心(一般设在风景优美的海岛和港口,如维尔京群岛、开曼群岛、巴哈马群岛、百慕大群岛、萨摩亚、安圭拉群岛等)。

离岸金融中心主要特点有:

① 离岸金融市场不受所在地政府法令管辖和外汇管制以及金融政策的约束,在准备金、税收等方面有一定的优惠条件;而传统的国际金融市场则要受所在国的政策、法令的约束。

② 离岸金融市场的借贷货币不是金融中心所在国(地区)的货币,而是境外货币;传统金融市场则主要经营该市场所在国(地区)的货币。

③ 离岸金融市场的交易是在非居民与非居民之间进行;而传统国际金融市场是居民与非居民之间进行交易,或者是居民之间以外币进行金融交易。

④ 离岸金融市场的利率是以伦敦银行同业拆放利率(LIBOR)为基础,不受所在国货币当局的控制;而传统国际金融市场上的利率仍然受到所在国货币当局的控制。离岸

金融中心的存款利率一般高于传统国际金融市场的存款利率,而贷款利率低于传统国际金融市场,因而离岸金融市场的存贷利率差较小,这对于投资者和筹资者是具有吸引力的。

⑤ 离岸金融中心的业务一般是批发性的,即每笔业务金额非常大,如一笔中长期贷款金额通常达到几亿美元甚至几十亿美元和上百亿美元,以银团贷款(也称辛迪加贷款)方式进行,即由一家国际性银行牵头,由多家银行参加,联合组成一个严谨的贷款银团,按照同样条件共同对一国借款人提供一笔长期巨额贷款,以分担信贷风险。

思考题

1. 航运与港口的关系是什么?

2. 船舶是如何分类的?

3. 航运企业的主要类型是什么?

4. 国际航运中心是怎样形成的?

5. 国际金融中心的功能与分类是什么?

6. 国际航运中心与国际金融中心的关系是什么?

参考文献

[1] 廖民生:《海洋经济学读本》,中国海洋大学出版社 2019 年版。

[2] 杨浩:《交通运输概论》,中国铁道出版社 2009 年版。

[3] 金仲达:《船舶概论》,哈尔滨工程大学出版社 2010 年版。

[4] 苏宁、黄伟华:《船舶融资》,上海交通大学出版社 2014 年版。

[5] 真虹:《港口管理》,人民交通出版社 2002 年版。

[6] 潘占军:《船舶融资》,中国金融出版社 2015 年版。

[7] 惠凯:《临港产业集聚机制研究》,大连理工大学,2005 年。

[8] 王华伟:《上海洋山港临港产业集群研究》,同济大学,2006 年。

[9] 冯琳:《优化大连国际航运中心金融环境》,《水运管理》2007 年第 7 期。

[10] 尹震、罗萍:《我国国际航运中心的建设》,《综合运输》2004 年第 6 期。

[11] 陈宝忠:《船舶检验》,大连海事大学出版社 2006 年版。

[12] 聂峰:《上海国际金融与航运中心联动发展研究》,《中国市场》2007 年第 45 期。

[13] 黄发义、王明志:《上海航运金融现状及问题探析》,《港口经济》2008 年第 6 期。

第 3 章　船舶登记、检验制度与适航性

船舶登记和船舶抵押登记是保护船舶产权所有制的有效手段。船舶航行需要船舶检验的保驾护航,适航性是船舶运输的必要条件。

3.1　船舶和船籍登记制度

3.1.1　船籍登记制度及其分类

船籍登记制度主要指所在国家或地区的一种注册制度。目前船籍登记制度大体可以分为严格登记、半开放登记和开放登记三类。

1. 严格登记

严格登记又称为本国登记,一般要求船舶所有人必须为本国公民,而且必须雇佣本国船员,船舶运营所取得的收入必须按照本国税法的要求去纳税,通常情况下,船东需要缴纳增值税和所得税,税负较高。实行严格登记的国家一般会对内河航运和沿海沿江货物运输实施保护性政策,即只有悬挂本国国旗的船舶才可以参与内河货物运输。

2. 开放登记制度

(1) 开放登记(open registry)。

开放登记是对于船舶取得国籍没有任何实质性限制的一种船舶登记制度。多数国家从船舶所有权和船员两方面,对船舶取得本国国籍规定有一系列具有实质性内容的限制条件。但也有少数国家在赋予船舶国籍上,未规定任何条件,或仅规定宽松的形式条件,这些国家被称为开放登记国。

开放登记制度主要表现为两种形式:一是船舶不受任何限制,只要船舶所有人在该国指定的船舶登记机关履行登记手续,便可取得该国国籍。例如,根据利比里亚《海商

法》第 51 条规定,凡 100 净吨以上从事国际运输的船舶,无论在何地建造,无论其所有人是谁,只要在该国登记机关办理手续,就取得利比里亚国籍。二是在办理取得船舶国籍的登记之前,应在登记国为该船设立形式上的所有人,如巴拿马。在这种开放登记制度下,船舶便具有了双重船东,即形式船东和实质船东。

(2) 开放登记制度与方便旗国。

采用船舶开放登记制度的国家,对前来登记的船东没有国籍限制,对拟登记船舶的限制性条件也较少,有些甚至放弃设置限制性条件,对挂该国国旗的船舶的管理也较少规范和干预,对船舶在登记期内仅象征性地征收一定的税费。因此也称此类国家为方便旗国,将船舶悬挂的该国国旗称为方便旗,对应的船舶即方便旗船。

经国际运输工人联盟认定,全球主要的方便旗国家有:利比里亚、巴拿马、塞浦路斯、马绍尔群岛、马耳他、巴哈马、百慕大群岛、英属维京群岛、洪都拉斯、圣文森特和瓦努阿图等。

(3) 开放登记对中国船舶登记的危害。

中资船舶的开放登记在很大程度上将对中国国民经济、航运事业、国防安全等各方面产生诸多影响,具体包括以下几方面:

① 国有资产失控。方便旗船在法律意义上不受中国政府的直接控制和监督,因此国家无法确切了解这些船舶的资产变动及收益盈亏情况,这就使得一大批中资船舶所包含的国有资产在中国政府的交通、财政和税务等主管部门的监督制度之外进行"体外循环",有可能使国有资产在不知不觉中流逝。

② 税源大量流失。由于国际航运市场激烈的竞争,船东为了降低营运成本,必然想方设法逃税、避税。船舶纳税是向船舶登记国纳税,船舶通过注册登记就可以从一国的纳税对象转移成为另一国的纳税对象。开放登记的结果直接导致中国税源大量流失。

③ 影响国防安全。中资船舶在方便旗国家注册登记,在国际法中属于外国籍船舶,在国防需要时无法征用这些船舶,对国防安全构成重大影响。

④ 重复投资严重。由于缺乏相应的调控手段,开放登记船队可以随意组建和发展,使得中资开放登记船队和国内注册登记的国际航运船队的发展处于失调、失控和失衡的状态,易造成严重的重复投资,不合理的航运资源配置等后果,并带来恶性竞争。

3. 半开放登记

半开放登记是介于严格登记和开放登记之间的一种船舶登记制度,实施此类登记制度的国家和地区既不像严格登记那样对船东和船舶有着严格的限制,也不会像开放登记那样完全放开对船东和船舶的限定条件,它是介于两者之间的一种平衡性的登记制度。

从全球船舶注册地排名情况来看,巴拿马、中国、利比里亚为全球前三船舶注册地,截至 2020 年初,这三个国家船舶注册数量分别为 6 528 艘、4 603 艘、3 686 艘,市场占有率分别为 12％、9％、7％。全球船舶注册地前五名的合计占比达 40％,说明全球船舶注册地较为集中(见图 3.1)。

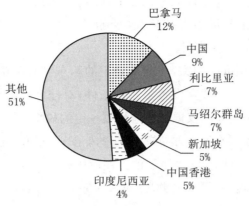

资料来源:UNCTADstat 前瞻产业研究院。

图 3.1 2020 年全球船舶注册地排名情况

3.1.2 船舶登记

1. 船舶登记与船舶识别

(1) 相关概念。

船舶登记是赋予船舶以国籍和权利义务的行为。即对船舶享有某种权利的人,向国家授权的船舶登记机关提出申请并提交相应的文件,经船舶登记机关审查,对符合法定条件的船舶予以注册,并以国家的名义签发相应证书的法律事实。

与船舶登记相关的一个概念是船舶识别,是指一种应用于船和岸、船和船之间的海事安全与通信的新型助航系统。常由 VHF 通信机、GPS 定位仪和与船载显示器及传感器等相连接的通信控制器组成,能自动交换船位、航速、航向、船名、呼号等重要信息。大致可以这样理解,船舶登记是赋予船舶一个名字,船舶识别相当于赋予船舶一个身份 ID。

(2) 中国船舶登记的法律依据。

船舶登记的法律依据主要为《中华人民共和国船舶登记条例》及《中华人民共和国船舶登记办法》。

船舶识别的法律依据主要为《中华人民共和国船舶识别号管理规定》。

(3) 主管部门。

《船舶登记机关管理办法》第三条规定,船舶登记机关系指经中华人民共和国海事局公布的具体实施船舶登记的海事管理机构。《中华人民共和国船舶登记办法》第八条规定,中华人民共和国港务监督机构是船舶登记主管机关。

2. 船舶登记的类型和内容

船舶登记类型和内容主要包括:

(1) 船舶所有权登记。主要用于确认船舶的所有权关系以及受哪一个船旗国法律的保护。船舶经所有权登记后,应领取船舶国籍证书、船舶登记证书或者船舶执照。此时,船舶才取得有关法律和公约规定的航行权。

(2) 船舶抵押权登记。船舶抵押给他人或光船出租给外国经营时,船舶所有人应向船舶登记机关提出申请,办理登记手续。申请书中应载明上述各项有关内容并呈验抵押契约或经主管机构批准光船出租的文件和租赁契约。

(3) 光船租赁登记。光船租赁,又称"船壳租船",是指由船舶所有人向租船人提供不配备船员的船舶,在约定的期间内由租船人占有、使用和营运,租船人按合同约定支付租金的租船业务方式。其特点是:租船人负责配备船员,并支付船员工资和伙食费用等;租船人负担船舶营运费用,而船舶保险费和船舶检验费可约定由何方承担;光租船舶可以是一艘将要建造的新船,双方应在合同中约定相应条款;承租双方还可约定租用购买协议,表示该船在租期结束、租船人支付最后一期租金后,已购得该船和所有属于船舶的一切,船价已全部付清。

(4) 船舶权利的变更和注销登记。凡船舶在营运过程中出现以下情况之一的,应向船舶登记机关办理变更登记:第一,船舶所有人的名称变更;第二,船舶所有权转移他人,以致船舶所有人变更;第三,船舶船籍港变更;等等。

(5) 船舶的注销登记。船舶注销登记适用以下各种情况:第一,报失登记,用于船舶灭失或沉没;第二,失踪登记,用于船舶失踪已届满 6 个月;第三,报废登记,用于船舶已经主管机关核准拆解;第四,撤销登记,用于船舶已被政府征用,或经主管机关核准已将船舶所有权转移给国内外新的船舶所有人。

(6) 船舶航线登记。主要适用于国际航行船舶。船舶所有人或经营人应首先向船舶检验机构申请船舶技术检验,在取得有关航行区域的合格证书后,向船籍所在港口的港务监督申办船舶登记,领取船舶国籍证书后才能航行于国际航线。

(7) 临时登记。凡属于以下情况之一的,船舶所有人或承运人应向有关船舶登记机关申请临时登记:第一,在国外买进或新造船舶合同规定离岸交船的;第二,在国内为国外新造船舶合同规定到岸交船的;第三,新造船舶出海试航的;第四,以光租条件从国外租进船舶的。此外,对旧老船舶提供不出所有权证明文书者,在公告期内可由经营人出具证明,申请临时登记。

3. 船舶登记的作用

船舶登记的目的在于确定船舶的法律地位,其意义体现在公法和私法两个方面。

第一,船舶登记确定了船舶的国籍并取得海上航行权。船舶取得国籍证书并悬挂该国国旗，也就意味着该国为船旗国，该船拥有该船旗国国籍，可以在船旗国领海、内河和在公海上进行合法航行、从事商业活动的权利，可以从事合法的海上国际运输业务，并受到船旗国的有关法律的保护。同时，船舶登记使船舶与船旗国建立法律上的隶属关系。船舶将使用船旗国的法律，受船旗国的外交保护和领事协助以及船旗国海军的保护，在航运政策、税收优惠和造船差额补贴等方面能得到船旗国的照顾。当然，船舶在获取船旗国法律保护的同时也得接受船旗国的监督管理，包括船舶安全、人身安全、环境责任等。

第二，船舶登记公告船舶的主权。明确了船舶所有人及其对船舶的权利和义务，公示并保护与船舶相关的抵押债权、光船租赁权等。船舶登记后，其所有人依法对船舶享有占有、使用、收益和处分的权利，无论是船舶所有权的转让、灭失、船舶所有人都可以通过办理相关登记实现。同时，船舶所有人可以通过登记来对船舶设定抵押担保，保护抵押权人的利益，也可以通过登记光船租赁来保护光租人的权益。未经登记的所有权转让、消灭以及船舶抵押，虽然并不会因此无效，但是效力仅限于合同当事人之间，不得对抗第三人。

第三，船舶在有关航行安全、适航性、海员等行政规章方面须受船舶国的管辖，对于在船上所犯的犯罪行为须受船旗国刑法的管辖。

第四，船舶国对悬挂其国旗的船舶须承担国际义务，比如条约义务以及国际性的不法行为的责任等。

第五，船舶享受船籍国给予其国民的保护。

第六，船舶登记是所有权的证据，登记册上的所有人将破认为是船舶的所有人。

4. 船舶登记的流程

一般情况下，原船东在原船舶登记机关办理船舶注销登记后，新船东的船舶再进行登记，具体见图 3.2。

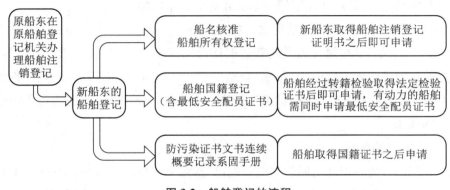

图 3.2　船舶登记的流程

3.2 船舶检验制度

3.2.1 船舶检验与入级

  船舶在登记时,船旗国一般都会委托船级社对船舶进行检验。船舶保险人在决定是否给船舶保险、以何种费率条件承保等问题的时候是一定要求船舶入级的。在租船市场上,承租人通常不会租一艘没有入级的船舶,因为没有入级承租人很难判定船舶是否适航。如果船东打算通过抵押船舶来向银行融资,那么船舶必须入级,否则没有银行会同意向未入级或不打算入级的船舶发放贷款。这些情况都涉及船级。

  1. 船级

  船级(class)是表示船舶技术状况的指标,它包括对船壳、船上机器设备、吃水标志等一系列项目和性能的技术状况划分的级别。船舶入级,就是船舶根据船舶入级机构即船级社的标准规范进行建造,在通过对上述一系列项目和性能的检验后确认其技术状况完全符合所划分的等级标准,并最终获得发放证明船舶具备航行技术条件的船级证书(certificate of classification)。

  船级是保险公司接受承保的条件之一,保险公司将给予船舶所有人享受较优惠的保险手续和较低的保险费率。在承运货物时,具有船级证书的船舶可取得托运方的信任。在船舶买卖或租赁时,船级亦作为衡量船舶技术状态的标志。有些国家对别国船舶进入其港口和运河时的监督往往以该船所具有的船级作为判别依据。港口对装运危险品的船舶,只有当其具有一定级别的船级时才被一些国家予以认可。

  需特别指出的是,具有船级的船体和机械设备,均被所有国家主管机关看做是满足某些法定检验要求的一种担保。近年来,船级社的各种入级规范或认证规范包括了法定检验的内容,如新增加稳性、载重线、救生设备、航行安全及无线电通信等法定检验的内容。

  2. 船舶入级

  船舶入级是出于登记和经营上的需要。船舶入级可促使航运企业或船舶经营者对船舶进行良好的保养和管理保证船舶的航行安全,既有利于政府对船舶进行技术监督,便于托运人和承租人按照自身的需要选择船舶订舱和租船,也有利于保险人在承保船舶或货物时确定费率和条件。

3.2.2 船级社

1. 产生

1760 年，第一家提供船舶入级专业检验服务的机构英国劳氏船级社（Lloyd's register of shipping）诞生了，此后各国相继模仿，陆续成立船级社。

早期船级社的作用是为保险人确定由其承保的船舶是否适航，船级社为此确立了船舶标准以及保养要求。到 19 世纪后半叶，船级社的作用和服务对象开始发生变化。船东们为了确保自己的船舶适航，渐渐开始依赖船级社提供的技术服务，越来越多的船东成为船级社技术服务的对象。

从性质上来说，船级社是一种民间社团组织，属于非营利组织，它为船舶设计、建造、维修、保养提供图纸审核、检验和发证服务，它的目标是通过实施各种关于船舶设计、建造、结构和保养等的技术规范和标准以保障海上航行的生命和财产安全。船级社有详细的技术规范和要求，这些技术规范和要求涉及船舶和航运的各个方面，例如材料、船舶结构、主机和辅机、控制系统以及电气设备，是有关国际海事公约的技术核心。

2. 世界主要船级社与组织

（1）世界上主要船级社。

目前，世界上主要有 10 家大型船级社，分别是：美国船级社（ABS）、法国船级社（BV）、中国船级社（CCS）、挪威船级社（DNV）、德国劳氏船级社（GL）、韩国船级社（KR）、英国劳氏船级社（LR）、日本船级社（NK）、意大利船级社（RINA）、俄罗斯船级社（RS），其中挪威船级社和德国劳氏船级社于 2013 年合并。另外还有 3 家船级社分别为克罗地亚船级社、印度船级社和波兰船级社。

另外，当今世界上除了前面提到的 13 家船级社外，还有其他船级社也对船舶进行检验，甚至也能得到一些国家（主要是欠发达国家）的授权，但是这些船级社在检验船舶时尺度比较松，13 家船级社认为不能入级的许多船舶在这些船级社也能够签发证书。在很多人看来，这些船级社就是收钱卖证书，其签发的证书没有什么保证和说服力，因此银行和保险公司一般只认可在前述 13 家船级社入级的船舶。

（2）国际船级社协会。

1968 年，十大船级社和另外 3 家船级社分别作为正式会员和预备会员共同组成了国际船级社协会（International Association of Classification Societies，简称 IACS，www.iacs.org.uk），成为世界主要海运国家的船级社之间的非政府国际组织，它的宗旨是加强各船级社之间的联系，讨论和解决大家共同关心的问题，商定对海上防污染、海上安全问题等特定问题的统一立场。

3. 船级社的作用

船级社的作用可以简单归纳为两个方面：一是提供法定服务，即根据船旗国的授权，按照船旗国法律法规及相关国际公约的规定和要求，对船舶进行法定检验并签发各种法定证书。二是提供船级服务，是船级社根据自己的规则和要求对船舶进行船级检验并签发各种船级证书。当一艘船舶符合船级社规定的船舶规范，符合国际海事组织有关公约，就可以入级，由船级社发给船级证书。

船级社由于其特殊地位还经常成为技术争议的仲裁人。

3.2.3 船舶检验的分类

1. 法定检验

法定检验的性质包含如下两方面。

（1）国际航行船舶法定检验：是指按照政府的法令、条例，以及政府批准、接受、承认或加入的有关国际公约（包括修正案），议定书和规则等，为保障海上人命、财产和航行安全，保障海上和港口水域不受污染以及起重设备安全作业等，对国际航行船舶所规定的各项检查和检验以及在检查和检验满意后签发或签署相应的法定证书。这些证书有效与否，要受船舶进出港口当局的检查与监督。如未持上述有关的证书或证书逾期，船舶即处于不适航状态，若不进行相应的检验使证书继续有效，就不能从事国际航行。

（2）国内航行船舶法定检验：是指按照政府的法令、条例，为保障水上人命、财产和航行安全，保障水上和港口水域不受污染以及起重设备安全作业等，对国内航行船舶所规定的各项检验以及在检验满意后签发或签署相应的法定证书。如果没有该证书或证书逾期，除进行相应的检验使证书继续有效外，船舶不能从事国内航行。

2. 船级检验

根据船舶所有人所申请的船级，由船级社按有关规范和规则对特定船舶进行技术检验，并授予相应的船级符号的全部检验工作，统称为船级检验。换言之，船级检验就是船级社根据船舶的用途、技术状况和航行区域不同而授予特定船舶的技术级别，并以船级符号和附加标志来表示。

3. 公证检验

公证检验指由于行政、司法或者民事的需要，对船舶检验的相对物在特定时间、环境和条件下的性能进行鉴定的检验活动；是应船舶所有人、承租人、保险人或其他有关方面的申请，船级社指派验船师对所申请项目进行一种证明实际存在的情况或原因的检验。公证检验又称公证性鉴定。

3.2.4 船舶证书

船舶要投入营运就必须适航,保持船舶适航是船东的一项重要义务。当船舶抵达港口时,船长应当向港口当局递交有关证书和文件。因为船舶证书和文件将在某种程度上证明船舶的适航性,证书和文件不齐或失效将影响船舶的正常航行,所以船东保持船舶适航的义务之一就是保证船舶拥有完整有效的证书和文件。

通常,在船舶检验结束合格后就要签发船舶证书和文件,这些船舶证书和文件与船舶检验大致相对应,同样可以被分为法定证书和船级证书两大类。

1. 法定证书

法定检验通过后,由船舶登记机关签发船舶航行证书和船舶国际公约证书,即法定证书,以表明船舶已经过检验并已达到有关公约和规则规定的标准。在实践中,船旗国往往授权该国的船级社进行法定检验并颁发法定证书。如船旗国没有自己的船级社,则会委托国际上主要的船级社进行检验并发证。

常见的法定证书包括:

(1) 船舶登记证书(certificate of ship registration),又称为"国籍证书",是船舶国籍的证明。其有效期因登记地的不同而不同,比如利比里亚的船舶登记证书是永久性的,巴拿马船舶登记证书的有效期是 5 年,中国内地是 10 年,中国香港长期有效。

(2) 最低配员证书。

(3) 船舶无线电台执照。

上述 3 份证书一般由船舶登记机关自行签发。

(4) 国际吨位证书。

(5) 国际载重线证书。

(6) 国际防止油污证书。

(7) 国际防止大气污染证书。

(8) 货船结构安全证书。

(9) 货船设备安全证书。

(10) 货船无线电安全证书。

上述证书一般是船旗国登记机关授权船级社签发。

2. 船级证书

同样地,船舶通过船级检验后,由船级社签发船舶的船级证书。

常见船级证书有:船体入级证书;轮机入级证书;除此以外还有其他船舶证书,在不同的船舶登记制度下,不同港口管理、不同船型、不同经营范围,对证书的要求也有所不同。

3.3 船舶的适航性

3.3.1 概念与内涵

船舶适航是指船舶各个方面能够满足航行、作业中一般的安全要求,能够克服可预见的风险而安全航行。《海商法》规定:"承运人在船舶开航前和开航当时,应当谨慎处理,使船舶处于适航状态,妥善配备船员、装备船舶和配备供应品,并使货舱、冷藏舱、冷气舱和其他载货处所适于并能安全收受、载运和保管货物。"这一规定与《海牙规则》第三条第一款的规定基本相同。

船舶适航一般包含三层含义:

① 船舶的船体、船机在设计、结构、性能和状态等方面能够抵御航行、作业中通常出现的或能合理预见的风险。简称"适船"。

② 妥善配备船员,在数量和质量上均能符合正常航行及作业的需要。船长、轮机长、驾驶员、轮机员、电机员、无线电报务员、话务员,必须经过港航监督管理机关考核合格,取得职务证书;其他人员应当经过相应的专业训练。简称"适员"。

③ 使货舱、冷藏舱、冷气舱和其他载货处所适于并能安全收受、载运和保管货物。简称"适货"。

船舶运营必须保证"适航""适货"和"适人"。我国《海商法》第四十七条规定:"承运人在船舶开航前和开航当时,应当谨慎处理,使船舶处于适航状态,妥善配备船员、装备船舶和配备供应品,并使货舱、冷藏舱、冷气舱和其他载货处所适于并能安全收受、载运和保管货物。"

3.3.2 船舶不适航的情况

一般情况下,凡有下列情况将船舶定为不适航:(1)船舶未持有法定的技术证书,或伪造、涂改证书,或船舶实际状况与证书不符;(2)不遵守根据船舶性能限定的航行区域,或未经船检部门检验批准改变船舶原定的用途;(3)法定的技术证书到期(航行途中到期者除外,但必须是开航时尚未到期的),或发生影响船舶安全航行或船级的海损事故后,未申请船检部门重新检验换发证书或准于展期继续开航的;(4)船舶货物有明显配载不当或超载,或乘客超员的;(5)船舶的船员配置有明显不符合安全操船规定的要求,或相关的主要船员资格与实际任职的资格不符合相关法律、法规所规定的。

对于船舶的"适人性"，我国《海商法》第三十二条规定："船长、驾驶员、轮机长、电机员、报务员必须由持有相应适任证书的人担任。"

另外，还涉及拖航的不适拖。包括以下几点：(1)拖航船舶经测算不具备拖带能力或拖力不足的；(2)拖带设备不足或技术状况不良的；(3)需经验船师进行拖航检验而未检验的，或未取得港监签发的核准证书的。

总之，明显的船舶不适航好判断，不明显的不适航很难判断，有时需要进行大量的调查、检验、取证工作，必要时，还要辅助于法律才可以解决。因此，需要保险人在承保时，要注意对各种登记证书的审查，特别要注意证书中验船师在"未了事项"栏的批注内容。如海损事故发生后，保险人怀疑其与船舶不适航有关，必须要尽快安排登船检验或通过各种渠道搜集到相关的第一手资料进行分析与判断，才能认定船舶是否适航。成熟的法院均会认定，事实的检验报告优于船舶已获得的各种证书，也就是说，事实不适航证明胜于证书上的适航证明。

3.3.3　船舶适航义务时间

《海商法》第四十七条规定，承运人谨慎处理使船舶适航的时间为"船舶开航前和开航当时"即航次开始之前和开始当时。

包括中国在内的各国普遍认为，航次(voyage)，是指合同航次或者称为提单航次，即提单载明的货物从装货港至卸货港的整个航程。因此，船舶在开始装货时，承运人应谨慎处理使货舱适货，船舶能够抵御装货期间通常出现的或者能够合理预见的风险。包括必要时船舶能驶离泊位到锚地避台风；在船舶开航之时，依据个案的具体情况而定，有以船舶起锚或者解清全部绳缆船舶适航义务的时间界限。

思考题

1. 船籍登记制度及其分类是什么？
2. 船舶登记类型和内容是什么？
3. 船舶检验的内容是什么？
4. 船舶的适航性内容是什么？

参考文献

[1] 叶洋恋：《船舶登记法律制度：建构、冲突与变革》，上海人民出版社 2023 年版。
[2] 应业炬：《船舶检验与管理》，海洋出版社 2016 年版。
[3] 王海明主编：《船舶保险理论实务与经营管理》，大连海事大学出版社 2006 年版。
[4] 阮巍主编：《船舶安全管理与航海新技术》，上海浦江教育出版社 2012 年版。

第4章 航空产业链与产业集聚

航空产业是高端产业,也是有着较长的产业链和巨大的空间集聚,对区域有着较大的集聚效应,航空制造与航运运输也促进国际航运中心的发展。

4.1 飞行器分类

4.1.1 航空器

航空泛指载人或不载人的航空器在地球大气层中的飞行活动。

航空器是指在大气层中飞行的飞行器,包括轻于空气的航空器和重于空气的航空器,具体分类如图 4.1 所示。

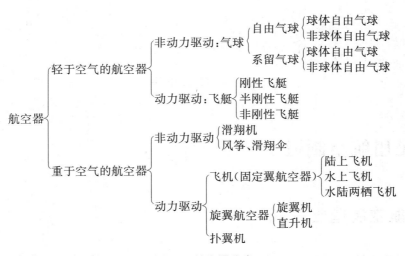

图 4.1 航空器分类

4.1.2 飞机分类

飞机按用途可分为军用飞机和民用飞机。

军用飞机包括：战斗机、强击机、轰炸机、战斗轰炸机、反潜机、侦察机、预警机、电子对抗飞机、空中加油机、军用运输机、军用教练机等。

民用飞机包括：运输机(客机、客货机、货机)、体育运动飞机、公务飞机、农业飞机、试验研究机和其他专门用途飞机等。

4.1.3 航空器应用领域

航空器的下游应用领域，一般分为军用航空和民用航空。

军用航空，是指用于执行作战、侦察、运输、警戒、训练和联络救生等军事任务的飞行活动。

民用航空，指使用各类航空器从事非军事性质的所有航空活动，包括商业航空和通用航空。商业航空主要用于旅客或者货物运输，又称公共航空；通用航空是指使用民用航空器从事公共航空运输以外的民用航空活动，包括从事工业、农林业等行业的作业飞行，具体见图4.2。

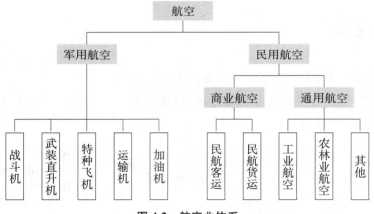

图 4.2 航空业体系

4.2 民用航空制造

4.2.1 航空制造业

航空制造业是对国际政治与军事格局存在重要影响的战略性产业，其发展快慢是影响与决定一个国家和地区综合实力、国际竞争力水平的关键性因素之一。其中,民用航空制造业是重中之重。从航空制造工业来说,大致可以分为民用干线与支线航空制造业、军用航空制造业。

表 4.1　美国普查局关于航空航天制造产业的分类

编　号	类　别
336411	飞机制造业 ——军用飞机 ——民用飞机 ——旧飞机的改型、改装和大修 ——所有其他有关整机的航空工程服务
336412	飞机发动机及其部件制造业
336413	其他飞机部件和辅助设备制造业
336414	导弹和太空交通工具制造业
336415	导弹和太空交通工具推进装置及其部件制造业
336419	其他导弹和太空交通工具的辅助设备制造业

资料来源:美国工业协会,2007 年。

4.2.2　民用航空产业

1. 分类

根据美国商务部关于民用飞机产业的分类方法,民用飞机产业进一步细分为六个组成部分:

(1) 大型喷气式运输机产业;

(2) 小型喷气式运输机和通勤飞机产业;

(3) 涡轮式商用飞机产业;

(4) 活塞式螺旋桨飞机产业;

(5) 直升机产业;

(6) 其他民用飞机产业(如超轻型飞机、滑翔机、飞艇等)。

由于大型民用飞机是整个航空工业中产值份额最大的最终产品,因此大型民用飞机产业往往被视为航空工业的重要支柱,并将其置于民用航空工业生产体系的金字塔尖位置。

2. 民用航空制造业的主要特征

(1) 规模经济。

(2) 高资本投入与高风险并存。民用航空产品中,单单一个机型的开发就需要高达几亿甚至几十亿美元的资金投入,如麦克唐纳·道格拉斯和波音两家公司合并后,每年投入研究和发展的资金高达 20 亿美元。同时,民用航空制造业的投资回报期较长,通常情况下飞机制造公司每开发一个机型,需要售出 500—700 架才能达到盈亏平衡点。按照每架飞机平均 5 亿美元成本计算,要实现盈亏平衡营业收入需要达到 1 500 亿美元的水平。

(3) 价值链高附加值与高产业关联度共存。一架飞机至少由 600 万个零件组成,对产业拉动巨大。

(4) 高技术密集与人才专有性共存。

(5) 寡头竞争与高进入壁垒并存。

(6) 产业集群集聚现象突出。

4.2.3　民用航空制造业产业集群与产业链

民用航空制造业是一个较为复杂的网络系统。其集群式发展与现代制造业发展的基本规律一致。

航空产业涉及的相关产业链从原材料供应、零部件制造、分系统集成,到整机总装,还包括研制过程中和售后的维修检测等。

1. 民用航空制造产业集群的网络组织

从里向外分为三个层次:(1)最里面的核心网络以飞机生产商为中心,将产业上游原材料和核心零部件供应商、产业下游的民用航空公司、产品服务商等集合成为一体,通过产业价值链、供应链、竞争合作等路径与方式实现互动。(2)中间层为民用航空制造业的辅助网络,主要由大学、科研院所、科技成果转化平台、人才交流与培训中心、金融机构等节点构成,主要功能定位于为核心网络的有效运转提供资金、人才、知识流、信息流等要素。(3)最外层的网络,包括民用航空制造业所处的外部政治、经济、法制以及文化环境,外围网络主要侧重于规则制定,与民用航空制造业交换资源与信息,不断促进辅助网络的完善,或通过某些间接的影响方式,对于核心网络的运营产生作用。三个层次的网络各自承担不同的社会功能,通过正式交流与非正式交流密切关联,共同构成一个航空制造业产业集群的网络系统。

图 4.3 展示了民用航空产业的上、中、下游。

2. 民用航空制造业相关产业是一个巨大的产业群体

从纵向看,民用航空制造业相关产业包括原材料、元器件、机载设备、发动机、加工制造、试验试飞、航空租赁、航空运营和航空服务等。

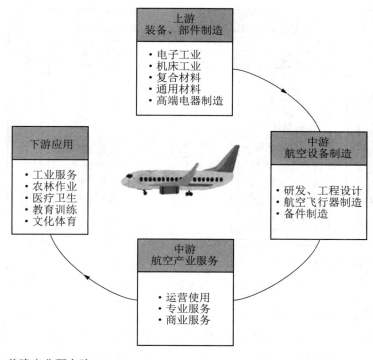

资料来源:前瞻产业研究院。

图 4.3　民用航空产业上、中、下游

从横向看,民用航空制造业相关产业包括基础学科研究、应用研究、型号发展、政策研究、市场研究等。民机型号的研制离不开新材料、新机载设备、先进制造技术和先进动力等上游产业的技术进步,也离不开航空运营、航空服务等下游产业的强劲拉动。

从融合式的集群发展看,根据航空制造产业链上各环节的附加值高低,航空制造主要掌控的环节,包括飞机设计、总装、发动机、航电系统、营销和服务等产业领域环节。围绕这些环节,形成产业集群,同时向产业链各个环节的相关业务拓展,如形成发动机维修、机体维修、部件维修的综合维修体系,形成生产专用消防车、登机桥、航空集装箱等航空特种设备生产基地,以及形成技术培训、管理培训等多元培训体系,最终形成融合的网络式产业集群。

航空制造产业链见图 4.4。

4.2.4　大型客机制造产业的经济效应

航空制造包括民用航空和军用航空,为便于分析,本部分主要介绍民用航空。

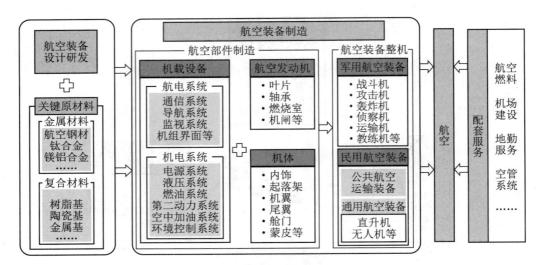

资料来源：前瞻产业研究院。

图 4.4　航空制造产业链

1. 航空产业链价值分布

根据航空资源随航空产业链的对应分布关系以及航空资源高低端划分依据，航空资源在产业链上呈现双微笑曲线的分布，如图4.5所示。其中：

航空研发设计及复杂部件制造处于第一个微笑曲线开始的最高端，飞机及部件销售、航材供应和航空租赁位于第一个微笑曲线的右高端，也是第二个微笑曲线的左高端，飞机回收处理则处于第二个微笑曲线的右高端。

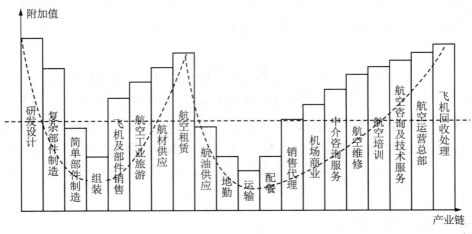

资料来源：中为咨询，www.zwzyzx.com。

图 4.5　航空产业链附价值比较图

2. 航空制造业是高新技术最集中的高端制造业

航空制造业是一种或多种高新技术及其产品的研究、开发、生产和技术服务的企业集合,是信息技术、新材料技术的集大成者,也是三大领域,是知识密集、技术密集的产业类型。

3. 航空制造业的附加值非常高

根据日本通产省的分析可知,假如按单位重量创造的价值为某种商品的计价标准,小汽车为船舶的 9 倍,喷气式客机为船舶的 800 倍,而航空发动机高达船舶的 1 400 倍。从飞机研发设计到整机组装生产是一个不断快速增值的过程,发达航空制造业国家的投入产出比可以高达 1∶20。日本通过一次 500 余项高新技术扩散案例分析后发现,高达60%的高新技术都来源于航空工业。

4. 高投入与高产出并存

大型商用飞机行业壁垒极高,资金需求大、研制周期长。比如空客 A380,从 1996年立项,到 2005 年完成原型机的首飞,总研发成本高达 250 亿美元。[①]按照行业惯例,一款机型必须实现 500—700 架的销量才能达到收支平衡点,这是必须跨过的生死线。高额的投入成本背后,也有着高额的附加值诱惑。根据日本学者的研究表明,从投入与产出的效益比来看,航空产业中每投入 1 万美元,10 年以后可以产生 50 万至 80 万美元的收益。另外,美国兰德公司的研究显示,从飞机制造技术溢出所带来的其他各种产品的销售额,是航空工业产品自身销售额的 15 倍。[②]根据波音公司研究表明,民用机销售额每增长 1%,对国民经济的增长拉动为 0.714%;国际经验表明,一个航空项目10 年后给当地带来的效益产出比为 1∶80,技术转移比为 1∶16,就业带动比为1∶12。换句话说,发展大飞机产业,不仅可以带来制造业的升级,而且将有力地支撑国民经济。

航空产业投入产出比与其他行业产出比见图 4.6。

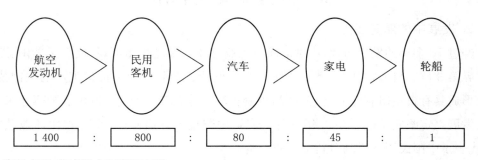

资料来源:华泰联合证券研究所。

图 4.6　航空产业投入产出比与其他行业产出比(以单位重量价格计算)

---

① 引自锦缎研究院:《理解国产大飞机逻辑,需要"看山不是山"》,2022 年 11 月 4 日。
② 引自华泰联合:《航空材料业——从资源到技术的转换典范:拥抱"中国制造"的全新崛起》,2012 年 12 月 15 日。

4.2.5　中国民用航空制造业发展

1. 发展历程

从发展历程来看，中国早在 1911 年就开始涉猎飞机制造领域，仅比 1903 年莱克兄弟晚了 8 年，中国航空先驱冯如先生更是在 1909 年就在美国驾驶冯如 1 号成功试飞，所以在航空领域开始阶段，中国并没有比国际晚太多。但是受制于当时国内的政治经济环境，新中国成立之前，中国的航空装备制造发展存在着"积贫积弱"的发展特点。国内只有几家小型飞机修理厂。1949 年之后，中国的航空制造业经历了从修理到制造、从仿制到自行研制、从自主发展到国际合作的成长过程，并逐步建立起自己的航空制造业。

中国民用飞机产业的发展历史，大体可分为四个阶段，如图 4.7。

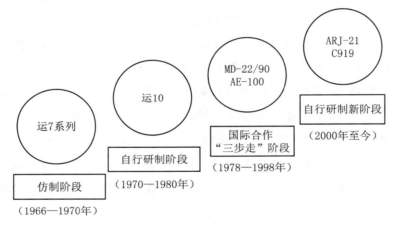

资料来源：前瞻产业研究院。

图 4.7　中国民用飞机研制发展历程

2. 发展中的航空工业

经过 70 多年的发展历程，中国的航空工业总体规模已相当可观，仅次于美国、欧洲，居世界第 3 位。目前，中国已掌握了航空产品设计、试制、试验和批量生产的关键技术，并已形成具有自主研制能力、相关产品配套比较齐全的工业体系，为航空制造业未来可持续发展奠定坚实基础。2023 年 5 月 28 日，中国正式开启 C919 全球首次商业载客飞行，代表了中国民用飞机制造新纪元的开始。

3. 中国民用飞机制造的市场前景

结合波音发布的《2021 年民用航空市场展望》和《中国商飞公司 2021—2040 年民用飞机市场预测年报》，在未来 20 年中，中国民用飞机市场将新增民航飞机约 8 892 架，对应市场规模 91 840 亿元。考虑到中国 ARJ21 支线飞机、C919 大飞机以及 CR929 飞机的研发、生产、交付进程，中国国产民用飞机的需求量为 2 223 架。

4.3　民航运输业

4.3.1　民用航空运输业的定义

民用航空运输业是指以飞机等航空器为载体，直接运送客、货、邮件并收取费用的事业。一般民用航空运输指的就是航空公司。军用航空运输业是指通过军用飞机等航空器从事的一切以军事用途为目的行业，包括作战、侦查、运输、警戒、救援等方面。

4.3.2　民航系统的组成

1. 政府部门

政府部门主要实施对民航的管理。中华人民共和国交通运输部辖下的中国民用航空局管理的地区局有 7 个，包括：东北、华北、华东、中南、西南、西北、新疆，实行协调和统一管理。

2. 民航企业

民航企业是指从事民航业有关的企业，包括航空运输公司、油料公司、航材公司、油料销售公司、信息公司等。

3. 民航机场

民航机场是民用航空和整个社会的结合点，也是一个地区的公众服务设施。

4. 参与通用航空各种活动的个人和企事业单位

参与通用航空各种活动的个人和企事业单位众多，产业链长，产业形成网络集聚。

4.4　临空产业与国际航运中心

4.4.1　临空产业

临空产业是指在机场和机场周边地区，根据其临空指向性强弱在临空经济区内呈现出一定分布规律的多种产业集合,它不仅包括为航空运输提供直接服务的产业,也包括因航空运输的人流、物流等因素所衍生的产业。临空产业的集聚使临空经济区成了一个综合性的产业区域,并通过航空运输业的带动效应促进临空经济区所在区域经济的整体发展。

4.4.2　临空产业分类

临空产业是临空经济的重要核心,目前国内外临空产业的类型发展得越来越多元化,按照不同产业与航空运输或空港资源的依赖程度,大致可将它们分为三种类型:航空核心产业、航空关联产业和航空引致产业。见表4.2。

表 4.2　临空产业类别

划分依据	产业类型	特　征	主要内容
机场资源的需求及利用程度	航空核心产业	主要指的是航空运输业和制造业,共同特点是直接依赖机场的相关设施或服务进行自己的生产或运营	如航空制造、物流、快递等;机场的跑道、货站、航空食品、航空维修、航油航材、航空培训等
	航空关联产业	对航空运输效率要求较高,希望利用机场的交通和设施优势提高其运转速度,降低运营成本的产业	一是高科技制造、轻工制造、现代农业等,有较高的生产附加值,对运输的时效性要求较高;二是信息、技术和资金密集型现代服务业,如企业总部、商务会展等
	航空引致产业	主要指由核心产业和关联产业所引发和吸引的各类辅助配套和支持产业	如居住、教育、消费、购物、休闲娱乐、研发培训、金融服务等

4.4.3　临空产业布局模式

从空间上看,临空经济的空间扩散效应使临空产业在机场周围形成圈层结构,而临空产业依据自身对机场依赖性的大小,分布于距机场不同距离的环状产业带上。按照产业类型与机场距离的不同,将临空经济区中心至外围划分为四个部分:空港运营区、紧邻空港区、相邻空港区、外围辐射区。临空产业按照临空指向性强弱,分布于上述四个区域。

临空经济圈层结构及产业布局见表4.3。

表 4.3　临空经济区圈层结构及产业布局

空间区域	距机场半径(千米)	产业类型
空港运营区	0—1	航空客运、航空货运、航空维修与后勤服务、航空餐饮、航空公司总部等

空间区域	距机场半径（千米）	产业类型
紧邻空港区	1—5	航空物流、高端制造、商业贸易、金融业、保险业、机场工作人员的住宅、生活服务设施等
相邻空港区	5—10	研发中心、会展中心、总部经济、教育培训、高端住宅、休闲旅游业、数据处理、中介与咨询等现代服务业，以及电子设备制造、医疗器械制造与供应、生物医药等高新技术产业
外围辐射区	10—15	多部署临空指向性不强，与空港活动没有直接关系的产业

资料来源：周柯：《航空港经济区（郑州）重点产业培育研究》，中国社会科学出版社 2015 年版。

4.4.4　临空产业群与国际航运中心

国际航运中心是一个功能性的综合概念，它融合发达的航运市场、丰沛的物流、众多的航线、航班于一体，一般以国际贸易、金融、经济中心为依托的国际航运枢纽。临空产业是国际航运中心重要的组成部分。

1. 临空产业的区域经济效应

在社会经济发展过程中，不同的经济发展阶段需要不同的运输组合方式，其中，主导型的运输方式对于当时的区域和城市经济发展具有很强的促导效应。美国教授卡萨达的"第五波理论"，论述了不同时期，各种主导型运输方式的区域经济促进效应，不用的运输方式与不同的经济发展阶段相对应，基本上以一个世纪为一个周期交替演进，并适应当时的主导产业形态的运输需求。在卡萨达论述的第五个冲击波中，以空运为主导的运输方式，因其运距长、范围广、时效高的特点适应了以新技术革命为代表的新兴产业的发展要求，适应了经济全球化的发展背景，成为现代化国际经济中心城市迅速崛起的重要依托。

表 4.4　卡萨达的"第五波理论"

	时间段	运输方式	主要表现
第一个冲击波	17 世纪	海运	一些海港周围出现世界级大型商业中心城市
第二个冲击波	18 世纪	天然运河	水运成为欧洲、美国工业革命的推动力量
第三个冲击波	19 世纪	铁路	一些内陆城市（如美国亚特兰大）成为内地商品生产、交易配送中心
第四个冲击波	20 世纪	公路	发达国家的大型购物商城、商业中心、工业园区、企业总部远离城市中心
第五个冲击波	21 世纪	空运	在经济全球化背景下，航空运输适应了国际贸易距离长、空间范围广、时效要求高等要求，因而成为经济发展的驱动力，是现代化国际经济中心城市迅速崛起的重要依托

资料来源：约翰·卡萨达、格雷格·林赛：《航空大都市：我们未来的生活方式》，曹允春、沈丹阳译，河南科学技术出版社 2013 年版。

2. 海空联运成为国际航运中心多式联运重要组成部分

国际多式联运模式共分为三种：海铁联运、海陆联运、海空联运。作为联运之一的海空联运，结合了海运与空运的优点，充分利用了海运的经济性与空运的快捷性，正成为一种具有广泛发展潜力的新的联运模式。

海空联运又被称为空桥运输(air-bridge service)。在运输组织方式上，空桥运输与陆桥运输有所不同，陆桥运输在整个货运过程中使用的是同一个集装箱，不用换装，而空桥运输的货物通常要在航空港换入航空集装箱。

这种联运组织形式是以海运为主，只是最终交货运输区段由空运承担。海空联运方式始于 20 世纪 60 年代，但 80 年代才得到较大的发展。采用这种运输方式，运输时间比全程海运短，运输费用比全程空运便宜。

3. 航运、航空融合发展的"港产城"模式

航空物流产业关联度大，影响力与感应系数高，是联系机场、空港区产业、地方经济的纽带，其发展程度与完备状况直接影响机场的运营能力，良好的航空物流服务能促进机场货运与临空产业的发展，也是机场带动腹地经济发展的重要纽带。

"港产城"融合是指海港、空港城市现有的基础条件或配套设施与临空、临海经济区的发展有效对接，海港、空港和产业的联动效应大于二者单独孤立发展的效应。使临空经济的功能更加强化。

航运、航空一体化发展模式是临空经济区的发展处于"港产城"高度协同的演进模式，是临海、临空经济区发展的较高级形态。对所在地区经济发展具有重要意义。

4.5　国内外航空法律制度

4.5.1　中国民航法律法规体系

中国民用航空适航法规体系包括：《中华人民共和国民用航空法》，以及相关行政法规、规章。中国已初步形成了由一部法律（《中华人民共和国民用航空法》）、27 部行政法规和行政法规性文件，以及 115 部现行有效规章组成的多层次的民航法规体系框架。

4.5.2　国际航空条约

国际航空条约包括民用航空基本体制、国际民用航空损害赔偿体制、国际民用航空

安全体制。

(1) 民用航空基本体制。民用航空基本体制包括《关于管理空中航行的公约》(《巴黎公约》)、《哈瓦那公约》(《泛美航空公约》)、《国际民用航空公约》(《芝加哥公约》)。

(2) 国际民用航空损害赔偿体制。国际民用航空损害赔偿体制包括《统一国际航空运输某些规则的公约》(《华沙公约》)、《关于修改华沙公约议定书》(《海牙议定书》)、《关于外国航空器对地(水)面上第三者造成的损害的公约》(《罗马公约》)。

(3) 国际民用航空安全体制。国际民用航空安全体制包括《关于在航空器内犯罪和某些其他行为的公约》(《东京公约》)、《关于制止非法劫持航空器的公约》(《海牙公约》)、《关于制止危害民用航空器安全的非法行为的公约》(《蒙特利尔公约》)。

4.5.3　四大航空器管理组织

(1) 国际民用航空组织。国际民用航空组织(International Civil Aviation Organization, ICAO)是联合国的一个专门机构,总部设在加拿大蒙特利尔。1944 年,包括中国在内的 52 个国家参加了在芝加哥召开的国际会议,制定了《国际民用航空公约》,并据此成立了"国际民用航空组织"。1974 年 9 月,ICAO 召开第 21 届大会,中国当选为 ICAO 第二类理事国。在 2004 年 9 月的 ICAO 第 35 届大会上,中国当选为 ICAO 第一类理事国。

(2) 美国联邦航空管理局(Federal Aviation Administration, FAA)。美国联邦航空管理局是美国运输部下属、负责民用航空管理的机构。是世界上主要的航空器适航证颁发者。

(3) 欧洲航空安全局。欧洲航空安全局(European Aviation Safety Agency, EASA)是欧盟国家间相互协作制造飞机及运营、维修、人员执照和设计认证等领域的管理机构,同为世界上主要的航空器适航证颁发的机构。

(4) 中国民用航空局。中国民用航空局(Civil Aviation Administration of China, CAAC)是交通运输部辖下管理机构,负责研究并提出民航事业发展的方针、政策和战略;拟定民航法律、法规草案,经批准后监督执行;代表国家处理涉外民航事务等。

思考题

1. 民用航空制造业的主要特征是什么?

2. 民用航空制造业产业集群与产业链是什么?

3. 中国民航制造业发展态势是什么?

4. 中国民航运输业发展趋势是什么?

5. 临空产业集群与国际航运中心的关系是什么?

参考文献

［1］芮明杰:《产业经济学》,上海财经大学出版社 2016 年版。

［2］耿明斋、张大卫:《航空经济:理论思考与实践探索》,社会科学文献出版社 2022 年版。

［3］周柯:《空港经济区(郑州)产业选择与人才战略研究》,中国社会科学出版社 2019 年版。

［4］李凌岚、安诣彬、雷海丽:《世界航空经济发展研究之成都战略》,经济科学出版社 2022 年版。

［5］郝红武:《航空航天概论》,北京航空航天大学出版社 2018 年版。

［6］史东辉、汪炜、陶金:《通用航空制造业的全球市场结构与竞争》,经济管理出版社 2013 年版。

第 5 章 航运金融分析方法

与其他的金融分析相同,航运业的金融分析也涉及宏观经济学的分析、产业经济学的分析、微观金融分析、实证分析等。以下就这几个方面分别介绍。

5.1 宏观经济学分析方法

5.1.1 宏观经济学分析的含义

宏观经济学分析主要是指对反映整个国民经济增长速度和增长质量的宏观经济基本变量的分析、对宏观经济政策的分析以及对国际金融市场环境的分析。

1. 国内生产总值

国内生产总值(GDP),指在一定时期内国民经济各部门各地区所生产的全部商品和劳务的市场价值。其各个部分构成如下:

$$Y = C + I + G + (X - M)$$

式中,Y 代表国内生产总值;C 代表个人消费;I 代表投资;G 代表政府购买;$(X - M)$ 代表净出口。

个人消费 C 反映了个人或非营利性组织所购买、消费的商品及劳务的市场价值。个人消费支出主要有三类:耐用消费品、非耐用消费品和劳务。

投资 I 由固定资产投资和企业库存两大部分组成。前者是指企业、非营利组织和个人对使用期限 1 年以上的固定资产的投资,如厂房、机器设备、运输工具等。企业库存包括原材料、半制成品和制成品,反映了企业持有的实物存货的价值。

政府购买 G 包括:军事采购及国际开支;社会基础设施,公用事业以及文教科学、社会福利与社会救济等支出;国有企业建设和尖端行业的扶植支出;通过国家预算、国家信贷以及各种形式的补贴、减税等形式扩大国内外市场对本国产品的需求、刺激经济发展等。政府购买反映了政府作为一个普通经济主体在经济生活中的作用。

净出口($X-M$),即出口产品价值与进口产品价值的差额。一般而言,股票价格的变动与 GDP 的变化是一致的。日本日兴证券调查了经济合作与发展组织的主要成员国在1953—1961 年间的 GDP 增长率(Y)与股价的年平均增长率(P)的关系,相关关系式为:

$$P=2.445Y-4.749\ 2$$

人们通常把这看做是股价与经济增长之间的短期关系,反映股票价格对经济增长的敏感性。当然,股市走势与经济增长之间的正相关,其比例并非一成不变。

2. 经济周期

经济从衰退、萧条、复苏到高涨的周期性变化是造成资本市场变化的最基本原因。经济周期根据时间长度的不同分为四个类型:分别是 3—4 年的库存基钦周期、7—10 年的朱格拉周期、15—25 年的库兹涅茨周期、50—60 年的康波周期。这四个周期不是独立存在的,而是相互影响的,周期重合的时候,会产生周期共振或者周期抵消的结果。

关于经济周期与投资的关系,2004 年,美国投资银行美林证券根据这四个阶段资金的流向变化,为金融产品在不同市场条件下的配置提供了方向和思路,被称为"美林时钟"。美林时钟是通过将资产、行业轮动、债券收益率曲线以及经济周期四个阶段相联系,指导投资周期(见图 5.1)。

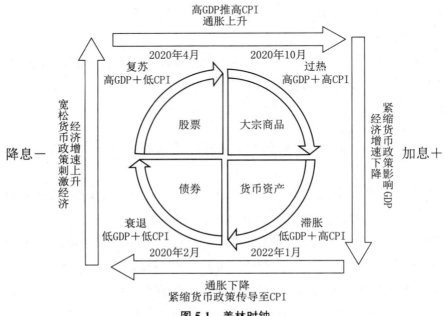

图 5.1 美林时钟

3.通货膨胀

通货膨胀一般指:在纸币流通条件下,因货币供给大于货币实际需求,即现实购买力大于产出供给,导致货币贬值,而引起的一段时间内物价持续而普遍地上涨现象。通货膨胀对资本市场的影响主要体现在:

(1) 影响公司盈利。

(2) 影响投资者对资本收益率的预期。通货膨胀时期的资本收益率会比较高,股息的增长可能赶不上物价的上涨速度,股票价格将最终下跌。股票内在价值公式为:

$$P = D/(K-g)$$

其中,P 为股票现值,D 为上期每股股息,K 为资本收益率,g 为股息增长率。资本收益率预期的变动,直接影响股票内在价值的变动。

(3) 使投资者产生错觉。投资者容易错误地认为所获得相对较高的收益能够抵消通货膨胀的影响,实际上可能是资本损失。假设某投资者的收益率是 15%,所得税率是40%,通货膨胀率为 10%,则实际上的资本损失为 1%。计算过程如下:

$$货币市场实际收益率 = 15\% - (15\% \times 40\%) - 10\% = -1\%$$

4.货币政策与财政政策

货币政策与财政政策是宏观经济调控的两大政策手段。二者的宽松或紧缩力度及其政策配合不同,对整个经济生活及行业与企业的生产经营状况的影响就不相同。在西方经济学教科书中,货币政策与财政政策的搭配主要有以下几种。

(1) 松的货币政策＋松的财政政策;

(2) 松的货币政策＋紧的财政政策;

(3) 紧的货币政策＋紧的财政政策;

(4) 紧的货币政策＋松的财政政策。

5.外贸经济政策

政府经济政策的种类很多,除对经济影响最大的财政政策、货币政策外,还包括外贸政策。外贸政策主要包括汇率政策、外贸直接管制和关税等。

(1) 汇率政策。运用汇率政策管理对外贸易与经济主要是通过汇率的变动来影响贸易进出口和资金流出入。因此一国政府可以通过提高外汇汇率来消除国际收支逆差,也可通过降低汇率来消除国际收支顺差。

(2) 外贸直接管制。外贸直接管制又可分为商品输出管制与商品输入管制。商品输出管制是指政府通过制定一定制度、采取一定措施来鼓励或限制商品输出,如采取出口津贴或出口许可证等措施;商品输入管理则指政府通过制定一些制度或采取一些措施来限制商品输入。相对于关税手段而言,商品输入管制的制度和措施可统称为非关税壁垒。按照关税及贸易总协定的原则,关税应是商品输入的主要管理手段,这样许多非关税壁垒措施就应取消。但实际上,世界各国出于对本国利益的考虑,都在程度不同的使用非关税壁垒措施,主要的有进口限额制、自动出口限制、反倾销、外汇管制等。

(3)关税。关税是国际贸易中各国贸易管理的主要手段,具体包括进口税、出口税、进口附加税、差价税、优惠税等。进口附加税往往是为某种目的,如减少贸易逆差、平衡国际收支、防止外国商品倾销或对某个国家实行歧视政策而临时征收的关税。差价税是对低于本国商品国内价格的进口商品按进口价与国内价的差额浮动征税。优惠税是对某国或某地区进口的全部或部分商品的关税给予减免优待。优惠税可以是单方面的,也可以是互惠的。

5.1.2 宏观经济学分析方法的分类

1. 定量分析与定性分析

宏观经济学分析的方法多种多样,可以按时间长短划分为短期分析、中期分析、长期分析;也可以按对时点和时段的选择划分为动态分析与静态分析。但从根本属性上来看,划分则不外乎两种:定量分析与定性分析。

定量分析是依据统计数据,建立数学模型,并用数学模型计算出分析对象的各项指标及其数值的一种方法。定性分析则是主要凭分析者的直觉、经验,凭分析对象过去和现在的延续状况及最新的信息资料,对分析对象的性质、特点、发展变化规律做出判断的一种方法。相比而言,前一种方法更加科学,但需要较高深的数学知识,而后一种方法虽然较为粗糙,但在数据资料不够充分或分析者数学基础较为薄弱时比较适用,更适合于一般的投资者与经济工作者。

2. 经济指标分析

经济指标是反映经济活动结果的一系列数据和比例关系,有如下指标:

(1)先行指标。如:货币供应量、股票价格指数等。它们可以对国民经济的高峰和低谷进行计算和预测。

(2)同步指标。如:失业率、国内生产总值等。它们反应的是国民经济正在发生的情况,不预示将来的变动。

(3)滞后指标。如:银行短期商业贷款利率、工商业未还贷款等。

宏观分析主要是围绕各项宏观经济指标展开的。还必须把各项总体指标进行层层分解,使之成为一个个具体的分部指标,通过对比这些分部指标的变动情况,分析导致变动产生的原因,从一个个不同的侧面来反映经济运行的内在规律,并根据这一规律预测未来的经济形势。

3. 计量经济模型

计量经济模型是表示经济变量及其主要影响因素之间的函数关系,考虑因素有经济变量、参数和随机误差等。

4. 概率预测

概率预测实质上是根据过去和现在来推测未来。广泛搜集经济领域的历史和现时的资料是开展经济预测的基本条件,善于处理和运用资料是概率预测取得效果的必要手段。

5.2 产业经济学分析方法

5.2.1 产业经济学分析的含义

1. 概念

产业是介于微观经济细胞(企业和家庭消费者)与宏观经济单位(国民经济)之间的若干"集合",即具有某种同一属性而组合到一起的企业集合,也称行业。

产业经济学分析的核心是把握产业自身的生命周期和行业经济轮替。每一个产业,在自身发育成长的过程中无不经历了"萌芽—成长—成熟—衰退"的生命周期,表现为每个行业在国民经济中的地位从"幼稚产业、先导产业、主导产业、支柱产业、夕阳产业"的变迁。

2. 产业分类

三次产业是对国民经济众多行业进行的一种基本分类,即按照产业活动的先后次序分为第一产业、第二产业和第三产业。根据中国国家统计局的划分,具体规定如下:

第一产业(Ⅰ):农业,包括农业、林业、牧业和渔业;

第二产业(Ⅱ):工业,包括采掘业、制造业、水电气生产供应业和建筑业;

第三产业(Ⅲ):服务业,包括商品流通服务、生产和生活服务、文化和娱乐服务和社会公共服务业。

3. 三次产业的变化

一国经济三次产业的就业比重和增加值比重在排序上的变化,表现出阶段时序性和层次性的特征,其演进可以依据三次产业中每一个产业比重在产业结构中的重心转移顺序划分为五个阶段:

(1) Ⅰ＞Ⅲ＞Ⅱ；

(2) Ⅰ＞Ⅱ＞Ⅲ；

(3) Ⅱ＞Ⅰ＞Ⅲ；

(4) Ⅱ＞Ⅲ＞Ⅰ；

(5) Ⅲ＞Ⅱ＞Ⅰ。

国民经济处于第一阶段时，商品经济很不发达，生产力水平低下，第一产业是最重要的产业，工业化进程刚刚起步，其增加值份额还比不上第三产业。国民经济进入第二阶段后，社会分工加速，劳动力、资金、技术开始流向工业部门，第二产业的产业增加值的份额第一次超过第三产业。在第三阶段，第二产业的增加值份额超过第三产业后，又超过第一产业。在第四阶段，在工业化加速带动下，经济出现强劲增长、第二产业出现大发展，第三产业开始伸向第二产业，引起商业、饮食业、信息业、邮电业和交通运输业的大发展，第三产业的增加值份额又一次超过第一产业的增加值份额。在第五阶段，产业结构演变进入高级阶段，第三产业成为吸引生产要素的主要部门，在超过第一产业后，接着超过第二产业。

5.2.2　产业经济学主要研究理论

1. 产业组织理论

产业组织理论主要是为了解决马歇尔冲突的难题，马歇尔冲突即产业内企业的规模经济效应与企业之间的竞争活力的冲突。

传统的产业组织理论体系主要是由张伯伦、梅森、贝恩、谢勒等建立的，即著名的市场结构、市场行为和市场绩效理论范式（又称 SCP 模式）。SCP 模式奠定了产业组织理论体系的基础，以后各派产业组织理论的发展都是建立在对 SCP 模式的继承或批判基础之上的。

2. 产业结构理论

产业结构理论主要研究产业结构的演变及其对经济发展的影响。它主要从经济发展的角度研究产业间的资源占有关系、产业结构的层次演化，从而为制定产业结构的规划与优化的政策提供理论依据。

产业结构理论一般包括：对影响和决定产业结构的因素的研究；对产业结构的演变规律的研究；对产业结构优化的研究；对战略产业的选择和产业结构政策的研究；产业结构规划和产业结构调整等应用性的研究等。

3. 产业关联理论

产业关联理论又称产业联系理论，侧重于研究产业之间的中间投入和中间产出之间的关系,这些主要由列昂惕夫的投入产出法解决。很好地反映各产业的中间投入和中间需求,是产业关联理论区别于产业结构和产业组织的一个主要特征。

产业关联理论还可以分析各相关产业的关联关系(包括前向关联和后向关联等),产业的波及效果(包括产业感应度和影响力、生产的最终依赖度以及就业和资本需求量)等。

4. 产业布局理论

产业布局是一国或地区经济发展规划的基础,也是其经济发展战略的重要组成部分,更是其实现国民经济持续稳定发展的前提条件。

产业布局理论主要研究影响产业布局的因素、产业布局与经济发展的关系、产业布局的基本原则、产业布局的基本原理、产业布局的一般规律、产业布局的指向性以及产业布局政策等。

5. 产业发展理论

产业发展理论主要研究产业发展过程中的发展规律、发展周期、影响因素、产业转移、资源配置、发展政策等问题。

对产业发展规律的研究有利于决策部门根据产业各个不同阶段的发展规律采取不同的产业政策,也有利于企业根据这些规律采取相应的发展战略。

6. 产业政策研究

从纵向来看,产业政策研究包括产业政策调查(事前经济分析)、产业政策制定、产业政策实施方法、产业政策效果评估、产业政策效果反馈和产业政策修正等内容;从横向来看,产业政策研究包括产业发展政策、产业组织政策、产业结构政策、产业布局政策和产业技术政策等几个方面的内容。从其作用特征来看,产业政策包括秩序型(或称制度型)产业政策以及过程型(或称行为型)产业政策。

7. "五力模型"

"五力模型"是产业经济学的重要内容。它是由著名的经济学家——迈克尔·波特于 20 世纪 80 年代初提出,对企业战略制定产生全球性的深远影响。"五力模型"用于竞争战略的分析,可以有效分析客户的竞争环境,包括:供应商的讨价还价能力、购买者的讨价还价能力、新进入者的威胁、替代品的威胁、行业内现有竞争者的竞争。

5.2.3 产业经济学分析方法

行业指生产类似或密切联系产品,或提供类似劳务或密切相关劳务的企业群体。分类主要包括:

(1) 按要素密集性质和不同行业对市场要素的不同依赖程度划分:资本密集型行业、

技术密集型行业和劳动密集型行业。

（2）按行业生命周期划分,可以分为成长型行业、发展型行业、成熟型行业和衰退型行业。例如,电子信息和生物工程业是在技术革命推动下,逐渐从无到有,从小到大,属于"朝阳行业";煤炭业、棉纺业和采矿业等,在产业格局演变中正逐步走向衰落,属于"夕阳行业"。这样的划分,往往不同于三次产业划分那样具有稳定性。不同的国家,因为所处经济发展阶段不一样,同一行业可能在一个国家属于"夕阳行业",而在另一个国家就可能属于"朝阳行业"。按照生产产品的不同划分,可以分为耐用消费品行业和非耐用消费品行业。

（3）按照市场竞争的不同划分,可以分为完全竞争行业、不完全竞争行业或垄断竞争行业、寡头垄断行业和完全垄断行业。

（4）与经济周期的关系划分,可分为强周期行业与弱周期行业。周期性行业(cyclical industry)是指和国内或国际经济波动相关性较强的行业。典型的强周期行业包括:汽车、钢铁、房地产、有色金属、石油化工等,其他强周期性行业包括电力、煤炭、机械、造船、水泥等;弱周期行业如食品业、医药行业和公用事业等,弱周期行业也称防御性行业。

5.3　微观金融分析基础方法

5.3.1　微观金融分析的含义

微观金融分析则是指通过对公司的竞争能力、盈利能力、管理能力和财务状况等的综合评价,借以评估和预测公司的发展趋势的公司分析。公司分析的核心是公司的价值创造能力和成长性。完整的公司分析应当包括公司所处的行业、区位及其在行业区位中的地位,公司产品的竞争能力和市场占有率,公司的经营管理水平和公司经营战略等基本分析和包括公司的偿债能力、资产管理能力和盈利能力在内的财务分析。

5.3.2　公司财务分析

公司财务分析又称财务报表分析,是通过对公司报表的有关数据进行汇总、计算和对比,综合地分析和评价公司的财务状况和经营成果。公司财务分析的目的是满足投资人、债权人、管理部门、经营管理者等各层级的信息需求。

1. 公司财务报表

公司财务报表是根据会计记录,对公司的财务状况和经营成果进行综合反映的一种书面文件。根据财务报表反映的内容,具体可以分为资产负债表、损益表、利润分配表、主营业务收支明细表和现金流量表等。

(1)资产负债表。

资产负债表由资产、负债和所有者权益三个部分构成,反映公司的资产、负债(包括所有者权益)之间的平衡关系。资产负债表是根据"资产=负债+所有者权益"这一会计等式编制而成的。通过资产负债表,可以了解公司资产的分布状况,公司所承担的短期、长期负债情况及所有者权益变动等信息,以判断公司资本结构是否合理,财务状况如何,偿债能力如何,股东在公司中所持有的权益是多少等。

(2)损益表。

损益表反映公司在一定时期内经营成果的财务报表。主要通过列示收入、费用支出和所得利润,揭示公司的销售净利润增长等经营业绩。通过分析损益表内各项目与销售收入的比例关系,可以了解一家公司的盈利能力和上升空间。目前中国上市公司的年度报告里一般采用利润及利润分配表。

(3)现金流量表。

编制现金流量表是为会计报表使用者提供企业一定会计期间内现金和现金等价物流入和流出的信息,以便于报表使用者了解和评价企业获取现金和现金等价物的能力,并据以预测企业未来现金流量。现金流量包括经营活动产生的现金流量、投资活动产生的现金流量和筹资活动产生的现金流量三大类。

2. 财务分析基本方法

财务分析内容包括资金结构、风险程度、盈利能力和经营成果等。公司的投资人关注公司的发展趋势,注重公司盈利能力及资本结构分析。公司的债权人关注公司的偿债能力,通过流动性分析,可以了解公司清偿短期债务的能力。财务分析的基本方法主要有百分比法、比率分析和图表示意分析三种,在此重点介绍比率分析方法。

财务比率分析是同一张财务报表的不同项目之间、不同类别之间,或在两张不同财务报表和资产负债表、损益表的有关项目之间,用比率来反映它们的相互关系,以求从中发现问题并据此评价企业的财务状况和经营中存在的问题。分析财务报表所使用的比率以及同一比率的解释和评价,随着分析资料的使用者着眼点、目标和用途不同而异。主要指标包括:财务效益、资产营运状况、偿债能力、发展能力、上市公司市场价值比率等五大指标体系,如表5.1。

表 5.1　财务比率分析体系

指　　标			指　　标		
一、反映财务效益状况	基本指标	净资产收益率	四、反映发展能力状况	基本指标	营业增长率
		总资产收益率			资本积累率
	修正指标	资产保值增值率		修正指标	总资产增长率
		营业利润率			固定资产成新率
		成本费用利润率			三年利润平均增率
二、反映资产运营状况	基本指标	总资产周转率			三年资本平均增率
		流动资产周转率	五、反映上市公司市场价值比率	基本指标	每股收益
	修正指标	存货周转率			每股净资产
		应收账款周转率			每股经营活动产生的现金流量净额
		不良资产比率			净资产收益率
三、反映偿债能力状况	基本指标	资产负债率		修正指标	每股公积金
		已获利息倍数			每股股利
	修正指标	流动比率			股利支付率
		速动比率			留存收益率
		现金流动负债比率			净资产倍率
		长期资产适合率			
		经营亏损挂账率			

具体指标计算公式如表 5.2。

表 5.2　财务比率指标计算公式表

项　　目	计算公式
一、短期偿债能力比率	
1. 营运资本	流动资产流动负债
2. 流动比率	流动资产÷流动负债
3. 速动比率	速动资产÷流动负债
4. 现金比率	(货币资金＋交易性金融资产)÷流动负债
5. 现金流量比率	经营活动现金流量净额÷流动负债
二、长期偿债能力比率	
1. 资产负债率	(总负债÷总资产)×100%
2. 产权比率	总负债÷股东权益

项　　目	计算公式
3. 权益乘数	总资产÷股东权益
4. 长期资本负债率	[非流动负债÷(非流动负债＋股东权益)]×100%
5. 利息保障倍数	(净利润＋利息费用＋所得税费用)÷利息费用
6. 现金流量利息保障倍数	经营活动现金流量净额÷利息费用
7. 现金流量债务比	经营活动现金流量净额÷债务总额
三、营运能力比率	
1. 应收账款周转率(次数)	销售收入÷应收账款
2. 存货周转率(次数)	销售成本÷存货
3. 流动资产周转率(次数)	销售收入÷流动资产
4. 营运资本周转率(次数)	销售收入÷营运资本
5. 非流动资产周转率(次数)	销售收入÷非流动资产
6. 总资产周转率(次数)	销售收入÷总资产
7. 现金流量资产比	经营活动现金流量净额÷总资产
四、盈利能力比率	
1. 销售净利率	(净利润÷销售收入)×100%
2. 总资产净利率 ROA	(净利润÷总资产)×100%
3. 权益净利率	(净利润÷股东权益)×100%
五、市价比率	
1. 市盈率	每股市价÷每股收益
2. 市净率	每股市价÷每股净资产
3. 市销率	每股市价÷每股销售收入
六、杜邦分析体系(旧)	
权益净利率 ROE	销售净利率×总资产周转次数×权益乘数

5.3.3　技术分析

技术分析法,就是应用金融市场最简单的供求关系变化规律,寻找、摸索出一套分析市场走势、预测市场未来趋势的金融市场分析方法。技术分析法是分析金融市场波动规律的方法,其所依据的基础是市场的供求关系变化。

金融市场技术分析是目前国际上对金融资产价格分析中比较流行的重要方法之一。它把金融资产价格变动的历史资料作为归纳和演绎的依据,通过图表方式来研判金融资产价格的未来走势。它的基本原理是认为市场价格的变化是由供求双方的力量对比所决定的,意义在于提供量化指标,在供求双方力量对比发生变化或者出现转折时尽可能地表现出来。

技术分析有三个基本假设：价格反映市场供求、价位遵循一定方向推进、结果可以重复。

由于技术分析是利用图表、数学运算、波浪及周期等分析方法去研判市场变动，从而预测价格的走势；同时，技术分析只关心市场，不关心影响市场的基本因素，这就导致其在应用上有一定的局限性，并非投资选择的灵丹妙药。一般来说，技术分析是用来做短线操作分析的。这是因为技术分析最关心证券价格的变动，基本不关心证券市场以外的影响。在证券市场还很不成熟的情况下，证券市场受到的非技术因素影响较大，技术分析的局限性就可能更加明显。技术分析的主要流派包括指标派、切线派、形态派、K线派和波浪派，流行的分析理论有随机漫步理论、循环周期理论、道氏理论、波浪理论和相反理论。

基本分析法着重于对一般经济情况以及个别公司的经营管理状况、行业动态等因素进行分析，以此来研究股票的价值，衡量股价的高低。而技术分析则是透过图表或技术指标的记录，研究市场过去及现在的行为反应，以推测未来价格的变动趋势。技术分析依据的技术指标的主要内容是由股价、成交量或涨跌指数等数据计算而得的，我们也由此可知：技术分析只关心证券市场本身的变化，而不考虑会对其产生某种影响的经济、政治等方面的各种外部因素。技术分析主要包括技术图形分析和指标分析等，见图 5.2。

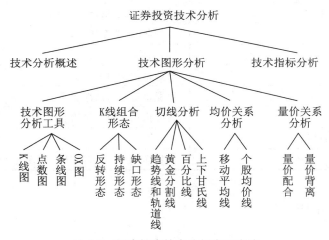

图 5.2　证券投资技术分析主要方法

5.3.4　金融市场的风险管理

1. 风险的概念

风险源于事物的不确定性，是一种损失或获益的机会。现实生活中"风险"一词的内涵包括：

① 风险是指可预测的不确定性；

② 风险是指出现损失的可能性；

③ 风险是指对发生某一经济损失的不确定性；

④ 风险是指对特定情况下未来结果的客观疑虑；

⑤ 风险是一种无法预测的、实际后果可能与预测后果存在差异的倾向；

⑥ 风险是指损失出现的机会或概率。

人们普遍采用的风险定义是：某种损失发生的可能性。风险的构成要素有损失和不确定性。

2. 风险的类型和来源

（1）风险因素可以分为客观风险因素和主观风险因素。客观风险因素是指由自然力量或物质条件所构成的风险因素，包括自然环境、地理位置、组织管理模式、政策变化、利率变化等。主观风险因素是指由于人们的心理、行为等主观条件构成的风险因素，包括道德因素和心理因素等。

（2）风险按其结果的不同可分为纯粹风险和投机风险。纯粹风险是指只有损失或只有损失的可能而无获利的可能的风险。投机风险是指既有获利的可能，也有发生损失的可能的风险。

（3）风险按其是否可以通过投资组合加以分散可分为系统性风险和非系统性风险。系统性风险又称为不可分散风险或不变风险。是指由于某种全局性或系统性因素引起的所有资产收益的可能变动。系统风险主要包括市场风险、利率风险、购买力风险和汇率风险等。非系统性风险又称为可分散风险或可变风险。是指只对某个行业或公司产生影响的风险。非系统风险包括行业风险、经营风险、财务风险和违约风险等。

这两大风险，如图 5.3。

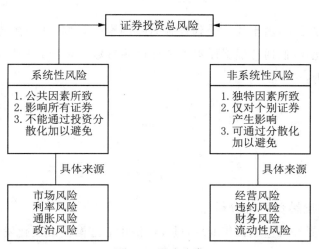

图 5.3 风险分类

3. 风险的度量方法——期望方差分析

（1）风险的理解与衡量。

绝大多数学者把风险理解为未来投资收益的不确定性，或者未来实际收益与期望回报的差异程度，因而用收益的方差或标准差来度量风险。但也有学者认为，风险应该由投资可能产生的亏损的程度来衡量。在他们看来，如果未来的收益高于预期，对投资者来说并不是风险，因而建议采用损失的可能性或概率大小作为风险衡量指标。

（2）采用收益率的方差来度量风险。

对于离散型的收益率分布，预期收益率的计算公式为：

$$E(r) = \sum_{i=1}^{n} p_i r_i$$

其中，r_i 为第 i 种可能收益，p_i 为其可能概率。

$$\sum_{i=1}^{n} p_i = 1$$

将风险度量为收益率对其预期收益率（数学期望）的波动性，它反映了收益率概率分布的分散程度，通常用收益率的方差或标准差来计量。方差的计算公式为：

$$\sigma^2(r) = \sum_{i=1}^{n} p_i [r_i - E(r_i)]^2$$

方差越小，表明其实际收益率越可能接近于其期望收益率；方差越大，表明实际收益率越有可能偏离其期望收益率。标准差是方差的平方根。公式为：

$$\sigma(r) = \sqrt{\sum_{i=1}^{n} p_i [r_i - E(r_i)]^2}$$

对于未来的收益率，由于其值受到各种风险因素的影响，其潜在的实际概率分布是无法知道的。因此，我们通常根据样本来估计这些参数。对于 n 期样本，收益率和方差的计算公式分别为：

$$\bar{r} = \frac{1}{n} \sum_{i=1}^{n} r_i$$

$$\hat{\sigma}^2(r) = \frac{1}{n-1} \sum_{i=1}^{n} [r_i - \bar{r}]^2$$

4. 航运企业投融资风险分析

目前，随着世界经济遭遇百年变局，世界经济中心逐渐向多极化发展，国际航运格局也在不断发展和演变。国际航运业从单纯的航运服务业逐步形成包括船舶工业、航运技术、智慧港口发展、航运信息、航运金融、航运劳务、大数据、人工智能等多种领域的综合性行业。于是,对提高航运企业竞争能力的研究也相应成为世界主要航运国家所共同关心的问题。而要提高航运企业竞争能力,投融资决策是重要因素之一,投融资决策在航运企业的经营发展中占有重要的地位。无论是造、买船投融资还是其他项目投融资,投融资决策的正确与否,直接关系到投融资的成败,对企业与船队的发展速度及企业的经济效益均具有现实和深远的影响。投融资决策正确,可以提高投融资决策效益,开创国际航运企业发展的新局面;投融资决策失误,则会给航运企业发展带来不可弥补的巨大损失。

作为国际航运投融资决策依据的国际航运投融资经济分析,是建立在分析人员对未来事件所作的预测与判断基础之上的。由于影响各种方案经济效果的政治、经济形势,外部环境条件,技术发展情况等因素的未来变化带有不确定性,加上预测方法和工作条件的局限性,对国际航运投融资方案经济效果评价中使用的投融资、成本、运量或运价等基础数据的估算与预测结果不可避免地会有误差,这就使得方案经济效果的实际值可能偏离其预期值,从而给投融资者和经营者带来风险。例如,投融资超支、造船工期拖长、运量不足或生产能力达不到设计要求、燃料价格上涨、劳务费用增加、市场需求变化、贷款利率变动等因素都可能使一个船舶投融资项目达不到预期的经济效果,甚至发生亏损。

(1) 航运企业的风险。

航运企业的风险具体表现在以下几方面。

① 行业风险。海洋运输是一种风险性较大的竞争行业,其安全包括船舶安全、货物安全、旅客和船员的人身安全等,受较多不确定因素的影响。如自然灾害和海上事故,都有可能对公司的正常经营和经济效益带来较大的影响。

目前,航运市场竞争激烈,为了降低生产成本,各航运企业大力发展吨位、自动化程度高的船舶。船舶自身价值达几千万甚至上亿元,一艘船舶的投融资相当于陆上的一个中型工业企业的投融资。一旦船舶发生事故造成船沉人亡,其损失巨大,而且还会引起海洋环境的污染,对外造成的影响不但涉及企业信誉而且可能涉及国家的声誉。

② 经营风险。航运业的发展在一定程度上依赖于整个国民经济的发展状况,国民经济的稳步发展给航运业提供了很好的发展机遇。但航运企业应该清醒地认识到,若出现国民经济的周期性波动,则有可能引起航运业经营环境的相对变化,从而给企业的经营构成一定的风险。

航运业是一个典型的周期性行业,一般而言,国际航运市场的周期历时大约为5—6年。受整个世界经济运行周期的影响国际航运市场周期略有长短。当运输需求增长大于运力供给增长时，运价水平上升，航运业处于景气回升过程，企业经济效益改善，并开始投融资定造或购置新的船舶。由于船舶建造需要历时一年以上的时间，新的船舶作为实际运力投入要比船舶订单发出后有一段滞后期，在此期间，航运市场（运价指数）有进一步回升的过程。等到大量新造船舶投入运营，运力供给增长过快将导致运价下跌。如果世界经济增长乏力，运输需求增长缓慢，则将出现运力过剩，运价水平持续下跌，整个航运市场步入下降周期。在此期间，航运企业效益将大幅下滑，用于构造新船的资金相当有限，市场的运力供给将明显放缓，从而使航运市场酝酿新一轮复苏。

③ 市场风险。航运企业的业务收入、经济效益在很大程度上依赖于运输货源的取得。例如，以港口为依托的火力发电、石油化工、化工原材料和钢材等企业是航运企业货源相对稳定的客户群，电煤运输是航运企业大吨位船舶稳定的货源市场。但是随着中国航运企业的数量扩张，航运市场份额的竞争越来越激烈，此外，中国航运企业直接面临国外航运企业的竞争，市场风险不断加大。

④ 投融资风险。航运企业属于资金密集型企业，一项投融资的金额少则几百万，多则几千万上亿。企业在投融资过程中，如果事先没有对投融资项目进行严格科学的经济技术论证，或由于自身素质较低，将会出现管理混乱、资金困难等情况。中小航运企业尤其应着重防范投融资方面带来的风险，如新建船舶会存在因造船厂家的延误使船舶不能及时投入运营的风险；购买国外船舶（主要购船地区在欧美国家）时，会存在因市场行情的变化、外汇汇率（主要采用美元结算）波动而导致船舶价格变化的风险等。

（2）航运金融风险管理模型。

面对市场风险和叠加的信用风险，目前常用的金融风险管理模型如表 5.3。

表 5.3　金融风控管理主要模型

信用风险	市场风险
大数据个人信贷平分卡模型	CAPM 资本资产定价模型
银行对公及零售信用风险建模	Time-Series 金融时间序列分析
互联网金融信用风险建模	Black-Scholes 期权定价模型
信用风险违约概率建模	VaR 在险价值建模
基于莫顿模型的信用风险计量建模	随机利率及债券定价模型

（3）航运风险的过程管理。

航运风险管理和其他行业一样，风险管理过程主要包括，风险识别、风险分析和风险应对。风险管理过程见图 5.4。

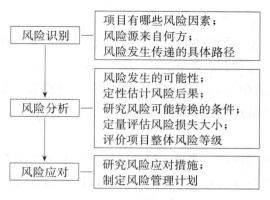

图 5.4　风险管理过程

5.3.5　航运企业价值分析

企业价值分析方法主要包括：成本法、折现法（也称收益法）、市场法和期权法，如图 5.5。本部分主要介绍前三种。

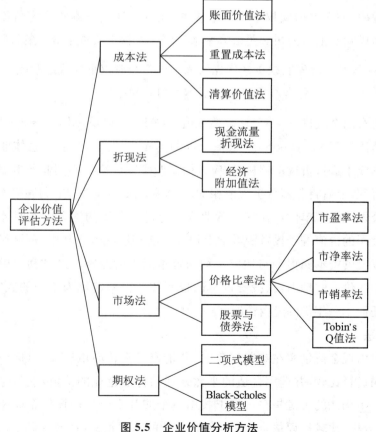

图 5.5　企业价值分析方法

1. 成本法

成本法最主要的是指重置成本法,使用这种方法所获得的公司价值实际上是对公司账面价值的调整数值。这种方法起源于对传统的实物资产的评估,如对土地、建筑物、机器设备等的评估,而且着眼点是成本。成本法在评估公司价值时假设企业的价值等于所有有形资产和无形资产的成本之和,减去负债。

2. 折现法

折现法是计算公司的内在价值最妥当的方法。企业的内在价值即其未来能产生的收益折现。折现法依据折现的对象的不同,又可以分为股利折现法、现金流折现法和以会计净收益(利润)为基础的折现法。其中,折现法的折现率则采用加权平均资本成本(WACC)。

这里简单介绍现金流折现法。

假设净剩余＝净现金流,现金流折现即净剩余折现:

$$PV_n = S_n/(1+r)^n$$

第 n 年的净剩余(S_n)的现值(PV_n)由上式求解,其中折现率(r)是可选变量。

关于折现率,一般采用加权平均资本成本,还有的通过资本资产定价模型(CAPM)统计计算类似风险的上市公司必要报酬率来确定。加权平均资本成本的计算方法如下:

$$WACC＝优先股权重×优先股成本＋普通股权重×普通股成本$$
$$＋债务权重×债务成本×(1－税率)$$

折现法还有两个改进型:一个是调整现值法(APV, adjusted present value);另一个是经济附加值法(EVA, economic value added)。APV 指出,对公司总体业务统一使用加权平均资本成本进行折现不够科学,应该根据产生现金流的不同业务事项单独估计其资本成本并折现,最后将各部分折现值相加。EVA 的基本思想是:利润率不能超过资本成本。一个公司或生产单位仅在它的营业收益超过所利用的资本成本时才为其所有者创造价值。公司的价值等于投资资本加上预计经济利润现值。其中,预计经济利润等于投资成本乘以投资资本回报率与加权平均的资本成本的差额。经济利润模式将现金流量折现模式中的价值驱动因素、投资资本回报率和增长率转化为单一的数字,因而可以了解公司在任何单一年份的经营情况。

3. 市场法

当未来自由现金流量实在难以计算时,分析家经常转向市场,将目标公司与其他类似的上市公司进行比较,并选用合适的乘数来评估标的企业的价值,这就是公司价值评估的市场法。市场法的关键是在市场上找出一个或几十个与被评估企业相同或相似的参照物企业;分析、比较被评估企业和参照物企业的重要指标,在此基础上,修正、调整参照物企业的市场价值，最后确定被评估公司的价值。

这里简单介绍净剩余倍数法或称市盈率法（Price/Earning 或 P/E ratio）。

$$P/E＝每股价值/每股盈利＝企业价值/企业利润$$

因此：

$$企业价值＝企业利润额×市盈率倍数$$

市盈率倍数基准还可以用销售额、净资产等其他指标替代。

5.4 实证分析法与主要软件应用

5.4.1 实证分析法

1. 实证分析法的含义

实证分析就是指按照研究对象的本来面目对其进行研究，来说明分析的是什么。换句话说，在经济学领域中，实证分析揭示了经济变量间的关系，揭示了经济活动的原因和结果，从而得出经济变量间的因果联系。实证分析法的主要观点是通过对客观事物的验证来阐述已有的结论是否正确。

2. 实证分析法的内容

目前学术界常运用实证分析法来进行有关课题的研究，即通过对实际情况进行描述分析，以说明经济活动本质上是一种怎样的活动，以及产生的影响等。从经济领域的角度来说，实证分析法需要运用一系列的分析工具。在实际中，采取实证分析方法进行学术研究时，常常需要对实际问题先进行抽样调查，再对收集来的数据进行整合和分析，即从统计经济学的角度来说，实证分析往往会运用到相关性分析、回归分析、因子分析、T检验、误差理论与数据处理、最小二乘法、非参数检验等。下面简单介绍实证分析法的主要内容。

（1）相关性分析。

相关性分析是指对具有相关性的变量之间进行的分析，衡量变量间的相关程度，即研究对象间是否存在某种依存关系，并对其相关方向及程度进行深层次的探讨的统计方法。相关性分析几乎覆盖了多个方面，且在不同的学科里面有不同的定义。下面介绍几种常见的相关性分析：

① 线性相关性分析。它是指探究两个变量间线性关系的程度。用相关系数 r 来表

示。其中,相关性的关系有三种:第一种,正相关:$r > 0$,即 x、y 变化的方向一致;第二种,负相关:$r < 0$,即 x、y 变化的方向相反。第三种,无线性相关,$r = 0$。

② 偏相关性分析。它是指在探究两个变量间的线性相关关系时,控制着会对其变量产生影响的其他变量,即指当两个变量同时与第三个变量相关时,将第三个变量的影响剔除,只分析另外两个变量之间相关程度的过程。

③ 距离分析。它是指对变量间相似程度的一种测度分析。其中,不相似性的测度步骤有:第一步,对等间隔的数据进行不相似性测度时可用欧氏距离和 Euclid 欧氏距离统计方法;第二步,对计数数据测度需使用卡方;第三步,若是二值数据,则可使用方差、模式差异等方法。相似性的测度步骤有:第一步,对等间隔的数据可采用 Pearson 相关性分析方法;第二步,对二元数据的测度可使用的统计量有较多方式。

④ 偏相关。它是指若存在多个变量,控制住其他所有变量的影响,只对两个变量间进行直线相关的程度分析,又可称为部分相关。

(2) 回归分析。

回归分析是一种统计分析方法,研究两种及其以上变量间相互依赖的定量分析。回归分析的类型有多种,其中,若按自变量的个数可分为多元回归分析和一元回归分析;若按因变量的数量可分为多重回归分析和回归分析。

当自变量与因变量存在线性关系时,回归分析就是一种数学模型。若只有一个自变量和一个因变量,且符合线性关系,即为一元线性回归分析,模型为 $Y = a + bX + e$,(X 是自变量,Y 是因变量,e 是随机误差项,通常假定 $e = 0$)。当因变量数量大于 1 时,称为多重回归分析;当自变量的数量大于 1 时,称为多元回归分析。

(3) 因子分析。

因子分析是主成分分析的一种推广,将多个变量转化为几个综合变量,且又能反映原来多个变量的绝大部分信息。采用因子分析的主要原因是变量多,而且各个变量相关性比较强,因而从其中提取主要的因子,再由所采用的几个综合变量计算出一个总体指标。按照此总指标进行排序、分类,可以明显将问题简单化。因此,因子分析法就是用几个关键的因子来描述诸多指标之间的关系,它将比较紧密的变量归于一类,每一类变量便转化为一个关键因子,用几个关键因子来反映大部分原始信息。

5.4.2 主要软件应用

实证研究可能面对处理大量甚至海量的数据,不同计量软件的出现,帮助我们解决了这个问题。在实证金融领域中,目前常用的计量软件包括 Stata、Matlab、Eviews 等。下面我们对这几种软件进行介绍,并以 Stata 为例,对该软件在实证分析中的应用进行阐述。

1. Stata

Stata 是一套提供数据分析、数据管理以及绘制专业图表的完整及整合性统计软件。它拥有很多功能,包含线性混合模型、均衡重复反复及多项式普罗比模式。Stata 的统计功能很强,除了传统的统计分析方法外,还收集了近 20 年发展起来的新方法,如 Cox 比例风险回归,指数与 Weibull 回归,多类结果与有序结果的 logistic 回归,泊松回归,负二项回归及广义负二项回归,随机效应模型等。

(1) Stata 的基本操作。

对于 Stata 的初学者,通常可以按照以下步骤进行操作:首先通过单击 Stata 图表进入 Stata 界面,然后打开一个 Stata 的例子数据集,最后做一些基本的统计分析。为了获得例子的数据集,选择 File>Example Datasets …,这意味着可以从 File 菜单中,选择其条目 Example Datasets …。然后单击如 Example datasets installed with Stata 的链接。例如,使用数据集 auto. dta,它用于 Stata 文件中介绍的许多入门的例子。首先,选择 describe 来获得对数据集中变量的描述。其次,选择 use 把数据集读入 Stata。然后,通过在 Command 窗口中输入 summarize 命令来获得描述性统计分析结果。通过输入 regress mpg weight 命令选择 Statistics>Linear models and related>Linear regression (然后在 Model 标签的下拉列表中选择 mpg 作为被解释变量,选择 weight 作为解释变量)即可执行一个简单回归。

(2) Stata 在实证分析中的应用。

① Stata 在横截面数据分析中的应用。

横截面数据是指同一个时点上,不同观测个体同一观测指标的观测数据。对于横截面数据,可以建立线性模型或者非线性模型,线性模型主要包括线性回归模型、半对数模型和常弹性模型等,非线性回归模型主要包括 Logit 模型、Probit 模型、Tobit 模型以及泊松模型等。这里以多元线性回归为例,简要介绍 Stata 软件在横截面数据分析中的应用。

对于以下多元线性回归模型:

$$y = \alpha + \beta x_1 + \gamma x_2 + \lambda x_3 + \varepsilon$$

其中,y 是被解释变量,x_1,x_2,x_3 是解释变量,α,β,γ,λ 是待估计参数,ε 为随机扰动项。设定模型之后,使用 Stata 软件对该模型进行数据分析和模型估计:

第一步:对该模型中的变量进行描述性统计分析:

sum y x1 x2 x3

第二步:在回归之前,对变量之间的相关性进行分析:

correlate y x1 x2 x3

第三步:对多元回归模型使用普通最小二乘法进行估计:

reg y x1 x2 x3

② Stata 在时间序列数据分析中的应用。

时间序列数据是由一个或几个变量不同时间的观测值所构成,或是同一观测个体在不同观测时点上所观测的数据。时间序列模型主要包括自回归移动平均(ARMA)模型、求和自回归移动平均(ARIMA)模型、条件异方差(GARCH)模型、VAR(向量自回归)模型以及向量误差修正(VECM)模型等。其中,ARMA 模型是最常用的时间序列模型,这里以该模型为例,简要介绍 Stata 软件在时间序列数据分析中的应用。

对于以下 ARMA(p, q)模型:

$$\begin{cases} x_t = \phi_0 + \phi_1 x_{t-1} + \cdots + \phi_p x_{t-p} + \varepsilon_t - \theta_1 \varepsilon_{t-1} - \cdots - \theta_q \\ \phi_p \neq 0, \ \theta_q \neq 0 \\ E(\varepsilon_t) = 0, \ Var(\varepsilon_t) = \sigma_\varepsilon^2, \ E(\varepsilon_t \varepsilon_s) = 0, \ s \neq t \\ E(x_s \varepsilon_t) = 0, \ \forall s < t \end{cases}$$

其中,p 为自回归模型的阶数,q 为移动平均模型的阶数。设定模型之后,使用 Stata 对其进行分析,具体步骤如下:

第一步:将数据集设定为时间序列数据:

tset timevar

第二步:对变量的平稳性进行检验:

dfuller x

第三步:对变量进行白噪声检验:

wntestq x

第四步:对变量的自相关系数系数和偏自相关系数进行估计:

corrgram x

第五步:对 ARMA 模型进行估计:

arima x, ar(1/p) ma(1/q)

第六步:生成模型的残差序列:

predict r, res

第七步:对残差序列进行白噪声检验:

wntestq r

③ Stata 在面板数据分析中的应用。

面板数据也称为平行数据,是将横截面数据与时间序列数据结合起来的数据,即对横截面中的每一个观测个体在时间上再进行连续观测所得到的数据集,面板数据集由数据集中每个横截面单位的一个时间序列组成。面板数据模型包括静态面板模型、动态面板模型以及非线性面板模型等。这里以静态面板模型为例,简要介绍 Stata 在面板数据分析中的应用,对于如下静态面板模型:

$$y_{it} = \alpha + \beta x_{1,i} + \gamma x_{2,i} + \lambda x_{3,i} + \varepsilon$$

其中,y 为被解释变量,x_1,x_2,x_3 是解释变量,t,i 分别为横截面维度和时间维度。对于以上静态面板模型,Stata 软件的分析步骤如下:

第一步:将数据集设定为面板数据:

xtset panelvar timevar

第二步:对各变量进行描述性统计分析:

xtsum y x1 x2 x3

第三步:使用普通最小二乘法估计混合回归模型:

reg y x1 x2 x3

第四步:估计固定效应模型:

xtreg y x1 x2 x3, fe

第五步:存储估计结果:

estimates store fe

第六步:估计随机效应模型:

xtreg y x1 x2 x3, re

第七步:存储估计结果:

estimates store re

第八步:对模型进行豪斯曼检验,选择出最优模型:

hausman fe re, constant sigmamore

2. Matlab

Matlab 软件是由美国 Mathworks 公司推出的用于数值计算和图形处理的科学计算系统。在 Matlab 环境下,用户可以集成地进行程序设计、数值计算、图形绘制、输入输出、文件管理等各项操作。Matlab 提供的是一个人机交互的数学系统环境,与利用 C 语言作数值计算的程序设计相比,利用 Matlab 可以节省大量的编程时间,且程序设计自由度大。Matlab 最大的特点是能给用户带来最直观、最简洁的程序开发环境,语言简洁紧凑,使用方便灵活,库函数与运算符极其丰富,另外具有强大的图形功能。在国际学术界,Matlab 已经被确认为准确、可靠的科学计算标准软件。在许多国际一流学术刊物上都可以看到 Matlab 的应用。

3. EViews

EViews 是美国 GMS 公司 1981 年发行第 1 版的 Micro TSP 的 Windows 版本,通常称为计量经济学软件包。EViews 是 Econometrics Views 的缩写,它的本意是对社会经济关系与经济活动的数量规律,采用计量经济学方法与技术进行"观察"。计量经济学研究的核心是设计模型、收集资料、估计模型、检验模型、运用模型进行预测、求解模型和运用模型。EViews 是完成上述任务的必不可少的工具。使用 EViews 软件包可以对时间序列和非时间序列的数据进行分析,建立序列(变量)间的统计关系式,并用该关系式进行预测、模拟等。虽然 EViews 是由经济学家开发的,并且常被用于经济学领域,但并不意味着该软件包只能用于处理经济方面的时间序列。EViews 在处理非时间序列数据时照样得心应手。实际上,相当大型的非时间序列(截面数据)的项目也能在 EViews 中进行处理。

4. Python

Python 最早是由来自荷兰的吉多·范罗苏姆(Gudio van Rossum)于 1989 年创建开发的,由于该软件具有良好的交互性,在发布之后快速得到众多人的青睐,并逐步成为最受欢迎的程序设计语言之一。Python 功能性强,语法简单,在数学、物理、人工智能等各个领域都有广泛应用,它具有高效、高级的数据结构,是一种简洁面向对象的编程语言。Python 具有开放的源代码,用户可以实现自由查找、使用和修改源代码,这使得 Python 的用户在使用过程中能够亲身参与其中,同时也促进 Python 的自身发展。Python 简单容易掌握,语法定义较为明确,关键字较简单。除此之外,Python 语言具有可移植性,程序逻辑语言属于解释型,便于移植到 Windows、Linux、Android 等众多平台。Python 的开发可以基于其自身包含的集成开发环境,具有开发环境搭建简单、下载安装方便、运行稳定等特点。

Python 具有丰富的函数库,能够快速准确计算求解、统计分析,还能够处理数据、邮件等各种复杂工作。在 Python 的科学计算库中,Sympy 库是用来进行科学计算的核心,它能够基于符号计算体系高效完成多项式计算,解方程,求极限、导数、不定积分、定积分,级数展开,矩阵运算等问题。与其他几种常用语言相比,Python 语言进行爬虫程序编写的特点优势更为突出,这与 Python 语言本身所拥有的强大类库及其在开发应用中的代码更加简洁、明了,整体应用效果更加方便、高效有着密切的关系。其中,采用 Python 语言进行计算机爬虫程序编写,通过短短的 100 行代码,就能够实现十分精彩的程序编写。

5. 网络爬虫

(1)网络爬虫技术。

网络爬虫(web crawler)是一种按照一定规则自动抓取互联网信息的程序或者脚本,

被广泛应用于搜索引擎以及相关网站的设计。爬虫技术在数据分析、科学研究、web 安全、舆情监控等领域都有广泛应用。在数据挖掘、机器学习、图像处理等科学研究领域，通过编写爬虫脚本程序在网上爬取信息，为理论研究提供数据。

网络爬虫主要分为以下几种类型：

① 通用型网络爬虫：其针对的目标范围最广，又被称为全网爬虫，缺点是爬行效率低而且对于网页抓取数据的质量难以保证。

② 增量式网络爬虫：将已经爬取过的网页作更新和添加操作，其时间成本小但实现难度较大，算法要求高。

③ 表层网页和深层网页。表层网页是不需要提交表单，使用静态的链接就能够到达的静态页面；而深层网页则隐藏在表单后面，不能通过静态链接直接获取，是需要提交一定的关键词后才能够获取到的页面。深层网络爬虫（deep Web crawler）最重要的部分即为表单填写部分。深层网络爬虫的基本构成为：URL 列表、LVS 列表（LVS 指的是标签/数值集合，即填充表单的数据源）、爬行控制器、解析器、LVS 控制器、表单分析器、表单处理器、响应分析器。

④ 聚焦型网络爬虫：也称为主题网络爬虫，其原理是在通用网络爬虫的基础上添加机制和步骤，以实现特定的功能需求。通过制定相关规则，过滤掉已经抓取或不需要的数据，能够在短时间内从网络上抓取大量有用数据，这种爬虫目标明确且工作量较小，是目前应用较多的一种网络爬虫。

（2）基于 Python 的网络爬虫操作。

① 聚焦型网络爬虫。创建专门针对目标网站的聚焦型网络爬虫，针对目标网站的目标数据进行爬取。以 Python 语言和 Scrapy 框架创建 Scrapy 项目，在 CMD 窗口中，运行 scrapy startproject 命令创建爬虫项目框架，其中包含项目配置文件、Python 模块、item 文件、piplines 管道文件、爬虫目录等。通过建立 Cookie 池定时更换 Cookie、伪装 user-agent、设置爬取时间间隔来应对网页的反爬。

② MongoDB。随着大数据与云计算的发展，MongoDB 作为一种非关系型数据库，其使用越来越广泛。MongoDB 是一个面向文档存储的数据库，它将数据存储为一个文档，数据结构由键值（key＝＞value）对组成，字段值可以包含其他文档/数组及文档数组。MongoDB 能够为 web 应用提供可扩展的高性能数据存储解决方案，具有高性能、可扩展、易部署、易使用、存储数据非常方便等特点。使用非关系型数据库 MongoDB 储存从网络爬取的数据，在 Pycharm 编辑器下进行 MongoDB 数据库的可视化配置安装，首先执行启动操作，等待连接建立，当连接被建立后，开始打印日志信息，然后使用 MongoDB shell 来连接 MongoDB 服务器。

③ 数据预处理。数据预处理模块主要负责对数据采集模块所获取的原始数据做进

一步的处理与分析，可消除网页噪声、去除重复网页及利用网页文字分词技术进行网页内容和特征项的提取。在数据清洗环节，一般从数据的合法性、完整性、唯一性和正确性对采集的数据进行检验。对目标网上采集的目标数据进行清洗也是从这几方面进行的，同时使用排序算法，以及 isnull、drop 等技术对数据进行检验和清洗。

④ 数据分析与可视化。数据可视化能够更加有效、直接地反映数据，也有利数据分析，可以采用柱状图或者饼形图来展现数据特点。词云（WordCloud）是目前流行的可视化方法，是文字组件的一种。词云通过字体的大小反映分词出现的频率，由词汇组成类似云的彩色图形，对网络文本中出现频率较高的关键词予以视觉上的突出显示，形成"关键词云层"或"关键词渲染"，从而过滤掉大量文本信息，使浏览者一眼扫过文本就可以领略其主旨。词云的作用是快速感知最突出的文字、快速定位按字母顺序排列的文字中相对突出的部分，其本质是点图，是在相应坐标点绘制具有特定样式的文字的结果。可以在 Pycharm 里面完成词云的生成。首先下载 Pycharm 第三方库中文 jieba 分析词库，通过第三方库 Pandas 和 Matplotlib、WordCloud、PIL 和 numpy 实现数据可视化，读取数据并保存到脚本文件，通过在前面加入 ♯encoding＝gbk 防止出现格式错误，使用 jieba 分词提取所爬取数据中的高频率分词，绘制 300×400 大小的画布，导入词云的背景图生成词云。

思考题

1. 简述资本资产定价模型的主要内容。

2. 航运企业价值的分析方法主要有哪些？并分别阐述。

3. 什么是实证分析？实证分析主要有哪些分析方法？

4. 什么是网络爬虫？网络爬虫可以通过什么软件来实现？基本的步骤是什么？

5. 在对航运企业的产业分析中，我们应该重点关注哪些方面？

6. 在宏观分析中，什么是滞后指标？什么是先行指标？并举例说明。

7. 在微观金融分析中，涉及公司的三大财务报表分别是什么？这三者之间的区别和联系是什么？

参考文献

[1] 周洛华：《金融工程学（第四版）》，上海财经大学出版社 2019 年版。

[2] 郑振龙、陈蓉：《金融工程（第五版）》，高等教育出版社 2020 年版。

[3] 刘淑莲：《公司理财（第三版）》，北京大学出版社 2020 年版。

[4] 徐慧玲、边智群：《理财学（第三版）》，中国金融出版社 2022 年版。

[5] 艾正家：《金融理财学（第三版）》，复旦大学出版社 2021 年版。

［6］苏东水、苏宗伟:《产业经济学(第五版)》,高等教育出版社 2021 年版。

［7］赵玉林、汪芳:《产业经济学:原理及案例(第五版)》,中国人民大学出版社 2020 年版。

［8］徐高:《宏观经济学二十五讲:中国视角》,中国人民大学出版社 2019 年版。

［9］高鸿业:《西方经济学(宏观部分·第七版)》,中国人民大学出版社 2018 年版。

［10］吴晓求:《证券投资学(第五版)》,中国人民大学出版社 2020 年版。

［11］田文斌:《证券投资分析(第三版)》,中国人民大学出版社 2020 年版。

［12］赵国庆:《计量经济学》,中国人民大学出版社 2021 年版。

［13］陈洁:《Python 编程与数据分析基础》,清华大学出版社 2021 年版。

［14］阿不都艾尼·阿不都肉素力:《Python 的计算机软件应用技术分析》,《电脑编程技巧与维护》2021 年第 9 期。

［15］张正阳、任保见、刘娜:《Python 网络爬虫在农业网络数据获取中的研究》,《现代化农业》2022 年第 7 期。

第 5 章　航运金融分析方法

第 6 章　航运企业融资与决策

　　船舶的投资与融资是航运金融的重要组成部分,是推动航运业增长的直接动力,对国际航运业发展起着重要的作用,已成为航运业发展的主要力量。在市场经济条件下,航运企业的生存与发展离不开畅通有效的融资渠道。足够的资本规模可以保证航运企业投资的需要;合理的资本结构可以降低和规避融资风险;融资方式的妥善搭配可以降低资本成本。同时,融资机制直接决定和影响航运企业的经营活动及财务目标。航运企业与其他行业的企业一样,融资决策过程相同。

6.1　企业融资来源及其决策

6.1.1　企业融资决策

　　融资决策(financing decision-making)是指为企业筹集所需要的资金,定出最佳的融资方案。融资决策是每个企业都会面临的问题,也是企业生存和发展的关键问题之一。

　　1. 企业融资来源

　　企业融资来源有多种方式,主要方式如表 6.1。

表 6.1　企业融资来源分类

标　志	类　型	说　　　明
所取得资金的权益特性	股权筹资	股权筹资形成股权资本。股权资本也称股东权益资本、自有资本、主权资本,是企业依法长期拥有、能够自主调配运用的资本
	债务筹资	债券筹资形成债务资本,是企业按合同取得的在规定期限内需要清偿的债务
	衍生工具筹资	衍生工具筹资包括兼具股权与债务特性的混合融资和其他衍生工具融资[①]

标　志	类　型	说　　明
是否借助于中介	直接筹资	直接与资金供应者协商筹集资金。直接筹资方式主要有发行股票、发行债券、吸收直接投资等
	间接筹资	企业通过银行和非银行金融机构而筹集资金②
资金的来源范围	内部筹资	指企业通过利润留存而形成的筹资来源(一般无筹资费用)
	外部筹资	指向企业外部筹措资金而形成的筹资来源
所筹集资金的使用期限	长期筹资	指企业筹集使用期限在1年以上的资金筹集活动
	短期筹资	指企业筹集使用期限在1年以内的资金筹集活动

注:① 中国上市公司目前最常见的混合融资是可转换债券融资,最常见的其他衍生工具融资是认股权证融资。

② 间接筹资的基本方式是向银行借款,此外还有融资租赁等筹资方式间接筹资形成的主要是债务资金。

6.1.2　企业融资决策内容

1. 企业财务管理的目标

企业财务管理的目标可以概括为生存、发展和获利。目前,关于企业的财务管理目标,有几种不同的观点,如:利润最大化或每股盈余最大化,股东财富最大化或股票价格最大化,利益相关者价值最大化等。

企业的管理者必须考虑三类重要的问题:第一,企业应该实施什么样的长期投资项目,这是资本预算决策;第二,如何为所实施的投资项目筹集资金,以什么样的方式筹资成本更低,更有利于企业的经营目标的实现,这是资本结构决策;第三,企业的管理者如何管理日常的现金和财务工作,这是营运资金管理决策。

2. 企业融资决策方式

(1)资本预算决策。资本预算是指综合反映投资资金来源与运用的预算,是为了获得未来产生现金流量的长期资产而现在投资支出的预算。资本预算决策也称长期投资决策,它是公司创造价值的主要方法。

(2)资本结构决策,是在若干可行的资本结构方案中选取最佳资本结构。如在考虑成本的情况下,贷款、发行股票、发行债券等各自占比。

(3)营运资金管理决策,指如何在能够实现经营目标的各种备选方案中选择费用最小的决策方案的一种决策方法。营运资金是流动资产减去流动负债的净额。其实物形态包括现金、银行存款、短期投资、应收账款、预付款和存货等内容。企业生产经营过程中,营运资金占用越少,周转越快,资金效率越高。因此营运资金管理决策,主要是选择既能实现经营目标,又能使营运资金费用最低的方案。

6.2 资本成本

企业融资决策过程中，无论是权益融资还是债务融资，首先要考虑的是融资成本，即使用费用，这就是资本成本。

6.2.1 资本成本的概念与构成

1. 资本成本

资本成本是指企业为筹集和使用资金而付出的代价，从广义上来讲，企业筹集和使用的任何资金，不论是短期还是长期，都需要付出代价，包括资金筹集费和资金使用费。狭义的资本成本仅指筹集和使用长期资金（包括自有资本和借入长期资金）的成本。由于长期资金也被称为资本，所以长期资金的成本被称为资本成本。

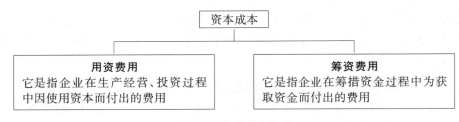

图 6.1　资本成本构成

资本成本具体包括：

（1）资金筹集费。资金筹集费指在资金筹集过程中支付的各项费用，如发行股票、债券支付的印刷费、发行手续费、律师费、资信评估费、公证费、担保费、广告费等。

（2）资金使用费。资金使用费指占用资金支付的费用，如股票的股息、银行借款和债券利息等。

相比之下，资金使用费是筹资企业经常发生的，而资金筹集费通常在筹集资金时一次性发生，因此在计算资本成本时可作为筹资金额的一项扣除。

2. 资本成本构成

资本成本有多种运用形式：在比较各种筹资方式时，使用个别资本成本，包括借款资本成本、债券资本成本、普通股资本成本、优先股资本成本、留存收益资本成本等。资本成本构成体系如图 6.2。

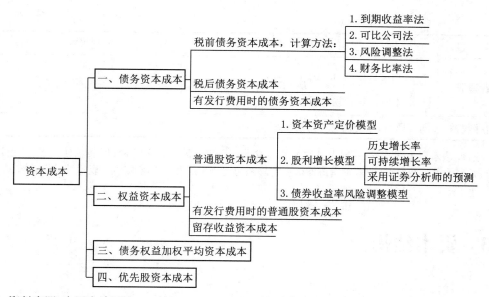

資料来源：中国会计网，http://www.canet.com.cn/cg/772408.html。

图6.2 资本成本构成体系

6.2.2 资本成本的主要影响因素

资本成本从筹资人的角度看，表示企业为取得资金必须支付的价格；而从投资人的角度看，资本成本表示投资机会成本及与投资风险相适应的风险补偿。即：

$$资本成本＝无风险利率＋风险报酬$$

6.2.3 资本成本的计算

资本成本包括：借款、公司债券、优先股、普通股和留存收益等，具体计算公式如表6.2。

表6.2 资本成本的计算公式

项　目	一般模式	贴现模式
通用模式	$资本成本率＝\dfrac{年资金占用费}{筹资总额(1-筹资费用率)}$	
借款	$资本成本率＝\dfrac{年利息×(1-所得税率)}{借款额(1-手续费率)}$	资本成本率＝折现率 令：现金流入现值＝现金流出现值，求折现率
公司债券	$资本成本率＝\dfrac{年利息×(1-所得税率)}{债券筹资总额(1-手续费率)}$	
优先股	$资本成本率＝\dfrac{年固定股息}{发行价格(1-筹资费用率)}$	

项　目	一般模式	贴现模式
普通股	① 股利增长模型：$K_S = \dfrac{D_1}{P_0(1-f)} + g$ ② 资本资产定价模式：$K_S = R_f + \beta(R_m - R_f)$	
留存收益	同普通股，但无需考虑筹资费用	

注：K 表示资本成本率（一般也可称为资金成本）；P 表示筹资资金总额；D 表示使用费；F 表示筹资费；f 表示筹资费费率（即筹资费占筹资资金总额的比率）；g 表示年增长率；β 表示波动性系数。

6.3　资本结构

6.3.1　资本结构及其种类

资本结构是指企业各种长期资金来源的构成及其比例关系。资本结构种类主要包括资本的权属结构和资本的期限结构。如图 6.3。

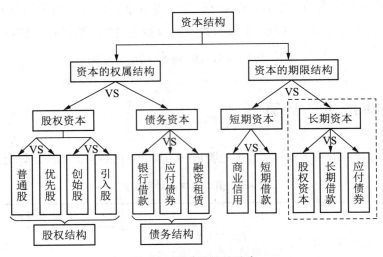

图 6.3　资本结构的种类

6.3.2　资本结构和企业价值

企业的价值就是债务和所有者权益之和，即 $V = B + S$。这里的 B 是企业债务的市场价值,S 是所有者权益的市场价值。

由此可以看出,企业的价值和企业的资本结构是紧密联系的。需要指出的是,企业的价值和企业的资本结构之间的关系十分复杂,不是负债越多,企业价值越高;或所有者权益越多,企业价值越高的简单联系,需要考虑一系列的因素。

6.3.3 资本结构决策

资本结构决策就是企业确定各筹资渠道以及最佳数量来获得所需资金。在进行资本结构决策时,通常采用无差别点分析法和最优资本结构分析法。

1. 无差别点分析

企业的财务管理目标是股东财富最大化,而股东财富在一定程度上可通过每股收益反映。判断资本结构合理与否的一般方法是每股收益分析,即能提高每股收益的资本结构是合理的,反之则不够合理。采用融资的每股收益分析法是利用每股收益的无差别点进行的。

所谓每股收益的无差别点,指每股收益不受融资方式影响的销售水平或息税前利润额。一般地,若预计销售额等于无差别点销售额,两种筹资方式任选其一;若预计销售额大于无差别点销售额,采用债务融资;若预计销售额小于无差别点销售额,则采用权益融资(如图 6.4 所示)。

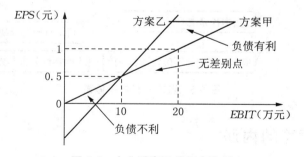

图 6.4　企业融资无差别点分析

2. 最优资本结构分析

每股收益分析法的缺陷在于没有考虑风险因素。每股收益的提高,并不一定能导致股价上升及增加企业价值。最佳资本结构应是使企业加权平均资本成本最低、企业风险最小、企业价值最大的资本结构,但不一定是每股收益最大的资本结构。当企业对不同筹资方案作选择时,可以采用比较加权平均资本成本的方法选定一个资本结构较优的方案。

需要注意的是，上述资本结构决策的分析方法都具有一定的局限性。首先，它们仅对有限个方案选出最佳方案，因此，只能是"较优"，不可能是"最优"。其次，它们与企业管理目标——股东财富最大化不可能完全一致，在加权平均资本成本法中，加权平均资本成本低，并不能保证股东财富最大；而无差别点假设普通股每股利润最大，则普通股股价越高，从而股东财富越大，事实上，普通股股价并不仅仅取决于每股利润，而受到很多因素的影响。

6.4　资本预算

一个企业，最关键的是做出正确和适当的投资决策，而这个决策的基础就是资本预算。资本预算决策是一个体系，如图 6.5。

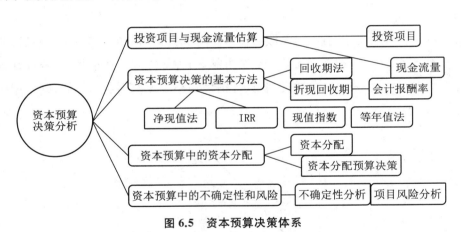

图 6.5　资本预算决策体系

6.4.1　资本预算的内涵

资本预算是指对企业拟投资的长期投资项目事先进行的评估测算，也就是资本支出的财务计划。一般涉及固定资产投资和股权投资两大类。在本书中，资本预算专指固定资产投资项目的财务分析。

6.4.2　资本预算的方法

资本预算的方法很多，有多种分类，可分为：确定性经济分析，包括净现值法、投资回收期法、内部收益率法,不确定性分析,包括敏感性分析法、盈亏平衡分析法等。还可分为静态分析和动态分析(具体见图6.6)。这些方法各有利弊,在实际应用中,企业会根据投资项目的特点和企业自身状况,选择决策方法。

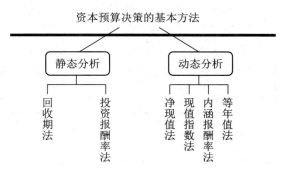

资料来源:作者绘制。

图 6.6 资本预算决策静态分析和动态分析

1. 确定性分析

(1) 净现值法。

净现值(net present value,NPV)等于所有的未来现金流入量的现值与现在和未来现金流出量的现值的和。一个项目的净现值是指企业现有股东财富的预期增加额。净现值的计算公式为:

$$NPV = \sum_{t=1}^{n} \frac{NCF_t}{(1+k)^t} - C_0$$

其中,NPV 为净现值;NCF_t 为第 t 年的净现金流量;n 为固定资产使用年限;k 为折现率;C_0 为一次性初始投资额。

净现值决策法的投资法则为:如果一个投资项目的 NPV 是正数,就采纳该项目;如果一个投资项目的 NPV 是负数,就不采纳该项目。

(2) 投资回收期法。

投资回收期(payback period)是反映项目投资回收能力的重要指标。它是指从项目的投建之日起,用项目所得的净收益偿还全部初始投资所需要的年限。现实中,经常用投资回收期法来替代净现值法。

投资回收期法包括两种衡量方法:一种方法不考虑货币的时间价值,称为静态回收期法(简称回收期法);另一种方法考虑货币的时间价值,称为折现回收期法或动态回收期法。公式如表6.3。

表 6.3　静态回收期、动态回收期公式

分　类	未来每年现金净流量相等时	未来每年现金净流量不等时
静态回收期	静态回收期＝$\dfrac{原始投资额}{每年现金净流量}$	设 M 是收回原始投资额的前 1 年： 静态回收期＝$M+\dfrac{第\,M\,年的尚未收回额}{第\,(M+1)\,年的现金净流量}$
动态回收期	$(PIA, i, n)=\dfrac{原始投资额现值}{每年现金净流量}$ 计算出年金现值系数后，通过查年金现值系数表，利用插值法，即可推算出动态回收期 n	设 M 是收回原始投资额现值的前 1 年： 动态回收期＝$M+\dfrac{第\,M\,年的尚未收回额的现值}{第\,(M+1)\,年的现金净流量现值}$

（3）内部收益率法。

内部收益率（internal rate of return，IRR）是指使未来一系列现金流入的现值等于现金流出现值的贴现率。换言之，IRR 是指使 NPV 恰好为零的收益率。内部收益率本身不受资本市场利率的影响，而是取决于项目的现金流量，是每个项目的完全内生变量，这也就是该项指标也被称为"内部收益率"的原因所在。内部收益率的计算公式如下：

$$\sum_{i=0}^{n}(B_t-C_t)_t(1+FIRR)^{-t}=0$$

其中，$FIRR$ 表示财务内部收益率；B_t 表示现金流入量；C_t 表示现金流出量；$(B_t-C_t)_t$ 表示第 t 年现金净流量；n 表示计算期。

也可以用以下公式表达：

$$FNPV(FIRR)=\sum_{t=0}^{n}(CI-CO)_t(1+FIRR)^{-t}=0$$

$$FIRR=i_1+\frac{FNPV_1}{FNPV_1+|FNPV_2|}\times(i_2-i_1)$$

很显然，内部收益率法的判断法则可以概括为：若项目的内部收益率大于资本成本（目标贴现率），项目就可以被接受；若内部收益率小于资本成本（目标贴现率），项目就不能被接受。如果是互斥项目，那么就接受内部收益率较大，且高于目标贴现率的项目。

例题 6.1　某技术方案财务现金流量表，当折现率 $i_1=8\%$ 时，财务净现值 $FNPV_1=242.76$ 万元；当折现率 $i_2=10\%$ 时，财务净现值 $FNPV_2=-245.7$ 万元。则该技术方案内部收益率 $FIRR$ 的近似值为？

解： 该技术方案内部收益率 $FIRR=8\%+(10\%-8\%)\times\dfrac{242.76}{242.76+245.7}=8.9939\%$

例题 6.2 某投资方案初始投资为 120 万元,年营业收入为 100 万元,寿命为 6 年,残值为 10 万元,年经营成本为 50 万元。试求该投资方案的内部收益率。

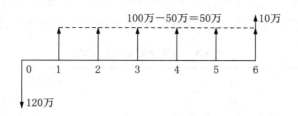

解:$NPV = -120 + 50(P/A, IRR, 6) + 10(P/F, IRR, 6) = 0$

$i_1 = 30\%,\ NPV_1 = -120 + 50 \times 2.643 + 10 \times 0.207\ 2 = 14.22$

$i_2 = 40\%,\ NPV_2 = -120 + 50 \times 2.168 + 10 \times 0.132\ 8 = -10.27$

$$IRR = i_1 + \frac{NPV_1}{NPV_1 + |NPV_2|}(i_2 - i_1) = 30\% + \frac{14.22}{14.22 + 10.27} \times (40\% - 30\%)$$

$$= 35.81\%$$

以上决策方法都是建立在确定的未来现金流量(和目标贴现率)的前提下,可以称其为技术经济分析,它是建立在分析人员对未来事物预测和判定基础上的。

2. 不确定性分析

不确定性分析是分析不确定性因素对经济评价指标的影响,估计项目可能承担的风险,确定项目在经济上的可靠性。不确定性分析的方法主要包括:敏感性分析法和盈亏平衡分析法。

(1) 敏感性分析法。

敏感性分析法是研究投资项目的主要因素,如:产品售价、产量、经营成本、投资、建设期、汇率、物价上涨指数等发生变化时,项目经济效益评价指标(内部收益率、净现值等指标)的预期值发生变化程度的一种方法。具体内容如图 6.7。

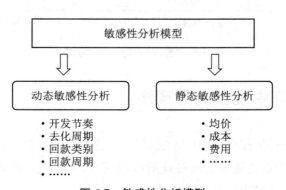

图 6.7 敏感性分析模型

（2）盈亏平衡分析法。

盈亏平衡分析法是通过盈亏平衡点（break—even point，BEP）分析项目成本与收益的平衡关系的一种方法。盈亏平衡分析的目的就是找出这种临界值，即盈亏平衡点，盈亏平衡分析法是敏感性分析法的有效补充。盈亏平衡分析法计算公式如表6.4。

表 6.4　盈亏平衡分析法公式

表示方法		盈亏临界点
实物量	指标	盈亏临界点销售量（Q_0）
	计算公式	$Q_0 = \dfrac{\text{固定成本}}{\text{单价}-\text{单位变动成本}}$ $= \dfrac{F}{P-V}$
金额	指标	盈亏临界点销售额（S_0）
	计算公式	$S_0 = \dfrac{\text{固定成本}}{\text{边际贡献率}}$

盈亏平衡点越低，说明项目盈利的可能性越大，亏损的可能性越小，因而项目有较大的抗经营风险能力。因为盈亏平衡分析是分析产量（销量）、成本与利润的关系，所以也称"量本利"分析。"量本利"分析见图6.8。

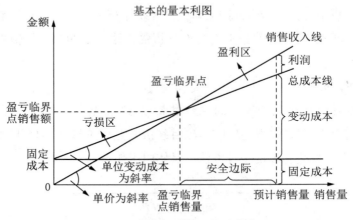

图 6.8　"量本利"的盈亏平衡点

6.4.3　资本预算中现金流的预测

前文介绍了几种评估投资项目的方法，但未讨论如何估算投资项目执行期间内各期现金流量。事实上，决策者能否选出最佳的投资项目，关键在于决策者能否对各种投资项目创造出来的现金流量进行精确的估算。

1. 现金流量

现金流量主要包括：经营活动现金流量（流入/流出）、筹资活动现金流量（流入/流出）和投资活动现金流量（流入/流出），如图 6.9。

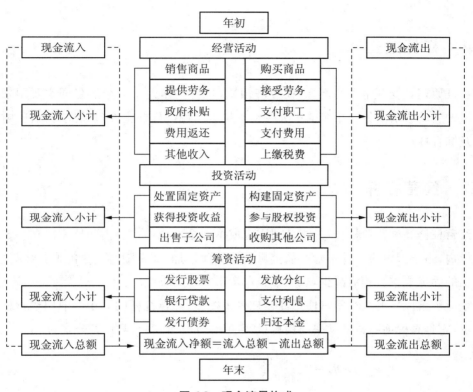

图 6.9　现金流量构成

2. 项目投资决策中的现金流量构成

在项目投资决策中，现金流量是指投资项目在其计算期内各项现金流入量与现金流出量的统称。主要包括：初始建设期现金流量、营业现金流量和终结现金流量，见图 6.10。

$$
\begin{cases}
建设期现金流量 = -原始投资额 \begin{cases} 长期资产投资 \\ 垫支营运资本 \end{cases} \\
营业现金流量 \begin{cases} = 营业收入 - 付现成本 \\ = 利润 + 非付现成本 \end{cases} \\
终结现金流量 \begin{cases} 回收长期资产余值（或变价收入） \\ 回收垫支营运资本 \end{cases}
\end{cases}
$$

图 6.10　现金流量构成

6.5 财务杠杆

6.5.1 杠杆效益

杠杆原理是物理学中的概念,在经济领域,"杠杆"作为一个经济名词主要用来描述一个量的变动会引起另一个量的更大变动。这里所说的杠杆主要包括经营杠杆、财务杠杆以及综合杠杆。

6.5.2 经营杠杆

经营杠杆又称营业杠杆,是指公司固定成本在全部成本中所占的比重。在一定的产销规模内,由于固定成本并不随产品销量的增加而增加,而是随着销量的增长,单位销量所负担的固定成本会相对减少,从而给企业带来额外的收益。

企业经营风险的大小常常使用经营杠杆来衡量,经营杠杆的大小一般用经营杠杆系数表示,它是息税前收益变动率与销售量变动率之间的比率。其计算公式为:

$$DOL = \frac{边际贡献}{息税前利润}$$
$$= \frac{销售收入-变动成本}{销售收入-变动成本-固定成本}$$
$$= \frac{Q(P-V)}{Q(P-V)-F}$$

一般而言,经营杠杆系数越高,表示企业营业利润对销售量变化的敏感程度越高,经营风险也越大;反之亦然。

企业一般可以通过增加销售金额、降低产品单位变动成本、降低固定成本比重等措施使经营杠杆系数下降,从而降低经营风险。

6.5.3 财务杠杆

财务杠杆是公司全部负债对全部权益或资产的比率。财务杠杆效益是指在企业资本结构一定的条件下,企业从息税前利润中支付的债务利息是相对固定的,当销售利润增加时,每一元销售利润所负担的债务利息就会相应降低,扣除所得税后可分配给企业所有者的利润就会增加,从而给企业所有者带来额外的收益,见图6.11。

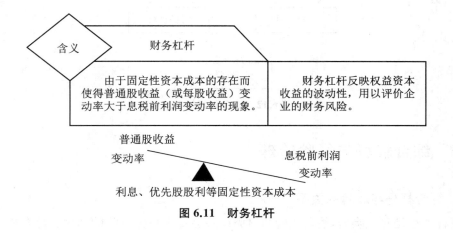

图 6.11　财务杠杆

$$DFL = \frac{EBIT}{EBIT - I - \dfrac{D}{1-T}}$$

其中,I 表示债务利息;D 表示优先股股利;T 表示所得税税率。

没有优先股,公式(6.7)将进一步简化为:

$$DFL = \frac{EBIT}{EBIT - I} = \frac{息税前利润}{税前利润} = \frac{税前利润 + 利息费用}{税前利润}$$

或:

$$DFL = \frac{净利润 + 所得税 + 利息费用}{净利润 + 所得税} = \frac{净利润/(1-所得税税率) + 利息费用}{净利润/(1-所得税税率)}$$

财务杠杆的大小通常用财务杠杆系数来衡量,财务杠杆系数越大,表示财务杠杆作用越大,财务风险也就越大;反之反是。

6.5.4　综合杠杆

综合杠杆效益,也称总杠杆效益,是将经营杠杆和财务杠杆综合考虑所产生的效益,表明销售数量或销售收入对每股收益的影响。

综合杠杆反映的是销售量与每股收益之间的关系,综合杠杆的大小可以通过综合杠杆系数来衡量。综合杠杆系数是指销售量的百分比变动所引起的每股收益百分比变动的幅度或结果,其构成见图6.12。

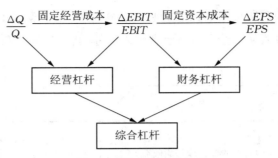

图 6.12 综合杠杆的构成

6.5.5 综合杠杆与风险管理

1. 综合杠杆与风险的关系

杠杆大小是有风险的,经营风险和财务风险会带来总体风险的加大。综合杠杆与风险的关系见图 6.13。

图 6.13 综合杠杆与风险的关系

2. 降低杠杆风险的途径

降低杠杆风险有多种途径,具体见表 6.5。

表 6.5 降低杠杆风险的途径

指　标	杠杆指标	降低风险途径	
销售收入	经营杠杆系数$=\dfrac{\text{基期边际贡献}}{\text{基期息税前利润}}$ $DOL-(\Delta EBIT/EBIT)/(\Delta S/S)-M_0/EBIT_0$	增加销量; 提高单价; 减少固定成本; 降低单位变动成本	复合杠杆 $DCL = DOL \times DFL = (\Delta EPS/EPS)/(\Delta S/S)$ $=$基期边际贡献/ (基期税前利润- 融资租赁租金)
-变动成本			
① 边际贡献			
-固定成本			
② 息税前利润			

指　　标	杠杆指标	降低风险途径	
-利息			
③ 税前利润			复合杠杆
-所得税	财务杠杆系数＝$\dfrac{\text{基期息税前利润}}{\text{基期税前利润}}$	减少举债,会降低负债的财务杠杆效应;扩大举债,会增加财务风险,适度举债,在风险与杠杆利益间进行权衡	$DCL = DOL \times DFL = (\Delta EPS/EPS)/(\Delta S/S)$ ＝基期边际贡献/(基期税前利润－融资租赁租金)
④ 税后利润	$DFL = (\Delta EPS/EPS)/(\Delta EBIT/EBIT) = EBIT_0/(EBIT_0 - I)$		
-优先股股息			
⑤ 普通股净利润			
每股收益			

思考题

1. 简述资本成本的含义及其影响因素。

2. 简述影响企业融资决策的因素。

3. 简述资本结构的含义。

参考文献

[1] 苏平贵:《金融学》,清华大学出版社 2012 年版。

[2] 郭松克、张效梅:《企业融资学》,河南人民出版社 2002 年版。

[3] 徐保满:《金融信托与投资》,科学出版社 2007 年版。

[4] 徐天芳、王长勇:《国际航运经营管理》,大连海事大学出版社 1998 年版。

[5] 陈莉:《我国上市航运企业融资效率影响因素实证研究》,厦门大学,2018 年。

[6] 李晓玉、闫国东、辛普阳:《我国中小航运企业的融资模式研究》,《中国水运》2020 年 11 期。

[7] 吴长仲:《航运管理》,大连海运学院出版社 1992 年版。

[8] 池小萍、刘宁:《保险学》,高等教育出版社 2012 年版。

[9] 索晓辉:《保险经纪相关知识》,中国市场出版社 2007 年版。

[10] 吕书亮、刘世华:《简明商品经济知识》,华中师范大学出版社 1992 年版。

[11] 李欠友:《融资租赁对航运企业的影响分析及发展建议》,《财会学》2018 年第 11 期。

第7章 航运企业债务融资

企业资金的主要来源可分为两大类:股权融资和债务融资。具体划分见图 7.1。本章主要介绍债务融资。

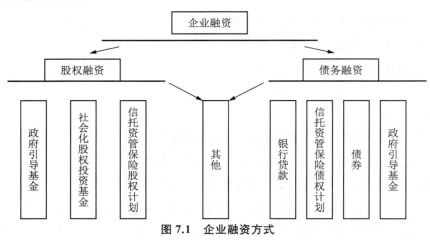

图 7.1 企业融资方式

7.1 债务融资

7.1.1 债务融资的概念与特点

债务融资也称负债融资,是指通过银行或非银行金融机构贷款或发行债券等方式融入资金。债务融资需支付本金和利息,能够带来杠杆收益,但是会提高企业的负债率。负债分为短期(流动)负债和长期(非流动)负债。如图 7.2。

债务融资的特点主要表现为:债务资金具有使用时间,需到期偿还;债务资金需支付固定的利息,形成企业的固定负担,而不管企业经营得好坏。债务融资的成本相对于股权融资的成本低,且不会分散投资人对企业的控制权。

7.1.2 债务与企业信用评级指标体系

企业在负债融资中的银行贷款和债券发行,都会涉及信用评级。

1.信用评级

信用评级也称为信用评估、信用评价、资信评估、资信评级,是以一套相关指标体系为考量基础,标示出个人或企业偿付其债务能力和意愿的过程。信用评级是企业申请银行贷款的重要前提之一。

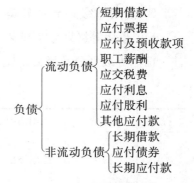

图7.2 负债的分类

信用评级有广义与狭义之分。狭义的信用评级是对企业的偿债能力、履约状况、守信程度的评价;广义的信用评级则指各类市场的参与者(企业、金融机构和社会组织)及各类金融工具的发行主体履行各类经济承诺的能力及可信任程度。

2.企业信用评级指标体系

一般地,企业信用评级指标体系见图7.3。

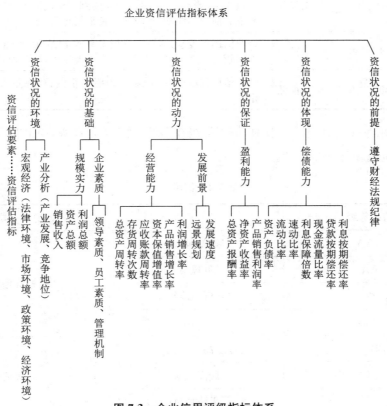

图7.3 企业信用评级指标体系

3. 信用等级划分及分类

（1）信用等级划分及释义。

信用等级划分及释义见表 7.1。

表 7.1　信用等级划分表

符号	分数	信用情况	释　义
AAA	≥90	信用极好	企业信用程度高、有优良的信用记录,资金实力雄厚,资产质量优良,经济效益明显,不确定因素对其经营与发展影响极小,履约能力强
AA	≥80<90	信用优良	企业信用程度较高,资金实力较强,资产质量较好,经营管理状况良好,经济效益稳定,不确定因素对其经营与发展影响小,有较强的履约能力
A	≥70<80	信用较好	企业信用程度良好,资金实力、资产质量、经济效益等指标处于中上等水平,经营总体处于良性循环状态,可能存在不确定因素,但无大的风险,履约能力尚可
BBB	≥60<70	信用一般	企业信用程度一般,资产和财务状况一般,各项经济指标处于中等水平,会受不确定因素影响,发展有波动,会有一定风险
BB	≥50<60	信用欠佳	企业信用程度欠佳,资产和财务状况欠佳,各项经济指标处于偏低水平,履约能力欠佳,容易受到不确定因素影响,有风险,未来发展前景不明朗,有较多不良信用记录
B	≥40<50	信用较差	企业信用程度较差,资产和财务状况较差,履约能力较弱,一旦处于较为恶劣的经济环境下,有可能发生破产,但目前尚有能力
CCC	≥30<40	信用很低	企业信用程度很差,企业履约能力很弱,存在重大风险和不稳定性

（2）信用等级的分类。一般地,信用等级在 BBB 以上为投资级,BBB 以下为投机级,业内称为"垃圾级"。如表 7.2。

表 7.2　信用分类

信用等级	风　险	分　类
AAA	最低风险	投资级债券
AA	低风险	
A	低风险	
BBB	中风险	
BB、B	高风险	垃圾债
CCC、CC、C	最高风险	
	无法兑付	

7.2 政府贷款

7.2.1 政府贷款的含义

政府信贷是指一国政府利用财政或国库资金向另一国政府提供的长期优惠性放款。政府信贷多数是两个国家政府之间的双边援助贷款,也有少数是几个国家的政府联合对一个国家政府提供的多边援助贷款,它是国家资本输出的一种形式。

政府信贷是以国家政府间的名义提供与接受而形成的。贷款国政府使用国家财政预算收入或者国库的资金,通过列入国家财政预算支出计划,向借款国政府提供贷款。因此,政府贷款一般由各国的中央政府经过完备的立法手续批准后予以实施。政府贷款实际上是属于官方经济发展援助性质的优惠贷款,但这类贷款的发放是基于两国良好的政治经济关系,并为一定的政治与外交目的服务。在某种程度上说,它是双方政治与外交关系的延伸。

政府贷款是具有官方援助性质的优惠性贷款。具体体现在:政府贷款是无息或低息,年利率一般在1%—3%;贷款国有时向借款国收取一定的手续费和承担费,但手续费一般不超过1%,多数国家不收取费用;贷款的期限较长,政府贷款的期限属于中长期贷款,一般为10年、20年、30年,甚至长达50年,还有5年、10年的宽限期;政府贷款属于优惠性贷款,按照国际惯例,必须含有25%、30%或35%以上的赠予成分。

政府信贷规模一般有限。政府贷款的资金来源于贷款国的财政拨款,要受到贷款国国民生产总值、财政预算收支以及国际收支状况的制约。且这类贷款属于官方援助的优惠性放款,不具有盈利性,因此金额不可能太大。

7.2.2 政府信贷的分类

政府信贷是资本输出的一种形式。具体见表7.3。

表7.3　资本输出的方式

资本输出的主体	私人资本输出	私人直接投资、证券投资等
	国家资本输出	贷款、赠款和政府出口信贷
资本类型	借贷资本输出	对别国政府和私人企业提供贷款
	生产资本输出	在国外投资开办各种类型的企业

政府信贷按照不同的分类标准,可以划分为以下几种:

1. 按是否计息划分

(1) 无息贷款。无息贷款不计利息,借款国只需按期还本,无需支付利息,是最优惠的贷款,但要收取一定的手续费或其他相关费用(如承担费),但费用均不超过 1%。

(2) 计息贷款。计息贷款必须计算和支付利息,利息率比较低,年利率约为 1%—3%,远低于国际金融市场利率,也低于国际金融机构的普通商业贷款利率。除贷款利息之外,有时也规定借款国须向贷款国政府支付规定费用。

2. 按贷款目的和用途划分

(1) 现汇贷款。现汇贷款是指贷款国政府对借款国政府以可自由兑换货币现汇支付的贷款,借款国根据自己的需要予以使用。借款国还本付息和支付手续费时,必须使用同种可自由兑换货币。

(2) 商品贷款。商品贷款是指贷款国政府按双方协议向借款国政府提供规定品种数量的原材料、机器、设备等商品,计价汇总作为贷款。至于商品贷款是以货物偿还还是以可自由兑换货币偿还,由双方协商确定。

(3) 项目贷款。项目贷款是指贷款国政府依双方协议规定向借款国政府提供特定建设项目所需的原材料、机器设备、技术、专利许可证以及专家指导、人员培训、劳务技术服务等,计价汇总,作为贷款额度。项目贷款的目的是资助借款国经济开发所需资金。有的国家提供的贷款额度为全部项目价款,有的国家只提供项目价款 85% 的额度,其余15% 由借款国独自筹集,如挪威、瑞典、芬兰和瑞士等国提供的项目贷款就是这种类型。至于该笔贷款是用货物偿还还是用自由兑换货币偿还,两国政府可根据情况不同进行协商。

3. 按政府贷款是否与其他贷款形式结合使用划分

(1) 纯政府贷款。纯政府贷款是指不与其他形式贷款结合使用的政府贷款,这种贷款形式与混合贷款相比使用较少。

(2) 政府混合贷款。政府混合贷款是指政府贷款与出口信贷相结合使用而组成的一种贷款。有时更加优惠的混合贷款是将政府贷款、出口信贷与政府提供的无偿赠款(即赠予成分为 100%)捆绑在一起提供。在混合贷款中,政府贷款一般所占比例低于三分之一,而出口信贷占比高于三分之二。混合贷款既有助于促进贷款国商品出口,也有利于发展与借款国的经济合作关系。

在混合贷款中,政府贷款和出口信贷这两种形式贷款的利率和期限有所不同。我们在计算一笔混合贷款的优惠性大小时,应先算出这两类贷款的平均贷款期限与平均利率。

7.2.3　船舶融资的政府贷款

1. 船舶融资的政府贷款的含义

船舶融资的政府贷款包括了两个方面的含义：

（1）政府船舶贷款在本国是政府利用利率补贴的方式，通过国家控制的银行给予借款方低于市场利率的优惠利率贷款。这种来自本国政府的贷款，实际上是政府对本国船东造买船的一种资助。通过这项资助，本国造船业和航运业获得了巨大的优惠。

（2）由贷款国用国家预算资金直接与借款国发生的信贷关系，属于国际政府贷款。此种政府贷款多数是政府间的双边援助贷款，少数是多边援助贷款，它是国家资本输出的一种形式。政府贷款通常由政府有关部门出面洽谈，也有的是政府首脑出国访问时，经双方共同商定，签订贷款协议。

航运业融资也可以在不同国家政府之间发生。贷款国政府提供资金的目的在于：给借款国发展航运业提供资助，以扶植本国的造船业。通常的做法是贷款国政府给予借款国低息贷款，但要求在借款国的船厂建造船舶。

2. 船舶融资中政府贷款的主要对象和特点

船舶融资中政府贷款的主要对象为：

（1）购买人贷款，即直接给予船舶所有人的优惠贷款。

（2）供应人贷款，给予船厂贷款，然后以价格折扣或优惠的条件把其优惠转移给购买人。

（3）出租人贷款，出租人把船东作为借用人来资助。

（4）混合贷款，以上三种形式贷款的组合。

3. 政府贷款中的买方信贷与卖方信贷

（1）买方信贷，是将贷款以优惠条件直接放给船东，即船舶所有人通过担保，得到银行贷款，并由船舶所有人向船厂支付船价。有了买方信贷，船厂可以从订造新船的船舶所有人那里分期得到现金付款，用于支付船厂造船的各项支出。见图7.4。

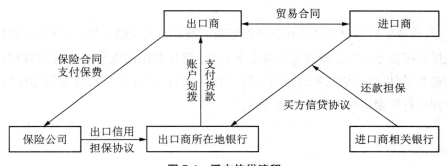

图 7.4　买方信贷流程

（2）卖方信贷，是贷款放给船厂，船厂再把这一受益转给船东，或降价或提供优惠的融资条件。由船厂或原船东向银行申请贷款造船，船价则由买方取得银行担保，分期将本息付与卖方银行，这是国际上常用的买造船的融资方式。见图7.5。

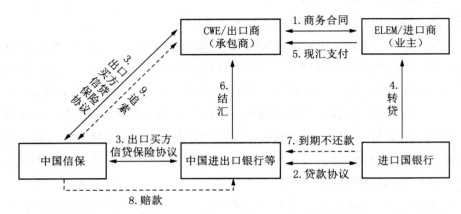

资料来源：走出去情报网，https://en.investgo.cn/channel/v3_0/cateinfoGlobal.shtml?cid=25&pn=3，2019年11月11日。

图7.5　卖方信贷流程

造船贷款的全部资金来自银行，政府为了鼓励本国船舶出口，会给提供低息造船贷款的银行一笔利息损失补贴费，用于补偿银行因发放低息贷款而导致的利息损失。政府提供利息补贴的方式有两种：一种方式是在政府的担保下由政府成立的专门机构按商业利率向商业银行贷款，然后由商业银行以较低的利率向船东发放贷款；另一种方式是由商业银行直接以补贴利率向船东发放贷款，然后再从政府那里补偿利息的差额，这种方式也需政府向银行提供必要的担保。

政府补贴贷款和商业银行贷款这两类贷款对于航运企业来说都十分常用。在实际融资过程中，常常将两种贷款组合起来使用，以达到较好的融资效果。在许多情况下，政府对新造船融资的扶持只占整个贷款计划的一部分。银行对航运业的发展起到重要的作用。

其中，商业银行不仅对新船建造和旧船购买提供了大量的短期、中期和长期资金，而且对航运业提供范围广泛的其他财务业务，包括营运费用的支付和收入的收取，处理外汇结算业务，提供财务信息和建议等。除了商业银行，还有专门的诸如船舶融资公司和船舶抵押银行等融资机构活跃于航运界。

7.3 商业银行贷款

商业银行贷款是企业筹措长短期资金的重要方式,需要企业凭借自身的经营情况、信誉和经济实力进行担保抵押的长短期融资方式。

对于借款的企业来说,商业银行贷款是一项长短期负债,在企业的资产负债表上以流动和长期负债的形式进行披露。具体地讲,企业使用商业银行贷款方式融资的原因主要有:为满足企业的资产与负债结构相配合的必然要求;为满足企业经营季节性变化的资金需要;作为长期融资的临时补充;等等。而且,从某种意义上说,运用商业银行贷款的能力反映了企业整体资本结构的合理程度和理财水平。因此,商业银行贷款在企业的经营管理活动中必须予以重视。

7.3.1 商业银行贷款分类

划分贷款种类是进行贷款管理的需要,目的在于反映贷款品种的特点和信贷资产的结构。

1. 按货币种类划分

(1) 人民币贷款。人民币是中国的法定货币,以人民币为借贷货币的贷款称为人民币贷款。

(2) 外汇贷款。以外汇作为借贷货币的贷款称为外汇贷款。中国现有的外汇贷款币种有美元、欧元、港币、日元、英镑。

2. 按贷款对象划分

(1) 批发贷款。以工商企业、金融机构、社会团体等法人为对象发放的贷款称为批发贷款,批发贷款数额一般较大,借款的目的是兴办项目或经营企业。

(2) 零售贷款。以个人为对象发放的贷款称为零售贷款。零售贷款包括个人消费贷款和投资经营贷款,用于个人目的。

3. 按贷款期限划分

(1) 不定期贷款。不定期贷款是指银行授信时不能确定或无明确偿还期限的放款,属于短期临时性贷款。主要包括:

① 通知放款,是由银行对资信良好、经营财务状况很好的企业在批准的金额内为解决其调拨头寸之需而发放的短期贷款,银行一旦电话或口头通知偿还,借款人需立即办

理还款手续。

②透支,包括存款账户透支和信用卡透支。它是指存款人或信用卡持卡人因急需资金而善意透支,即银行授予持卡人提取超过其存款金额的权利,这种透支实际上是由银行提供的,信贷服务计息期并不确定,但不同的期限有不同档次的利率。

(2) 定期贷款。

① 短期贷款,是指贷款期限在1年以内(含1年)的贷款。

② 中期贷款,是指贷款期限在1年以上(不含1年)5年以下(含5年)的贷款。

③ 长期贷款,是指贷款期限在5年以年(不含5年)的贷款。

4. 按贷款用途划分

(1) 固定资产贷款。

固定资产贷款是用于借款人建筑、安装、维修、更新改造固定资产的贷款,包括基本建设贷款和技术改造贷款。

① 基本建设贷款,是银行对实行独立核算并具有偿还能力的各类企业和国家批准的建设单位在进行经营性的建筑、安装工程建设进程中,因自筹资金不足而发放的贷款。它主要适用于补充在新建、改建和扩建工程中发生的建筑安装工程费用及设备、工器具购置费和其他所需费用。

② 技术改造贷款,是指对符合贷款条件的企事业单位进行技术改造、设备更新和与之关联的少量土建工程所需资金不足而发放的贷款。

(2) 流动资金贷款。

流动资金贷款是对借款人在生产经营过程中的周转资金需要而发放的贷款。根据贷款期限的不同,可分为短期流动资金贷款和中期流动资金贷款。

5. 按贷款企业性质划分

(1) 生产企业贷款。生产企业贷款是指对工农业等生产性企业的流动资金周转或固定资产更新、改造所需资金而发放的贷款。

(2) 流通企业贷款。流通企业贷款是指对商贸等流通企业发放的主要用于采购库存商品、运输及结算所需资金的贷款。流通企业贷款主要为流动资金贷款。

(3) 企业贷款。目前,中国企业贷款主要是指房地产开发贷款,此贷款用于支持企业从事住房开发、商业用房开发、土地开发和配套设施建设。

6. 按贷款自主程度划分

(1) 自营贷款。自营贷款是指贷款人以合法方式筹集的资金自主发放的贷款,其风险由贷款人承担,并由贷款人收回本金和利息。

(2) 委托贷款。委托贷款是指政府部门、企事业单位以及个人等委托人提供资金,由贷款人(即受托人)据委托人确定的贷款对象、用途、金额、期限、利率等代为发放、监督使用并协助收回的贷款。委托贷款的风险由委托人承担,贷款人(受托人)只收取手续费,不承担贷款风险,不代垫资金。

(3)特定贷款。特定贷款是指经国务院批准并对贷款可能造成的损失采取相应补救措施后责成国有独资商业银行发放的贷款。特定贷款的用途由国务院确定,多数用于工业、农业等对国民经济发展关系重大的项目。国家对国有独资商业银行因发放贷款特定贷款而造成的损失采取减息、挂账、财政补贴等方式予以补偿。

7. 按贷款偿还方式划分

(1)一次还清贷款。一次还清贷款是指借款人在贷款到期时一次性还清贷款本息。短期贷款通常采用一次还清贷款的还款方式。

(2)分期偿还贷款。分期偿还贷款是指借款人与贷款人约定,在贷款期限内分若干期偿还贷款本金。中长期贷款通常采用分期偿还方式,中长期消费贷款还有按季或按月偿还贷款的方式。

(3)固定利率贷款。固定利率贷款是指贷款利率在贷款期限内保持不变,遇利率调整也不分段计息的贷款。短期流动资金贷款均为固定利率贷款,即执行合同利率。

(4)浮动利率贷款。浮动利率贷款是指贷款利率在贷款期限内随市场利率或官方利率波动,按约定时间和方法自动进行调整的贷款。

8. 按贷款保障方式划分

(1)信用贷款。

信用贷款是指凭借款人的信誉发放的贷款。其最大的特点是不需要保证和抵押,仅凭借款人的信用就可以取得贷款。信用贷款因其风险较大,发放时需从严掌握,一般仅向实力雄厚、信誉卓著的借款人发放,且贷款期限较短。

(2)担保贷款。

担保贷款包括保证贷款、抵押贷款和质押贷款。

① 保证贷款是指按《民法典》规定的保证方式以第三人承诺在借款人不能偿还贷款时,按约定承担一般保证责任或连带保证责任而发放的贷款。中国的银行目前一般要求保证人提供连带保证责任。

② 抵押贷款是指按《民法典》规定的抵押方式以借款人或第三人的财产作为抵押物发放的贷款。如果借款人不能按期归还贷款本息,银行将使用抵押权,处理抵押物以收回贷款。

③ 质押贷款是按《民法典》规定的质押方式以借款人或第三人的动产或权利作为质押物发放的贷款。

(3)票据贴现。

票据贴现系指贷款人以购买借款人的未到期的商业票据的方式发放的贷款。即票据收款人在票据到期以前将票据权利转让给银行,并贴付一定的利息从银行取得现款的一种短期融资方式。实质上是银行以票据为担保对持票人发放的一种贷款。

9. 按贷款质量状况划分

(1) 传统的期限分类方法。中国财政部1988年《金融保险企业会计制度》规定,把贷款划分为"正常、逾期、呆滞、呆账"四类。后三类合称为不良贷款(简称为"一逾两呆")。但这种状况近来已有所改变。

(2) 国际通行的风险分类方法。国际通行的风险分类方法是以贷款风险程度为依据对贷款进行分类。中国人民银行在比较了各国在信贷资产分类方面不同的做法的基础上,结合中国国情,制定了《贷款风险分类指导原则》,规定了中国银行贷款风险分类方法,按照统一的标准将信贷资产划分为五类,即"正常、关注、次级、可疑、损失"。目前正在中国各商业银行中推行。根据贷款逾期时间的五级分类,见表7.4。

表 7.4　根据贷款逾期情况的五级分类

	正　常	关　注	次　级	可　疑	损　失
信用	贷款未到期;本金或利息逾期60天以内	贷款本金或利息逾期61—90天	贷款本金或利息逾期91—180天	贷款本金或利息逾期181天以上	
保证	贷款未到期;本金或利息逾期60天以内	贷款本金或利息逾期61—90天	贷款本金或利息逾期91—270天	贷款本金或利息逾期271天以上	
抵押	贷款未到期;本金或利息逾期90天以内	贷款本金或利息逾期91—180天	贷款本金或利息逾期181—270天	贷款本金或利息逾期271天以上	
质押	贷款未到期;本金或利息逾期90天以内	贷款本金或利息逾期91—180天	贷款本金或利息逾期181—360天	贷款本金或利息逾期361天以上	

(3) 贷款五级分类的损失率与损失准备金率。贷款五级分类的损失率与损失准备金率,见图7.6。

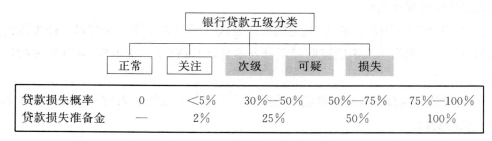

图 7.6　贷款五级分类的损失率与损失准备金率

7.3.2　航运企业对银行贷款的选择

随着金融信贷业的发展,可向企业提供贷款的银行和非银行金融机构不断增多,企业有可能在各贷款机构之间作出对自己最有利的选择。

在选择银行时,最为重要的是要选择适宜的贷款品种、承担最小贷款成本和获取最优贷款条件。贷款品种的选取主要依据企业自身融资的目的和需要,再从既有的各贷款种类中进行抉择。选择的关键在于资金成本的计算,因为一旦企业确定了贷款品种之后,最小的资金成本也就意味着最优的贷款条件,前文已对此作出了详尽的叙述,此处不再赘述。

7.3.3　国内商业银行融资贷款的申请

国内商业银行贷款是指银行向公司发放的按约定的利率和期限还本付息的货币资金。目前,中国航运企业生产经营所需资金,除自有资金外,大部分是从银行借入的。因此,商业银行贷款对航运企业来说具有十分重要的意义。

航运企业作为申请人向银行申请借款,必须具备以下条件:

(1)须经国家工商管理部门批准设立,登记注册,持有营业执照。

(2)实行独立经济核算,公司自主经营、自负盈亏。即有独立从事航运生产、流通和其他经营活动的权力,有独立的经营资金、独立的财务计划与会计报表,依靠本身的收入来补偿支出,独立地计算盈亏,独立对外签订购销合同。只有这样,公司才有偿还能力,使借款安全流回银行。

(3)有一定数量的自有资金。这是航运企业从事生产和经营活动的重要条件。自有资金水平的高低,是航运企业自我发展能力大小的决定性因素之一,也是提高公司经营风险承受能力和偿还债务能力的重要条件。如果没有一定的自有资金,一旦发生损失,必然危及借款,使信贷资金遭受损失。

(4)遵守政策法令和银行信贷、结算管理制度,并按规定在银行开立基本账户和一般存款账户。

(5)有经营市场,经营有效益。航运企业使用商业银行贷款投资的项目必须能给社会和企业带来效益,从而提高信贷资金的使用效率。

(6)不挤占挪用信贷资金。航运企业应按借款合同中规定的用途使用借款,不得随意改变或挤占挪用。

(7)恪守信用。航运企业取得借款后,还必须严格履行借款合同规定的各项义务,如按规定用途使用贷款；按合同规定期限、利率还本付息等。

除上述基本条件外，航运企业申请贷款，还应符合以下要求：有按期还本付息的能力，原应付借款本金及利息已清偿，没有清偿的已经做了银行认可的偿还计划；经工商部门办理年检手续；资产负债率符合银行的要求；申请中长期借款的、新建项目的公司法人所有者权益与项目所需总投资的比例不低于国家规定投资项目的资本金比例。

一般地，银行对一定时期内航运企业可以取得借款的最高数额都加以规定，这一最高限额叫做贷款指标。为适应公司不同的资金需要，贷款指标分为周转性指标和一次性指标。周转性指标是按贷款余额来掌握发放贷款的指标，只要贷款余额不超过指标，贷款可以借了再还、还了再借，允许指标周转使用；一次性指标是一种累计发放指标，要求贷款累计发放额不得超过此项指标，即在指标范围内，贷款不能还了再借，指标不能周转使用。

7.3.4　船舶贷款

1. 船舶贷款融资概述

在现代的海洋运输中，航运企业为了建造、购买船舶或从事运输经营需要向金融机构筹措资金。作为贷款人，金融机构一般都要求在船舶上设定某种担保物权，把船舶作为偿还贷款的担保品，这就是所谓船舶抵押贷款。船舶抵押贷款是船舶融资的基本方式。

目前，航运企业购买、建造船舶，或从事运输经营所需资金一般数量较大，贷款期限较长。通常由贷款人向船东提供一笔固定数额的贷款，船东在一个固定的借款期后归还。常见的二手船买卖贷款的期限通常为5—6年，最长可达10年。一般国家造船贷款的年限在8年左右。因此从贷款期限上来看，船舶贷款大多属于长期贷款。

2. 商业银行对航运企业贷款审查

由于航运企业的风险特性，商业银行对船舶贷款制定了相应的管理办法。商业银行在发放航运贷款时，将严格检查船舶、船东和船舶的实际使用情况，以及航运企业的经营管理状况。

（1）对贷款申请人——航运企业的审查。

对贷款申请人的审查包括：该航运企业管理的质量，如企业过去和目前的营运记录，尤其是企业的利润情况和现有船舶的事故及保养记录；企业的管理水平，这是公司未来获利的保障，因此也成为贷款要求的最重要因素；对航运企业财务状况的分析，由于现代航运贷款的规模巨大，对借款航运企业财务状况的分析也是必须的，一是要考察反映企业外部筹资程度的财务杠杆指标，二是要考察与固定贷款水平相关的企业利润总额与利息的比率,三是要分析研究航运企业的财务运行状况,包括主要债务的项目及其流动性,贷款利率是否固定等。

(2) 对所要融资的特定资产的考察。

新的安全贷款规定主要从资产价值与现金流量两方面考察。

从资产价值方面来考虑贷款的安全性,是指一项资产的价值能否继续抵偿贷款,使贷款处于安全的区域。船舶抵押构成了航运贷款安全性的基本因素。由于船舶价值具有不可预测性,有时短期内会有很大的波动。例如,一艘 3 年船龄的 6.5 万载重吨的船舶价值从 1980 年的 1 900 万美元下降到 1983 年初的 700 万美元。1981 年,这艘船的价值为 1 500 万美元,按价值的 80％贷款,还款期为 8 年,到 1983 年初,仍有大约 350 万美元的贷款未偿清,其中的 200 万美元已得不到保证。然而,有一艘类似的船舶在 1985 年底被购入,价格仅为 700 万美元,按价格的 80％贷款,还款期 8 年,到 1988 年大约有 350 万美元的贷款未还清,此时,至少还有 4 倍的船舶价值可抵付它。

从现金流量方面来考察贷款的安全性,就是要对船舶今后的净收益进行考察,任何给予贷款的船舶在贷款期内必须能够产出足够的现金流量以保证本金和利息的偿还。银行通常需要以船东与第一承租人的长期合同作为贷款的基础,所提供的现金流量表一般是指贷款期间的,并包括实际的成本与收入的变动情况。例如:有一艘 6.5 万载重吨的船舶的购入价格为 1 900 万美元,按 80％的购入价格贷款,贷款期为 8.5 年,年利率为 8％,其余 20％的购入价格由船东自有资金支付。假定船东已有一个 5 年的期租合同,租费率为每月每载重吨 5.51 美元,每年递增 5％,经纪人佣金为总收入的 1.25％,直接从租费中扣除。预计第一年的营运成本为 134 万美元,后 2 年每年递增 4％,之后 2 年每年递增 5％。如果贷款利息每 6 个月结算一次,则该船舶 5 年的现金流量表为表 7.5 所示。

表 7.5　船舶 5 年的现金流量表　　　　　　　　(单位:千美元)

	第 1 年	第 2 年	第 3 年	第 4 年	第 5 年
租费收入	4 244	4 456	4 679	4 913	5 159
减:营运成本	1 340	1 394	1 450	1 523	1 599
营运毛利	2 904	3 062	3 229	3 390	3 560
减:还款额	1 788	1 788	1 788	1 788	1 788
利息	1 180	1 037	894	751	608
净现金流量	-64	237	547	851	1 164

从上可知:第一年约有 290 万美元的营运毛利留给船东来抵付资本成本。根据贷款条件,第一年的还款额约为 179 万美元,利息为 118 万美元,合计应支付的资本成本约为 297 万美元,因此第一年的现金流量是负数。从第二年开始,现金流量为正数。在大多数

情况下,银行需要看到船东能够提供足够的现金流量来抵付营运成本和资本成本。这是银行为保证贷款安全,对航运项目资金流量的基本要求。

3. 贷款应提供的资料

在提供贷款以前,贷款银行通常要求借款人提供一系列情况介绍和有关文件,也称为贷款人提供贷款的前提条件。船务贷款合同中的前提条件主要有下面几个方面:

(1) 借款人及其担保人的公司注册证书和公司组织章程,或其他类似的文件和证书副本。这些证书和文件的主要作用是证明借款人具有拥有船舶、提供担保或借款的能力,同时这些证书和文件还有助于银行了解公司董事的权力限制。

(2) 借款人和其担保人的良好声誉证书。例如利比里亚和巴拿马公司登记机构就会根据当事人的要求出具此证书,其作用在于证实借款人或担保人未结束营业,并确认借款人或担保人已付清公司注册登记的费用。

(3) 贷款合同的订立、履行和执行以及担保合同的订立、履行和执行不违反借款人或担保人所在国的法律、法令的有关规定,并符合借款人或担保人公司章程的规定。

(4) 签订贷款合同和其他有关文件的授权书。

(5) 借款人已取得为订立和履行贷款合同所需的一切政府或有关当局的许可。

(6) 借款人和担保人批准借款或担保的董事会和股东大会会议纪要。

(7) 船舶买卖合同副本。一般须经借款人的公司高级职员认证。

(8) 转移船舶所有权的卖据副本。

(9) 确认船舱无任何登记负担的文件。此文件应由船舶登记地的主管机关签发。

(10) 船舶保险证明。在实践中,往往由该船舶的保险经纪人或保险人提供的船舶保险确认书。

(11) 由船级社出具的船舶保持船级证书。

(12) 船舶主要法定证书副本。如安全构造、安全设备以及载重证书等,因船舶种类的不同,借款人可能还要提供其他证书。

(13) 船舶租船合同副本。如果贷款银行认为该船的长期租船合同是借款人偿还贷款所需资金的主要来源,贷款银行就会格外注意此文件。

(14) 由独立检验人出具的有关船舶状况的检验报告和由独立估价人出具的船舶价值证书。

(15) 如果船舶将改变船籍国,借款人还须提供一份由原船舶登记机构出具的船舶登记注销证书。但由于出具船舶登记注销证书需要较长的时间,所以买卖双方往往约定在交船时卖方出具一担保函,保证在交完船后的一定时间内供船舶登记注销证书。

(16) 如果有必要,借款人还应提供船舶的出口许可证。

(17) 确认贷款合同的担保有效性和可执行性的法律意见书。

（18）提款通知。

4. 陈述与保证

除了履行全部前提条件以外，借款人提款的另一个前提是根据贷款银行的要求，保证各种事实的存在与否、特定行为的为与不为，而且贷款合同规定的各种保证在每次利息期开始时都要重复，即借款人须再次作出保证。一旦违反贷款合同的陈述与保证（repre sentation and warranty）即构成违约事项，贷款银行可解除合同。船务贷款合同中的陈述与保证团贷款性质、借贷双方的关系、借款人所从事的经营及经营状况等条件不同会有很大的差别，少则 10—20 项，多则可能 50—60 项。主要有以下几项：

（1）借款人具有向商业银行贷款的行为能力；

（2）借款人合法注册成立的公司并有权力拥有资产、从事经营；

（3）借款人和担保人有行为能力履行贷款合同和担保合同规定的各项义务；

（4）借款合同规定的借款人义务是合法的、有效的和有拘束力的，并且可以在借款人所在地执行；

（5）借款人没有尚未完结的重要诉讼，或发生重要诉讼的可能性；

（6）借款人无任何违约事项或发生违约事项的可能；

（7）借款人最新的经审计的财务报告真实反映了借款人的财务状况和经营情况。

5. 多种货币选择

在大多数情况下，贷款合同都规定一种基本货币作为贷款货币，通常为美元或日元，有时贷款合同也会规定可选择货币，即借款人有权提取的其他货币作为贷款货币。作为前提条件，贷款合同会规定借款人可选择的其他货币必须可以和基本货币自由兑换，并且是可以在伦敦同业拆借银行之间获得的货币。在更多情况下，贷款合同会明确注明可供借款人选择的货币种类。尽管大多数船东都希望借贷和他的营运收入相吻合的美元，然而在为新建船贷款时，造船厂可能要求以其他货币，例如日元支付造船款，这时借款人为了调整支出和收入的货币差，就希望能享有将贷款货币转换成其他货币的选择权。虽然借款人可以通过银行提供的金融服务来实现这种转换，例如货币掉期，然而贷款合同如果允许借款人有多种货币选择权，对借款人来说则更为灵活。按照一般的做法，借款人在确定利息期时可同时决定可供选择货币中的一种，一经选择，该利息期的贷款就将以该种货币支付，并应以该种货币还款。这样做可以使借款人选择某种利率较低的货币，从而获得利益。然而，借款人应该注意的是，如果他选择了和他日常营运收入不同种的货币，他就承担了由于该货币波动而产生的汇率风险。

对银行来讲，风险是借款人选择的货币价值远远偏离贷款合同规定的基本货币，从而使银行预期的贷款回报化为乌有。因此，规定借款人有多种货币选择权的贷款合同往往会同时规定借款人必须偿还因不同货币之间汇率差异产生的差额，以此确保贷款银行可以获得在使用基本货币情况下的贷款回报。

6. 利息

国际上长期船务贷款的利息几乎一成不变地都以伦敦同业拆借利率(London Inter-Bank Offered Rate)简称"利宝"(Libor)作为基本利率,再在此基础上加一定的百分比。银行的贷款回报主要来自超过伦敦同业拆借利率的利差(margin)部分。实际上,伦敦同业拆借利率在正常情况下已超过银行提供贷款的一般成本。至于在同业拆借利率上加多少百分比则完全取决于借款人在市场上的地位和谈判实力。在国际上有声望的船东往往是银行所追求的客户,他们支付的利差一般都比较小,可能只是 0.5% 或 1% 左右。相反,市场上的新船东或小船东则须支付 2%—3% 或更高的利差。实际利率则在约定的利息期间按约定的方式确定。2023 年 4 月,英国金融行为监管局根据市场反馈,决定继续发布 1 个月、3 个月和 6 个月的美元合成 LIBOR 直到 2024 年 9 月 30 日,并宣布在此之后将永久停止发布所有 LIBOR 利率。LIBOR 逐步停用后,各国金融监管局都针对本国货币的替代利率基准提出了建议,当前五种 LIBOR 货币的本国监管机构均选择隔夜无风险利率作为其本国货币的首选替代参考利率。

借款人应在自己选择的利息期的最后一日支付利息。在实践中,贷款银行往往会要求借款人支付利息的期限不长于 3 个月或 6 个月,即使利息期为 9 个月或更长,借款人也必须每 3 个月或 6 个月支付一次利息。如前所述,贷款利率大都采用伦敦同业拆借利率,然而不同银行所报出的伦敦同业拆借利率可能有所不同,因此在贷款合同中应明确伦敦同业拆借利率的方法。一般的做法是在不同的伦敦同业拆借利率之间取一个平均值。

7.4　企业债券融资

债券是企业长期债务融资的手段之一。在了解债券市场之前,我们有必要先对债券本身进行一定的了解。本节主要从债券的定义、类型和交易方式等方面对债券本身进行分析。

7.4.1　债券的概述

1. 债券的定义

债券是社会各类经济主体如政府、企业等为筹措资金,按照法定程序发行的,要求发行人(也称债务人或借款人)按照法定程序发行的而向债券购买者出具的、承诺按一定利率定期支付利息并到期偿还本金的债权债务凭证。由此,债券包含以下四层意思。

(1) 债券发行人(借款人)是资金的借入者;

(2) 债券投资者是资金的供给者;

(3) 发行人需要按约定的条件还本付息;

(4) 债券投资者与发行者之间是一种债权债务关系,债券发行人即债务人,投资者(或债券持有人)即债权人,债券是债的证明书,具有法律效力。

2. 债券的分类

债券可按发行主体、发行区域、发行方式、期限长短、利息支付形式、有无担保和是否记名等标准划分为不同的种类。

按发行主体分类,债券一般可分为以下三类。见表7.6。

表 7.6　债券的分类

种类	发行主体	风险状况	收益情况	流通性能
国债	国家	最小	高于储蓄利率,低于金融利率	最强
金融债券	金融机构	介于两者之间	高于政府债券利率,低于公司债券利率	较强
公司债券	公司(企业)	最大	收益最高	最低

① 政府债券。政府债券的发行主体是政府,包括中央政府、政府机构和地方政府。它以政府信誉作保证,因而不需要提供抵押品,它的风险在各种投资工具中是最小的。政府发行的短期国债流动性强,因而有"有利息的货币"之称。不少国家的中央银行通过公开市场业务以政府债券作为调节货币供应数量和调节利率的重要手段。中央银行买入债券,将会增加货币供给,引起利率下降;反之,中央银行出售债券将会减少货币供给,导致利率上升。

政府发行债券的目的有:弥补财政赤字;扩大政府公共投资;解决临时性资金需要;归还前期债务的本息;战争的需要。

② 公司债券。公司债券是由公司按照法定程序发行的约定在一定期限还本付息的有价证券。公司债券的发行主体是股份公司,但有些国家也允许非股份制的企业发行债券。由于公司的情况千差万别,有些经营有方、实力雄厚、信誉高,也有些信誉较差,可能处于倒闭边缘,因此公司债券的风险比政府债券和金融债券要大一些。公司债券有中长期的,也有短期的,视公司需要而定。

公司发行债券的目的有:筹集资金;调节负债规模,实现最佳的资本结构。

③ 金融债券。金融债券的发行主体是银行或非银行金融机构。金融债券是金融机构补充附属资本的主要渠道,是较为理想的筹集长期资金的工具。

另外,债券还可按票面利率分类为固定利率债券、浮动利率债券和累进利率债券;根据偿还期限分类的不同,债券可分为短期、中期和长期债券;按发行人是否给予投资者选择权分类,债券可分为附有选择权的债券和不附有选择权的债券;根据发行区域的分类不同,债券可分为国内债券和国际债券等。

7.4.2　企业(公司)债券与增信

1. 企业债与公司债的含义与区别

(1) 企业债与公司债的含义。

企业债是由具有独立法人资格的企业发行的债券。按照《中华人民共和国公司法》的解释,公司债是股份制公司发行的一种债务契约,公司承诺在未来的特定日期,偿还本金并按事先规定的利率支付利息。

(2) 企业债与公司债的区别。

需要说明的是,尽管企业债与公司债都是按照法律程序发行,并约定在一定期限内还本付息的债权债务凭证。但这两者是不同的债券,有必要进行明确区分。企业债与公司债发行条件的区别见表 7.7。

表 7.7　企业债与公司债发行条件的区别

项　目	企业债发行条件	公司债发行条件
企业规模	企业规模达到国家规定的要求	股份有限公司的净资产额不低于人民币 3 000 万元;有限责任公司的净资产额不低于人民币 6 000 万元
债券的总额	发行企业债的总额不得大于该企业的自有净资产;企业经济效益良好	累计公司债总额不超过公司净资产额的 40%
偿债能力	发行企业债前连续 3 年盈利;具有偿债能力	最近 3 年平均可分配利润足以支付公司债 1 年的利息
利率	企业债的利率不得高于银行同期居民储蓄定期存款利率的 40%,所筹资金用途符合国家产业政策	公司债的利率不得超过国务院限定的利率水平
其他条件	企业财务会计符合国家规定	筹集的资产投向符合国家产业政策;国务院规定的其他条件

2. 债券信用等级及其含义

(1) 债券信用评级。

债券信用评级是以企业或经济主体发行的有价债券为对象进行的信用评级。债券信用评级大多是企业债券信用评级,是对具有独立法人资格企业所发行某一特定债券,按期还本付息的可靠程度进行评估,并标示其信用程度的等级。这种信用评级是为投资者购买债券和证券市场债券的流通转让活动提供信息服务。

国家财政发行的国库券和国家银行发行的金融债券,由于有政府的保证,因此不参加债券信用评级。地方政府或非国家银行金融机构发行的某些有价证券,则有必要进行评级。

（2）主要内容。

由于债券的筹资数额巨大,所以对发行单位的资信评级是必不可少的一个环节。评级的主要内容包括:

① 分析债券发行单位的偿债能力;

② 考察发行单位能否按期付息;

③ 评价发行单位的费用;

④ 考察投资人承担的风险程度。

债券信用等级标准从高到低可划分为:AAA 级、AA 级、A 级、BBB 级、BB 级、B 级、CCC 级、CC 级、C 级和 D 级。前四个级别债券信誉高,履约风险小,属于投资级债券,第五级开始的债券信誉低,属于投机级债券。

债券评级越高,意味着风险低,发行利率就低;反之则反。

3. 债券增信

（1）债券增信。

债券增信是增加债券的信用资质的举措。债券增信最直接的结果是为债券发行人的到期还本付息增加了一个保障。

（2）增信的原因。

对投资者来说,发行人的信用资质得到增强后,降低了债券违约率,从而减少了自身承担的风险。

对发行人而言,通过债券增信,主体评级较低的企业也可发行债券融资,同时可降低融资成本。

例如:由担保公司担保的"11 国丰 MTN1"和无担保的"11 北营钢 MTN1",均为 5 年期且主体级别 AA,而债项级别分别为 AAA 和 AA,同期收益率分别为 4.6% 和 4.9%,经增信的"11 国丰 MTN1"收益率比未增信的"11 北营钢 MTN1"低了 30 个 BP,明显降低了融资成本。最重要的是,债券增信降低了融资的门槛,减少和分散了风险,提高了债券市场的融资效率。

（3）增信方式的分类。

债券增信的手段多样,其中第三方担保、抵质押担保、债券保险、债券信托、信用准备金等最为常见。目前,中国最主要的增信方式有第三方担保、抵质押担保和流动性支持。

① 境内信用债主要增信措施。

● 连带责任担保：最主流的担保方式。目前信用债市场现存有多只连带责任担保债，普遍采用不可撤销连带责任担保方式，建议重点关注担保函中关于免除担保责任的一些条款，例如担保期限、主债权变更、加速到期等方面；另建议优先选择代偿时间点明确约定在债券本息兑付/到期日之前的债券，对投资人更有利。

● 抵质押担保：关注抵质押资产的变现能力。如现存多只抵质押担保债券中，抵质押资产主要为土地使用权/房产、股票/股权、停车场产权/收费权，占比分别为 85%、9% 和 4%。可关注抵质押资产的权利瑕疵问题，曾出现过用不合法合规的土地做担保的情况；另外抵质押财产的变现能力也很重要，划拨用地实际可变现价值可能存在偏差，房产和土地使用权由于总价值较大而面临处置难的问题，停车场、采矿权、碳排放权等变现能力有限。

● 差额补足：关注差额补足的法律性质。现存信用债中设有差额补偿的情况。差额补足义务人通常是融资方的母公司或控股股东等。投资人需关注差额补足义务人是否真正构成债务加入，还是仅构成保证担保，后者能够获得的赔偿范围通常会明显低于前者；还需关注差额补足协议签订的流程及相关备查文件是否符合规程。

● 流动性支持：增信效力有限。不对出具人形成强制担保责任，在实践中，银行可能通过规定极为苛刻的触发条款来规避履行义务。例如在"11 蒙奈伦""11 超日债""12 宁夏上陵债"等违约案例中，银行拒绝提供流动性支持。

● 信用风险缓释工具：为信用债上一份"保险"。目前，信用债市场的信用风险缓释工具的创设机构为银行、券商、担保公司、其他金融机构，占比分别为 65%、22%、9% 和 4%；信用风险缓释工具的信用事件多为"标的实体破产、标的债券支付违约"，债券展期可能不会触发"支付违约"。

② 中资美元债主要增信措施。

● 跨境担保：跨境融资中最主流的担保方式。对境外债务人要做全面的尽职调查，并就担保人对相关担保事项的决议进行审查。

● 维好协议：类似于"流动性支持"，增信效力有限。维好协议法律用词较为温和或者模糊，语气较弱，出现违约时可能获得的索赔有限。

● 备用信用证：执行情况较好，认可度不断提升。备用信用证在发行人违约时能够对投资者进行全额赔付，投资者的利益得到了保障；并且能够有效降低发行成本，削减利息支出和相关发行费用。

（4）增信方式的效用比较。

① 从评级迁移情况来看，国家级专业担保公司、其他专业担保公司、国企担保、抵质

押担保、民企担保、差额补偿、信用风险缓释工具能使信用评级分别提高 2.24 级、1.85 级、1.07 级、1.01 级、0.56 级、0.11 级和 0.11 级。

② 从降低发行成本的角度来看，国家级专业担保公司、其他专业担保公司担保和普通国企担保的信用债发行利率明显低于无担保债券，AA 级主体平均降低 0.1%—1.3%，其余担保方式作用较小。

③ 中资美元债中备用信用证方式可以有效降低债券的发行利率，而境内母公司跨境担保和维好协议对债券发行利率的降低作用相对较小。

7.5 信托

作为现代市场经济的重要融资方式之一，商业信托在船舶融资市场也具有相当大的发展空间。船舶抵押贷的大致流程为：信托公司作为受托方，以发行理财产品的方式公开进行资金筹集，随后，信托公司将投资者所投的资金贷给航运公司，拥有船舶所有权的航运公司将其船舶作为抵押品抵给信托公司，在此期间，由信托公司委托具有很高专业性的管理机构对船舶实施相关的事务性管理操作。与银行贷款相比，商业信托这一融资模式更加灵活和变通，不仅为航运企业减小了定期定量定息偿还的压力，还可以通过专业管理机构依据航运企业的具体经营情况进行相应改变，为航运企业疏通现金流提供支持，从而为企业的灵活发展提供动力支持。

7.5.1 动产信托

动产信托，即委托人（动产销售制造公司）把动产的财产权转移给受托人，并将动产信托交给受托人，受托人根据委托人的一定目的，将动产出租或以分期付款的方式出售给资金紧张的设备使用单位的一种信托方式。

动产信托中的标的物一般是价格昂贵、单个企业一般无力一次付清货款的商品，如大型电子计算机、铁路车辆、炼钢厂的主要设备等。这类产品资金投入大，回收期限长。这种业务的一般做法是，信托投资机构接受委托，然后联系具体用户，会同供需双方，商定出售或转让信托动产的出售或出租价格、付款期限等有关事宜。信托投资机构可将信托商品赊售或出租给用户，并代委托方监督用户按期支付货款和租金。动产信托的基本程序如图 7.7。

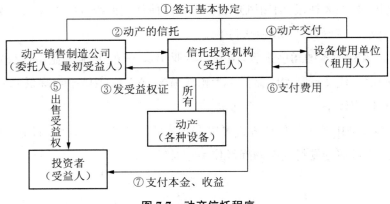

图 7.7 动产信托程序

动产信托业务的开展，最早是铁路部门为筹集资金购买设备而采用的一种特殊的信托形式。随后，信托的标的物逐渐扩展至船舶、汽车和飞机等价格昂贵、单个企业无力一次购买的设备。目前，世界各地的船舶信托非常普及，运用信托购买经营的船舶也从普通货船发展到大型油轮等，船舶信托现已成为动产信托的主要类型。

7.5.2　动产信托与抵押贷款的联系与区别

在动产信托业务中，委托人将设备的所有权移交给信托机构，由信托机构发行信托证券或由委托人出售信托受益权证书向社会筹资，这类似于借款人将设备交与金融机构作为担保品而取得资金，即抵押贷款，这是两者相同的地方。不过，这两种业务还存在较大差异。

1. 目的不同

在抵押贷款中，财产抵押的目的是向抵押权人提供相应的合同担保；动产信托中财产转移的目的是实现动产的出租或出售，受托方提供的融资或信用只是手段。

2. 产权转移方式不同

在抵押贷款中，只有贷款到期无法偿还，抵押权人才能取得财产所有权，而且抵押权人取得的也不是全部的财产所有权，抵押品扣除折旧超过贷款额，则多余部分应归还借款人；而在信托业务中，信托关系成立，受托方在法律上就取得了信托财产的所有权。

3. 财产管理方式不同

抵押财产在抵押期间必须保证其原有形态和价值不变；而动产信托中的信托财产在信托期内只需保持其原有价值，不一定要保持其原有形态。不过，买方使用信托财产，必须严格按照信托协议进行，否则受托方可随时收回信托财产。

4. 财产范围不同

抵押贷款中的抵押财产范围较大，可以是实物财产，也可以是有价证券等；而动产信托中信托财产只能是大型机器、设备等商品。

7.5.3 动产信托的分类

根据不同的分类标准,动产信托可以有不同的分类。划分动产信托的标准主要有三种,下面分别予以说明。

1. 根据信托机构在动产信托中是否为信托当事人提供融资来划分

依照这一标准,动产信托可以分为服务性动产信托和融资性动产信托两种。在服务性动产信托中,信托机构只对财产进行管理、维护等,不垫付资金,只收取手续费。在融资性动产信托中,信托机构在促成设备、物资的销售或转让的同时,还为委托人或购买方提供融资,在实际业务中,动产信托大多既有融资性,又有服务性。

2. 根据信托财产的不同来划分

动产信托的信托财产主要是大型的机器与设备,主要分为两大类,即运输设备和机械设备。根据信托财产的不同,动产信托可以分为运输设备信托和机械设备信托。

(1) 运输设备信托。

运输设备信托具体又包括铁路车辆信托、船舶信托、飞机信托等。在运输设备信托中,首先由信托机构从运输设备制造商处接收运输设备作为信托财产,然后租给运输设备用户并收取一定的租金;用户缴纳租金的期限一般是在 10 年以上,并且在租金付清后,运输设备就归用户所有,所以说,动产信托安排实际上是一种销售合同。这里所说的设备用户主要指铁路运输公司、船运公司和航空公司等,它们通过动产信托,名义上是租用运输设备,而实际上则是运用分期付款的方式购买运输设备,这缓解了它们的资金不足,对这些大型企业的发展是十分有利的。

(2) 机械设备信托。

机械设备信托中的机械设备一般仅限于能够独立运用(不允许其零部件和其他设备组装在一起),并具有相当的价值,不易变质的设备。这种设备包括建筑机械、机床、医疗器械、电子计算机等。随着电子计算机的大规模应用;计算机信托业务在动产信托中已占据了重要的地位。

3. 根据对动产设备的不同处理方法(先出租后出售、出售、出租)划分

根据该标准动产信托分为三类:管理处理型动产信托、即时处分型动产信托及出租型动产设备信托。

(1) 管理处理型动产信托。

管理处理型动产信托的特点是受托人先以出租方式向动产使用者提供动产设备,最终将动产所有权一次性出售给动产使用者。管理处理型动产信托是动产信托的基本类型。

（2）即时处分型动产信托。

即时处分型动产信托的特点是在信托设立时,受托人与动产使用人签订"动产买卖及抵押权设定合同",将动产出卖给使用者,出售价款以分期付款的方式收回。在这种信托中,动产的所有权从一开始就转移给了使用者。为确保使用者分期支付货款,将动产设备设定抵押权。此后,使用者根据买卖合同的约定以分期付款的方式交付货款。

（3）出租型动产设备信托。

出租型动产设备信托的特点是,受托人接受委托人信托的同时将动产出租给使用者,受托人与使用人之间签订的是"动产出租合同"。在这种信托中,信托财产的所有权最终应从受托人手中转移至受益人手中,动产使用人不取得动产的所有权。在信托合同中,应对信托财产的所有权做出约定,即信托终了时,受托人把信托财产退还给委托人。

7.5.4　动产信托业务的操作程序

在动产信托实务领域,管理处理方式的动产信托是最具有普遍意义的,而根据具体融资方式不同,管理处理方式的动产信托又可以有出让"信托受益权证书"和发行信托证券这两种方式。

1. 出让"信托受益权证书"的方式

"信托受益权证书"是一种由信托机构根据设备厂商转移的信托财产开立的有价证券,持有者可以在金融市场上转让,到期可凭此证书要求信托机构偿还本金并付利息。在这种动产信托方式中,信托机构在接受设备生产厂商（委托人）的动产设备时,发给其"信托受益权证书",生产厂商然后将"信托受益权证书"出售给社会上的机构投资者,收回货款。出让"信托受益权证书"的动产信托的基本程序见图7.8。

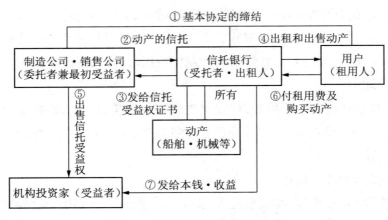

图 7.8　动产信托业务的操作程序

2.发行信托证券的方式

信托证券是指由信托机构向社会投资者公开发行的一种特殊有价证券,筹措的资金用于支付生产厂商的货款。与出售"信托受益权证书"的动产信托方式相比,发行信托证券的方式,由信托机构直接向社会公众发行信托证券,筹集的资金可立刻用于支付货款,使生产厂商及早得到销售货款,避免了生产商到处寻找投资人的麻烦。

7.6　融资租赁

融资租赁(financial lease)于1950年发轫于美国,之后便迅速在世界各国发展起来,并将融资租赁运用于航运业。融资租赁虽发源于经营租赁,但其性质却与经营租赁天差地别。融资租赁是资金融通的一种方式,一般用于资金需求量大、投资期限长的设备投资。

7.6.1　融资租赁及其类型

1.融资租赁的定义

融资租赁是国际上最普遍、最基本的非银行金融形式。它是指出租人根据承租人(用户)的请求,与第三方(供货商)订立供货合同,根据此合同,出租人出资向供货商购买承租人选定的设备。同时,出租人与承租人订立一项租赁合同,将设备出租给承租人,并向承租人收取一定的租金。

2.融资租赁类型

随着金融业务领域的拓展,融资租赁业务范围日益广泛,其业务方式和种类创新增多。见图7.9。

常见融资租赁业务类型如下:

(1)杠杆租赁。

杠杆租赁是出租人运用杠杆原理,只需提供拟出租设备购置款的20%—40%的投资,带动其他债权人对该项目60%—80%的款项提供无追索权的货物。出租人以拥有的租赁标的所有权向贷款人抵押,以转让租赁合同和收取租金的权利向贷款人作担保的一种租赁交易。

(2)直接租赁。

直接租赁是由出租人用从金融市场筹措的资金向供货厂商购买设备,然后直接租给

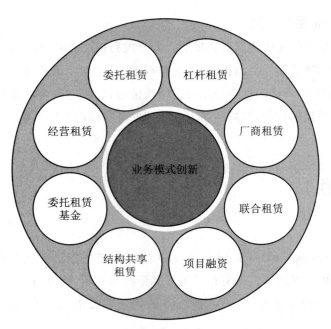

图 7.9　融资租赁业务模式与创新

承租人，设备所付款项是由出租人自行筹措的。直接租赁一般包括两个合同：一个是租赁合同，由出租人与承租人签订；一个是购货合同，由出租人与供货商签订。

（3）转租赁。

转租赁是由出租人先从别的租赁公司租进设备，然后再租给承租人。一项转租赁涉及4个当事人，即设备供应商、第一出租人、第二出租人和第一承租人、第二承租人。签订的三个合同如下：

① 购货合同，作为第一出租人的租赁公司 A 与设备供货商签订购货合同。

② 租赁合同，租赁公司 A 与第一承租人租赁公司 B 签订租赁合同。

③ 转租赁合同，由租赁公司 B 作为第二出租人与第二承租人签订转租赁合同。

（4）回租。

回租（也称售后租赁）业务是指承租人将自有物件出卖给出租人，同时与出租人签订一份融资租赁合同，再将该物件从出租人处租回的租赁形式。回租业务是承租人和出卖人为同一人的特殊融资租赁方式。

7.6.2　船舶融资租赁

1. 船舶融资租赁的含义

船舶的融资租赁是指出租人按照租赁协议将船舶长期出租给承租人，船舶在承租人占有控制下营运，并在租期内向承租人收取租金的一种经济行为。船舶的融资租赁是航运企业常用的融资方式之一，它起始于 20 世纪 50 年代。

融资租赁的出租人一般是将买船作为物业投资的公司或是银行。他们无意涉足航运业务，只希望投资有一定的固定利润。另外，一些造船厂也以出租人的身份出现。他们通过这种方式达到增加买主，扩大船舶销售的目的。在通常情况下，船舶的融资租赁是由银行或专业的租赁公司通过契约安排，提供造船资金，并取得船舶所有权，然后由该银行或租赁公司作为出租人将所造船舶租给航运公司使用，并从航运公司收取固定的租金。融资租赁所涉及的当事各方关系如图 7.10 所示。

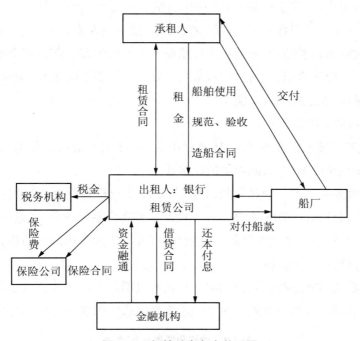

图 7.10　船舶融资各方关系图

租金的计算。采用融资租赁方式，承租人支付的租金是按出租人的总成本为基础计算的。出租人的总成本一般包括船舶的价格（扣除船舶残值）、出租人筹措资金的利息、手续费等费用及收取的利润率。而利润率的高低同出租人能享受到的税收优惠成反比关系。

船舶租赁通常做法是采用一种光租租船合同，经过修正其中的条款，如船舶的租赁期、租费水平等，以满足租赁双方的要求。然后出租人按照承租人对船舶技术、设备、规范的要求，向造船厂订造船舶。虽然是出租人与造船厂签订的造船合同，但承租人可根据与出租人的协议，担任出租人在造船方面的代理人，即以船东的身份来处理与船厂的事务，以便使船舶的技术和营运指标满足自己的需求。

在船舶的融资租赁中，承租人自行配置船员、燃料、物料，从事经营管理，由出租人保留船舶所有权，做形式上的船东，承租人定期地向出租人支付租金。船舶的融资租赁的期限较长，一般是 10—15 年，与船舶的使用寿命相近。这期间，承租人除了不拥有船舶所有权外，在对船舶管理使用方面，可以将其当作自有船舶对待。

在船舶融资租赁业务费用分摊方面，由出租人承担船舶建造成本（如船舶造价、船价利息等），承租人则承担营运成本（如船员工资、备品物料、维修保养费用等）和航次成本（如燃油费、港口运河费等）。在租期内，承租人应定期向出租人支付合同规定的租金。

在租期届满后，承租人可优先以低于市场的价格购买租赁船舶，使其真正成为自有船舶；亦可继续租赁，但租金将是象征性的（如租金只是原先的十分之一）。虽然合同中的租赁期为 10—15 年，但合同中经常订立了条款，使承租人能够在一定年限（如 4 年或 5 年）后的任何时候出售船舶，所获的收入与船舶账面价值的差额作为租金的回扣，归承租人所有。这样，在船舶市场行情较好时，承租人就可以如愿以偿地出售船舶。

2. 船舶融资租赁的评估与决策

（1）融资租赁的决定因素。

在分析决定一艘船舶是购买还是融资租赁时，必须考虑的因素有以下几个方面：①融资成本；②现金流量；③时间因素的经济效益。

假定一个企业要购置一艘昂贵的海船，若依靠本身积累资金，按照企业经营盈利情况，每年只够支付价款的 20%，要等 5 年才能凑满购置海船的资金，建成一个生产运输单位。如果采取租赁方式，企业每年的经营盈利，就可以作为租用海船的租金。这样，租赁海船 5 年就可以建成 5 个运输单位。

将租赁和购买方式进行比较（见表 7.8），就可以明显看到租赁方式可以赢得时间，而时间的因素给企业带来的经济效益在某一阶段可以达到积累购买方式的 15 倍。

表 7.8　融资租赁的比较优势

采用租赁方式			采用购买方式		
用作租赁的资金	生产单位	生产利润	用作购买的积累资金	生产单位	生产利润
□	☺	△	□		
□	☺	△△	□		
□	☺	△△△	□		
□	☺	△△△△	□		
□	☺	△△△△△	□	☺	△

注：□ 代表每年积累的资金或租金，☺ 代表一个生产运输单位，△ 代表每一个生产运输单位的年度利润。

（2）租金的计算。

① 租金的构成要素。

● 船舶的买价。

除船舶本身的价值外,买价还应包括运费、保险费和进口关税(不论是 CIF 价格还是 CFR 价格,实际都由承租人负担)。在计算时,要剔除一笔估计残值(余值)。残值是指租赁期满时该船在当时市场上的公平销售价格。剔除残值的原因是由于在租赁期满时,租赁公司将在市场上处理尚有使用寿命的该船舶,或由承租人留购收回这一部分投资。但中国的情况是:租赁公司在计算租金时,将船舶买价全部折完,不留残值。待合同期满后,由承租人以 1 元的名义价格买下。

● 利息费用。

由于租赁公司购买出租的船舶所筹措的本金,不管来源于何处,都需支付利息,因而在租赁成本内需包括利息这一项。利息大小,取决于签订合同时金融市场的行情、资金的来源、租赁公司筹措资金的能力和利差风险费等因素。

● 经营租赁项目必须的开支和手续费。

这是一个可变的数字,可采用收取租赁船舶引进手续费的办法,解决必要开支的问题。

在上述租赁费率的构成因素中,租赁船舶的买价是事先已定的,运费和保险费也是较固定的。因此,租赁费率的高低主要取决于对设备残值的估计(我国融资租赁不存在残值的问题)、利息和手续费的多少。

② 租金的计算方法。

融资租赁中的租金,是承租人向出租人支付的费用,由船舶造价、租赁期利息费用和租赁手续费用几部分构成。租金水平受利率、租赁期限、付租间隔期和支付货币种类等因素影响。

船舶融资租赁的租金是采用现金流量贴现技术确定每年的资本成本,将现金支出在船舶使用年限中进行分摊。出租人在租赁期间的每年成本相同,以此确定应收租金额。计算方法如下:

设某船舶的资本成本 P,预计租赁 N 年,预计收益率为 i,计算该船舶每年租赁费 A。则:

$$P = \sum_{t=0}^{N} A(1+i)^{-1} = A \sum_{t=0}^{N} (1+i)^{-1}$$

令

$$R = \sum_{t=0}^{N} (1+i)^{-1} = \frac{1-(1+i)^{-N}}{i(1+i)^{-1}}$$

可得
$$A = P \cdot R^{-1} = P \frac{i(1+i)^{-1}}{1-(1+i)^{-N}}$$

或根据等额资金回收公式：

$$A = P(A/P, i, N)$$

如果考虑船舶残值，以上计算需做一调整，设估计残值为 S，则

$$A = P(A/P, i, N) - S(A/F, i, N)$$

这一方法简捷地算出了需要给予出租人资本报酬的每年最低租金收入。这里的资本报酬率是对现金流量进行折现的比率，即：出租人如果把资金投资于资金市场，而不是船舶，船东所能得到的利息率。

例如一艘投资为 3 000 万美元的散货船，租期为 15 年，估计收益率为 8%，则其年租赁费为：

$$A = P(A/P, 8\%, 15) = 3\ 000 \times 0.116\ 8 = 350.4（万美元）$$

如果考虑到船舶期末残值，并估计残值是原值的 10%，即 300 万美元，则有

$$A = P(A/P, 8\%, 15) - S(A/F, 8\%, 15)$$
$$= 3\ 000 \times 0.116\ 8 - 300 \times 0.036\ 8$$
$$= 339.36（万美元）$$

由于旧船价格一直处于变动之中，不论船龄有多长，其价值都有可能上涨或下跌，一些出租人通过价值重估而间接获利。一艘新船在几年内就出售，会保留较高比例的最初价值。尽管这一比例与市场条件相联系，这时的残值对出租人来说十分重要，在计算船舶收益时就必须考虑。例中如不考虑残值，年租金间相差 11.04 万美元，这不是一笔小数目。由于船舶的残值是未知的，出租人一般假设残值进行计算，这样就可得出船舶使用期间必须收取的多少租金。

（3）实际操作中的应注意的几点问题。

尽管融资租赁有众多优势，但它也不是没有缺憾的，在我们在实际操作过程中应注意以下的几点问题。

① 在进行融资租赁取得船舶时，对于船舶所有权问题，以及政治因素需要着重考虑。船舶价格随时会发生重大变化，通过对取得和处置船舶时机的判断与选择，船东可利用船舶价格的变动取得丰厚的利润。但在融资租赁条件下，出售船舶的自由权被削弱了。

② 在租赁情况下，船舶所挂国旗也是一个需认真考虑的问题。许多国家规定，为了鼓励在投资中得益，承租人必须是本国居民，并且船舶必须登记挂本国国旗。这将极大

的阻止许多潜在的、希望根据船舶承租人自行选择船旗来经营船舶的自由。显然,对于国有的航运公司,被强制性要求在本国旗下雇佣本国海员进行营运,这在跨国界的船舶租赁业务中是不可能的。

③ 与其他信贷筹资方式(如现金购买设备)相比较,在一般情况下,融资租赁费相对较高,因为除贷款利息外,船舶承租人还要支付租赁公司的手续费。而且设备的残值一般属于出租人,这对承租人来说也是一笔损失。

④ 租赁契约一般不允许中途解除,如果无故毁约或不履行合同规定的有关义务,船舶承租人则需赔偿租赁公司的各项损失,往往罚则较重。

3.船舶融资租赁的风险

(1)普遍市场风险。

企业所面临的市场风险包括财务资金风险、市场波动、竞争风险、供需变化等。直接影响船舶融资租赁项目的市场风险,主要是与航运企业收益直接相关的成本风险及运价波动风险,以及融资租赁公司比较敏感的利率风险和汇率风险。

① 成本风险及运价波动风险。

船舶燃料成本占航运企业运输成本的比重较高,以集装箱航运企业为例,燃油成本占总经营成本的 20%—60%。另外,航运市场中的运价波动是航运企业的重要市场风险。

② 利率风险。

③ 汇率风险。

(2)出租人面临的特别风险。

① 船舶订造风险。

根据船舶融资租赁合同,船舶融资租赁出租人在履约过程中会按照承租人的选择与船厂订立船舶建造合同,而船舶建造合同的履行情况将决定融资租赁合同能否进行,即船舶出租人将承担船舶订造风险。若因建造合同不能完全履行造成出租人的船舶所有权瑕疵,船舶融资租赁交易可能难以顺利进行,出租人的投资回收风险也将随之增加。一旦承租人因出租人所有权瑕疵不能正常享有船舶的占有使用权,将有权撤销融资租赁合同,拒绝支付租金,进而造成出租人利益受损。

② 船舶所有权登记风险。

通常而言,融资租赁的船舶所有权按约定应归属于出租人,即登记的船舶所有人为出租人。但在具体实践中,仍存在船舶权属争议。例如,根据《中华人民共和国船舶登记条例》第二条的规定:"主要营业所在我国境内的企业法人的船舶可在中国登记,但有外商出资的,中方投资人的出资额不得低于 50%。"这使许多外资船舶融资租赁出租人缺乏我国船舶的登记资格,为规避此规定,出租人会选择将船舶登记在承租人名下。这种做法极易引发船舶权属纠纷,船舶出租人所有权也面临着较大风险。

③ 船舶优先权与留置权风险。

我国现存立法暂无针对船舶融资租赁合同的专门规定,亦无融资租赁承租人的专门登记。船舶融资租赁的承租人,通常会登记为光船承租人,在实践中,解决船舶融资租赁纠纷通常参照适用《海商法》中有关光船租赁的相关规定。但船舶融资租赁不能简单等同于光船租赁,二者的主要区别体现在租赁期限届满时,船舶融资租赁中的船舶所有权通常归属于承租人,而光船租赁中的所有权归属于出租人。虽然船舶融资租赁的承租人已登记为光船承租人,且需承担部分海事请求权,但是在优先权法律关系中,承担责任的对象是船舶本身。根据《海商法》以及《海事诉讼特别程序法》中关于优先权的规定,船舶优先权具有担保物权的性质,不因所有权的转移而消灭,且优先权的行使需通过船舶扣押、法院拍卖的方式予以实现。因此,若承租人营运产生了优先权担保的海事债权并导致船舶被扣押,出租人作为登记的船舶所有权人可能需要提供担保解除扣押,否则将面临丧失所有权以清偿海事债权的风险。

与优先权类似,船舶留置权作为法定担保物权使留置权人在承租人未合理履行义务时可以合法留置船舶,这同样会给出租人带来一定风险。由于此时船舶并不在出租人的实际控制之下,故出租人对于船舶是否留置的信息取得具有滞后性。通常在船舶即将被折价或者拍卖时才能了解到船舶被留置的法律事实。留置权作为法定担保物权,优先于租金支付的债权,在留置权实现的过程中,出租人不仅可能丧失船舶所有权,同时其享有的租金债权也可能难以足额实现。

④ 船舶油污损害赔偿风险。

在面对船舶污染这类侵权行为中,往往采用的是无过错责任原则,即考虑到这类侵权行为的高度危险性,所以当损害发生后,不考虑双方是否存在过失,而按照法律规定承担赔偿责任的法定责任形式。在相关的国际条约或者国内法律中,发生油污损害的情况下,往往将船舶所有人作为责任人甚至是第一位的直接责任人,有些责任主体虽然并不明确,但也不能将船舶所有人排除在外。

(3) 承租人面临的特别风险。

① 船舶质量瑕疵索赔风险。

② 合同解除不能的风险。

《中华人民共和国民法典》第七百五十四条规定:"有下列情形之一的,出租人或者承租人可以解除融资租赁合同:(1)出租人与出卖人订立的买卖合同解除、被确认无效或者被撤销,且未能重新订立买卖合同;(2)租赁物因不可归责于当事人的原因毁损、灭失,且不能修复或者确定替代物;(3)因出卖人的原因致使融资租赁合同的目的不能实现。"纵观《民法典》融资租赁章,仅该条款明确规定了承租人法定解除的权利。一般若租赁物的质量瑕疵不足以构成根本违约,合同目的仍能够实现的,除当事人约定可以解除合同外,承租人不得行使解除权;当出卖人故意欺骗承租人,除非出租人知道或者应当知道融资租赁合同的供应商有欺诈的故意,否则,承租人不得解除融资租赁合同。从以上我国法律规定可以看出,对于承租人的解约权是有着严格跟制的。实践中上述两种能够行使解约权的情况可谓少之又少,实际上承租人的解约权形同虚设。

③ 租金返还不能的风险。

《中华人民共和国民法典》第七百五十八条规定:"当事人约定租赁期限届满租赁物归承租人所有,承租人已经支付大部分租金,但是无力支付剩余租金,出租人因此解除合同收回租赁物,收回的租赁物的价值超过承租人欠付的租金以及其他费用的,承租人可以请求相应返还。当事人约定租赁期限届满租赁物归出租人所有,因租赁物毁损、灭失或者附合、混合于他物致使承租人不能返还的,出租人有权请求承租人给予合理补偿。"

4. 船舶融资租赁业务中的防范措施

(1) 应对普遍市场风险的防范措施。

① 航运企业应通过分析燃油价格的发展趋势,并运用套期保值、期货现货等相关金融工具,以及建立油价与运价的联动机制等措施更好地控制燃油价格波动的风险。

② 对于利率风险的规避,可以采用利用金融衍生工具对冲借款利率变化带来的风险,也可以通过约定租金与利率的联动机制由双方合理分担利率风险,减少一方的损失。

③ 对于汇率风险的规避,可以采用远期外汇交易、外汇期货、外汇期权和货币互换等以外汇交易为对象的金融衍生产品,将汇率波动的不确定性转化为确定性,从而大幅提高企业汇率风险规避效率。

(2) 为出租人的风险防范措施。

① 加强对业务中各方的调查及摸底。

在与承租人成立船舶融资租赁合同关系之前,需对承租人的经济状况、经营情况等进行全面分析评估。同时对于承租人选择的船舶出卖人、船舶建造方的履约能力进行合理评价,以减少因合同相对人瑕疵履行而产生利益损失。

② 在业务合同中明确船舶所有权归属。

如上所述,所有权作为船舶融资租赁出租人享有的一项基本权利,若不能充分保障,合同目的将不能实现,出租人在融资租赁关系下的损失将会是巨大的。因此,一方面,基于"船舶所有权未经登记不得对抗第三人"的规定,出租人应当在取得船舶后将所有权先行登记于自己名下,以减少因所有权归属不明而引发的纠纷。另一方面,在合同中应明示约定履行期限届满时双方的权利义务,承租人拥有的是优先购买权或是船舶所有权,以及所有权转移的有关细节。

③ 在合同中引入"保证金"条款。

船舶污染对船舶出租人带来的损害赔偿风险，船舶出租人可以在合同中和承租人约定，对于该种因承租人在经营船舶过程中产生的债权，承租人应该自行负责。即使鉴于某些规定，出租人要作为赔偿的主体卷入其中，承租人也应该积极予以配合，或者是在出租人赔付后，将该笔赔偿款项及时的支付给出租人，并且要承担出租人因此而产生的相关费用。

④ 引入保险公司降低风险。

面对船舶油污损害赔偿，出租人作为船舶所有人不能置身事外。虽然在赔付之后对于这部分的损失可以向真正的责任人——承租人索赔，但那毕竟是之后的事。出租人仍然面临着发生油污损害赔偿的赔付压力。为了减轻这种压力，出租人可以投保一份油污责任险。投保的费用可以约定由承租人承担，或者直接作为融资成本体现在租金中。鉴于油污损害的发生往往比较巨大，另一种较为稳妥的方法就是加入保赔协会。当然，出租人投保的该笔保费和加入保赔协会的相关费用，也应由承租人承担，这一点可以在融资租赁合同中予以明确约定。

（3）作为承租人的风险防范措施。

① 聘请法律专业人士参与。

鉴于船舶融资租赁的特殊性和专业性，承租人在与出租方洽谈融资租赁合同、起草融资租赁合同、履行融资租赁合同等各方面，除自有的融资租赁业务团队人员参与外，还应当有专业法律人士参与。为融资租赁合同条款、相关专业问题、合同履行各环节等提供法律保障。从融资租赁合同层面，为承租人提供能够保护承租人合法权益的合同文本，这是全面履行融资租赁合同的前提。

② 在合同中设立权利瑕疵担保条款。

权利瑕疵担保是指，出租人应担保承租人不因第三人对承租人主张权利而致使承租人不能依约对租赁物享有使用、收益的权利。当第三人向承租人主张相关权利，使得承租人不能按照约定享有租赁物的使用及收益的权利时，出租人即应承担瑕疵担保责任。

我国虽然尚没有对融资租赁船舶权利瑕疵担保条款的相关规范，但《国际融资租赁公约》第8条已经作出相关规定，"出租人应当担保承租人占有、使用租赁物，不受优先所有权人或优先权利人以及主张享有优先所有权或权利并受法院授权行动的人的侵扰，但这种所有权、权利或主张是由承租人的作为或不作为导致的除外"。《国际融资租赁公约》对融资租赁船舶瑕疵担保条款的设立是值得借鉴的，可在双方签订的合同中予以明确。

③ 在合同中约定船舶索赔权让渡条款。

在船舶融资租赁中，由于出租人免于承担租赁船舶的瑕疵担保责任，因此当船舶确实存在质量瑕疵时,出租人一般不再有索赔的积极性。为了实现承租双方之间权利和义务的平衡,维护承租人的利益,双方应当在合同中约定,出租人将租赁物的索赔权让渡给承租人,即当船舶发生质量问题时,承租人可以直接向出卖人索赔,从而维护自己的利益。

7.6.3　航空租赁

1.航空租赁

航空租赁通常是指飞机租赁,飞机租赁是以飞机为租赁物的一种租赁业务。航空公司(或承租人)从租赁公司(或直接从制造厂家)选择一定型号、数量的飞机并与租赁公司(或出租人)签订有关租赁飞机的协议,出租人拥有飞机的所有权,将飞机的使用权转让给承租人,承租人向出租人支付租金,租期结束后航空公司可以归还或者不归还飞机给出租人。

根据租赁物的不同,航空租赁也包括发动机租赁、航材租赁、通航飞机租赁等业务。

2.国内外飞机融资租赁发展现状

(1)国外情况。

20世纪60年代,美联航采用杠杆租赁的形式租赁了一架民用运输机,标志着现代飞机租赁的开启。除北美以外,欧洲飞机租赁市场也十分活跃,成为仅次于美国的全球第二大飞机租赁市场。

(2)国内情况。

我国飞机租赁行业起步比欧美发达国家晚了近20年,大概从20世纪80年代开始。2000年5月,随着飞机尾款租赁业务的开启,中国本土化的租赁公司伴随着飞机租赁业务的起步逐渐拉开帷幕。2006年,东方航空公司通过国银金融租赁有限公司,采用经营租赁的模式引进了一架A330-300飞机,标志着我国第一单本土化飞机融资租赁业务的完成。2007年,颁发了《金融租赁公司管理办法》。2009年,保税区、保税港区的模式开始在我国部分地区推广开来,境内外飞机租赁公司如果在这些区域范围内设立项目融资模式公司,可以获得低税收的政策扶持,飞机租赁的税务成本在一定程度上得以降低。

2020年,银保监会牵头颁布《融资租赁公司监督管理暂行办法》,对融资租赁公司的运营规范、监管指标、监管规则等进行明确,我国飞机融资租赁市场也将进一步走向规范。

3.飞机租赁的形式

飞机租赁的形式多种多样。

从性质上分:主要分为融资租赁和经营租赁;从租赁范围上分:主要分为干租和湿

租；从出租人的融资来源和付款对象划分：主要分为转租和售后回租等。

飞机租赁还有很多衍生类型，但基本上脱胎于上述类型。

（1）飞机融资租赁。

飞机融资租赁通常是指租赁公司购买飞机的融资金额能够在租期内全额得到清偿的融资方式。飞机融资租赁业务与其他传统的融资租赁业务类似，属于较为典型的融资行为，通常具有以下特点。

① 融资金额通常为80%—100%，根据航空公司的资质以及机型的情况设定融资比例。

② 可根据航空公司的经营情况灵活选择租期。租期较长，航空公司每期支付的租金会较低，但整个租期内支付的利息较多；租期较短，航空公司每期支付的租金金额较高，但整个租期内支付的利息较少。

③ 相对于经营租赁，租赁公司对飞机的维护状态以及日常运营监控较少，租赁公司更多的是依靠航空公司本身的资质情况来决定是否开展融资租赁业务。

④ 租赁合同相对简单。由于融资租赁主要是为航空公司提供融资，因此租赁合同相对简单，通常没有复杂的技术条款。

⑤ 融资币种较为灵活。国内开展飞机融资租赁业务可以选择人民币，也可以选择美元。如果是已经引进的飞机开展售后回租融资租赁业务，则根据我国相关外汇管理规定只能选择人民币作为融资币种。对于新引进的飞机，根据租赁双方的约定可以选择人民币也可以选择美元作为融资币种，根据国家外汇管理相关规定，目前注册在自贸试验区内的租赁公司在向国内承租人办理融资租赁时，如果其购买租赁物资金的50%以上来源于外债或国内外汇贷款，允许其向承租人收取外币租金。

⑥ 融资结构较为简单。由于融资租赁为租期内全额清偿，因此租赁公司向银行申请贷款时也较为简单，可根据银行提供的贷款方案制定较为简单的出租金支付方案。

⑦ 租赁期末租赁公司将飞机所有权以名义价格返还给航空公司，租赁关系结束。

⑧ 涉及主体。出租人：租赁中提供航空器的一方。承租人：租赁中使用航空器的一方。

（2）飞机经营租赁。

与融资租赁的概念相对应，通常是指租赁公司购买飞机，将飞机出租给航空公司，如果租赁公司的购机金额在租期内不能得到全额清偿，那么租赁期末航空公司需要将飞机按照一定的条件返还给租赁公司。目前经营租赁是飞机租赁的主要操作方式，集中体现了飞机租赁行业的特点，具体包含以下几点：

① 通常为租赁公司全额购买飞机，然后将飞机出租给承租人使用，期末承租人将飞机返还给租赁公司。

② 租期更为灵活。在经营租赁中,由于租赁期末飞机需要按照一定的还机条件返还给出租人,通常航空公司需要完成大量的退租检查以及维修工作,以满足租赁合同的要求,退租过程较为复杂。另外,租赁公司收回飞机后还要再寻找新的承租人,把飞机租出去,过程中存在不确定性,因此,经营租赁通常租期都较长,一般都在 8 年以上。近些年一些航空公司出于机队灵活性的考虑,要求租期改为 6 年,这需要租赁双方进行进一步的协商。有时,航空公司为了满足短期突发的经营需求,也会短期租赁飞机几个月或者半年。

③ 租赁物维护要求严格。经营租赁是一种不完全偿付的租赁模式,因此出租人出于风险控制角度考虑,通常都会要求承租人严格按照一定的维修标准来维护飞机,同时对飞机的使用小时循环比、运营的航线地区等也会有相应的要求。另外,通常出租人也会要求承租人支付一定比例的飞机维修保证金(大修储备金),如果承租人一旦违约,出租人可以方便的取回飞机,并且迅速将飞机维修至良好的状态,从而再次租赁给新的承租人。

④ 租赁期末飞机返还给出租人。经营租赁对于飞机返还给出租人时的状态有严格的要求,通常对于飞机的主要部分,如机身、发动机、时寿件、起落架、APU 等都有严格的返还标准,确保飞机处于良好的适航状态,且能够顺利地出租给下一个承租人。

⑤ 融资结构相对复杂。由于经营租赁无法在租期内全额得到偿付,因此银行会安排一个期末尾款来匹配经营租赁期内的租金,通常还款现金流为前高后低,对于没有做过飞机融资业务以及对于航空行业不太了解的银行有一定的审批难度。

⑥ 经营租赁租金通常按月或者季度提前支付。与此相对比,融资租赁租金通常是在季度末支付。

⑦ 租金支付方式灵活。航空公司的运营通常有季节性因素,以中国为例,航空公司在春节、黄金周、寒暑假开学等时间段内的收入比平日多,因此有的航空公司为了匹配自身的经营收入,可以将租金支付分为淡季租金和旺季租金,淡季租金较少,旺季租金较多。

(3)租赁的干租和湿租。

干租指任何通过协议,出租人(可能是航空运营人、银行或租机公司)向承租人(航空运营人)仅提供航空器而不提供飞行机组的租赁。干租通常由承租人承担运行控制。

湿租指任何通过协议,出租人(航空运营人)向承租人(航空运营人)提供航空器并且至少提供一名飞行机组的租赁。湿租通常由出租人承担运行控制。

干租和湿租这两个术语,最初起源于航空工业,其他租赁业务也是由这两种业务扩展而来的。干租和湿租的最大区别之处在于:干租只提供飞机的资金融通;湿租则不仅提供飞机的资金融通,而且提供所需的燃油、机组、维修等方面的支援。

4.飞机登记

飞机登记是关于干租和进口使用过的航空器的登记注册方式问题。干租航空器的登记方式一般有两种,一种是在航空器所有人(出租人)所在国登记注册,使用出租人所在国的国籍标志和登记标志;一种是在航空器使用人(承租人)所在国登记注册,使用承租人所在国的国籍标志和登记。

航空器在出租人所在国登记,会有诸多不便。比如中国原民航北京管理局飞行总队(即中国国际航空公司的前身)从美国租赁了两架 B747SP 型飞机,曾在美国登记注册,其国籍标志和登记标志分别是 N1301E 和 N1304E,也要执行美国联邦航空管理局的有关规定。比如,维修机构必须经 FAA 批准,飞机放行人员须持美国联邦航空管理局的A&P 执照,等等。由于这些规定,我国不得不花费大量的资金委托泛美航空公司维修和放行飞机。此外还要定期飞到美国接受 FAA 的检查。

航空器在承租人所在国(航空器经营国)登记,这是最好的一种选择。航空器在经营国登记,受该国适航部门管辖,关系比较顺利,对其适航性也容易控制,从而有利于保障安全。我国绝大多数租赁的航空器都在我国登记,具有中国国籍和登记标志。

进口使用过的航空器,国籍转移前,需要进行适航检查,符合新登记国的适航要求后,才准予登记。中国民航总局适航部门也有这方面的具体规定。

5. 飞机租赁模式

(1) 传统的直接融资租赁方式。

传统融资租赁方式具备鲜明的特点。第一,达到了融资与融物的双重目的;第二,包括两份合同协议,以及三方或三方以上的交易方;第三,两权分离,即使用权和所有权分离。其中,直接租赁方式是最为广泛普遍的一种融资租赁方式。在此方式的交易架构下,传统融资租赁的鲜明特点得到充分体现。

表 7.9 传统融资租赁模式特点

传统融资租赁特点	备 注
飞机的价值极大	因为飞机本身的技术含量很高,总价格较高,相对应的租金就会比较贵
使用年限	民航的飞机投入使用的年限通常控制在 25—30 年,融资租赁的期限通常为 10—15 年
交易的种类多,结构复杂	飞机融资租赁业务在不同的国家都具有不同的类型,多被称为跨境贸易,会因其所涉及的法律、金融、政策等诸多方面的影响而变得更加复杂
出租方的资金实力雄厚	由于大型飞机租赁成本和设备造价都比较高,出租方大多数是由几家资金实力雄厚的大型租赁公司组成

资料来源:零壹融资租赁研究中心。

(2) 新型的 SPV 融资租赁模式。

SPV(Special Purpose Vehicle)的含义是特殊目的载体,也被称作特殊目的机构或者公司,进一步也可以理解为实现特殊目的而设立的法律实体。在进行飞机融资租赁服务时,融资租赁的公司从其整体的业务中将单架飞机的租赁服务项目拆分出来,专门组建一家 SPV 公司进行独立的运营和管理。

业务范围被严格约束的 SPV,是一个高信用级别的实体,通常情况下不会破产。SPV 融资租赁交易方式是一种新型的租赁模式,其主要依托 SPV 公司来进行融资租赁交易。整体而言,大多数的租赁企业都会选择在境内保税港区组建并注册 SPV 公司,国际上运用融资租赁 SPV 方式最熟练的应属开曼群岛和爱尔兰这两大地区。2009 年,我国天津东疆保税港区正式打破 SPV 融资租赁方式的国外垄断,成功签订了国内保税港区运用融资租赁 SPV 方式进行的第一单。

图 7.11　SPV 模式飞机融资租赁业务的交易流程图

值得注意的一点是,在 SPV 公司组建的过程中,将会严格把控其运营管理的范围,一家 SPV 公司仅仅管理一架飞机的租赁和服务事项,在这一飞机交易事项之外禁止进行其他设备租赁或者涉及另外商业事项的经营行为发生。在此模式下,SPV 公司的融资租赁相当于拥有了一面"保护墙",其母公司财务状况不好等各种原因并不会影响飞机单架的融资租赁,为飞机进行融资租赁项目的完整顺利交易提供了可靠保证。SPV 公司的业务属性不复杂,仅仅承担被租赁飞机的名义所有权者、出租者等职责,租赁合同期限一结束,SPV 公司将立刻停止经营,因此其拥有较高的抵御风险的保障。

表 7.10　传统融资租赁和新型 SPV 融资租赁模式的比较

	传统融资租赁模式	新型 SPV 融资租赁模式
税收基准	飞机买价	每期分期支付的租金
税收缴纳方式	一次性缴纳	按照租金分期支付
租赁公司资质差异	租赁公司	租赁公司需要专门设立 SPV 公司
出租人	租赁公司	租赁公司下设的 SPV 公司
有关批文办理	依据境外购买租赁物批文审批	依据 SPV 注册地批文办理
付款途径	由承租人付汇出境	SPV 支持付汇出境

6.飞机租赁流程

飞机租赁的工作程序有以下几个环节:

(1)提出申请。航空根据运输需要租赁飞机,首先要向中国民航总局以可行性研究报告的形式提出增加飞机的请求,包括相应的资金筹措方式,由民航总局经过审查、选型和综合平衡,然后上报国家发改委正式批准,航空公司方可与外商正式谈判。

(2)订购飞机及购买转让。根据国家批准的文件,由中国航空器材公司和航空公司统一对外谈判。并与飞机制造商签订飞机购买合同。航空公司至少应在飞机交付前三个月与外国银行或租赁公司取得联系。航空公司委托银行财团或租赁公司安排租赁后,由中国航空器材公司和航空公司将购机合同转让给出租人,由出租人将购机款支付给飞机制造商,然后将飞机租赁给航空公司。

(3)对外招标。航空公司对外招标,但不发招标通知书,也不签任何形式的书面证明文件,如意向书、委托书等。通过航空公司与外商在平时接触中,有意识地向外商透露订购飞机的有关信息,如租赁飞机和发动机的型号与架数;飞机的规格、交付日期、租赁期限等。

(4)方案评估。航空公司根据各银行和租赁公司提供的融资建议书,将各主要条款列出并作一一比较,对各建议书进行全面评估。对投标较多的租赁,需要经过1—2次的审查,逐步缩小考虑的范围。然后,选择较好的几个建议书约外商进一步谈判,直到选出一个经济、安全、可靠的方案。方案评估,涉及以下几个方面的内容:租赁期限、货币和汇率风险、投资与贷款比例、期末购买价值、净现值、租赁利率、贷款利率投标者的资信。

(5)发出委托书。航空公司经过严格审查和科学地评估,将最后选定的方案报民航总局审批,经批准后,由航空公司将与外商磋商的方案,以委托书的形式发给外商,并聘请在国际上有影响力的和具有飞机租赁经验的律师事务所审查出租方起草的租赁文件,同时将委托书的内容及要求告诉律师,以便律师按航空公司的意图与出租人和租赁的有关各方讨论所有文件。若发现新问题,律师一定要征求我方的意见后方可与对方谈判。

(6)制定工作日程。航空公司在发出委托书后,应与安排人、银行和投资人等参与人确定以下工作日程:投资和贷款的承诺日期、飞机租赁文件第一稿完成分送日期、第一次磋商文件日期、修改稿分送日期、第二次磋商文件日期、签约日期。

(7)承租人的工作程序。承租人的工作程序主要有:审查保险、担保和法律意见书的格式、经济计算部分和责任保证部分;准备飞机租赁的有关先决文件和办理有关手续,如授权书、飞机国籍登记承诺书、特许飞行证、银行担保函、保险单、律师意见书等。

(8)飞机的签约与交付。各交易方在磋商、审查文件之后,如无异议,方可正式签署协议。签约后的30天内要向国家外汇管理局进行外债登记,取得外债登记证,并要求担保银行签署担保函转让确认书、保险公司签署保险转让通知书。

案例:船舶融资企业和银行面临的风险及对策案例

① 基本背景。

A轮化工品船,造价:10 000万美元

租金(C 国际运输/新加坡化运):13 000 美元/天

美元兑人民币汇率:8.26

年租金收入为(营运期为 350 天):

13 000 美元/天×350 天＝4 550 000 美元×8.26＝37 583 000 元

成本(船员、维修、保险、管理费):2 800 美元/天

如另计加滑油、折旧后总成本:3 200—3 500 美元/天

毛利润:13 000 美元/天－3 500 美元/天＝9 500 美元/天

年度毛利:9 500 美元/天×350 天＝3 325 000 美元×8.26＝27 464 500 元

贷款额:1 200 万美元,年息:4.5％

8 年利息:(4.5％×1 200 万美元)×8 年＝54 万美元×8 年＝432 万美元

还本付息总额:1 200 万美元＋432 万美元＝1 632 万美元×8.26＝13 480 万元

年度还本付息总额为:13 480 万元÷8＝1 685 万元

年度纯利＝毛利－还本付息＝2 746.4 万元－1 685 万元＝1 061.4 万元

月纯利:1 061.4 万元÷12 个月＝88.45 万元＝88.45 万元×8.26＝10.71 万美元

② 银行对船舶融资租赁放贷要求。

贷款金额一般为船价的 80％。

利率:银行同业拆借利率 LIBOR＋商业贷款利率 MARGIN。

贷款年限:3—8 年

形式:还本付息;贷款造船后,长期出租给船公司经营;贷款造船后,长期租约结束后,优先卖给承租的船公司。

③ 银行放贷具体条件。

船东建造新船应准备的法律文书有:

● 租约:长期租约合同包括租金、租期、退租条件、断租条件、责任与摊争议解决等。

● 造船合同。

● 担保合同。

● 贷款申请书。

● 船公司历年经营情况审计报告。

● 船东抵押财产:船舶、不动产和动产(债券、股票)。船舶作押,需提供买卖合同,具体包括:主要股东担保;船只保险之权益转让银行;船只租约权益转让银行,船只必须租予某船务有限责任公司,租期必须不少于 3 年;船只租金收入过户到 B 银行;在 B 银行某分行开立账户;按季还本,按息期还息;按造船时间表提款;造船合约权益转让银行;退款保证转让银行。

● 项目申报书,包括造价审核;前 2—3 年经营业绩情况表;单船赢利分析表;单船还

本付息计划表;配额比例及组成,一般银行与企业比例最大为 8∶2。

● 审计报告书。

● 贷款合同。

● 造船厂分期或整期银行担保或出具保函。

银行为谨防船东借贷配额比例失调(船东常常用提高船价的办法"空手套白狼"获取大额度的贷款,以达到由银行支付全部造船船价的目的)。因此,银行对企业、船东和船厂诚信考核来得格外重要。船东必须认真做好下列合同,并由律师在文件上把关:

● 租船合同。

● 贷款合同。

● 造船合同。

船东尤其要对合同中争议条款倍加注意、仔细斟酌,包括:

● 付款条款

● 通知条款

● 违约条款

④ 船舶企业应注意的问题。

● 认真把握投资时机。船东在签订融资合同前,应仔细分析国际航运市场、造船市场、拆船市场趋势。尤其在运力与运量变化较大,船价(新船、二手船)波动剧烈的时候,更应注意把握融资时机。这对于降低船公司经营成本,提高竞争力尤为重要。

● 密切注意国家税收政策变化。税收变化使得船东采取融资租赁方式进行船舶融资风险大大增加。

● 关注融资额度。一般来说,获得 100%融资,对于融资租赁模式来说具有较强的吸引力。当船舶资产存在的升值潜力的情况下,融资租赁被接受的可能性不大(除非在协议中附加有船舶资产转让协议)。在多数情况下,船舶资产转让协议与光船租赁协议的功效是等同的。

● 考虑融资租赁和债务融资之间的平衡问题。评估预支债务时,在资产负债表中,债务融资水平通常以辅助指标的形式出现,但它却有可能影响到一个航运公司的财务评级。因为如果一个公司租赁船舶的比例过高,在财务上就可能被视为弱项,或者说其财务的稳健度要低于自有船舶比例较高的公司,因此,这类公司在寻求融资贷款问题上,有可能付出更高的成本。

⑤ 船东应做好选造船厂的工作,包括:造船技术条件好,工艺水平高;资本金雄厚、管理精明;经营思路清晰;造价合理;造期短、并能按时交船;能较好满足世界著名船级社对建造质量的要求;有造特种船的经验;有较好的银行资信度并能为船东提供担保。

⑥ 在银行放贷的附加条件下,船东应有对策为:

● 用现有船舶抵押需提供船舶买卖合同；

● 主要股东财产担保不动产:房屋(房产证)、汽车(购车发票)、动产:股权(股权证)、银行现金担保；

● 船舶保险权益转让需提供现有船舶的保单；

● 摸清融资租赁资金运作相互关系(如图7.12)；

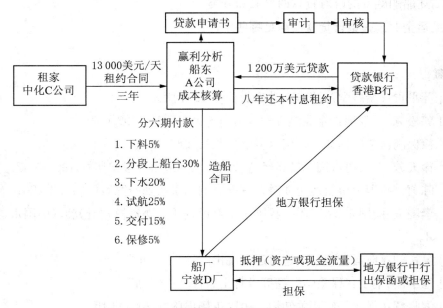

图7.12　融资租赁资金运作相互关系

● 船舶光租(租期)的租约租期至少为3年。若船舶较大,租期满后,自营时揽货较难,建议租约可签3+3年。前3年为定租,后3年为开放式租期,由船东选择,以规避市场风险。一般租约在先,贷款在后,再签造船合同,三个合同相辅相成。

⑦ 租赁公司(金融租赁公司)注意事项。

● 银行首先考虑船东的还贷能力和项目报告可行性,是否符合融资金额的基本要求。

● 应尽量选择世界500强企业作为承租人。

● 在A轮租金收入过户到融资银行。月租金入账累计三个月后,B银行扣除还本付息款项后船东可自由支配余款。

● 在B行某分行开立账户。

● 按季还本,按息期还款。

● 按造船时间提款:按造船合同付款期,一般为:下料5%;分段上船台30%;下水20%;试航25%;交付15%;保修期5%。

● 造船合约权益转让给租赁公司。这是租赁公司保护自己贷款一项措施为了规避上述风险。

思考题

1. 航运企业债务风险的种类有哪些？

2. 简述船舶融资的政府贷款的含义和分类。

3. 航运企业选择银行贷款需满足哪些条件？

参考文献

［1］苏平贵：《金融学》，清华大学出版社 2012 年版。

［2］郭松克、张效梅：《企业融资学》，河南人民出版社 2002 年版。

［3］徐保满：《金融信托与投资》，科学出版社 2007 年版。

［4］徐天芳、王长勇：《国际航运经营管理》，大连海事大学出版社 1998 年版。

［5］陈莉：《我国上市航运企业融资效率影响因素实证研究》，厦门大学，2018 年。

［6］李晓玉、闫国东、辛普阳：《我国中小航运企业的融资模式研究》，《中国水运》2020 年第 11 期。

［7］吴长仲：《航运管理》，大连海运学院出版社 1992 年版。

［8］池小萍、刘宁：《保险学》，高等教育出版社 2012 年版。

［9］索晓辉：《保险经纪相关知识》，中国市场出版社 2007 年版。

［10］吕书亮、刘世华：《简明商品经济知识》，华中师范大学出版社 1992 年版。

［11］李欠友：《融资租赁对航运企业的影响分析及发展建议》，《财会学》2018 年第 11 期。

［12］郭愈强：《飞机租赁原理与实务操作》，中国经济出版社 2019 年版。

第8章 航运投资

航运投资主要涉及股东投资,即"资产=负债+所有者权益"中的所有者权益部分。本章就航运业的股权投融资、产业基金和船舶投资等内容进行介绍。

8.1 股权投融资

股权,又称为股东权益,是指股东因出资而取得的、依法定或者公司章程的规定和程序参与事务并在公司中享受财产利益的、具有可转让性的权利。在会计报表中所有者权益中体现,所有制权益构成见图8.1。

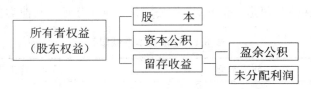

图8.1 股东权益(所有者权益)构成

股权融资是指企业筹集到的资金转化为所有权的过程。股权资金是投资者投入公司的资本金及公司经营中所形成的资金积累,亦称自有资金。股权资金筹集方式主要有资本金的投入、吸收直接投资、发行普通股股票和利用留存收益等。

8.1.1 资本金和直接投资

1. 资本金

(1)资本金的概念。

资本金是指企业在工商行政管理部门登记注册的资金,即注册资金,它是企业从事生产经营活动、承担有限民事责任的本钱。在中国，股份有限公司的资本金被称为股本，股份有限公司以外的一般企业的资本金被称为实收资本。

（2）资本金缴纳确定。

根据我国有关财务制度的规定，资本金可以一次或分期筹集。有限责任公司的股本总额由股东一次认足，须在营业执照签发之日起 6 个月内筹足。外商投资企业的资本总额可以分期认足，分期认足的最长期限不得超过 3 年，其中，第一期认缴的出资额不得低于资本总额的 15%，且应在营业执照签发之日起 3 个月内到位。

2. 资本金制度

（1）资本金制度的概念。

资本金制度是指国家对有关资本金的筹集、管理以及企业所有者的责、权、利等方面所作的法律规范。

资本金制度主要涉及法定资本金的最低限额、资本金的筹集方式、筹集期限、无形资产的出资限额、验资及出资证明、投资者的违约责任等。

（2）法定资本金与最低限额。

法定资本金，又称法定最低资本金，是指国家规定开办某类企业必须筹集的最低资本金数额，如果企业达不到这一数额，就不予批准设立。

我国《公司法》根据行业的不同特点，规定了各类公司的法定资本金最低限额。如商业银行的注册资本最低限额为实缴资本 10 亿元；设有分支机构的在全国性商业银行为 20 亿元；城市合作商业银行为 1 亿元；农村合作商业银行为 5 000 万元；综合类证券公司为人民币 5 亿元；保险公司是 2 亿元；期货公司是 3 000 万元。其他类型企业如表 8.1。

表 8.1　注册资本最低限额

公司类型	注册资本的最低限额
股份有限公司	500 万元
上市的股份有限公司	3 000 万元
有限责任公司	3 万元
一人有限责任公司	10 万元
公司制的会计师事务所或资产评估机构	30 万元
采取股份有限公司形式设立保险公司	2 亿元
采取股份有限公司形式设立证券公司（经纪类）	5 000 万元
采取股份有限公司形式设立证券公司（综合类）	5 亿元

（3）资本金的筹集方式。

根据国家法律法规，公司筹集资本金既可以吸收货币资金的投资，也可以吸收实物、无形资产等投资,具体的方式通常有吸收直接投资、发行股票以及留用利润等。

（4）无形资产的出资限额。

无形资产包括金融资产、长期股权投资、专利权、商标权等。许多国家都允许投资者用无形资产对公司进行投资,但同时对无形资产的出资比例作了相应的限定。我国现行的法律法规明确规定:一般公司吸收无形资产投资(不含土地使用权)不得超过注册资本的20%,如有特殊情况,确须超过20%的,须经有关部门批准,但最高不得超过注册资本的30%。

3. 吸收直接投资

吸收直接投资（简称吸收投资）是指公司按照"共同投资、共同经营、共担风险、共享利润"的原则吸收国家、企业单位、个人、外商投入资金的一种筹资方式。

一般来说,吸收直接投资是非股份制公司筹集自有资金的基本方式。公司在吸收直接投资时,包括:（1）投资者的现金投资;（2）非现金投资,包括厂房、机器设备、材料物资、无形资产等。

8.1.2　股东各种追加资金的投入

股东除了对公司投入其初始资本外,在以后的时期还可能有其他各种形式的追加资金的投入,最常见的就是公司获取的"未分配利润"。未分配利润主要指留待以后年度分配的利润或未指定特定用途的待分配利润。企业利润表上的未分配利润是期初未分配利润加上本期实现的净利润,减去提取的各种盈余公积及分派利润后的余额。

公司利润分配的项目包括以下部分:

（1）盈余公积金。盈余公积金是从净利润中提取形成的,用于弥补公司亏损,扩大生产经营或转增公司资本金。盈余公积金又分为法定盈余公积金和任意盈余公积金。公司应按税后利润的比例提取法定盈余公积金;任意盈余公积金的提取由股东会根据需要决定是否提取以及提取比例。

（2）公益金。公益金也从税后净利润中提取形成,其提取比例为税后利润的5%—10%。

（3）向投资者分配股利。公司向投资者支付股利要在提取盈余公积金、公益金之后进行,公司原则上应从累计盈余中分派股利(此处指现金股利),公司无盈利不得支付股利。

8.1.3　股票种类和发行规定

1. 股票的含义及种类

股票是指股份有限公司为筹集自有资金而向股东发行的有价证券,是证明投资者的身份和权益并据以获取股息、红利的凭证。股票持有者为公司的股东;股东按照公司组织章程参与或监督公司的经营管理,依法按比例享有公司的权益和承担公司的财产责任和风险。

　　股份有限公司可以根据公司需要及投资者投资意愿发行股票,其发行的股票可以按照不同的标准进行分类。

表8.2　股票内在要素分类

分类标准	具体类别	详细说明
以股东享有的权利不同分类	普通股票	① 股利随公司盈利的高低而变动; ② 在公司盈余和剩余资产的分配上处于债权人和优先股股东之后
	优先股票	① 一般股息率是固定的; ② 在公司盈余和剩余资产的分配上比普通股股东享有优先权
按是否记载股东姓名分类	记名股票	指在股票票面和股份公司的股东名册上记载有股东姓名的股票
	不记名股票	指在股票票面和股份公司的股东名册上均不记载有股东姓名的股票
按是否在股票票面上标明金额分类	有面额股票	指在股票票面上记载有一定金额的股票
	无面额股票	指在股票票面不记载股票面额,只注明它在公司总股本中所占比例的股票

　　按发行对象和上市地点,股票可分为 A 股、B 股、H 股和 N 股等(见图8.2)。A 股是指供中国大陆地区个人或法人买卖的,以人民币标明票面金额并以人民币认购和交易的股票。B 股、H 股和 N 股是指专供外国和中国港、澳、台地区投资者买卖的、以人民币标明票面金额但以外币认购和交易的股票,其中 B 股在深圳、上海上市,H 股在香港上市,N 股在纽约上市。

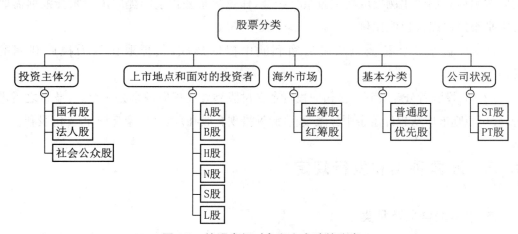

图8.2　按照发行对象和上市地的分类

另外,按是否可赎回,可分为可赎回股票和不可赎回股票等。中国目前各公司发行的股票都是不可赎回的、记名的、有面值的普通股股票,只有少量公司曾经发行过优先股股票。

2. 中国股票市场与发行规定

(1) 中国股票市场。

中国境内市场主要包括主创业板、科创板、中小板等,如图8.3。

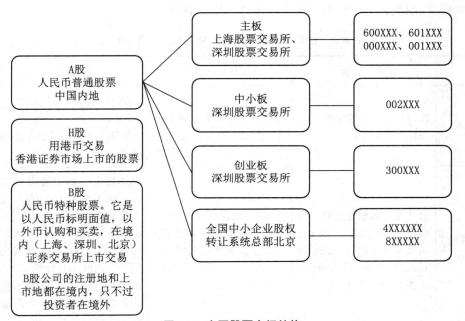

图 8.3　中国股票市场结构

(2) 股票发行上市的条件。

股份有限公司一般在组建、扩大生产经营规模以及改善资本结构时,需要发行一定数量的股票筹集资金。股份有限公司不论是设立发行还是增资发行,都必须遵循公开、公平、公正的原则,接受相关机构的管理和监督,遵照执行包括发行条件、发行程序、销售方式、发行价格及股票上市等内容的股票发行管理规定。中国企业首次股票发行上市条件见图8.4。

股份有限公司

发起设立 《公司法》 → 经营3年 → 首次公开发行股票并上市 《首次公开发行股票并上市管理办法》《证券法》 → 公开或非公开发行新股 《上市公司证券发行管理办法》《证券法》

募集设立 (首次公开发行股票但不上市) 《公司法》《证券法》 → 经营3年 → 申请上市 《证券法》 → 公开或非公开发行新股 《上市公司证券发行管理办法》《证券法》

资料来源:作者根据相关资料整理。

图 8.4　中国企业首次股票发行上市条件

除首次发行外，股份有限公司还可增资发行股票，除具备上述条件外，还须具备以下条件：

① 前一次发行的股票已经募足，并且间隔 1 年以上。

② 公司在最近 3 年连续盈利，并可向股东支付股利。

③ 公司在 3 年内财务会计文件无虚假记载。

④ 公司预期利润率可达银行同期存款利率。

主板、科创板、创业板、新三板上市条件对比见表 8.3。

表 8.3　主板、科创板、创业板、新三板上市条件对比

	主　　板	科创板、创业板	北交所
股本	发行后股本总额不低于人民币 5 000 万元	发行后公司股本总额不少于人民币 3 000 万元	最近一年期末净资产不低于 5 000 万元；公开发行后，公司股本总额不少于 3 000 万元
公众股比例	公开发行的股份达到公司股份总数的 25% 以上；公司股本总额超过人民币 4 亿元的，公开发行股份的比例为 10% 以上	公开发行的股份达到公司股份总数的 25% 以上；公司股本总额超过人民币 4 亿元的，公开发行股份的比例为 10% 以上	向不特定合格投资者公开发行的股份不少于 100 万股，发行对象不少于 100 人；公开发行后，公司股东人数不少于 200 人，公众股东持股比例不低于公司股本总额的 25%；公司股本总额超过 4 亿元的，公众股东持股比例不低于公司股本总额的 10%

（3）股票上市的暂停与终止。

根据我国《公司法》规定，股票上市公司有下列情形之一者，由国务院证券管理部门决定暂停其股票上市：

① 公司股本总额、股权分布等发生变化，不再具备上市条件（限期内未能消除的，依法终止其股票上市）。

② 公司不按规定公开其财务状况，或者对财务报告作虚假记载（后果严重的，依法终止其股票上市）。

③ 公司有重大违法行为（后果严重的，依法终止其股票上市）。

④ 公司最近 3 年连续亏损（限期内未能消除的，依法终止其股票上市）。

此外，公司决定解散、被行政主管部门依法责令关闭或者宣告破产的，由国务院证券管理部门决定终止其股票上市。

8.2 产业基金

8.2.1 产业基金

1. 基金

（1）基金的概念。

广义是指为了某种目的而设立的具有一定数量的资金。主要包括信托投资基金、公积金、保险基金、退休基金,各种基金会的基金。从会计角度分析,基金是一个狭义的概念,意指具有特定目的和用途的资金。

（2）基金的分类。

根据不同标准,可以将基金划分为不同的种类,见图 8.5。

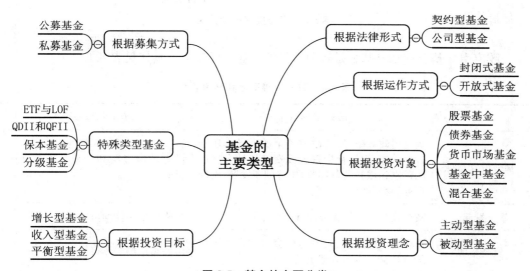

图 8.5　基金的主要分类

公募基金(public fund)是指以公开方式向社会公众投资者募集资金并以证券为主要投资对象的证券投资基金。这些基金在法律的严格监管下,有着信息披露,利润分配,运行限制等行业规范。

私募基金(private fund)是私下或直接向特定群体募集的资金。私募股权基金的运作方式是股权投资,即通过增资扩股或股份转让的方式,获得非上市公司股份,并通过股份增值转让获利。

8.2.2　产业投资基金

1. 产业投资基金概述

产业投资基金是一大类概念,国外通常称为风险投资基金(venture capital)和私募股权投资基金,一般是指向具有高增长潜力的未上市企业进行股权或准股权投资,并参与被投资企业的经营管理,以期所投资企业发育成熟后通过股权转让实现资本增值。主要投资领域是未上市公司、在上市公司产业并购重组、政府引导基金、基础设施建设,以及供应链融资等领域。产业投资基金分类见图8.6。

图 8.6　产业投资基金分类

政府引导基金和私募基金是较为常见的产业投资基金。具体见表8.4。

表 8.4　政府引导基金和私募基金

	政府引导基金	传统私募基金
基金设立目标	提高财政效率,发挥政府资金的引导作用和杠杆效应,引导社会资金投资经济社会发展的重点领域和薄弱环节,扶持创新发展,推动产业转型升级	没有政府资金和产业发展方面的目标
基金发起人	政府及其相关机构或者社会资本方	合格市场主体均可发起
资金来源	由政府全部出资、政府与社会资本方共同出资或社会资本方全部出资	由各类市场主体自行出资
资金投向	有明确的投资领域+负面清单管理	股票、股权、债券、期货、期权等均可投资
备案机制	全国政府出资产业投资基金信用信息登记系统	基金业协会备案
监管机制	国家发改委会同地方发改委进行绩效评价	由基金业协会及证监会进行监管

产业基金的主要特征有:(1)非公开方式募集资金;(2)基金财产由私募基金管理人管理;(3)投资标的主要是未上市企业的股权;(4)以特定行业为主要投资方向。产业基

金实际上可以理解为私募股权投资基金。

2. 产业基金的基本内容与组织形式

产业基金的基本内容主要体现在以下方面：发起机构、参与机构、组织形式、管理方式、募集方式、结构安排、投资方式、投资领域、退出方式等。具体见表 8.5。

表 8.5 产业基金的基本要点

发起机构	主要为地方政府、上市公司、PE 机构
参与机构	地方政府、金融机构（银行、保险等）、企业
组织形式	有限合伙型、公司型、契约型
管理方式	有专业的私募基金管理人管理
募集方式	以私募形式发行，对合格投资者进行募集
结构安排	平层式、分级式
投资方式	股权投资为主、债权投资方式为辅（股＋债）；明股实债被严格限制、不得通过委托贷款给企业放款
投资领域	基建、科技、环保、医药、文化旅游等行业
退出方式	并购重组、IPO、到期清算等

产业基金的三种组织形式，分别为契约型、合伙型和公司型。相关区别如表 8.6。

表 8.6 产业基金的三种组织形式

类　型	契约型	合伙型	公司型
法律依据	《私募投资基金监督管理暂行办法》《合同法》	《私募投资基金监督管理暂行办法》《合伙企业法》	《私募投资基金监督管理暂行办法》《公司法》
人数限制	投资人不得超过 200 人	合伙人不得超过 50 人	有限责任公司不得超过 50 人
设立程序	基金管理人与投资人签订基金合同，基金即告设立	签订合伙协议，办理工商登记并获得营业执照	签订公司章程、出资人协议，办理工商登记并获得营业执照
内部治理	基金管理人负责基金投资运作，投资人通过基金份额持有人大会行使重大事项表决权	由基金管理人或普通合伙人负责基金的投资运作、日常管理，有限合伙人不执行合伙事务，通过合伙人会议行使重大事项的表决权	基金自身缴纳企业所得税，且基金应为个人投资者代扣代缴所得税
税收	目前普遍认为基金本身不纳所得税，亦无打扣代缴个人所得税的义务，由投资者自行申报纳税	基金自身不缴纳所得税，但基金管理人应为个人投资者代扣代缴个人所得税	基金自身缴纳企业所得税，且基金应为个人投资者代扣代缴所得税

在实践中,产业基金最常见的组织形式是合伙型,契约型目前也比较常见,公司型最为少见。不过,一些大型的产业基金,尤其是政府主导的有特定目的的基金,在治理结构和风险防范上要求比较高,所以会要求是公司制,比如《铁路发展基金管理办法》就明确要求:中国铁路总公司作为政府出资人代表,以及铁路发展基金主发起人,积极吸引社会投资人,依照《公司法》通过约定和承诺共同发起设立中国铁路发展基金股份有限公司。

另外,按照企业所处的阶段不同,也能够将产业基金分为早期基金、成长期基金以及重组基金等。产业基金涉及多个当事人,包括:基金托管人、基金管理人、基金股东,还包括律师、会计师等这些中介服务机构,其中,基金管理人主要是负责基金的日常管理还有具体投资操作的机构。

产业投资基金与证券投资基金最显著的区别:产业投资基金与证券投资基金是相对应的,产业投资基金的投资对象是实体产业,而证券投资基金的投资对象集中于有价证券。

3. 产业基金设立的条件与程序

产业基金设立的条件与程序有:①基金拟投资方向符合国家产业政策。②发起人须具备3年以上产业投资或相关业务经验,在提出申请前3年内持续保护良好财务状况,未受到过有关主管机关或者司法机构的重大处罚。③法人作为发起人,除产业基金管理公司和产业基金管理合伙公司外,每个发起人的实收资本不少于2亿元;自然人作为发起人,每个发起人的个人净资产不少于100万元;④管理机关规定的其他条件。

中国从2009年起,成立了多家航运产业基金,如中国船舶产业基金(天津)、上海航运产业基金、大连航运产业基金、浙江航运产业基金等。

8.3 船舶投资

航运业是一个资本密集且投资风险大的服务性行业,船舶的投资与融资是航运企业经营活动的最初环节和最重要的内容之一,是涉及航运企业生产经营全局、改变船队结构和运输能力的战略性活动。船舶投资与融资贯穿船舶从投资决策融资买船到船舶经营管理的全过程,投资与融资效益的好坏将直接影响航运企业今后的经营效益。

8.3.1 船舶投资概述

船舶投资,就是船舶投资主体有意愿并且能够进行订造新船或者去购买船舶的行为。通过船舶投资,航运企业能实现改善船队结构、拓展市场、增强竞争力及提高市场份额的目的。航运业是一个强周期性行业,对于航运企业来说,买、造船的时机和决策尤其重要。

1. 船舶投资主体

在航运领域中,投资的主体由航运企业或船公司构成,当然也包括其他一些非航运企业,如一些货主企业,商社、公司或金融实体。在某些情况下,由于涉及投资巨大,因此也会出现投资主体由几个经济实体构成的情况,从而形成联合投资主体。

2. 船舶投资性质及基本特点

航运业是需要巨额投资的资本密集型的产业,而且是具有特殊风险的产业,航运业投资主要体现在船舶投资,其主要特点如下几点:

(1) 投资额较大。大型化、绿色化、智能化是船舶发展的趋势,需要较大的资金投入。

(2) 投资回收期长。一般船舶的船龄可达 30 多年。中国船舶投资回收期一般在 10 年以上。

(3) 投资货币币种的多样性。船舶投资不同于一般其他行业的投资,它通常具有多种可供选择的投资币种,如美元、欧元、人民币等。

(4) 投资内容和操作复杂。目前,世界上没有一家航运企业完全利用自有资金造船或购买船舶,通常是通过政府贷款、银行贷款及其他融资方式进行船舶投资。新造船的贷款或融资期一般在 10—15 年。船舶投资时,有时可选择多种融资方式的混合贷款,货币种类的选择可能是两种或两种以上,这样,将更大增加了船舶投资内容和操作的复杂性。

(5) 风险性较大。船舶投资不仅受买造船市场波动的短期影响,更重要的是受金融市场、航运市场变化的长期影响。

(6) 市场变化快,投资时机的掌握十分困难。

8.3.2　船舶取得方法

一般可以有三种方法取得船舶,即从租船市场租用船舶,从旧船市场购置二手船,以及订造新船。它们各有利弊,需要进行全面的比较和仔细的经济分析。

1. 租用船舶

是解决短期内运力不足的临时措施,其优点是:租费小;可以及时获得船舶;租期届满时,可以获该船产权;还可以减少可能封船的经济损失。光船租入,可使用本国船员,因此,发展中的船公司通常把此举作为积蓄资金渠道,培养船员积累经验的学校,作为发展壮大船队的初级阶段。

其缺点是：收益率不如自有船舶。其技术性和营运性不能与新船相比。船舶收益率具有很大的市场风险。

2. 购置二手船舶

突出的优点是船价低，而且在购入后稍加改装，即可投入营运，投资见效快；维持成本较低，闲置时损失小。因此，不少大的船公司正是从购置二手船起家的，它们的成功之处在于能看准旧船市场船价较低的有利时期，购置船龄不算太长的旧船。

其缺点是：技术性能变差，船舶装载能力下降、主要功能下降、航速降低，营运率下降。经济性能较差，能耗高，燃料费用大，而且维护、修理、检验、保险费用高。营运性能较差，难以与特定营运条件相适应，造成因装卸效率不高而延长船舶在港的停泊时间。运输服务质量较低，竞争能力较差。购买旧船难以获得优惠的贷款条件或补助，且改装也需要资金，投资者需承受较重的资本负担。

3. 订造新船

其优点为技术经济性能好，如装卸效率高、能耗小、维护、修理、检验、保险等费用低；船舶的吨位及航速等主要的船舶技术营运参数均经过优化论证而选定。新船具有效率高、成本低，运输质量好，竞争能力强，经济效益好等许多明显优势。投资者投资建造新船，也容易获得本国政府或其他金融机构在财政补助以及优惠贷款等。

其缺点是：船价昂贵，而且从船舶订造到投入营运时间较长，资金无法及时回收。另外，维持成本高，一旦闲置，其经济损失也较大。

虽如此，资本雄厚的船公司和有胆识、有远见的船主、更多通过建造新船来满足需要，并积极寻求有利的融资途径和高质量的建造船厂。

但是，在一定的时期内，究竟是应该租用船舶，购置二手船，还是订造新船，这取决于对这三种方案在经济上的比较，为此，必须作投资估算等一系列的确定船型工作。

8.3.3　船舶投资风险

船舶投资风险类型和其他投资风险一样，主要包括系统性风险和非系统性风险。

（1）系统性风险，是指市场上所有参与者都受影响，具有不可抗力，无法通过分散投资来加以消除的风险。系统性风险包括政策风险、经济周期性波动风险、利率风险、购买力风险、汇率风险等。系统风险可以用贝塔系数来衡量。

（2）非系统性风险，是指发生于个别公司的特有事件造成的风险，纯粹由于自身的因素引起的不确定性风险。

船舶投资的风险归纳见图 8.7。

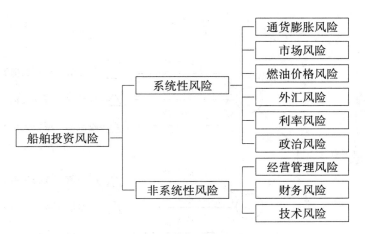

图 8.7　船舶投资的风险

8.3.4　船舶投资决策分析

船舶投资回收期长,占用资金量大,受市场因素影响大,正确的认清市场走势,分析航运企业内外部环境,对航运企业作出正确投资决策具有重要的意义。

1. 船舶投资风险决策的方法

风险型决策方法主要有以下几种:

(1) 最大可能性法。

最大可能性法,就是选择自然状态中事件发生概率最大的一个,然后找出在这种状态下损益值最大的方案作为最佳方案。这种决策方法应用较广。

(2) 期望损益值法。

这里所说的期望值就是概率论中离散随机变量的数学期望。所谓期望损益值法,就是把征个备选方案的损益期望值求出来,根据决策目标效益最大(或损失最小),选定期望值最大(或最小)的方案。由于这种方法的经济意义十分明确和直观,因此在投资决策分析中应用非常普遍。即:

$$E(A_i) = \sum_{j=1}^{m} P(\theta_j) \cdot a_{ij}$$

式中,$E(A_i)$ 表示 A_i 方案的损益期望;$P(\theta_j)$ 表示自然状态 θ_j 的发生概率;a_{ij} 表示 A_i 方案在自然状态 θ_j 下的损益值;m 表示自然状态数。

(3) 决策树法。

决策树法也是利用期望值进行选择决策方案的一种方法,只不过是用树状图来表示对某个含风险投资方案的未来发展状况的可能性和可能结果所作的估计和预测。具体见图 8.8。

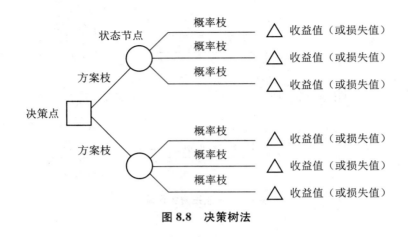

图 8.8 决策树法

（4）效用曲线法。

所谓效用，可以理解为收益的把握性和风险的程度，它实际上是考虑了决策者对风险的态度，相当于效用值的一个系数。效用值越大，表示对收益的把握越大，而风险越小；反之，效用值越小，表示对收益的把握越小，而风险越大。一般情况下，用 1 表示最大效用值，用 0 表示最小效用值。同一个人对一不同检验程度的相同损益值具有不同的效用值，不同的人对同等风险程度的相同损益值也具有不同的效用值。这种方法的主要优点是在决策时把决策者的风险态度考虑进去，使决策方案更能反映决策者的意图和实际需要。

2. 船舶投资决策

（1）船队优化。

航运企业的主要职能就是经营船队，及时完成海上货物运输任务。船队优化主要组成部分有：船舶类型结构、船龄结构和航线结构。

① 船舶类型结构。

船舶类型就是船舶根据不同的用途、吨位、载重量等因素进行分类的各种船舶，船舶类型结构，就是航运企业的各种类型的船舶在船队中所占的比例。要船舶类型结构进行船舶投资，是航运企业更好的适应航运市场的需求。

② 船龄结构。

船龄就是船的年龄、建造年限，关系到船舶报废时间。船龄结构就是企业船队的船龄组成，船龄类型关系到航运企业的竞争力和发展的可持续性，是企业进行船舶投资的重要因素。

③ 航线结构。

航线是船队海上运输货物的线路，航线结构就是各条航线的组成结构。航线结构的多样化可以降低航运企业运营的风险,增加收益。同时,航线结构的多样化也需要进行相应的船舶投资。

(2)决策过程。

船舶投资决策过程与影响因素见图8.9。

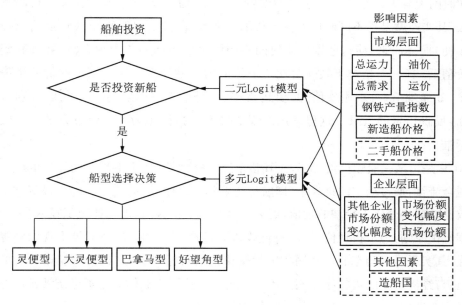

图 8.9 船舶投资决策过程与影响因素

(3)多目标综合评价。

虽然人们普遍认为成本低、收益大的方案经济性好,是最佳选择。但是,在实际比较中,会发现各方案的技术性能不可能完全一样,成本低与收益大也不可能集中在某个方案上。当从不同方面、不同角度去评价时,会得出不同的结论,因此很难仅用一个目标函数来衡量诸方案的好坏,而必须用能够揭示更多方面、更多层次性能的技术、营运、经济指标体系来考核各方案,并通过一定的折算方法,把各目标函数转化成单目标优化问题进行求解。这就是多目标评价的方法,也称多指标决策。它排除了单目标问题的唯一最优性概念,而根据决策者的要求(通常在一定程度上带有主观臆想和偏好),以非劣性的最佳折中解,或称满意解,作为决策的科学根据。

一般来说,一个多目标评价问题由以下三个要素构成:

① 它有 H 个评价指标 f_h:($1 \leqslant h \leqslant H$);

② 它有 K 个决策方案 A_k:($1 \leqslant h \leqslant H$),即备选方案;

③ 它有一个决策矩阵 $D = (d_{hk})_{k \cdot H}$,其中元素 d_{hk} 表示第 k 个方案 A_k、第 h 个指标 f_h 的指标值,D 是 K 行、H 列的矩阵。

在对船舶投资方案进行综合评价时,为了使它们各自具有的优缺点都能得以显示,可将综合评价的主要目标归结为以下几方面。

(4) 投资的经济效果评价。

对各投资方案的投资经济效果进行评估,既体现出收入与支出上的不同,又要使各方案在时间上有可比性。主要采用考虑资金时间价值的动态分析法。动态分析法又称折现法,其实质就是把不同时期发生的货币现金流(通常是取船舶投入营运的第一个年度的年初)换算而来,使这些因发生时间不同而价值不同的货币现金流,在计算资金的时间价值后,有一个相对于某一时期统一价值的一种计算方法。用于评价的经济指标有很多,如净现值、总费用现值、必要运费率、内部收益率、偿还期等,它们分别从不同的方面,反映投资的效果。这里采用净现值(NPV)指标作为各投资方案的经济效果的比较标准。

NPV 是指某一船舶投资方案,在其整个经济使用期内,于不同时间发生的收入及支出的现金流量,通过规定的折现率(即航运企业的基准收益率)统一折为该投资方案开始发挥效益的第一个年度年初的现值,然后求其代数和。NPV 指标体现了投入少、产出大的方案选优原则,追求折现值最大,将低投入和高产出两个指标被同等重视的前提下达到最优,其实质是以动态的总利润作为投资决策的目标函数,这也符合航运企业的经营目标,且与经济学中的边际原理相一致。因此,将 NPV 指标作为投资经济评价的主要指标是较为合理的。

NPV 在船舶投资分析中,一般运用在收入能合理预测的那些情况。例如,船舶买主在购置船舶后以长期期租的方式租出,此时,对年收入的估算比较准确。在计算 NPV 时,应注意各方案在收入、支出等方面的不同特点。

例如:对于订造新船,其净现值公式为:

$$NPV_1 = \sum_{n=1}^{nn} \{[Q_n(1, t, i, j) \times f_1(1, t, i, j) \times f(i_{运费}) \times (1-t_{营}) - K_1(1, t, i, j)$$
$$\times f(i_{成本})] \times (1-t_{所得}) \times (P/F, i_{基}, n) + \frac{P(1, t, i, j) - L(1, t, i, j)}{N(1, t, i, j)} \times t_{所得}$$
$$\times (P/F, i_{基}, n)\} - \sum_{m=1}^{nn-N} PV_m(1, t, i, j) - P(1, t, i, j) + L(P/F, i_{基}, N)$$
$$- P(1, t, i, j) \times (P/F, i_{基}, N) + L(1, t, i, j) \times (P/F, i_{基}, 2N) - \cdots$$
$$- P(1, t, i, j) \times (P/F, i_{基}, nn-N) + \cdots + L(1, t, i, j) \times (P/F, i_{基}, nn)$$

对于购买二手船,其净现值公式为:

$$NPV_2 = \sum_{n=1}^{nn} \{[Q_n(2, t, i, j) \times f_1(2, t, i, j) \times f(i_{运费}) \times (1-t_{营})$$

$$-K_1(2,t,i,j)\times f(i_{成本})]\times(1-t_{所得})\times(P/F,i_{基},n)$$

$$+\frac{P(2,t,i,j)-L(2,t,i,j)}{N(2,t,i,j)}\times t_{所得}\times(P/F,i_{基},n)\}$$

$$-\sum_{m=1}^{nn-N}PV_m(2,t,i,j)-P(2,t,i,j)+L(P/F,i_{基},N)$$

$$-P(2,t,i,j)\times(P/F,i_{基},N)+L(2,t,i,j)$$

$$\times(P/F,i_{基},2N)-\cdots-P(2,t,i,j)\times(P/F,i_{基},nn-N)$$

$$+\cdots+L(2,t,i,j)\times(P/F,i_{基},nn)$$

对于租船方案,其具有与购买船方案不同的特点,主要为:年营运成本为年租金支出(包括各项杂费)及年度变动费用之和;年税后收益中不包括折旧。

公式为:

$$NPV_3=\sum_{n=1}^{nn}\{[Q_n(3,t,i,j)\times f_1(3,t,i,j)\times f(i_{运费})\times(1-t_{营业})-K_1(3,t,i,j)\times$$
$$f(i_{成本})-Z_1(3,t,i,j)\times f(i_{租金})]\times(1-t_{所得})\times(P/F,i_{基},n)\}$$

其中:

$NPV(1,t,i,j)_{nn}$表示在相同使用期(nn)内,新船投资方案的净现值。

$NPV(2,t,i,j)_{nn}$表示在相同使用期(nn)内,二手船投资方案的净现值。

$NPV(3,t,i,j)_{nn}$表示在相同使用期(nn)内,租船投资方案的净现值。

$P(1,t,i,j)$表示新船船价。

$P(2,t,i,j)$表示二手船船价。

$Z_1(3,t,i,j)$表示租船第一年的租金。

$Q_n(k,t,i,j)$表示第n年的货运量(吨或 TEU)。

$f_n(k,t,i,j)$表示第n年的营运收入(元)。

$K_n(k,t,i,j)$表示第n年的营运成本(元)。

$(P/F,i_{基},n)$表示折现系数。

$i_{基}$表示航运企业基准收益率(%)。

$t_{所得}$表示所得税税率(%)。

$t_{营业}$表示营业税税率(%)。

$t_{关}$表示进口船的关税(%),国内造船或买船时,此项为 0。

$f(i_{运费})$表示运费每年变化函数。

$f(i_{成本})$表示营运成本每年变化函数。

$f(i_{租金})$表示期租租金每年变化函数。

i 表示船舶吨级类型。

j 表示航线类型。

k 表示投资方式。$k=1$，2，3 分别对应着新船（贷款购买获融资租赁），购买二手船、租船。

t 表示船舶种类。

n 表示船舶营运年，$n=1$，2，……，N。

nn 表示各投资方案的经济使用期的最小公倍数。

$PV_m(1,t,i,j)$ 表示新船的税后融资成本现值（单位：万元）。

$PV_m(2,t,i,j)$ 表示二手船的税后融资成本现值（单位：万元）。

$N(k,t,i,j)$ 表示船舶的经济使用期（单位：年）。

$L(k,t,i,j)$ 表示船舶在使用期末的残值（单位：万元）。

关于运费、成本、租金定期调整函数的说明：近年来，由于世界各国经济普遍存在通货膨胀的现象，因此，为了维持货币的使用价值，就必须对船舶的各种费用及费率作定期调整。一般而言，船舶的航次费用及营运费用定期调整率较高，其次是运费费率，长期期租租金费率较低。在投资分析中，定期调整费率的确定将直接影响到投资的经济效益。有关船舶经营的历史资料可以提供估算定期调整率的数据，也可查阅有关资料的典型数值表。

思考题

1. 对比其他筹资方式，吸收直接投资的优点有哪些？
2. 企业信用评级与债券增信内容是什么？
3. 船舶取得方法有哪几类？
4. 船舶融资租赁内容及其如何应用？
5. 船舶投资过程中存在哪些风险？
6. 船舶投资分析指标有哪些？

参考文献

[1] 苏平贵：《金融学》，清华大学出版社 2012 年版。

[2] 郭松克、张效梅：《企业融资学》，河南人民出版社 2002 年版。

[3] 徐保满：《金融信托与投资》，科学出版社 2007 年版。

[4] 徐天芳、王长勇：《国际航运经营管理》，大连海事大学出版社 1998 年版。

[5] 陈莉：《我国上市航运企业融资效率影响因素实证研究》，厦门大学，2018 年。

[6] 李晓玉、闫国东、辛普阳：《我国中小航运企业的融资模式研究》，《中国水运》2020 年第 11 期。

［7］吴长仲:《航运管理》,大连海运学院出版社 1992 年版。

［8］池小萍、刘宁:《保险学》,高等教育出版社 2012 年版。

［9］索晓辉:《保险经纪相关知识》,中国市场出版社 2007 年版。

［10］吕书亮、刘世华:《简明商品经济知识》,华中师范大学出版社 1992 年版。

［11］李欠友:《融资租赁对航运企业的影响分析及发展建议》,《财会学》2018 年第 11 期。

［12］赵刚编著:《航运企业经营管理》,人民交通出版社 2005 年版。

第 8 章　航运投资

第 9 章　国际金融与航运结算

国际金融体系是随着国际经济交往的不断扩大而产生与发展的。由于各国之间商品劳务往来、资本转移日趋频繁,资本转移速度也日益加快,这些活动最终都要通过货币在国际进行结算、支付,因此,就产生了在国际范围内协调各国货币关系的要求。国际金融体系正是在协调众多国家货币制度、法律制度及经济制度这一协调的基础上形成的。本章将介绍国际金融体系、国际结算、航运结算等方面的内容。

9.1　国际金融体系

9.1.1　国际金融体系的含义

国际金融体系是指调节各国货币在国际支付、结算、汇兑与转移等方面所确定的规则、惯例、政策、机制和组织机构安排的总称。国际金融体系是国际货币关系的集中反映,它构成了国际金融活动的总体框架。在市场经济体制下,各国之间的货币金融交往,都要受到国际金融体系的约束。

1. 构成要素

从广义上讲,国际金融体系的构成要素几乎包括了整个国际金融领域,主要由国际货币体系、国际金融组织体系和国际金融监管体系组成。

（1）国际货币体系。

国际货币体系是各国政府为适应国际贸易与国际结算的需要,对货币的兑换、国际收支的调节等所作的安排或确定的原则,以及为此而建立的组织形式等的总称。

国际货币体系的主要内容是:①各国货币比价的确定,包括汇率确定的原则,波动的界限,调整的幅度等;②各国货币的兑换性与对国际收支所采取的措施,如本国货币能否对外兑换以及是否限制对外支付等；③国际储备资产的确定以及储备资产的供应方式；④国际收支的调节方法，包括逆差国和顺差国承担的责任，⑤国际金融事务的协调、磋商和有关的管理工作。

（2）国际金融组织体系。

国际金融组织的概念有狭义和广义之分，狭义上的国际金融组织是指政府间国际金融组织，即两个或两个以上国家的政府为了实现共同的经济金融目标、依共同缔结的条约或协定而建立的具有特定金融职能的常设性组织实体。广义的国际金融组织还包括各种民间国际金融组织。

（3）国际金融监管体系。

金融监管体制是金融监管的职责划分和权力分配的方式和组织制度。国际上主要的金融监管体制可分为双线多头监管体制、一线多头监管体制和单一监管体制。金融监管体制是各国历史和国情的产物。确立监管体制模式的基本原则是，既要提高监管的效率，避免过分的职责交叉和相互掣肘，又要注意权力的相互制约，避免权力过度集中。在监管权力相对集中于一个监管主体的情况下，必须实行科学合理的内部权力划分和职责分工，以保证监管权力的正确行使。具体见图9.1。

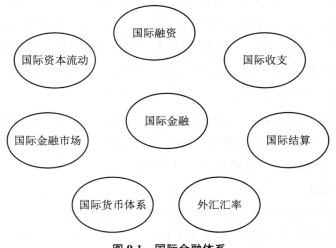

图9.1　国际金融体系

2. 主要内容

国际金融体系主要指国际货币安排，具体包括：国际收支及其调节机制、汇率制度的安排、国际储备资产的选择与确定、国际金融事务的协调与管理。

（1）国际收支及其调节机制。

即有效地帮助与促进国际收支出现严重失衡的国家通过各种措施进行调节，使其在国际范围内能公平地承担国际收支调节的责任和义务。

（2）汇率制度的安排。

由于汇率变动可直接影响各国之间经济利益的再分配,因此如何形成一种较为稳定的各国共同遵守的国际汇率安排,成为国际金融体系所要解决的核心问题。一国货币与其他货币之间的汇率如何决定与维持,一国货币能否成为自由兑换货币,是采取固定汇率制度,还是采取浮动汇率制度,或是采取其他汇率制度等,都是国际金融体系的主要内容。

（3）国际储备资产的选择与确定。

即采用何种货币作为国际支付货币;在一个特定时期,中心储备货币如何确定以维护整个储备体系的运行;世界各国的储备资产如何选择以满足各种经济交易的要求。

（4）国际金融事务的协调与管理。

各国实行的金融货币政策,会对相互交往的国家乃至整个世界的经济产生影响,因此如何协调各国与国际金融活动有关的金融货币政策,通过国际金融机构制定若干为各成员国所认同与遵守的规则、惯例和制度,构成了国际金融体系的重要内容。

3. 主要国际金融机构

（1）国际货币基金组织。

国际货币基金组织(IMF)是根据 1944 年联合国国际货币金融会议通过的《国际货币基金协定》建立的。于 1945 年 2 月正式成立,1947 年成为联合国的一个专门机构。其宗旨是:通过会员国共同探讨和协商国际货币问题,促进国际货币合作;促进国际贸易的扩大和平衡发展,开发会员国的生产资源;促进汇率稳定和会员国汇率有条不紊的安排,避免竞争性的货币贬值;协助会员国建立多边支付制度,消除妨碍世界贸易增长的外汇管制;协助会员国克服国际收支困难。

会员国缴纳的基金份额是基金组织最主要的资金来源。国际货币基金组织的主要业务活动除了对会员的汇率政策进行监督,与会员国就经济、金融形势进行磋商和协调外,还要向会员国提供借款和各种培训、咨询服务。

（2）世界银行集团。

世界银行集团包括世界银行、国际开发协会和国际金融公司。这三者的共同宗旨是通过提供和组织长期贷款和投资,解决会员国恢复和发展经济的资金需要,资助会员国兴办特定的基本建设工程。但三者的贷款对象和方式有所不同:

① 世界银行主要是向成员国提供长期的贷款优惠;

② 国际开发协会致力于低收入国家提供长期低息援助性贷款;

③ 国际金融公司主要向成员国的私人部门提供贷款。

（3）区域性国际金融机构。

① 亚洲开发银行:1966 年成立于东京,行址设在马尼拉。其宗旨是通过发放贷款和进行投资、技术援助,促进本地区的经济发展与合作。中国在亚洲开发银行的合法席位

于 1986 年恢复,为亚洲开发银行的第三大认股国。

② 非洲开发银行:1963 年成立,行址设在科特迪瓦的经济首都阿比让。中国于 1985 年加入该行,成为正式成员国。其宗旨是为成员国经济和社会发展服务,提供资金支持;协助非洲大陆制定发展规划,协调各国的发展计划,以期达到非洲经济一体化的目标。

③ 加勒比开发银行:加勒比开发银行是地区性、多边开发银行,1969 年 10 月 18 日,16 个加勒比国家和 2 个非本地区成员在牙买加金斯敦签署协议,成立加勒比开发银行。

④ 欧洲复兴开发银行:简称欧银,成立于 1991 年。

⑤ 欧洲投资银行:欧洲投资银行是欧洲经济共同体成员国合资经营的金融机构。根据 1957 年《欧洲经济共同体条约》(《罗马条约》)的规定,于 1958 年 1 月 1 日成立,1959 年正式开业。总行设在卢森堡。

⑥ 美洲开发银行:成立于 1959 年 12 月 30 日,是世界上成立最早和最大的区域性、多边开发银行。总行设在华盛顿。

⑦ 亚洲基础设施投资银行:简称亚投行,是一个政府间性质的亚洲区域多边开发机构,重点支持基础设施建设,法定资本 1 000 亿美元,总部设在北京。亚洲基础设施投资银行于 2014 年 10 月 24 日在北京成立。截至 2022 年 4 月,共有 103 个成员国。

⑧ 国际清算银行(BIS):1930 年成立于瑞士巴塞尔。其目的是处理第一次世界大战后德国赔款的支付和解决德国国际清算问题。此后,其宗旨改为促进各国中央银行间的合作,为国际金融往来提供额外便利,以及接受委托或作为代理人办理国际清算业务等。该行建立时只有 7 个成员国,截至 2019 年 1 月,共有 60 家中央银行或货币当局。

⑨ 巴塞尔银行监管委员会:1975 年,由十国集团国家的中央银行行长建立,1998 年 7 月,巴塞尔银行监管委员会通过《巴塞尔协议》(全称是《关于统一国际银行的资本计算和资本标准的协议》),成为国际银行监管方面代表性的文件。

9.1.2 国际金融体系的发展阶段

从国际金融体系的历史发展过程来看,现代国际金融体系大致经历了三个发展阶段:

1. 第一阶段:国际金本位时期(1816 年至第一次世界大战结束)

从 1816 年英国实行金本位制开始,到 1929—1933 年世界性经济危机爆发后结束。金本位制度是以黄金作为国际本位货币的制度,其特点是各国货币之间的汇率由各自的含金量比例决定,黄金可以在各国间自由输入输出。由于第一次世界大战和经济大萧条的爆发,金本位制随之结束。

2. 第二阶段:布雷顿森林体系时期(1944—1973 年)

在 1944 年 7 月召开的联合货币金融会议中,44 个国家的代表通过了《国际货币基金协定》,确定了以美元为中心的国际货币体系,即布雷顿森林体系。1945年12月,基于该协定,国际货币基金组织和世界银行正式成立。《国际货币基金协定》确定了美元与黄金挂钩、各国货币与美元挂钩的双挂钩国际货币体系,并建立了固定比价关系、以美元为中心的国际金汇兑本位制。1971年8月,尼克松政府被迫宣布放弃美元与黄金的挂钩,实行黄金和美元比价的自由浮动。1973年3月,十国集团同意6个欧洲会员国的货币绑定并联合对美元进行自由浮动。这一决定标志着固定汇率制的瓦解,布雷顿森林体系最终解体。

　　3. 第三阶段:牙买加货币体系时期(牙买加协议的正式签订至今)

　　牙买加协议的出现是为了应对布雷顿森林体系崩溃后的震荡的国际金融秩序。其主要内容包括:①实行浮动汇率制度的改革。牙买加协议承认固定汇率制与浮动汇率制并存的局面,成员国可以自由选择汇率制度。②推动黄金非货币化。协议作出了将逐步使黄金退出国际货币的决定。③增强特别提款权的作用。主要提高特别提款权的国际储备地位。④增加成员国的基金缴纳份额。协议将成员国的基金份额从原来的292亿特别提款权提高到390亿特别提款权,增幅部分主要用于石油输出国组织的成员国。牙买加体系下多种汇率制度的安排虽然解决了布雷顿森林体系下僵硬的汇率关系,但多种汇率制度并存加剧了汇率体系运行的复杂性,容易导致国际收支失衡和汇率波动加剧,加大了金融危机风险,阻碍了国际贸易发展。

　　现行的国际货币体系被普遍认为是一种过渡性的不健全的体系,需要进行彻底的改革。国际金融体系改革是一个系统性工程,涉及国际金融的方方面面,不可能一蹴而就,需要国际社会的通力合作。新的国际金融体系应体现出平等、共治、共享的原则,应能够充分考虑新兴经济体和广大发展中国家的权益,营造出有利于全球经济健康发展的制度环境。

9.2　结算与国际结算体系

　　结算是会计用语,指把某一时期内的所有收支情况进行总结、核算。结算也指根据交易结果和交易所有关规定对会员交易保证金、盈亏、手续费、交割货款和其他有关款项进行的计算和划拨。

　　国际结算(international settlement)是指为清偿国际债权债务关系而发生在不同国家之间的货币收付业务。国际结算是运用一定的金融工具(如汇票、本票、支票等),采取一定的方式(如汇付、托收、信用证等),利用一定的渠道(如通信网、计算机网等),通过一定的媒介机构(如银行或其他金融机构等),进行国与国之间的货币收支活动,从而使国际债权债务得以清偿。支付体系见图 9.2。

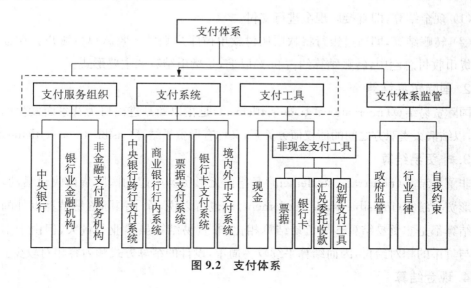

图 9.2　支付体系

9.2.1　国际结算的分类

1. 结算业务

结算业务也称"清算",是指一定经济行为所引起的货币关系的计算和结清,即社会经济生活中的交易各方因商品买卖、劳务供应等产生的债权债务通过某种方式进行清偿,结算业务体系见图 9.3。

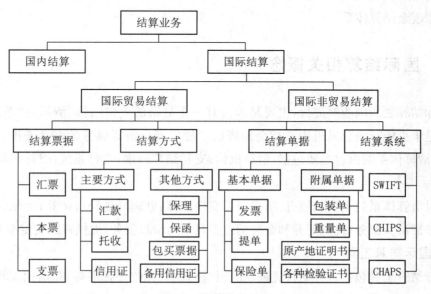

图 9.3　结算业务体系

结算有两种方式：

（1）现金结算，即直接以现金进行支付。

（2）转账结算，即通过银行将款项从付款单位账户划转入收款单位账户。在银行办理的货币收付总额中，转账结算约占 95% 以上，是货币结算的主要形式。

2. 国际贸易结算

国际贸易结算（international trade settlement）是指以商品进出口为背景而发生的贷款结算，以结清买卖双方之间的债权债务关系，又称有形贸易结算（visible trade settlement）。

3. 非贸易结算

非贸易结算（non-trade settlement）是指由无形贸易引起的国际货币收付活动，又称为无形贸易结算（invisible trade settlement）。也可以说，除了国际贸易结算以外的其他国际结算都是非贸易结算。与贸易结算相比，非贸易结算虽然业务量大，但由于不涉及商品与货币的相对给付，因而结算手续较为简单，设计的结算方式和内容相对较少。

4. 现金结算

现金结算（cash on settlement）是指通过收付货币金属或货币现金来结算国际债权债务关系。

5. 非现金结算

非现金结算（non-cash on settlement）是指使用各种支付工具（如票据），通过银行间的划账冲抵来结清国际债权债务关系。与现金结算相比，非现金结算具有迅速、简便的优点，可以节约现金和流通费用，有利于加快资金的循环和周转，因而促进了国际经济贸易关系的发展。现代国际结算是以票据为基础，单据为条件，银行为中枢，结算与融资相结合的非现金结算体系。

9.2.2　国际结算相关概念

国际结算之所以能够进行，主要是因为有一个复杂的支付结算（清算）体系、支付清算体系是中央银行向金融机构及社会经济活动提供资金清算服务的综合安排。具体来说，支付清算体系的内容主要包括：清算机构；支付结算制度；支付系统；银行间清算制度与操作。

支付清算体系的主要功能有：组织票据交换清算；办理异地跨行清算；为私营清算机构提供差额清算服务；提供证券和金融衍生工具交易清算服务；提供跨国支付服务。

1. 国际结算工具

国际结算工具包括各种支付凭证（如支付授权书、托收委托书等）和信用工具。信用工具也称金融工具，以书面形式发行和流通，用以证明债权人权利和债务人义务的契约证书。国际结算中使用的信用工具主要是票据,包括汇票、本票和支票三种,主要功能是确定收付货币的数量等。

2. 国际结算方式

收付货币的手段和渠道是国际结算的最主要的内容。具体包括:汇付、托收、信用证、银行保函、备用信用证、国际保理服务和协定贸易结算等,前三种是基本国际结算方式,其他几种为派生方式。

3. 国际结算单据

国际结算中涉及的反映货物特征,说明交易情况的一系列证明文件或商业凭证,主要包括:运输单据、保险单据、商业发票等基本单据。此外,还有一些附属单据,包括:海关发票、装箱单、商检证明、产地证明等。

4. 与国际结算有关的国际惯例

在此,国际惯例是指在长期的国际结算实践中逐渐形成的一些通用的习惯做法和普通规则。目前,由国际商会编写的,与国际结算有关的重要国际惯例的出版物主要有:《托收统一规则》《跟单信用证统一惯例》。此外还有《见索即付保函统一规则》《国际保理业务惯例规则》等。

9.2.3 国际结算中的银行

银行结算业务是有一个业务系统,如图 9.4。

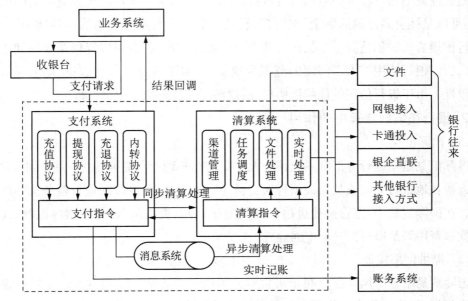

图 9.4 银行业务支付清算系统

1. 银行办理国际结算的优点

（1）便利。银行网络和国际代理行网络的普遍建立，使国际结算不受时间和地点的限制，满足世界各地客户的要求。

（2）安全。银行资金雄厚，银行信用优于商业信用，使国际结算更加安全可靠。

（3）经济。银行集中了大量的债权债务关系，可以最大限度地加以抵消，从而缩短了结算的路径，节省了时间、费用及利息的支出。

（4）规范。通过有关国际惯例的颁布和实施，银行办理国际结算有统一的规章可循，使之更加合理化和规范化，并有助于减少和避免国际贸易纠纷。

（5）快捷。随着高新技术，特别是计算机技术和通信技术在银行业务中的应用，人工处理纸张与票据的国际结算转向电子化作业与管理，国际结算不断朝着安全可靠、经济合理、方便迅速的方向发展。

不同国家间的债务债权关系的清偿之所以能够通过银行来实现，主要还是基于银行信用。银行信用是银行以货币形式向企业提供的信用，与商业信用相比，具有显著的特点：

（1）商业信用发生在许多企业之间，对多数企业而说，何时发生，与哪家企业发生，事先都没有计划，是自发产生的。而银行信用则不同，具有计划性、主动性及集中性，克服了商业信用的分散性和自发性。

（2）商业信用的规模和期限收到企业资金能力的限制，即企业只能向购买自己商品的消费者延期或预收货款，尤其在产业界还具有严格的方向性，如上游产业只能向下游产业提供商业信用，反之则不行。而银行信用集聚的资金不仅可以是企业的暂时闲置资金，还可以是社会多方面的资金，来源广泛。特别是，银行具有创造信用的能力，可以通过发行信用货币和创造派生存款扩大其资金来源和信用规模，可以提供企业短期或长期使用。所以银行信用扩大了信用的范围和规模，克服了商业信用在数量、期限和对象上的局限性。由于银行信用的优越性明显，所以国际结算逐步集中于银行。

2. 银行在国际结算中的作用

（1）国际汇兑。

国际汇兑是指银行应汇款人或债务人的要求把一种货币兑换成另一种货币，并委托收款人所在地银行业向收款人或债权人支付一定金额，以结清国际债权债务关系的一种方式。在国际贸易中，银行接受进出口商的委托，为其提供服务，办理国际汇款、代收代付货款和费用等是银行的一项中间业务。

（2）提供信用保证。

国际贸易结算的风险主要在于买卖双方不能一手交货一手收款。进出口商都不愿意先将货款、货物或代表货物所有权的单据交给对方，这就需要有一个双方均信得过的第三方来充当中间人和保证人,银行就是最好的选择。例如,信用证、银行保函等结算方式,就是通过银行的信用保证,使国际贸易能够顺利进行。

（3）融通资金。

银行对进出口商的融资除了一般贷款外,还可以在具体办理贸易结算的过程中,以进出口押汇方式向客户提供融资,向进口商提供信用证开证额度,向出口商提供票据、票据贴现等,从而促进国际贸易的发展。

（4）减少外汇风险。

银行可以通过远期外汇贸易、货币期货交易和货币期权交易等手段为进出口商降低甚至消除外汇风险。例如,我国的银行目前开展的远期结售业务,就是为企业提供的一种避免外汇风险的工具。

商业银行国际业务系统见图 9.5。

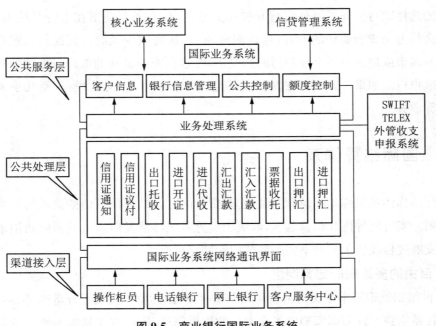

图 9.5　商业银行国际业务系统

3. 国际结算中的往来银行及其选择

（1）国际结算中的往来银行。

① 联行(sister bank)是指商业银行根据业务发展的需要,在国内、国外设立的分行和支行。分行是商业银行设立的营业性机构,无论是在法律上还是业务上,分行都是总行的有机组成部分,不是独立的法律实体,一般没有独立的法人地位,同时受到总行所在国和东道国双方的法律及规章的制约。分行业务范围及经营政策要与总行保持完全一

致,其业务活动限制以总行的资本、资产及负债为基础来衡量。总行对分行的活动负有完全的责任。一般来说,分行可以经营完全的银行业务,而不能经营非银行业务。支行的地位类似于分行,直接属于分行管辖范围,规模比分行小,层次比分行低。

② 代理行(correspondent bank)是指接受其他国家或地区的银行委托,代办国际结算业务或提供其他服务,并建立相互代理业务关系的银行。银行间的代理关系,一般由双方银行的总行直接建立,分行不能独立对外建立代理关系。与建立本行的分支机构相比,代理行关系的建立成本更低、更灵活、更普遍,在国际结算中具有相当重要的地位。代理行分为账户行和非账户行。前者是指代理行之间单方或双方相互在对方的银行开立了账户的代理行,账户行之间可以直接代理货币收付;后者是指没有建立账户关系的代理行,非账户行之间的代理货币收付需要通过第三家银行办理,时间和费用的耗费均比账户行更大。

(2) 往来银行的选择。

首先选择联行。委托海外联行开展相关业务,将业务利益留在本行系统内,海外联行势必会尽力完成所委托的业务,保证服务质量,从而减少风险。其次选择账户行。一般在同一城市或地区有多个账户行的情况下,要选择资信最佳的账户行办理业务。最后选择非账户行。如果一家银行在某国或某地区,既无联行也无代理行,则几乎无法办理国际结算业务。

9.2.4 国际结算体系

国际结算体系又称国际结算制度,它是指各国之间结算债权债务关系的基本方法和总体原则。实行何种国际结算制度,取决于世界各国经济发展水平及国际政治现状。资本主义发展过程经历了三种不同类型的国际结算制度。

1. 自由的多边国际结算制度

19 世纪正处于资本主义自由贸易的鼎盛时期,国际贸易发展十分迅速,国际经济、贸易交往日益增强。许多国家确立了金本位的货币制度,国际收支基本平衡。黄金可以自由输出入,国际正常的支付与结算均以黄金作为结算的最后支付手段。由于各国货币之间的比价都是以各自的含金量为基础,且由黄金输送点自动调节,所以汇率能保持稳定。在这种条件下,推行自由的多边国际结算制度有利于国际贸易的发展。实行自由的多边国际结算制度必须以外汇自由买卖为前提,而外汇自由买卖又必须以货币稳定为条件。自由的多边的国际结算制度必须包括下列内容:(1)外汇自由买卖;(2)资本自由输出入;(3)黄金自由输出入;(4)存在黄金外汇自由买卖市场;(5)存在多边的结算制度。

但是,自由的多边国际结算制度遭到了第一次世界大战的冲击。在第一次世界大战爆发后,资本主义各国为了筹措战争所需的大量外汇,防止本国资本外逃,不得不对黄金、外汇支付采取限制性的措施。尽管在战争结束后,由于生产逐渐得到恢复,国际经济关系归于正常,各国先后部分或全部恢复了金本位货币制度,但在此期间,各国仍然实行管制制度,大多数国家仍然采取某些措施来间接干预外汇交易以维持汇率的稳定。1929—1933 年,资本主义世界爆发了空前严重的经济危机。各主要资本主义国家爆发的货币信用危机冲击着整个世界市场,使市场机制作用大为削弱,国际关系陷于混乱。各国为了维护各自的经济利益,一方面竭力向外转嫁经济危机,一方面阻止外国经济危机对本国经济的冲击,于是纷纷恢复了不同形式的外汇管制。第二次世界大战期间,除了远离战争而未受战争破坏的美国、瑞士之外,欧洲各国为了支付巨额的战争开支,都实行了严格的外汇管制。整个西方的金融、外汇市场都陷于停滞状态,管制的双边国际结算制度应运而生。

2. 管制的双边国际结算制度

管制的双边国际结算制度就是指两国政府签订支付协定,开立清算账户集中抵消和清算两国之间由于贸易和非贸易往来所发生的债权债务收支。在这种制度下,甲国对乙国的债权只能用来偿还甲国对乙国的债务,而不能用此债权来抵偿甲国对任何第三国的债务。双边清算则由两国的中央银行负责具体组织实施。具体的做法是:由两国的商业银行或外汇银行各自向本国的中央银行收付本国货币,再由本国的中央银行记入对方国家的结算账户。在记账方式上,一般采用"先借后贷法",即出口方银行主动借记进口方银行开立在该行的账户,然后再由进口方银行贷记出口方银行开立在该行的账户。为此,各方再设维持账户以核对对方寄来的账单。

管制的、双边的国际结算制度是在金本位制崩溃后,资本主义经济危机加深,国际市场缩小,贸易保护主义盛行,以及实行外汇管制下的产物。在管制的、双边的结算制度下,由两国签订支付协定,建立清算账户,两国之间经济和其他往来形成的债权债务关系通过指定银行的结算账户集中抵消,而不必动用黄金或外汇逐笔进行支付。在这种结算制度下,一国对另一国的债权不能用来抵偿对第三国的债务,只能用来清偿对方国家的债务。

管制的、双边的国际结算制度的内容如下:

(1)指定清算机构一般是由中央银行或由中央银行指定某一专业银行负责清算两国的债权债务。

(2)建立清算机构签订双边支付协定的两国在其银行各自为对方开立一个清算账户。当完成一笔进出口业务后,两国银行根据协定分别记账,将一笔金额同时记入进口方的借方和出口方的贷方,在一定时期内集中抵消双方的债权债务。而进出口方各自办理结算的本国银行,按照本币与协定规定的清算货币的汇率收付本国货币。

（3）规定清算范围。清算范围主要包括国际收支中的贸易收支项目，也可以扩展到国际收支中的其他项目。凡未列入清算范围的一切交易，均须用现汇支付。

（4）确定结算货币。结算货币分为记账和支付货币。记账货币是结算账户记账时使用的货币，使用哪国货币由双方协定。支付货币是具体办理支付时使用的货币。在对进出口商具体收付时，一般是用本国货币收付。

（5）商定清算差额波动幅度双边结算，一是要规定结算期限，二是要尽可能保持收支平衡。但是，由于种种原因，清算账户总会出现差额。为了防止差额过大，一般要规定清算差额波动幅度，大约为其清算总额的 5%—10%。

（6）清算差额处理办法。对清算账户差额的处理，可以由债务国输出商品抵偿，也可以用黄金或外汇偿还，经过双方同意也可将差额转入下一个结算期限的清算账户内。

（7）确定清算汇率双边结算使用的汇率可以是官方汇率，也可以是市场汇率，双方也可以另外规定一种汇率。

管制的、双边的结算制度的产生直接导致了西方世界经济危机和货币信用危机的加剧。然而，这种国际结算制度的实行具有正反两方面的作用。其积极作用表现在：（1）缓和了西方国家因黄金外汇短缺而无法进行正常贸易的矛盾，在一定程度上促进了国际贸易的发展；（2）防止了不利的资本流出或流入，改善了各国的国际收支状况；（3）节约了外汇黄金的使用，加速了资金的周转；（4）节约了缔约国之间的外汇资金的支出，促进了缔约国之间的贸易发展。其消极作用表现为：（1）由于这种结算制度具有排他性，直接影响到与缔约国以外的第三国开展贸易，从而在一定程度上阻碍了国际贸易的发展；（2）造成资本主义发达国家向不发达国家倾销过剩产品的情况。

3. 多元化混合型的国际结算制度

第二次世界大战之后，世界政治经济格局发生了重大变化。战后初期，除美国外，西方各主要资本主义国家的国际储备普遍短缺，无力支付进口物资所需的外汇，同时也无法维持本国货币的稳定。到 20 世纪 50 年代后期，一些西方国家的经济实力已经增强，足以与美国抗衡，于是对外汇管制有放松的趋势。从 1960 年开始，联邦德国与日本率先宣布货币自由兑换，英国也在 1979 年撤销了残存的一些外汇管制条例。而许多发展中国家为了发展民族经济，减少黄金国际储备的流失，一直实行比较严格的外汇管制。因此，单纯的管制的、双边的国际结算制度已经不能满足经济发展的需要，多元化混合型的国际结算制度取代了单一的国际结算制度。在多元化混合型的国际结算制度下，既有西方国家间全球性的多边结算，也有区域性的和集团性的多边结算，此外，还存在着发展中国家之间的双边结算。由于管制的国际结算制度不利于全球性贸易的开展，因此当前推行的主要是全球性、区域性的多边结算制度。

多元化混合型的国际结算的主要特点包括：（1）有限的外汇兑换与程度不同的外汇

管制并存,以外汇自由兑换为主。(2)全球的自由的多边结算制度、区域性的多边结算制度和管制的、双边的结算制度并存,而以全球的和区域性的多边结算为主。

随着生产和资本的国际化、市场的国际化的迅速发展,跨国公司的蓬勃兴起,国际贸易结算制度将进一步向着多元化和自由化的多边结算制度方向发展。

4. 国际资金清算系统

国际资金清算系统(SWIFT)由环球同业银行金融电信协会管理,SWIFT 的使用,使银行的结算提供了安全、可靠、快捷、标准化、自动化的通信业务,从而大大提高了银行的结算速度。由于 SWIFT 的格式具有标准化,信用证的格式主要是用 SWIFT 电文。SWIFT 与清算所同业支付系统(CHIPS)业务关系见图 9.6。

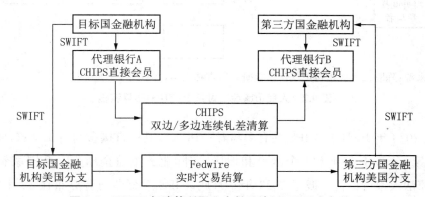

图 9.6　SWIFT 与清算所同业支付系统(CHIPS)业务关系

1973 年 5 月,来自美国、加拿大和欧洲等 15 个国家的 239 家银行宣布正式成立 SWIFT,其总部设在比利时的布鲁塞尔。它是为了解决各国金融通信不能适应国际支付清算的快速增长而设立的非营利性组织,负责设计、建立和管理 SWIFT 国际网络,以便在该组织成员间进行国际金融信息的传输和确定路由。截至 2021 年底,SWIFT 为全球 200 多个国家和地区的超过 11 000 家银行、证券机构、金融市场基础设施和企业用户提供报文传送平台和通信标准,并在身份识别、数据分析和合规等领域提供相关服务。2021 年,SWIFT 传输 FIN 报文 106 亿条,日均传输 FIN 报文 42 00 万条。

5. 人民币跨境支付系统

(1) 人民币跨境支付系统。

人民币跨境支付系统(CIPS)是专司人民币跨境支付清算业务的批发类支付系统,旨在进一步整合现有人民币跨境支付结算渠道和资源,提高跨境清算效率,满足各主要时区的人民币业务发展需要,提高交易的安全性,构建公平的市场竞争环境。

CIPS 是我国重要的金融市场基础设施,在助力人民币国际化等方面发挥着重要作用。CIPS(一期)于 2012 年 4 月 12 日开始建设,2015 年 10 月 8 日上午正式启动。2018

年3月26日,CIPS(二期)成功投产试运行。实现对全球各时区金融市场的全覆盖,支持全球的支付与金融市场业务,满足全球用户的人民币业务需求。包括支持各个方面人民币跨境使用的需求,人民币跨境贸易和投资的清算、境内金融市场的跨境货币资金清算以及人民币与其他币种的同步收付业务。

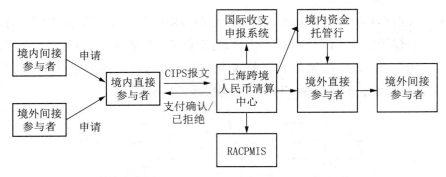

资料来源:陈旸:《人民币跨境支付系统研究》,吉林大学,2017年。

图9.7 人民币跨境支付系统(CIPS)结算流程

截至2023年10月末,CIPS共有参与者1 481家,其中直接参与者119家,间接参与者1 362家,分布于全球111个国家和地区,实际业务覆盖全球182个国家和地区的4 300多家法人银行机构。截至2023年9月底,CIPS系统参与者分布在82个"一带一路"沿线国家,实际业务已覆盖131个共建国家。CIPS系统累计处理跨境人民币业务金额达204.6万亿元,笔数达1 085.5万笔[①]。截至2023年10月,中国已与20个"一带一路"沿线国家签署双边本币互换协议,在17个共建国家建立人民币清算安排。[②]

(2) CIPS的相关制度。

CIPS(一期)的制度主要包括:《人民币跨境支付系统业务暂行规则》《人民币跨境支付系统参与者服务协议》《人民币跨境支付系业务操作指引》《人民币跨境支付系统运行规则》以及《人民币跨境支付系统技术规范》。

(3) 运行时序。

CIPS(一期)按照北京时间运行,以中国法定工作日为系统工作日,年终决算日为中国每年最后一个法定工作日。CIPS(一期)每日运行时序分为营业准备、日间处理、业务截止和日终处理四个阶段,日间处理支付业务的时间为9:00—20:00。

CIPS(二期)运行时间由5×12小时延长至5×24小时+4小时。

---

① 佚名:《发挥CIPS系统人民币跨境支付"主渠道"作用》,《中国货币市场》2022年第5期。
② 数据来源:中国国务院新闻办公室:《〈共建"一带一路":构建人类命运共同体的重大实践〉白皮书》,2023年10月10日。

（4）人民币跨境支付系统清算模式。

现有人民币跨境清算模式主要包括清算行模式和代理行模式。清算行模式。以港澳清算行直接接入大额支付系统，其他清算行通过其总行或者母行接入大额支付系统，所有清算行以大额支付系统为依托完成跨境及离岸人民币清算服务。代理行模式。以境内代理行直接接入大额支付系统，境外参加行可在境内代理行开立人民币同业往来账户进行人民币跨境和离岸资金清算。

（5）清算系统功能。

CIPS（一期）的主要功能是便利跨境人民币业务处理，支持跨境货物贸易和服务贸易结算、跨境直接投资、跨境融资和跨境个人汇款等业务。其主要特点包括：CIPS（一期）采用实时全额结算方式处理客户汇款和金融机构汇款两类业务；各直接参与者一点接入，集中清算业务，缩短清算路径，提高清算效率；采用国际通用 ISO20022 报文标准，采纳统一规范的中文四角码，支持中英文传输，在名称、地址、收费等栏位设置上更有利于人民币业务的自动处理。CIPS 报文设计充分考虑了与现行 SWIFT 的 MT 报文的转换要求，便于跨境业务直通处理并支持未来业务发展需求。运行时间覆盖亚洲、欧洲、非洲、大洋洲等人民币业务主要时区。

为境内直接参与者提供专线接入方式。CIPS（二期）在功能特点上进行了改进和完善：在运行时间上实现对全球各时区金融市场的全覆盖；在实时全额结算模式的基础上引入定时净额结算机制，满足参与者的差异化需求，便利跨境电子商务；业务模式设计既符合国际标准，又兼顾可推广可拓展要求，支持多种金融市场业务的资金结算；丰富参与者类型，引入金融市场基础设施类直接参与者；系统功能支持境外直接参与者扩容，为引入更多符合条件的境外机构做好准备，建成 CIPS 系统备份系统，实现主系统向备份系统的实时数据复制，提高了 CIPS 业务连续运行能力。

9.3　交通运输业结算体系

交通运输业是一个特殊的产业部门，在整个国民经济中起着纽带作用。交通运输业的结算体系也有其鲜明的特点。

9.3.1　交通运输业的特点

交通运输业的基本职能是从事旅客的运送与货物的运输及其装卸，具有鲜明的行业特点：一是生产经营活动的成果表现为一种效用而不是一种实物产品；二是作为劳动对象的被运输或被装卸物无需承运的企业垫付资金；三是生产和消费发生的同时性，没有脱离生产过程而存在的实物产品，并不像其他生产行业那样只有生产者完成了产品的生产过程后，消费者才能开始对这一产品进行消费；四是对于同一批货物从生产地到消费地的运输往往需要通过不同的运输方式，由各种类型的运输或装卸企业来联合完成，从而形成复杂的结算关系；五是生产经营受自然条件的影响大。

9.3.2 交通运输业的结算特点

交通运输企业的营业收入主要通过为客户提供各种运输服务而获得。因为道路、水域、水路等具有一定的地域范围性，同时，不间断性的货物流要求运输具有一定的连续性特点，进而形成了不同种类的运输形式，比如直接性运输、水路联合运输等。除此之外，不同类型的货物，由于体积、形状等的不同，运输距离也有差别，目前主要有长短途的运输距离、省内与跨省的运输距离，以及国内与国外运输距离的区分。然而，运输收入往往是在装运地或目的地一次性收取，导致涉及运输的所有部门、公司、地区和国家之间存在大量的清算工作。同时，在运输公司内部，不同部门、不同单位由于通过相互配合提供服务，也会涉及不同种类的内部结算程序。并且这些运输企业的结算工作繁重、发生次数多、涉及步骤多、情况复杂，这造成了运输企业会计核算的独特性。

9.3.3 交通运输款项的结算内容

对于旅客、货物的运输，通常有直达、非直达、联运、合作等多种运输方式；对于运输款项的收取，有起收、到收、扣收等多种方法；对于企业的营运进款通过内部或外部的站点、港口或代理单位向货主或旅客收取，从而形成了大量的运输票证与多方的复杂结算关系。仅从水运企业来看，一个港口装卸公司可能有几艘甚至十几艘船舶同时作业。一艘船有一票货，也有数票货甚至有数十票货。面对如此众多的托运人、收货人、代理人和船公司，港口企业一般设置几个或十几个营业所，受理托运、提货、计费、开单、收款工作，并由营业所将收取款项及货运票据报送企业会计部门，由企业会计部门办理委托收款和营运收入核算及结算。

交通运输业的营运区域相当广阔，甚至会出现跨地区、跨国家的流动，在营运区域的有关点线上，会设有相对独立的单位，相互协作提供服务、代付工资、供应燃材料等，发生各种结算关系。在水运企业的外部，港航之间，远洋运输企业与国外代理行之间不仅会发生一般的结算关系,而且发生外汇收支的结算关系。由于结算票证多、结算环节多、结算的内容多,制订科学的合适的会计核算规程来及时无误地进行营运进款,并解决其他有关资金的清算与结算问题,也是交通运输业制定会计核算规程的特殊问题之一。

我们以铁路结算为例说明。铁路运输结算包括铁路运输结算收入和支出。

铁路运输结算收入。在铁路运输企业内部,由于实行分级核算制,下级单位按所完成的运输工作量和规定的清算单价,向上级单位进行结算所得的收入。包括换算吨公里收入,装、卸、排车收入和其他收入。铁路运输结算收入在弥补本单位的运输工作费用后,其结余或不足,就是该单位的运输盈余或亏损,反映了完成铁路运输工作的成绩或问题。在铁路运输会计核算中,铁路运输结算收入是一级会计科目,反映运输结算收入。要求上、下级单位在同一月内记账,记账金额相等,方向(借或贷)相反。在上级单位汇编会计报表时予以对冲。

铁路运输结算支出。与收入对称,在铁路运输企业内部,上级单位为弥补下级单位的运输支出及其应得的盈余,按下级单位完成的工作量和规定的清算单价计算出来的应付下级单位清算款。上级单位的铁路运输结算支出,即为下级单位的铁路运输结算收入。

9.4 船舶运输结算

本节介绍船舶运输结算的费用和计算方法等内容。航运结算,涉及各类费用结算,需要了解以下内容。

9.4.1 贸易术语

工厂交货价(Ex Works,EXW)、离岸价(Free on Board,FOB)、到岸价(Cost Insurance and Freight,CIF)、成本加运费(Cost and Freight,CFR)是贸易的主要术语。

FOB、CFR、CIF 是水上运输方式的主要术语。FOB 是船上交货价,亦称离岸价,指卖方以在指定装运港将货物装上买方指定的船舶或通过取得已交付至船上货物的方式交货。CFR 是成本加运费,指在装运港货物越过船舷卖方即完成交货,卖方必须支付将货物运至指定的目的港所需的运费和费用。交货后货物灭失或损坏的风险,以及由于各种事件造成的任何额外费用,即由卖方转移到买方。CIF=成本费(FOB)+保险费(I)+

运费（F），指在装运港当货物越过船舷时卖方即完成交货，俗称到岸价。

FOB、CFR、CIF 三个贸易术语的相同点有：（1）三个术语均适用于水上运输方式，都适用于内河运输和海上运输。（2）三个术语的交货点都是装运港船上，风险点均以货物装到船上为界限，这时风险才由卖方转移到买方。（3）卖方均负责承担货物装到船上之前所发生的一切费用。（4）卖方均负责向买方提交已按规定交货的清洁提单。（5）货物装运前后卖方均负责及时向买方发出装船通知。（6）三个贸易术语代表的进口通关手续均由买方负责，出口通关的所有手续均由卖方负责。

三个贸易术语的不同点有：（1）运输责任不同。FOB、CFR 由买方负责运输；CIF 由卖方负责运输。（2）报价方式不同。FOB 由买方负责租船订舱、预付运费；办理保险、支付保险；CIF 由卖方负责租船订舱、预付运费；办理保险、支付保险；CFR 由卖方负责租船订舱、预付运费；由买方负责办理保险、支付保险。（3）签订运输合同及支付运费方不同。FOB 由买方签订运输合同及支付运费；CFR、CIF 由卖方签订运输合同及支付运费。

9.4.2　船舶运输结算的各项货代杂费

1. 海运费

海运费是按照班轮运价表的规定计算，为垄断性价格。不同的班轮公司或不同的轮船公司有不同的运价表，但它都是按照各种商品的不同积载系数，不同的性质和不同的价值结合不同的航线加以确定的。

海运费包括纯海运费、燃油附加费、箱体附加费等等，部分船公司会包括码头 THC 和码头费或者办单费。在海运过程中包含的费用也属于海运费。包括码头费用、船公司费用、货代费用、报检/报关行费用和车队运输的费用。

海运费又分为出口费和进口费。出口费包括：海运费、陆运费、装箱费、港杂费、THC、报检费、报关费、铅封费、设备交接单费、单证费、验货费和代理的操作费。根据不同的航线，船公司还会收取一定的附加费。进口费包括：换单费、港杂费、THC、报检费、报关费、验货费、代理费、单证费、安保费和陆运费。

2. 货主的货代杂费

海运价格除了海运费之外，还有各种杂费需要收取。这些杂费有些是船公司收取的，有些是出货港/目的港码头收取的，还有些是货代自立名目收取的。

除此之外，还有 EBS 费用、CIC 费用、CFS 费用和当地费用（local charge）。

EBS（emerent bunker surchanges）费用是指紧急燃油附加费。因为国际原油价格不断攀升，超过了船东们的承受能力，所以船东们在行情比较淡、无法增加海运费的情况下,为了减少成本损失,而增加此费用。EBS 只是一个临时性的附加费,一般情况不会坚持很长时间,而且根据不同时期,不同地区的 EBS 收费不同。

CIC(container inbalance charge)费用是继 EBS 费用后,又一"霸王"费用。目前我国出口的班轮都是掌握在各船公司联盟手中,为了赚取更大利润,这些船公司不断附加苛捐杂费,中国出口方处于弱势地位。在这种情况下,中方不得不接受船公司的无理调价。

CIC 费用的中文意思是"集装箱不平衡附加费",也有人翻译成"设备管理费",CIC 费用的形成原因主要有:一是世界各班轮航线货物运输的季节性变化导致货流量不平衡。西方国家通常在年初是货物运输的淡季,四五月份箱量逐渐上升,贸易额数量开始增多,到圣诞节前又会引来贸易额增多的一个小高潮。二是航线两端国家或地区的贸易额不平衡。中国等东亚国家出口到欧洲的货物远多于从欧洲进口到中国等东亚地区的货物,远东北美航线也同样存在类似问题。三是进出口货物种类和性质的差异以及运费、装卸费标准的不同,也造成了进出口集装箱不平衡。

CFS 是散货仓库(集装箱货运站)的简称,是处理拼箱货的场所,它办理拼箱货的交接,配载积载后,将箱子送往堆场,(货柜)堆场,并接受堆场交来的进口货箱,进行拆箱、理货、保管,最后分拨给各收货人。同时也可按承运人的委托进行签发场站收据等业务。CFS 的费用,通常是以一个方多少来算的。因为 CFS 是拼箱产生的费用,所以在装运港和目的港都有发生。

在 FOB 条件下,CFS 这一项费用需单独列出来向出口商或工厂收取。(因为 FOB 是运费到付的,所以装运港的费用不计算在运费内)。而在 CIF 条件下,装运港的 CFS 费用已经包含在货代报的海运价之内,所以在装运港不再单收 CFS。但进口商在目的港还是要付相应的 CFS 费用。

当地费用是指在除了国际海运/空运的运费以外的,在目的港国家产生的其他费用。在通常使用的 FOB、CIF 术语里,对于中国进出口企业来讲,一般并不产生当地费用,出口 CIF 条件时,当地费用是由对方国家的收货人承担的。进口 FOB 条件时,当地费用是由对方国家的发货人承担的。只有涉及门运输的货物,如门到门、港到门、门到港货物,才会产生当地费用。比如中国进口 EXW 时,由工厂提货,从对方国家生产厂家提货一直到货物起运这一段的当地费用都由中国的进口商承担的。出口 DDU 或 DDP 时,费用付至指定目的地。从货物到达对方国家港口,一直送至收货人指定地点之间所发生的当地费用都要由中国的出口商承担。当地费用包括下列几点:订舱费、报关费、THC、文件费、操作费、拖车费等相关费用。

3. 贸易方式间的费用承担

贸易方式间的费用承担见表 9.1。

表 9.1　贸易方式间的费用承担方

贸易术语	交货地点	运输	保险	出口手续	进口手续
工厂交货价（EXW）	出口国工厂或仓库	买方	买方	买方	买方
离岸价（FOB）	装运港	买方	买方	卖方	买方
到岸价（CIF）	装运港	卖方	卖方	卖方	买方
成本加运费（CFR）	装运港	卖方	买方	卖方	买方

9.4.3　国际航运的运费计算方法

国际航运的运费计算方法按船舶经营方式的不同可分为班轮运费计算方法及不定期船运费或租金的计算方法两类。

1. 班轮运费计算方法

班轮运费由基本运费和运费附加费两部分组成。此处先讲述班轮基本运费的计算方法。班轮基本运费的计算方法因所运货种的不同而不同。有重量法、体积法、从价法、选择法、综合法、按件法和议定法等七种。

（1）重量法。按此方法计算，基本运费＝计重货物的运费吨×运费率。所谓计重货物是指按货物的毛重计算运费的货物。在运价表中用"W"标记，它的计算单位为吨，如公吨（metric ton，M/T）长吨（long ton，L/T）和短吨（short ton，S/T）等。

按照国际惯例，计重货物是指每公吨的体积小于 1.132 8 立方米（40 立方英尺）的货物；而我国远洋运输运价表中则将每公吨的体积小于 1 立方米的货物定为计重货物。

（2）体积法。按此法计算的基本运费＝容积货物的运费吨×运费率。所谓容积货物是指按货物的体积计算运费的货物，在运价表中以"M"表示，它的计量单位为容积或称尺码吨。

按照国际惯例、容积货物是指每公吨的体积大于 1.132 8 立方米（40 立方英尺）的货物；而我国的远洋运输运价表中则将每公吨的体积大于 1 立方米的货物定为容积货物。某些国家对木材等容积货物按"板英尺"和"霍普斯英尺"作为计量单位，它们之间的换算关系是：

$$1 \text{ 立方英尺} = 12 \text{ 板英尺} = 0.785 \text{ 霍普斯英尺；}$$

$$1 \text{ 立方米} = 35.314 8 \text{ 立方英尺}$$

（3）从价法。按此法计算的基本运费＝FOB×从价费率。FOB 是指装运港船上交货，若贸易双方按此价格条件成交之后，卖方应承担货物装上船之前的一切费用，买方则承担运费及保险费等在内的货物装上船以后的一切费用。而从价费率常以百分比表示,一般为 1%—5%。按从价法计算的基本运费的货物。在运价表中用"Ad. Val"表示。

但是,贸易双方在谈判中除按离岸价格成交外,通常还有按到岸价格条件 CIF 或 CFR。如按后两种价格条件成交且托运人只能提供 CIF 或 CFR 时,则应先将它们换算成 FOB,即 FOB=CFR-运费=CIF-保险费-运费。

(4)选择法。从上述三种计算运费的方法中选择一种收费最高的计算方法计算运费。此法适用于货物是属于"计重货物"或"容积货物"难以识别;或货物的价值变化不定的货物。在运价表中,对按选择法计算的货物常以"W/M or Ad.Val"表示。

(5)综合法:指该种货物分别按货物的毛重和体积计算运费,并选择其中运费较高者,再加上该种货物的从价运费。此类货物在运价表中用"W/M Plus Ad.Val"表示。

(6)按件法。它是一种按货物的实体件数或个数为单位计算运费的方法,适用于既是非贵重物品。但又不须测量重量和体积的货物。如活性畜按"每头"计收,车辆按"每辆"计收等。

(7)议定法。按承运人和托运人双方临时议定的费率计算运费。此类货物通常是低价的货物特大型的机器等。在运价表中此类货物以"Open"表示。

应当指出,在班轮运价本中除了"说明及有关规定"部分外,主要内容是货物分级表及航线费率表。在货物分级表中列出了各种货物的计算标准(指按什么方法计算运费,即上述七种方法中的某一种)及等级。航线费率表列出各等级货物的不同费率,而费率通常又分东行及西行两种。

班轮运费除了上述的基本运费以外还包括运费附加费。主要的附加费具体说明如下。

(1)超重附加费,指每件货物的毛重超过规定重量时所增收的附加费。

(2)超长附加费,指每件货物的长度超过规定长度时所增收的附加费。

(3)选卸附加费,指装货时尚不能确定卸货港,而抵达第一选卸港前才向船方宣布最后确定卸货港的货物所增收的附加费。

(4)直航附加费,指交运货物量超过船公司规定的数量且要求船舶直靠挂基本挂靠港所增收的附加费。

(5)转船附加费,指向需要在中途港转船的货物所增收的中转包干费,包括换装费、仓储费及二程船运费等附加费。因为它是包干费,所以盈亏由船公司自理。

(6)港口附加费,指船舶需要进入港口条件较差、装卸效率较低或拥塞的港口而向货方增收的附加费。

(7)燃油附加费,指因燃油价格上涨而增收的附加费。

(8)绕航附加费,指因战争、运河关闭、航道阻塞等原因造成临时绕航而需增加的附加费。

2. 不定期船运费或租金的计算方法

（1）不定期船运费计算方法。

凡供需双方签订运输合同的不定期船，不论是包舱运输、整船运输的程租船或长期运输，通常是按照船舶的全部或一部分舱位及运费率收取一笔包租运费，亦称为整笔运费。即航次租船运费＝船舶（或某舱）的承载能力×合同所定的运费率。船舶承载能力足指航次最大载货量，应结合航次条件及所运货载确定。当货物的积载因数小于舱容系数时，船舶承载能力＝货舱总容积÷货物平均积载因数（此时满舱不满载）。按船舶装载能力计算运费的方法，即使实际装船的数量少于承载能力，即出现短装（或称亏舱）时，托运人仍须悉数支付全部运费，不会退还因短装所造成的"亏舱费"。但是，有些情况下"亏舱费"亦可以按协商或规定托运人只负担其中的一部分。

另外，还有一种不指明特定船舶的不定期船运输，则按合同所定的货吨乘以合同所定的运费率计算运费。

（2）不定期的租金计算方法。

凡供需双方签订租船合同的期租船，不论租船的租金＝每载重吨每日租金率×船舶夏季总载重量×合同租期。由于租船是由承租人自己经营的，所以租船的租金与船舶的实际载货量的多少无关。

在不定期船运费构成中，除了上述的基本运费或租金以外，在合同中还应写明有关装卸费由谁承担的条款和有关佣金计算及支付办法的条款，有些合同中还应写明有关回扣的条款。

9.5　民用航空结算

民航具有运输点多、线长、面广的特点，尤其是跨国界跨地区的运输业务很难由航空公司独立完成，国际联运由此产生。民航运输企业通过提供联运服务而形成的运输收入，很大程度上要通过民航国际结算得到实现。因此，民航国际结算的产生和发展是与民航运输业务的发展紧密相连的。在多家航空公司共同完成一项客货运输生产任务的过程中，由于票款一般由填开票证的航空公司一次性收取，因此存在着大量与民航运输国际票证有关的结算业务。只有通过国际的货币收支，才能结清中国民航经营国际航空运输任务而产生的与各国空运企业之间的债权债务。

9.5.1 民用航空结算的凭据

1.航空结算系统

航空结算系统是交通运输公共信息服务系统,是以企业化运作的集认证、交易、支付、监管等功能于一体的行业公共信息技术服务平台。中国的航空结算系统主要是"凯塔"(中国航协英文缩写CATA的译音)信息服务与结算系统。"凯塔"系统总体业务模式见图9.8。

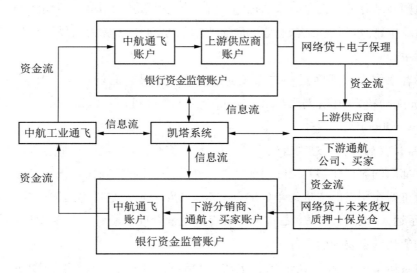

图 9.8 "凯塔"系统结算业务关系

航空结算的内容主要包括:客运收入管理、货邮收入管理、机场服务费、清算业务、数据分析电子商务、其他等,如表9.2。

表 9.2 主要航空结算产品内容

客运收入管理
国际客运收入管理系统-IPRA、国内客运收入管理系统-ARMS
货邮收入管理
货运收入管理系统-EPOC、国内邮件收入管理系统
机场服务费
机场综合收入管理系统-ACMS、服务费结算系统-MCAS
清算业务
国际清算系统、国内清算系统

续　表

数据分析
客运数据分析系统-SMARTRIX、货运数据报告系统-CRP
电子商务
德付通支付平台

资料来源：中国航空结算公司。

2. 民航国际结算的凭据

民航国际结算的凭据是有效的运输凭证和服务费凭证。其中，运输凭证主要是在国际航空运输中，凭以运送旅客、行李、货物、邮件的凭证。客货运输凭证包括国际客票和航空货运单。

国际客票作为国际客运中的重要运输契约，其票联的构成基本如下：（1）会计联（audit coupon）；（2）出票人联（agent coupon）；（3）乘机联（flight coupon）；（4）旅客联（passenger coupon）。

其中，有效乘机联通过销售处工作人员通过旅客承运航空公司值机部门和承运航空公司结算部门的流程转移到国际票证结算人员手中。因此，在民航国际结算过程中乘机联发挥着重要作用。航空货运单（air waybill，AWB）是航空货物运输的托运人（或其代理人）和承运人（或其代理人）之间为缔结货物运输合同而签订的运输单证，同时也是承运人运输货物的重要证明文件。

航空货运单一般由一式十二联组成，包括：（1）3 联正本（original）；（2）6 联副本（copy）；（3）3 联额外副本（extra Copy）。

航空货物运费的结算通常不要求以货运单中的某一联作为结算的依据。由于种种原因，货物在运输过程中会发生变更，可能是因为托运人要求、航空公司原因或是客观条件的变化和限制，此时货运中转舱单更能发挥作用。

9.5.2　民用航空结算票据的种类

票证是航空公司与客户所签订的格式合同，种类较多，如按照运输对象划分，主要有客票、逾重行李票、货单、邮单四大类，分别用于旅客、行李、货物、邮件的运输。如继续按适用航线类型、票联张数、出票方式等条件，又可继续细分，如客票包括国内二联手工客票、BSP 二联打印客票、国际四联打印客票等多种类型。

航空公司的国内客票一共有四种票联，按纸质凭证的装订顺序，从上至下分别是会计联、出票人联、乘机联、旅客联。其中出票人联由售票单位留存备查；旅客联由旅客留存,通常用作报销的依据,航空公司收入结算的主要工作对象是会计联和乘机联两个票联。会计联主要用于确认航空公司与销售单位间的债权债务关系,乘机联是旅客乘机的主要凭据,用于确认航空公司的运输收入。通俗地说,会计联告诉收入会计"航空公司应当向售票单位收多少钱",是回收销售款项的依据,而乘机联告诉收入会计"航空公司旅客运输的收入是多少",是确认运输收入的依据。

需要说明的是,针对旅客多航段运输的情况,为便于售票员出票与旅客携带,一张客票通常会印制多张乘机联,一个航段使用其中的一张,前面提到国内二联、国际四联等客票,其中的二联、四联即为乘机联的张数,而不是票证的总联数。以上是客票的票联构成,除了客票以外,航空公司还有货单、行李票、邮单等运输凭证,它们的流转过程、工作程序及内部控制与客票大同小异,也各有特点。

例如,货单因为在货物运输过程中还涉及中转、库存、提货等多个环节,票联构成较为复杂,一共有八联。但结算对象通常为财务联、承运人联,与客票的流转过程相比,货单的财务联、承运人联分别类似于客票的会计联、乘机联。

9.5.3 民用航空结算的票据流转流程

票证会计联和乘机联的实物流转、票款流转过程如图 9.9 所示。

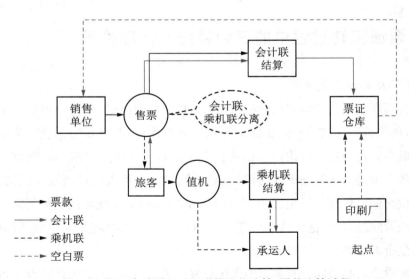

图 9.9 票证会计联和乘机联的实物流转、票款流转过程

空白票证从票证印刷厂运抵航空公司的票证仓库,再发放到各销售单位。随后在旅客购票这个环节,它们出现分离,并开始各自流转,具体流转过程如下:

(1) 在收到旅客支付的购票款后,售票员将出票人联和会计联撕下,出票人联由售票单位留存,会计联和购票款定期交回票证所属航空公司。

（2）售票员将剩余的乘机联和旅客联交给旅客,旅客联由旅客保存作为报销的依据,乘机联由值机单位在旅客办理登机手续时撕下并定期交给承运航空公司。

（3）如果票证所属航空公司和承运航空公司是同一家公司,那么乘机联就直接回到票证所属公司,可直接确认收入。如果两者不同,承运航空公司将以其得到的乘机联为依据,向票证所属公司收款。两者相互代理、相互结算,逐渐形成了一种定期（每月一次）轧差的清算模式。

（4）会计联和乘机联结算完毕后,作为一项原始财务凭证入库保存,以备查询之需,结算期满五年后即可销毁。

在这个过程中有以下几个特点需要关注:

（1）乘机联与会计联的流转是一个"合—分—合"的过程,乘机联和会计联在售票环节出现分离,但最终都将回到票证所属航空公司。

（2）旅客承运收入归承运航空公司而不是出票航空公司所有,航空公司现金流入的主要渠道为售票单位上缴旅客购票款,另一部分则由出票航空公司与承运航空公司间相互轧差清算。

（3）在票证、票款的流转过程中,存在三个委托—代理关系:航空公司—售票单位、航空公司—值机单位、票证所属航空公司—承运航空公司。

9.5.4 票证流转过程中的三种委托—代理关系

1. 航空公司—售票单位

航空公司所能设立的自营售票机构是有限的,这显然无法满足所有客户的需求。而一些机构,如旅行社、酒店等,往往依靠行业与地理优势,能更好地为航空公司的客户服务,因此,航空公司与这些机构建立销售代理关系是必然的。目前国内航空公司通行的作法是在各个主要的通航城市或客源地设立代表处,由代表处在当地发展销售代理,自营售票单位与销售代理相辅相成,形成一个与其航线网络相配套的销售网络。一旦销售代理出现经营问题,积压拖欠甚至恶意侵吞销售款项的风险就大大增加,将对航空公司的效益产生重大影响。

一家航空公司必须同时与多家销售代理发生关系,而一家销售代理也不可能只与一家航空公司有业务往来,由此存在一种相互交错的、复杂的业务关系。为降低行业交易成本,中介机构就应运而生,在国内,这种中介结构是不以盈利为主要目的中性组织,也可视为一种结算流程。航空公司与售票单位间的代理价格通常按代理销售金额的一定百分比计算,在早年,该比例统一为3%,近年来,随着航空公司间的竞争愈发激烈,提高代理价格是一种常用的竞争手段,销售代理费率一路攀升,在局部市场甚至达到20%—30%,销售费用成为了航空公司增长最快的一项成本之一。相应地,航空公司也在积极寻求技术改进,力图通过发展网络直销的方式来摆脱其对销售代理的过度依赖,以降低成本。

2. 航空公司—值机单位

所谓值机,对于旅客来说就是办理登机手续的过程,目前国内绝大部分的值机业务集中在机场办理,值机单位一般为各机场或其下属/控股公司。目前国内航空公司在值机办理上通常有两种做法:在基地或航班密度较大的机场,通常租用机场的值机柜台,由航空公司员工办理值机手续。在航班密度较小的机场,则委托机场(或当地的基地航空公司)办理,由航空公司的地面代表予以协助。

目前,全国各主要机场均已完成了属地化管理,民航总局对于航空公司与机场间的资本关联也有非常严格的限制,航空公司与机场间基本上不存在"一个单位"的概念,是纯粹的代理关系。但在西方发达国家,由独立于机场与航空公司之外的第三方参与地面服务操作较为普遍,预计在不远的将来,这也将成为国内航空公司的一种选择。

3. 票证所属航空公司—承运航空公司

从严格意义上来说,票证所属航空公司相对于承运航空公司来说也是一个"销售代理",在实际业务操作过程中,两公司间通过签订不正常航班签转协议和互开明折明扣协议等法律文件来确定双方的相互代理关系。

9.5.5 基于票证流转过程的收入结算流程

航空公司的收入结算工作必须全方位地介入上述票证、票款流转过程的管理。其中需要重点关注的环节主要有:航空公司空白票证入库保管、向各售票单位发放空白票证、向各售票单位收取销售款、通过乘机联确认运输收入、与各航空公司轧差清算、已结算完毕票证的入库保管等。目前,国内各航空公司普遍建立了包括票证管理、销售结算、运输结算三大部分在内的结算分工模式。

(1)票证管理。主要负责仓储票证的管理,具体工作事项包括:空白票证的订购与入库,向各售票单位发放空白票证以备销售,定期盘点空白票证仓库以检查可能出现的操作失误,妥善保管已结算完毕的票证以满足各类票证查询需求等,该项工作是收入结算工作中一项最为基础的工作,对保障收入结算工作的顺利完成起到了至关重要的作用。

(2)销售结算。主要负责会计联结算及销售款风险控制,具体工作事项。包括:向各售票单位催收票证及其销售款,审核会计联出票及收取票款的正确性,会计联结算的账务处理,与各售票单位的往来账余额分析及库存核对等。该项工作对于确保航空公司销售资金及时、准确、足额地回笼意义重大。

（3）运输结算。主要负责乘机联结算，具体工作事项包括：向各值机单位回收乘机联，汇总乘机联的金额以准确统计收入，与各航空公司进行相互间代理销售票证的轧差清算等。该项工作实质上是票证销售款在承运航空公司间的再分配，是航空公司运输收入信息的直接来源，对航空公司的现金流量也产生一定的影响。

以上收入结算的分工模式在国内各航空公司较为通行，在具体的机构设置中，往往与运输类型相互组合，有些公司先按运输种类分设客行、货邮结算机构，再继续细分为销售结算、运输结算，有些公司则恰恰相反。

9.5.6 收入结算的配套账务处理

区别于其他企业，由于航空公司的票证销售款不能直接确认收入，必须通过运输结算环节将票证销售款在各航空公司之间分配完毕之后，才能最终确认运输收入。因此，航空公司设置了"票证结算"这一科目用于收入会计核算，该科目属负债类科目，按运输种类和销售年度划分明细科目，其余额通常记在贷方，代表已销售但尚未结算分配完毕的票证销售款。具体核算方法如下：

（1）销售结算环节，收到售票单位缴交的会计联，确认应收取的销售款后，借记"应收账款""销售费用"等科目，贷记"票证结算"科目。

（2）运输结算环节，收到本公司承运的乘机联后，例如乘机联由承运航空公司自主出票，借记"票证结算"科目，贷记"运输收入"科目。

（3）运输结算环节，收到其他航空公司向本公司开账结算的乘机联后，借记"票证结算"，贷记"应付账款""代理费收入"等科目。

"票证结算"科目实质上是一个过渡性质的往来账科目。既然是往来账，就必须分析其余额并进行账龄管理。然而，与"应收账款"等通常意义上的往来账科目不同，"票证结算"科目是以某些票证集合的汇总值入账，借贷两方的各笔分录之间，无法找到直接的对应关系，这就大大增加了往来账余额分析和管理难度，因此，票证结算科目的余额分析是各航空公司在账务管理工作中普遍面临的难题。

思考题

1. 什么是国际资金清算系统（SWIFT）？它的主要特点是什么？

2. 交通运输业的结算有哪些特征？

3. 在民用航空结算中通常会使用到哪些票据？

参考文献

[1] 梁瑞、修媛媛:《国际货物运输与保险》,清华大学出版社 2020 年版。

[2] 王海文、池娟:《国际货物运输与保险》,中国人民大学出版社 2021 年版。

[3] 苏宗祥、徐捷:《国际结算(第七版)》,中国金融出版社 2020 年版。

[4] 李华根:《国际结算与贸易融资实务》,中国海关出版社 2018 年版。

[5] 丁婷、孙文艳:《国际结算与支付》,中国海关出版社 2019 年版。

[6] 刘晶红、伊诺:《国际结算实务》,清华大学出版社 2021 年版。

[7] 郭萍:《航运业务与海商法》,大连海事大学出版社 2016 年版。

[8] 陈大树:《航空收入结算教程》,中国民航出版社 2010 年版。

[9] 罗忠洲:《跨境贸易人民币计价结算研究:理论经验与政策》,上海财经大学出版社 2017 年版。

[10] 顾永才、高倩倩:《国际航运实务(第二版)》,首都经济贸易大学出版社 2020 年版。

[11] 唐宋元:《国际航运经济概论》,机械工业出版社 2022 年版。

[12] 苏华江:《关于完善航空公司收入结算内部控制体系的探索与实践》,厦门大学,2006 年。

[13] 徐琼:《航空公司结算业务共享推进的思考》,《会计师》2021 年第 11 期。

[14] 汪传旭等:《"一带一路"倡议与上海国际航运中心建设》,格致出版社 2019 年版。

[15] 甘爱平、张鸣雷:《金融科技助力上海国际航运结算中心建设》,《中国港口》2020 年第 8 期。

[16] 佚名:《发挥 CIPS 系统人民币跨境支付"主渠道"作用》,《中国货币市场》2022 年第 5 期。

[17] 巴曙松、闫昕、董月英:《人民币跨境支付系统与 SWIFT 的协同发展》,《国际金融》2022 年第 8 期。

第 10 章　航运（航空）保险

航运（航空）业是高风险的行业。货物和船舶容易遭受内河或海上各种风险的侵袭和威胁，可能导致货物和船舶的灭失或者损害，同时还可能由此而产生有关费用。因此，风险管理就尤为重要，而其中保险是风险管理最主要的手段。

10.1　风险管理与保险

10.1.1　风险管理

风险是指未来结果的不确定性。保险理论中的风险，通常是指损失发生及其程度的不确定性，常被用在保险合同的保险人承保责任范围的条款中。风险具有如下特点：客观性、偶然性、损害性、不确定性、相对性（或可变性）。

1. 风险管理的目的

风险管理是一种以预防损失为主要目的的管理活动，它可以通过防范、避免、减轻或调整风险的影响，从而确保保护相关利益方和资源的有效利用。在现代企业经营管理中，风险管理的重要性日益突出，其管理水平的高低直接影响企业的发展和绩效。

风险管理的目标是在保证收益条件下使风险最小化，或者在控制风险条件下使收益最大化。

2. 风险管理的方法

根据不同的管理理念，风险管理的方法也不尽相同，其中被广泛采用的风险管理六种方法分别为：风险避免、风险转移、风险减轻、风险控制、风险抵消和风险对冲。

（1）风险避免。指企业避免可能发生的损失，即避免可能遇到的风险机会，不去冒险,以达到降低投资损失的目的。

（2）风险转移。指企业通过合同或其他方式,将可能发生的损失扩散给其他相关利益方,以便企业自身损失最小化。常见的风险转移方式有保险、抵押等。

（3）风险减轻。指企业通过各种改进技术手段,降低可能发生的损失程度。常见的风险减轻措施有采用先进技术、安装安全系统、进行风险预测和进行定期检查等。

（4）风险控制。指企业在投资过程中,对已经发生的风险或潜在的风险进行有效地预防或控制,同时降低投资损失。常见的风险控制手段有持续进行风险评估、缩短投资周期、建立风险管理体系等。

（5）风险抵消。常见的风险抵消手段有采取保险、抵押担保、财务补偿等。

（6）风险对冲。指通过投资或购买与标的资产（underlying asset）收益波动负相关的某种资产或衍生产品,来冲销标的资产潜在的风险损失的一种风险管理策略。风险对冲是管理利率风险、汇率风险、股票风险和商品风险非常有效的办法。如:资产组合、多种外币结算、战略上的分散经营、套期保值等。其中,套期保值的基本原理是:建立对冲组合,使得当产生风险的一些因素发生变化时,对冲组合的净价值不变。

对冲交易模式总结为四大类型,分别为:股指期货对冲、商品期货对冲、统计和期权套利。

3. 风险管理的流程

风险管理的基本流程包括:收集风险管理初始信息、风险评估、制定风险管理策略、风险管理解决方案和风险管理监督与改进这几个阶段,如图10.1。

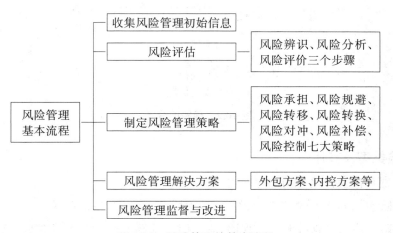

图 10.1 风险管理的基本流程

在多种风险管理手段中,保险是分散风险和转移风险的最重要手段之一。

10.1.2 保险及其分类

1. 保险

保险,按照《中华人民共和国保险法》(以下简称《保险法》)第二条,保险是指投保人根据合同约定,向保险人支付保险费,保险人对于合同约定的可能发生的事故因其发生所造成的财产损失承担赔偿保险金责任,或者当被保险人死亡、伤残、疾病或达到合同约定的年龄、期限时承担给付保险金责任的商业保险行为。因此,我们一般认为保险是一种经济补偿手段,运用多数单位的力量,通过科学的数理计算对风险损失进行分摊的制度。

2. 保险分类

按照保险的实施方式分类,可分为强制保险和自愿保险。按照保险的标的分类,可分为财产保险、人身保险。本章主要讨论财产保险。按照承担责任次序的不同和承保方式的不同分类,可分为原保险、再保险、共同保险和重复保险。原保险是指保险人对被保险人因保险事故所致的损失承担直接的、原始的赔偿责任的保险。再保险是原保险人以其所承保的风险,再向其他保险人进行投保,并与之共担风险的保险。再保险含义是"保险人的保险",也称分保,这种再保险的方法,在国际范围内的保险人之间进行,就是国际再保险。

保险的分类见图 10.2。

按实施方式分类 { 强制保险 / 自愿保险

按照保险标的分类 { 财产保险:财产损失、责任、信用 / 人身保险:人寿、健康、意外

按照承保方式分类 { 原保险 / 再保险 / 共同保险 / 重复保险

图 10.2　保险的分类

3. 保险类型及其体系

保险类型有社会保险和商业保险。

社会保险包括养老保险、医疗保险、失业保险、工伤保险和生育保险。

商业保险分成财产保险和人身保险,其中财产保险又分为财产损失险、责任保险、信用保证保险三大类险种。

其中,可将人身意外伤害保险分为普通意外伤害保险和特定意外伤害保险。

保险体系见图 10.3。

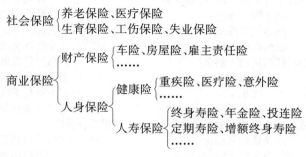

图 10.3　保险体系

10.1.3　财产险及其分类

1. 财产保险

财产保险,是以物质财富以及相关利益作为标的的一种保险。财产保险的内容在各类保险中最为广泛,见图 10.4。

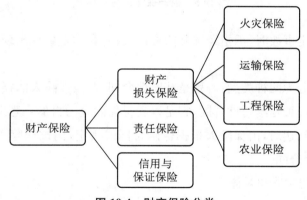

图 10.4　财产保险分类

2. 财产保险细分产品

财产保险细分产品见图 10.5。

10.1.4　保险合同与保险准则

1. 保险合同

(1) 保险合同。

保险合同是在平等主体的自然人、法人、其他组织之间设立、变更和终止民事法律关系的协议。保险合同属于合同的一种。按照协议,投保人向保险人支付保险费,保险人

财产损失保险:
火灾保险:团体火灾保险(即我国的
　　　　　企业财产保险)
　　　机器损坏保险
　　　家庭财产保险
运输工具保险:机动车辆保险
　　　　　船舶保险
　　　　　飞机保险
　　　　　火车保险
运输保险:海上货物运输保险
　　　水路货物运输保险
　　　航空货物运输保险
　　　公路货物运输保险
　　　铁路货物运输保险
工程保险:建筑工程保险
　　　安装工程保险
　　　科技工程保险:
　　　　　海洋石油开发保险
　　　　　航天保险
　　　　　核能保险
　　　　　船舶建造保险

农业保险:种植业保险
　　　　养殖业保险
　　　　林业保险
利润损失保险
责任保险:公众责任保险
　　　　产品责任保险
　　　　雇主责任保险
　　　　职业责任保险
　　　　第三者责任保险
信用保证保险:
信用保险:出口信用保险
　　　　国内信用保险
　　　　投资保险
保证保险:履约保证保险
　　　　存款保证保险
　　　　产品保证保险

图 10.5　财产保险细分产品

在保险标的遭受约定事故时,承担经济赔偿责任,或者在约定事件出现时,履行给付保险金的义务。

保险合同一般分为两种类型:一种是补偿性合同,对被保险人的损失给予补偿,比如财产保险合同。另一种是给付性合同,它是以支付保险金为目的。当发生保险合同约定的事件或保险期限到达时,由保险人根据保险合同的规定,向被保险人或受益人给付保险金,比如人寿保险合同。

(2) 保险合同的主体和客体。

① 保险合同的主体。

保险合同的主体是指参加保险合同并且享有权利和承担义务的人。包括保险合同的当事人和关系人。

保险合同的当事人分为保险人和投保人。

● 保险人。也称为承保人。保险人是指与投保人订立保险合同,并承担赔偿或者给付保险金责任的保险公司。

● 投保人。也称为要保人体。投保人既可以是法人,也可以是自然人。

保险合同的关系人分为被保险人、受益人、保险代理人、保险经纪人和保险公估人。

● 被保险人。是受保险合同保障的人,也就是保险事故发生后有权按照保险合同的规定,向保险人要求赔偿或领取保险金的人。

● 受益人。是保险合同中由被保险人或投保人指定，在被保险人死亡后有权领取保险金的人。投保人、被保险人都可以是受益人。受益人一般存在于人身保险合同中。

● 保险代理人。在实际业务中，保险代理人主要是根据保险人的授权招揽保险业务，出立暂保单，代收保险费，代理查勘损失以及代理理算赔款等。

● 保险经纪人。在实际业务中，保险经纪人是为投保人寻找最合适的保险人，代其向保险人商榷保险合同事宜，从而获取佣金的人。

● 保险公估人。又称保险公证行或保险公估行，是指向保险人或被保险人收取费用，为其办理保险标的评估、查勘、鉴定、估损、理算等业务，并且予以证明的人。

② 保险合同的客体。

保险合同的客体。是指保险人和被保险人双方权利与义务共同指向的对象。保险合同的客体并不是保险标的本身，而是投保人或被投保人对保险标的所具有的可保利益。

可保利益。是对保险标的所具有的经济利益。保险合同中权利和义务所指向的客体是可保利益。

2. 保险的基本原则

（1）保险利益原则。

保险利益（insurable interest），又称可保利益或可保权益，是指投保人对保险标的具有法律上承认的利益。保险利益是一种利益关系，就财产保险而言，保险利益体现为投保人或被保险人的经济利益因保险标的的完好而存在，因保险标的的损毁而受损。

在国际贸易中，各国法律对货物所有权何时由卖方转移给买方的规定不尽相同，因而，在国际货运保险实践中，货物所有权并非保险利益的来源，承担货物灭失或损坏风险的一方才具有保险利益。因为不同的贸易术语对风险何时由卖方转移给买方有不同的规定；而风险转移的时间决定了对货物保险利益转移的时间，因此货物自起运地卖方仓库运至目的地买方仓库的运输过程中，何方具有保险利益，享有在事故发生时向保险人索赔的权利，取决于买卖双方在贸易合同中所采用的贸易术语。下面分析国际商会制定的《2020年国际贸易术语解释通则》所解释的13种贸易术语的保险利益转移时间。

① EXW。在这一术语项下订立的贸易合同，卖方在其所在地或其他指定的地点（如工场、工厂或仓库等）将货物交给买方处置时，即完成交货。货物灭失或损坏的风险自交货时起由卖方转移给买方承担。因此，对货物的保险利益也于此时转移给买方。

② FCA、CPT 和 CIP。采用 FCA、CPT 和 CIP 贸易术语订立的贸易合同，卖方将经过出口清关手续的货物在指定的地点交给买方指定的承运人（FCA 术语）或自己指定的承运人（CPT 及 CIP 术语），即完成交货。货物的风险自交货时起转移给买方承担，对货物的保险利益也于此时转移给买方。

在 FCA 和 CPT 术语项下，卖方没有办理国际货物保险的义务。如果买方事先已投保货运保险，若货物损失发生在承运人接管货物之前，由于买方不具有保险利益，无权向保险人索赔；若货物损失发生在承运人接管货物之后，作为被保险人可向保险人索赔货款。

在 CIP 术语项下，卖方负有订立保险合同，并支付保险费的义务。在卖方已经办理货运保险的情况下，若货物在运输途中发生损失，当损失发生在承运人接管货物之前时，卖方承担风险，具有对该货物的保险利益，可向保险人索赔货损；当损失发生在承运人接管货物之后时，买方承担风险，享有对该货物的保险利益。由于货运保单可通过卖方背书转让给买方，买方可凭已转让的保险单向保险人索赔。

③ FAS。在此术语项下，卖方将已办理清关手续的货物运至指定的装运港的船边，即完成交货。货物损坏或灭失的风险于此时转移至买方，买方从受领货物那一刻起已具有保险利益，可通过办理国际货运保险转嫁风险。

④ FOB、CFR 和 CIF。采用 FOB、CFR 和 CIF 术语订立的贸易合同，当货物在指定的装运港越过船舷时，卖方即完成交货。从该时点起，买方必须承担货物灭失或损坏的一切风险，具有对货物的保险利益。这三个术语只适用于海洋和内河运输方式。

在 FOB 和 CFR 术语项下，卖方没有投保国际货运险的义务，买方应自己办理保险，以转嫁货运途中的风险。若货物的损失发生在装运港装船之前，由卖方承担风险；若卖方希望得到保险保障，它需要自行办理从起运港仓库至装船前这一段运输过程的保险。若货物损失发生在装船之后，且买方已投保国际货运险，则可向保险公司索赔货损。

在 CIF 术语项下，规定卖方必须自付费用取得货物保险。卖方办理保险后，按照各国海洋运输保险的习惯做法，保险人承担责任的期限包括货物运离起运地发货人仓库至运达目的地收货人仓库的整个运输过程。因此，当货物在装运港越过船舷之前的运输途中发生损失时，卖方承担风险，有权向保险人索赔货损。若货物在装船之后发生损失，买方具有保险利益，可凭卖方提供的保险单向保险人索赔货损。

表 10.1　FOB、CFR 和 CIF 比较

	FOB	CIF	CFR
格式	FOB＋装运港	CIF＋目的港	CFR＋目的港
费用承担	卖方负责成本	卖方负责成本、运费和保险	卖方负责成本和运费
保险办理方	买方	卖方	买方
运费责任方	买方	卖方	卖方
主要运费	未付	已付	已付
租船订舱	买方	卖方	卖方

⑤ DAF、DES、DEQ、DDU 和 DDQ。根据《2020 年国际贸易术语解释通则》的解释，DAF、DES、DEQ、DDU 和 DDQ 五种术语均属到达术语。DAF 为边境交货；DES 为目的港船上交货；DEQ 为目的港码头交货；DDU 为未完税交货；DDQ 为已完税交货。按上述术语项达成的贸易合同，卖方交货时货物已完成国际运输，到达买方所在国，货物损坏和灭失的风险于交货时转移给买方，在此之前，风险由卖方承担，因此卖方应自负费用投保国际货运险。如损失发生在卖方交货之前，卖方享有保险利益，可向保险人索赔货损；如损失发生在卖方交货之后，买方享有保险利益，必须另行办理保险才能获得保险保障。

（2）最大诚信原则。

世界各国的立法均要求民事合同的各方当事人，在行使权利和履行义务时，遵循诚实信用原则，保险合同自然也不例外。最大诚信原则主要涉及三个方面的内容：告知、陈述和保证。由于告知与陈述的内容很相近，中国《海商法》和《保险法》都将两者合并，统称告知。

（3）近因原则。

近因（proximate cause）原则，是当保险标的发生损失时，确定对保险标的所受损失是否应予以赔偿的基本原则。

近因是指引起一系列事件发生，由此出现某种后果的、能动的、起决定作用的因素；在这一因素作用的过程中，没有来自新的独立渠道的能动力量的介入。

近因原则可理解为：导致损失的近因属于承保风险的，保险人应承担损失赔偿责任；近因不属于承保风险的，保险人不负赔偿责任。

（4）补偿原则。

补偿原则（principle of indemnity）是指当保险标的发生保险事故遭受损失时，被保险人有权按照保险合同的约定得到充分的补偿。同时，保险补偿受到一定限制，赔偿金额不能超过规定的限额。

（5）代位追偿原则。

代位追偿（subrogation）原则是由保险补偿原则派生的。它是指发生在保险责任范围内的、由第三者责任造成的损失，保险人向被保险人履行赔偿义务后，享有以被保险人的地位向在该项损失中的第三者责任方索赔的权利。

（6）重复保险的损失分摊原则。

当保险标的发生损失后，被保险人的权利仅仅能要求获得损失的充分补偿，而不应因此获得超出其损失的额外利益。但是在现实中，被保险人可能拥有多份承保同一损失的保险单，在这种情况下，被保险人最终可能获得超出其实际损失的赔款，从而获得额外利益。这同样有悖于保险的补偿原则。因此，当被保险人拥有多份承保同一损失的保险单，也就是重复保险时，如果保险标的发生损失，应在各个保险人之间分摊该损失，以免被保险人获得额外利益。这就是重复保险的分摊原则,这一原则也是补偿原则派生出来的保险的又一基本原则。

10.2 海上保险及其分类

10.2.1 海上风险及其分类

1. 海上风险

海上风险(maritime perils)是指海上损失发生的不确定性,即在特定的客观情况下,在特定的期间内,某种海上损失发生的不确定性。海上保险的基本职能就是补偿因海上风险造成所承保货物或船舶的损失。属于海上保险保障范围的海上风险,通常是指由海上自然灾害和意外事故组成的海上灾难,也包括与海洋无必然联系的外来因素所造成的事故。

据英国《1906 年海上保险法》第 3 条第 2 款的规定:"海上风险是指因航海所发生的一切风险,例如海难、火灾、战争、海盗、抢劫、窃盗、捕获、拘留、禁制,以及政府和人民的扣押、抛弃、船长船员的故意行为,或其他类似性质的或在保险合同中注明的风险。"

2. 海上风险的分类

(1)海难。

海难(perils of the sea)是指海上发生的自然灾害和意外事故。根据英国海上保险法定义:"海难,是指海上偶然发生的事故或灾难,并不包括风和浪的普通作用。"由此可知,一般常见的可预测的海浪并不是海难。

① 海上自然灾害。

海上自然灾害(marine natural calamity)是指海上发生的、人力不可抗拒的、自然界破坏力量所造成的灾害属于海上自然灾害的主要有恶劣气候、雷电、地震、海啸、洪水、火山爆发和浮冰等。这些灾害在具体的海上保险业务中的条款中都有其特定的含义。

② 海上意外事故。

海上意外事故(marine fortuitous accidents)是指偶然的、难以预料的原因所造成的海上事故。属于海上意外事故范畴的主要有火灾、爆炸以及船舶沉没、碰撞、触碰、触礁、搁浅、倾覆和失踪等。但是,并非所有在海上发生的意外事故均为海上保险所承保,各险种具体承保的意外事故都有其特定的含义。

(2)外来风险。

外来风险(extraneous risks)是指由海上自然灾害和意外事故以外的其他外部因素

所引起的风险。外来风险与海难的区别在于外来风险并不是海上固有的,海上保险所承保的外来风险必须是意外的、事先难以预料的而不是必然发生的外来因素。外来风险有一般外来风险和特殊外来风险之分。

① 一般外来风险。

一般外来风险(general extraneous risks)是指在海上运输过程中,引起货物损失的一般外来原因。主要有偷窃、提货不着、淡水雨淋、短量、沾污、渗漏、碰损、破碎、串味、受潮受热、锈损和钩损等。

② 特殊外来风险。

一般特殊外来风险(specific extra)是指在海上航行或运输过程中,造成船舶和货物损失的一些特殊外来原因。主要有战争、罢工、暴力盗窃、海盗行为、船长或船员的过失或恶意行为、抛弃等。

3. 海上风险损失

(1) 海上损失概述。

海上损失简称海损(average)。在海上运输中,由于海上自然灾害、意外事故或外来风险导致船舶或货物的损害或灭失,以及由此而引起的额外费用支出,称为海损。

海损可以从不同的角度来进行分类(见表 10.2)。例如,按损失发生的客体是否保险标的本身来分,海损可分为直接损失和间接损失。直接损失通常属于海上保险承保的范围,间接损失除非在保险合同中作出规定,保险人在原则上不负赔偿责任。

表 10.2　海上损失分类

分　类	类　别	内　　容
按损失发生的客体是否保险	直接损失	保险标的本身发生的损失为直接损失
	间接损失	由保险标的直接损失引起的其他损失为间接损失
从保险标的发生损失程度	全部损失	实际全损
		推定全损
	部分损失	共同海损
		单独海损

(2) 全部损失。

保险标的全部毁损、灭失、无法修复或丧失原有性质的损失即为全部损失。根据全损情况的不同,又可分为实际全损和推定全损两种。

① 实际全损。

实际全损(actual total loss),是指保险标的因遭受承保风险而造成实际上的完全毁损或灭失。构成海上保险承保的实际全损一般有以下几种情况:

● 保险标的完全毁损或灭失。

这是指保险标的实体已经完全毁损或不复存在。例如，船舶遇台风，船舶及货物倾覆并沉入深海，无法打捞；船舶遭受意外火灾，所载货物被大火全部焚毁。

● 保险标的已失去原有的性质和用途。

这是指保险标的受损以后，其形体虽然依旧存在，但不再具有投保时的原有属性，已丧失商业价值或使用价值。例如，茶叶被海水浸泡，虽外表形体还在，但既不能饮用也不能销售；水泥浸海水后已变成硬块，不再具有水泥的特性。但如果保险标的虽然受损，经处理后，仍有使用价值，则不构成实际全损，被保险人不能以全损索赔。假如布匹在途中被海水浸泡，到岸后经摊晒整理再削价出售，收回部分价款，保险人只能作为部分损失赔偿。

● 保险标的所有权丧失，已无法追回。

这是指保险标的实际上仍存在，也未丧失原有属性和用途，但被保险人已丧失了对它的有效占有，而且无法挽回。例如，船舶或货物在航行或运输途中遭遇海盗被劫夺，或在战争期间被敌对国家扣留、没收。

● 船舶失踪。

这是指船舶在航行途中突然失踪，音讯全无并达到一定时间，按国际惯例，一般为半年。而中国保险协会的《船舶保险条款》规定："被保险船舶在预计到达目的港日期，超过两个月尚未得到它的行踪消息，视为实际全损。"

② 推定全损。

推定全损（constructive tall loss），是指保险标的因遭受承保风险而造成损失以后，虽然在事实上并未达到完全毁损或灭失的程度，但实际全损已不可避免，或者为避免实际全损所需支付的费用超过标的的保险价值，视作全损。构成海上保险承保的推定全损一般符合如下条件：

● 保险标的实际全损已经无法避免。

这是指保险标的在遭遇承保风险后的受损程度一时还未达到完全灭失的地步，但将无法避免实际全损。例如，船舶在航行途中被风浪推上礁石搁浅，船体损坏严重，因地处远离航道的偏僻水域，加上当地的地理和气候条件很差，救助船无法驶近对其进行救助，此时船舶沉没将不可避免，船上所载货物也将同时沉入海底。

● 为了防止实际全损发生而需要支出的费用将超过获救后标的的价值。

这是指保险标的在遭遇承保的风险后，如果为不让其发生实际全损而采取施救措施，或请求他人救助，将得不偿失，因为施救费用或救助费用的支出高于保险标的的价值。例如，船舶因遭遇海难而即将沉没，如果采取避免船舶下沉的施救办法，估计需花费2 000万元，而该船获救后的价值仅1 500万元。

● 修理受损保险标的的费用将超过修复后的价值。

这是指保险标的受损后,估计用于修复、整理的费用和其他必须支出的费用相加,总成本将超过标的价值。例如,一艘价值 2 000 万元的船舶在航行中损坏,如果将其拖带到修理船厂修理,其一切费用将超过 2 000 万元。如果对它进行修理,显然是不合理的。

● 为收回已经丧失所有权的保险标的所需费用将超过其价值。

这是指被保险人对保险标的的拥有的所有权因承保风险发生而丧失,收回的可能性不大,或者即使收回,但所需支出的费用超过标的收回后的价值。例如,两国交战,双方将某水域宣布为战区而加以封锁,封锁前,恰好有一艘载货船舶经过该水域,该船及其载运的货物,因而被困。由于船东已丧失自由支配和处理其船舶的权利,货主则同样丧失自由支配和处理其货物的权利,他们也不可能在合理的时间内恢复这一权利,尽管货物未遭到所承保的风险损失,船舶也未因战争而被炮火击中毁损,被困的船舶和货物均已构成推定全损。

实际全损与推定全损虽然都属于全损,但在索赔手续上两者不同。推定全损,被保险人可以根据全部损失或部分损失向保险人请求赔偿。但如果被保险人要求按全损赔偿的,被保险人则必须无条件把受损的保险标的委付给保险人,也就是向保险人提交"委付通知",并经保险人接受,才能获得全损赔偿。

所谓委付,是指在保险标的发生推定全损的前提下,被保险人向保险人声明愿意将其在保险标的上的一切权利与义务转移给保险人而请求全部保险金赔偿的一种法律行为。委付是基于保险标的发生推定全损时产生的,只有在推定全损成立的情况下,被保险人才能提出委付,才能要求保险人按全部损失赔偿。

委付是放弃物权的一种法律行为,即一方对另一方以明确方式表示放弃其财产、权利和利益。被保险人要进行委付,必须在获得有关保险标的所遭受损失的可靠消息,并在适当合理的期限内向保险人提交委付通知。一般来说,被保险人考虑通过提交委付通知的方式要求保险人按全部损失赔偿的决定,是其根据保险标的受损程度和经过核算后作出的。在此之前,被保险人要权衡按推定全损索赔抑或按部分损失索赔两种方式中哪一种对自己有利。例如,作为被保险人的船东在获知自己的船舶遇难受损以后,往往会从受损船舶的市价是高于还是低于他向保险人投保的金额这一角度来择定保险索赔的方式。如果保险金额高于出险时的船价,船东会乐于提交委付通知,按推定全损向保险人索赔,因为事后所取得的赔款可能与保额相当足够船东去购置一艘同吨位的新船,继续营运;假如保险金额低于出险时的船价,船东会认为选择按部分损失索赔更合算,因为在按部分损失索赔方式下,船舶可以修复。

反之,保险人也在考虑接受委付在经济上是否有收益。如果没有,保险人也不会接受委付。这是一种操作方法,更是一种双方各自利益的权衡。

（3）部分损失。

船舶或货物的一部分毁损、灭失或其一部分无法修复，即尚未达到全部损失的程度，为部分损失。部分损失按保险标的发生的损失性质不同，分为单独海损和共同海损。

① 单独海损。

单独海损（particular average）是指保险标的在运输途中，因遭受承保风险而造成的无共同海损性质的部分损失。单独海损可以是船舶的单独海损，也可以是货物的单独海损，也可以是运费的单独海损。这种损失只能由受损方即被保险人单独承担，如果被保险人投保了相应的保险，且保险单上载明保险人承担单独海损责任，那么，不论是船舶、货物或运费，在受损后，均可向保险人要求赔偿。

构成单独海损必须具备以下两个条件：一是特定的保险标的单独遭受损失，并非货方和船方共同遭遇到的风险损失；二是损失是由于偶然的和意外的海上灾害事故所致，而并非人们故意采取的行为造成。

② 共同海损。

共同海损（general average）是指在同一海上航程中，船舶及货物和其他财产因遭遇自然灾害、意外事故或其他特殊情况而面临共同危险，船长为了共同的安全和利益，有意识地采取合理的抢救措施，因而导致特殊损失和支出的额外费用，应由有关方面共同承担，这部分损失和费用，称为共同海损。遭受共同海损的一方根据海商法的规定，有权向其他有关受益方请求按比例分摊，这种分摊称为共同海损分摊。

构成共同海损必须具备以下四个条件：一是共同海损危险必须是危及船舶和货物共同安全的，而且必须是实际存在的；二是共同海损行为必须是有意而合理的；三是共同海损牺牲必须是特殊的，共同海损费用必须是额外的，而且是共同海损行为的直接后果；四是共同海损行为必须取得效果。

10.2.2　海上保险及其分类

1. 海上保险

海上保险是以货物和船舶作为保险标的，把货物和船舶在运输中可能遭受的风险、损失及费用作为保障范围的一种保险。

在我国保险业务中，对水上货物运输保险，可以分为国内水上货物运输保险和海洋货物运输保险两大类；将船舶保险分成远洋船舶保险和国内船舶保险两部分，远洋船舶归入海上保险，而国内船舶保险划入国内运输保险。

国内水上货物运输保险，适用于承保在我国沿海、江河、湖泊等国内水域范围内货物运输因保险事故造成损失的风险。海洋货物运输保险，适用于承保国际贸易中的进出口货物在海上运输过程中因保险事故造成损失的风险。根据我国《海商法》的规定,这里的海上运输,是指海上航行以及海江之间、江海之间的直达运输,还包括与海上航行有关的发生于内河或者陆上的事故。

2. 海上保险分类

海上保险分类可按承保标的、保单形式、保险标的、保险价值、保险期间等进行分类。

(1) 按承保标的分类。

① 货物运输保险(cargo transportation insurance)。货物运输保险以各种运输工具承运的货物作为保险标的的保险可分为:海上运输货物保险、陆上货物保险、国际航空运输货物保险。

② 船舶保险(hull insurance)。船舶保险是以各种水上交通运输工具及其附属设备为标的的一种保险。按航行区域可分为:远洋船舶保险,沿海、内河船舶保险。

③ 运费保险(freight insurance)。运费保险是以在目的港支付的运费为保险标的的保险。运费支付的主要方式见图10.6。

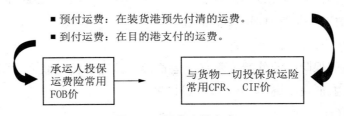

图 10.6　运费支付方式

④ 责任保险(liability insurance)。船舶航行于海上,因技术上的原因或其他无法预防、控制的偶发事件的发生,致使第三者损失依法应承担的经济赔偿责任。

⑤ 保障与赔偿保险(protection and indemnity insurance),简称保赔保险。由参加协会的船东会员相互提供资金,共同承担那些不属于保险公司负责的,包括由于航运管理上的错误和疏忽等原因引起的,在法律上对第三者应付的经济赔偿责任。

海上保险保赔项目中,保险对被保险人因碰撞事故的后果引起的碰撞责任不予负责;对码头、或其他类似建筑物、或附上财物的损失,依法清除残余物体,人员伤亡,以及被保险船舶上货物负补偿责任。

(2) 按保单形式分类。

按保单形式分为:指定船名保险单(named policy)、待报保险单(to be ordered policy)、预约保险单(open policy)流动保险单(floating policy)、总括保险单(blanket policy)。

① 指定船名保险单适合于载货船舶已定、按 CIF 和 CIP 价出口的货物。它是由卖方逐笔投保的一种保险单,投保人将船名和开航大致日期告知保险人,投保的日期应不

迟于货物装船的日期。

② 待报保险单适合于船名未知、按 FOB 和 CFR 价进口的货物。它是由买方逐笔投保的一种保险单,船舶名称及开航日期两栏填写"船名与航期有待货主日后通知"的字样。买方货主接到国外卖方通知船名和航期后,立即通知保险公司签发批单,以此核算保险费的差额。

③ 预约保险单适合于在约定期间内运输若干批的进出口货物,以 FOB、CFR 价进口货物的买方常用。预约保险单通常以暂保单签订,未约定总保险金额,规定每船责任限额控制责任,装一批、报一批,据此计算保费,对每批货物按航程承保,保险费装船后收取或定期结算收取。

④ 流动保险单适合于约定期间内分批发运、品种单一的进出口货物。流动保险单约定一个总保险金额,运一次、报一次,保费先预先缴纳,全部批次运完再结算,多退少补。

⑤ 总括保险单又称闭口保险单,是保险人在约定保险期间内,对一定保险标的的总承保单。适用于整批成交多次分批出运、运输距离短、每次出运货物的种类及价值相近的货物保险。总括保险单先预付总保费,事后不用结算;起运不必通知,出事故时再通知;赔款在保险总额内扣完时保险责任终止。

(3) 按保险标的分类。

按海上保险的保险标的的分类主要有:(运费、运价)船舶营运收入、货物预期利润、施救费用、救助费用、船员工资、对第三者的责任等。

(4) 按保险价值分类。

按保险价值可分类为定值保险和不定值保险。

① 定值保险(valued insurance)是指约定保险价值的保险,较为常用。

② 不定值保险(unvalued insurance)是指不约定保险价值的保险。

(5) 按保险期间分类。

① 航程保险(voyage insurance)。航程保险承保船舶从某港到某港之间一次航程、往返航程或多次航程中保险标的遭遇损失。货物保险通常采用航程保险,船舶保险一般采用定期保险。

② 定期保险(term insurance)。定期保险承保一定航期内保险标的的遭受风险损失。我国远洋船舶保险保险期间条款中,保险期间为 1 年、半年或 3 个月。保险期满,若船舶仍在航行中,通知保险人延长时间,按日比例加付保险费。在延长时间内发生全损,需加交 6 个月保险费。

③ 混合保险(miscellaneous insurances)。混合保险既保航程又保航期的保险,承保的是在一定时间内特定航程过程中的风险,以航程为主。例如,航程是上海至伦敦,航期从 2012 年 5 月 15 日至 2012 年 11 月 14 日。

按业务类型和参与主体，国际航运业务风险类别见表10.3。

表 10.3　国际航运业务风险类别及对应保险业务

业务类型	参与主体	风险类别	保险业务
国际海上运输业务（班轮运输）	班轮公司（承运人）	物质损失风险：船舶损失风险、集装箱箱体损失风险	船壳保险、集装箱箱体保险
		费用损失风险：运费损失、共损费用、救助费用等	运费保险、属于船壳险责任
		责任风险：货损赔偿责任风险、船东责任（含第三者责任险）	船东责任保险（保赔保险）
租船运输	租船人（承运人）	费用损失风险：运费损失风险	运费保险
		责任风险：货损赔偿责任风险、租船人责任风险	租船人责任保险
港口装卸服务	装卸公司	物质损失风险：设备损坏风险	财产保险
		责任风险：装卸责任风险	责任保险
救捞服务	救捞公司	物质损失风险：救捞船舶及设备损坏风险	财产保险
		责任风险：救助责任及第三者责任风险	责任保险
国际租船业务	船舶经纪人	责任风险	责任保险
国际船舶代理业务	船舶代理人	责任风险	责任保险
国际货运代理业务	货运代理人	责任风险	责任保险
国际船舶经营与管理	船舶经营人	责任风险	责任保险
其他业务		责任风险	责任保险

3. 海上保险费率

（1）海上保险费率的定义。

海上保险费率（premium rate）是指保险公司按保险金额等保险条件向投保人或被保险人收取保险费的比例，通常按百分比或千分比来计算。海上保险费率是由纯费率和附加费率两个部分构成，两者之和称为毛费率。纯费率也称基本费率，根据各类保险灾害事故以一定范围的保险标的，在一定时期内发生的频率和毁损率（二者之积称之为损失率）来计算费率百分比。

（2）海上保险费率的特点。

海上保险业务活动具有国际性，保险标的风险因素不同于一般财产保险标的的风险的因素。保险标的具有流动性，比如从一个国家运送到另一个国家。保险标的所面临的风险大部分来自海上，与一般的国内财产保险相比，不仅风险大，频率高，而且缺乏可控性。所以，在确定海上保险费率时，既要依据费率制定的一般性原则，又要考虑海上保险费率的特点,注意遵循其特有的原则,综合考虑海上保险费率的确定因素和水平。

（3）海上保险费率的确定。

① 确定纯费率的具体程序：

● 划分危险单位。危险单位是指发生一次风险事故可能造成的保险标的损失的范围,它是保险公司确定其能够承担的最高保险责任的计算基础。根据危险单位的大小,确定一定单位时间内,某种海上风险发生的可能性。

● 测定海上保险事故发生的频率,即单位保险标的发生保险事故的次数与全部承保的保险标的数的比率。

● 测定海上保险标的损毁率,即受损保险标的数与保险标的发生保险事故次数的比率。

● 确定海上保险标的物的损毁程度,即保险赔偿额与受损保障标的保险金额的比率。

● 计算海上受灾保险标的物的平均保险额与全部保险标的平均保险额的比率。

② 影响海上保险费率的因素。

● 货物的种类、性质、特点和包装。

● 运输工具、运输线路和港口情况。

● 运输方式。

● 保险责任范围和保险条件。

● 被保险人和船东信誉以及以往的损失记录。

（4）我国海上保险费率的构成。

① 一般货物保险费率分为平安险、水渍险和一切险三种。

② 陆运、空运和邮包险费率分为基本险费率和一切险费率两种。

③ 战争险费率独列出。

④ 指明货物增加费率表。

⑤ 逾龄运输工具(船龄)加费。

⑥ 其他危险性和非危险性因素。

（5）保险金额的确定。

国际贸易中的货物运输保险的保险金额,一般以发票价值为基础确定的。从买方的进口成本看,除去进口商品的货价外,还包括运费和保险费,即以 CIF 价值作为保险金额。按照国际商会制订的《国际贸易术语解释通则》和《跟单信用证统一惯例》中有关规定,一般是加成 10%。

4. 保险金额的计算方法

（1）CIF 价格条件下保险金额的计算。

CIF 价格是国际贸易货物价格条件中最常见的一种。国际商会制定的《国际贸易条件解释通则》作出了一些规定：

① 由卖方负责为买方办理保险。

② 发生损失由买方向保险人或承运人索赔。

③ 卖方投保平安险,保险金额应按 CIF 价格另加成 10%。

④ 如买方需投保战争险,卖方代办,但费用由买方负担。

⑤ 对于其他附加险,由买卖双方商定。

⑥ 以 CIF 价格条件作为保险金额的计算公式:保险金额＝CIF 价格×(1＋加成率)。

(2) CFR 价格条件下保险金额的计算。

卖方租船订舱,将货物装上船并支付运费。买方办理保险,支付保险费。保险金额是以 CIF 价格为基础,CFR 价格换算成 CIF 价格,再加加成率。

CFR 价格换算成 CIF 价格的计算公式是：CIF＝CFR/1－(1＋加成率)×保险费率。

例如,某商品出口到汉堡,定价为 CFR 汉堡每公斤 1 100 元,保险费率为 0.8%,按加成 10%,该批货物的 CIF 报价是?

$$CIF＝1 100/1－(1＋10\%)×0.8\%＝1 109.77(元)$$

如果货物按 CFR 价格成交,买方要按 CIF 价格加成 10%办理保险,可用下列公式直接从 CFR 价格计算出保险金额。

保险金额＝CFR/1－(1＋加成率)×保险费率×(1＋加成率)。

按上例,该批货物的保险金额＝1 100/1－(1＋10%)×0.8%×(1＋10%)＝1 220.75(元)

5. 海上运输货物保险的保险费

海上运输货物保险费一般包括纯保险费和附加保险费。

(1) 影响海上运输货物保险保险费率的因素。

① 货物的种类;性质、特点和包装;

② 运输工具、运输线路和港口情况;

③ 运输方式;

④ 保险责任范围和保险条件;

⑤ 被保险人和船东的信誉以及过去 3 年的损失记录;

⑥ 其他因素,如保险市场的供求、同业竞争等。

(2) 附加险的加费规定。

海上运输货物战争险、罢工险需要同时加保时,只按战争险费计收保险费。其他一般附加险的费率除费率表另有规定外,都按一切险费率计收。

（3）愈龄运输工具的加费规定。

船龄在 15 年以上的视为愈龄船，对这类船舶载运的货物需要加费承保，加费标准按老船加费费率表的规定办理。

计算海上运输货物保险的费率时，应把基本险费率（包括指明货物费率）、附加险费率和愈龄运输工具加费几部分都包括进去，计算公式如下：

总保险费率＝一般货物基本险费率＋指明货物基本险费率＋附加险费率＋愈龄运输工具加费

6. 海上保险费的退费

（1）承保失效退费。

① 风险从未开始而退费；

② 解除合同而退费；

③ 没有保险利益而退费；

④ 有关重复保险的退费。

（2）协议退费。

① 承保风险有所改善；

② 保险船舶的船级社或船级发生改变；

③ 保险船舶的所有人、船旗等发生改变；

④ 当事人同意注销保险合同；

⑤ 停泊退费。

10.3　海上运输货物保险的承保和理赔

海上运输货物保险以海上运输中的各种货物为保险标的的一种海上保险类型。保险人对于货物在海上运输途中因海上风险，包括货物在陆上风险而导致的损失给予赔偿。保险人的承保责任期间不局限于海上航程，还包括与海上航程有关的陆上航程、从发货人的仓库至收货人的仓库。一般来讲，海上运输货物主要指远洋运输货物，不包括沿海运输的货物。沿海运输的货物有专门的国内水路货物运输保险条款，不在本章讨论范围内。

10.3.1　中国海上运输货物保险的险种

中国海上运输货物保险的险别主要分为三大类（见表 10.4）：基本险、附加险和特种货物保险。各类又可分为若干种险别。基本险又称主险,为我国海上运输货物保险的主要险别,这种险别可以单独承保。附加险指被保险人在投保了主险的基础上附加承保的一种险别,不能单独投保。特殊附加险包括战争险和罢工险,同特别附加险一样,不属于一切险责任范畴,不能单独投保,必须附于主险下。特种货物保险是专为运输特殊货物而设置的,目前,这种专门的保险只有两种:海上运输冷藏货物保险和海上运输散装桐油保险,可以单独承保。另外,货物罢工险是各种保险的附加险,当其保险条款与其他货物运输保险条款冲突时,以罢工险为准。

表 10.4　海上运输货物险的分类

险　种	险　　　别
主　险	平安险
	水渍险(平安险＋恶劣气候、雷电、海啸、地震、洪水等条款)
	一切险(水渍险＋普通附加险)
附加险	**普通附加险**(一般附加险)11 种:1.偷窃、提货不着险;2.淡水雨淋险;3.短量险;4.混杂、沾污险;5.渗漏险;6.碰损、破碎险;7.串味险;8.受潮受热险;9.钩损险;10.包装破碎险;11.锈损险
	特别附加险 6 种:1.交货不到险;2.进口关税险;3.舱面货物险;4.拒收险;5.黄曲霉毒素险;6.出口货物到中国香港或澳门存仓火险责任扩展险
	特殊附加险 2 种:1.战争险;2.罢工险
特种货物保险	海上运输冷藏货物险:1.冷藏险;2.冷藏一切
	海上运输散装桐油货物险

10.3.2　海上运输货物保险的承保

在国际贸易实务中,由于买卖双方采用的贸易术语不同,有些进出口货物是按 CIF 成交,也有些进出口货物是按 FOB 或 CFR 成交。由于保险的对象不同,进出口货物保险的做法也有所不同。凡买卖合同规定由我方办理货物运输保险时,应按有关规定向中国人民财产保险公司或其他保险公司办理投保手续。

1. 中国海运出口货物保险的基本做法

出口货物如按 FOB 或 CFR 价格条件成交,应由买方办理投保手续,我国出口方无需办理货物运输保险。如,按 CIF 条件成交,应由我国出口方及时向有关保险公司逐笔办理运输投保手续。其具体做法是根据买卖合同或信用证的规定,在备妥货物后和确定装船出运时,按规定格式填制投保单。

被保险人投保申报的情况必须属实,投保险别、币制与其他条件必须和信用证上所列保险条件的要求相一致,投保险别和条件要和买卖合同上所列保险条件相符合。

保险公司审查后如同意承保,便出立保险单(或其他保险凭证),以作为其接受保险的正式凭证。该凭证是出口方向银行议付货款所必备的单证之一,也是被保险人索赔和保险公司理赔的主要依据。

在保险人出立保险单后,投保人如果需要更改险别、运输工具、航程、保险期限的扩展和保险金额等,应向保险公司或其授权的代理人提出批改申请。保险公司或其授权的代理人如接受这项申请,应立即出立批单,以作为保险单的组成部分。此后,保险公司即按批改的内容负责。

按照国际惯例,承保出口货物的保额一般按 CIF 价再加成 10% 来计算,即按 CIF 发票金额的 110% 计算。这项保险加成可作为买方的期得利润和有关费用看待。由于不同货物、不同地区、不同时期的期得利润不一,如买方要求保险加成超过 10%,也可酌情考虑。

2. 中国海运进口货物保险的基本做法

我国进口货物如按 CIF 条件成交,应由卖方办理货物运输保险事宜。如按 FOB 或 CFR 条件成交,由国内各进口方负责向有关保险公司办理保险。为了简化保险手续,通常各进口方同保险公司签订海运进口货物预约保险合同。凡不带保险条件成交、且批量的进口货物,按这种预约保险合同办理保险更有利于投保人。

根据海运进口货物预约保险合同的规定,投保人在得悉每批货物起运时,应将船名、开航日期及航线、货物品名及数量、保险金额等项内容,书面定期通知保险公司,即作为向保险公司办理了投保手续,保险公司应对此自动承保,若投保人未按预约保险合同规定办理投保手续,则货物发生损失时,保险公司不负赔偿责任。

根据预约保险合同规定,我国进口货物的保险金额,原则上一般按 CIF 价计算。

3. 保险标的

海上运输货物保险的标的是货物,主要指国际贸易货物。我国《海商法》规定:"货物,包括活动物和由托运人提供的用于集装货物的集装箱、货盘或者类似的装运器具。"作为海上运输货物保险标的的货物,在实务中,除包括国际贸易货物外,还包括一些非国际贸易货物,如对外经济援助物资、展览品、艺术品等。另外,货物的运费、保险费和货物的预期利润也一并作为货物保险标的给予承保。

4. 除外责任

依照我国《海商法》的规定,对于被保险人故意造成的损失,保险人不负赔偿责任。另外,除非合同另有约定,保险人对于下列原因造成的损失,保险人也不负赔偿责任:航行迟延、交货迟延或者行市变化;货物的自然损耗、本身的缺陷和自然特性;包装不当。海上保险人的除外责任在合同中包括了法定的除外责任。下面是中国海上运输货物保险条款中除外责任的具体条款规定。

（1）基本险和特别附加险。

① 被保险人的故意行为或过失所造成的损失。

② 属于发货人责任所引起的损失。货物的损失是由于发货人没有尽到职责造成的，如货物的包装不当或标志不清等。

③ 在保险责任开始前，被保险货物已存在的品质不良或数量短差所造成的损失。对于保险人而言，在保险责任开始前货物已经存在的损失当然是不赔偿的。如货物在装船前已经受损或者短缺。

④ 被保险货物的自然损耗、本质缺陷、特性以及市价跌落、运输延迟所引起的损失和费用。

（2）特别附加险的除外责任。

① 战争险。

● 由于敌对行为使用原子或热核制造的武器所致的损失和费用。

● 根据执政者、当权者，或其他武装集团的扣押、拘留引起的承保航程的丧失和挫折而提出的任何索赔。

② 海上运输货物罢工险。

● 罢工险只负责被保险货物因罢工而造成的直接损失，间接损失除外。

● 保险对在罢工期间由于劳动力短缺或不能履行正常职责所致的保险货物的损失不负赔偿责任，包括因此而引起的动力或燃料缺乏使冷藏机停止工作所致的冷藏货物的损失。

③ 冷藏险和冷藏一切险。

● 被保险货物在运输过程中的任何阶段因未放在有冷藏设备的仓库或运输工具中，或辅助运输工具没有隔温设备造成的腐败。

● 被保险货物在保险责任开始前因未保持良好状态，包括整理加工和包装不妥、冷冻不合规定及骨头变质所引起的货物腐败和损失。

④ 海上运输散装桐油保险。这与海上运输货物保险的除外责任基本相同。

5. 保险期限

（1）基本险、特别附加险和罢工险。

① 正常情况下的责任起讫（"仓至仓"条款）。

我国保险条款规定，保险负"仓至仓"责任，自被保险货物运离保险单所载明的起运仓库或储存处所开始运输时生效，包括正常运输过程中的海上、陆上、内河和驳船运输在内，直至该项货物到达保险单所载明目的地收货人的最后仓库或储存处所或被保险人用作分配、分派或非正常运输能其他储存处所为止。如未抵达上述地点，以货物在最后卸货港全部卸离海轮后满 60 天为止。如在上述 60 天内被保险货物需转运到非保险单所载明的目的地时，则以该项货物开始转运时终止。

按照条款的规定，在正常运输情况下，保险人的责任起讫以"仓至仓"为依据，对于在此期间因承保原因造成的货损，保险人负赔偿责任。对于非责任期间造成的货损，保险人不负赔偿责任。因此，开始点与终止点对于保险双方当事人都非常重要。

② 非正常情况下的责任起讫。

由于被保险人无法控制的运输迟延、绕道、被迫卸货、重新装载、转载或承运人运用运输契约赋予的权限所做的任何航海上的变更或终止运输契约，致使被保险货物运到非保险单所载明目的地时，在被保险人及时将获知的情况通知保险人，并在必要时加交保险费的情况下，该保险仍然继续有效，保险责任按下列规定终止。

● 被保险货物如在非保险单所载明的目的地出售，保险责任到交货时为止，但不论任何情况，均以被保险货物在卸载港全部卸离海轮后满 60 天为止。

● 被保险货物如在上述 60 天期限内继续运往保险单所载原目的地或其他目的地时，保险责任仍按"仓至仓"条款的规定终止。

"仓至仓"条款看似很严密，其实不然。因为当买方投保时，其货物在装运港越过船舷之前，属于无法保障的空缺区间，这个区间的责任只能由买方负责，这很有可能加重出口方的经济负担。

（2）海上运输货物战争险。

保险责任自被保险货物装上保险单所载起运港的海轮或驳船时开始，到卸离保险单所载明的目的港的海轮或驳船时为止。如果被保险货物不卸离海轮或驳船，保险责任最长期限以海轮到达目的港的当日午夜起算满 15 天为限。

（3）海上运输冷藏货物保险。

保险责任自被保险货物运离保险单所载起运地点的冷藏仓库装入运送工具开始运输时生效，包括正常运输过程中的海上、陆上、内河和驳船运输在内，直至该项货物到达保险单所载明的最后卸载港 30 天内卸离海轮，并将货物存入岸上冷藏库后继续有效，但以货物全部卸离海轮时起算满 10 天为限。在上述期限内，货物一经移出冷藏库，则责任即行终止。如卸离海轮后不存入冷藏库，则至卸离海轮时终止。

对保险责任期限终止的理解是，若船舶抵港货物未卸离海船时为 30 天。若卸离海船时并转入岸上冷藏仓库，从货物卸离起算为 10 天。若卸离海船时并未转入岸上冷藏仓库，从货物卸离起终止。在卸离海船时并转入岸上冷藏仓库的 10 天有效期内，一经移出仓库，保险责任终止。

（4）海上运输散装桐油保险。

从运离起运港岸上油库或盛装容器开始运输时生效，直至目的港岸上油库时为止。

如未及时卸离或未交至岸上油库,保险责任以海轮抵达目的港后 15 天为限。

6. 保险金额与保险费

保险费＝保险金额×保险费率＝CIF×110％＋保险费率。

（1）保险金额。

海上运输货物保险的保险金额,是保险人对被保险人承担货物损失赔偿责任的最高限额。在保险实际业务中,通常是以货物的价值、预付运费、保险费和预期利润的总和作为计算保险金额的标准,即货物的 CIF 价格加预期利润。预期利润一般是在货物 CIF 价格的基础上加成 10％。

（2）货物保险费率。

货物保险费是由保险公司在货物的损失率和赔付率的基础上,根据不同的运输工具、不同的目的地、不同的货物和不同的险别,按进出口货物分别制定出来的费率表来确定的。

我国海上运输货物保险费率一般由基本费率(包括一般货物的基本险费率和指明货物基本险费率)、附加费率和老船加费费率构成。

即:保险费率＝一般货物基本险费率＋指明货物基本险费率＋附加险费率＋老船加费费率。

① 一般货物基本险费率。

一般货物费率适用于所有货物,按险别分为平安险、水渍险和一切险三种。同一种险别。因货物运抵目的地所在洲、国家和港口的不同,费率有所不同。

② 指明货物基本险费率。

指明货物基本险费率仅适用于特别指明的货物,也就是因为这类货物损失率高而将其从一般货物中挑选出来,另外规定一个较高的费率。特别指明货物包括八大类货物,即粮油食品及土畜产类、轻工品类、纺织品类、五金矿产类、工艺品类、机械设备类、化工品类和危险品类。凡属于指明货物,在计算费率时,应算出一般货物费率,然后再加上这项加费。

③ 附加险费率。

被保险人如需要投保附加险,则需根据具体加保的险别加费。如投保战争险、特别附加险、罢工险等均需另行加费。罢工险如和战争险一起加保,则按战争险费率收取,不另加收。

④ 老船加费费率。

老船加费费率是针对船龄在 15 年以上的老船所载运的进口货物而制定的。此项加费的费率因所运货物、船龄、船旗不同而有所不同。

7. 被保险人的义务

我国海上运输货物保险合同对于被保险人的义务做了如下规定:

(1) 及时提货的义务。

(2) 合理施救的义务。

(3) 通知义务。

(4) 提供必要单证的义务。当被保险人在货物发生损失后,根据保险合同向保险人索赔时,被保险人必须备齐下列单证:保险单正本、提单、发票、装箱单、磅码单、货损货差证明、检验报告及索赔清单。如涉及第三者责任,还必须提供向责任方追偿的有关函电及其他必要单证或文件。

(5) 获悉有关运输契约中"船舶互撞责任"条款的实际责任后,应及时通知保险人的义务。

10.3.3　索赔和理赔

一旦保险事故发生,被保险人应当立即通知保险人,保险人在接到被保险人的损失通知后,查对被保险人的保险记录,找出并检查被保险人投保的保险单底单(包括批单底单),填写赔偿登记簿,建立档案并安排业务人员并汇集有关专业检验人员到现场进行查勘检验。

保险人对被保险人提出的赔偿要求进行全面的审核,以确定保险人的责任和赔偿范围。在明确保险人责任后,保险人对保险标的具体损失根据不同的情况,通过计算,得出赔偿数额。

货物部分损失的赔款计算公式如下:

(1) 数量损失的计算公式。

赔偿数额＝保险金额×遭受损失货物件数(重量)/承保货物总件数(重量)

(2) 质量损失的计算公式。

赔偿数额＝保险金额×货物完好价值－受损后的价值/货物完好价值

(3) 加成投保的计算公式。

赔偿数额＝保险金额×按发票计算的损失额/发票金额

(4) 扣除免赔额的计算公式。

扣除免赔额的赔偿计算方法分为按整批货物扣除和按受损货物重量扣除两种方式,一般情况下是按整批货物扣除免赔额计算。

10.4　远洋船舶保险的承保和理赔

水运业的载体——船舶,其固定资产价值很大,船舶运输生产的特点又决定了其具有一定风险。然而,船舶可以通过保险的方式补偿其在运输生产过程中由于自然灾害或意外事故而造成的经济损失,使船舶所有人及有关利益挽回损失,尽快恢复运输生产。

10.4.1　船舶保险

在 1972 年以前,中国一直沿用英国伦敦协会船舶保险条款。1972 年开始制定自己的船舶保险条款,经过 1976 年和 1986 年两次修订,形成了我国现行的船舶保险条款,它基本上体现了我国船舶保险的特点,也适应了国际保险市场和航运发展的需要。我国目前船舶保险市场上,其在国际航线上营运的船舶投保的条款主要是中国人民财产保险有限公司 1986 年 1 月 1 日修订的《船舶保险条款》(China Hull Insurance Clauses),该保险条款由 11 个条款组成。

我国保险业务中,将船舶保险分成远洋船舶保险和国内船舶保险两部分,远洋船舶归入海上保险,而国内船舶保险划入国内运输保险。

1. 保险船舶的定义

我国《海商法》中所称的船舶是指:海船和其他海上移动式装置。用于军事的、政府公务的船舶和 20 总吨以下的小型船艇除外。这个定义可以这样理解,船舶是广义的船舶。船舶保险是财产险的一种,保险标的可分为有形物质,船体、机器、设备、燃料等,以及无形的与船舶有关的利益和责任。

2. 海上保险的保障的风险条款

(1) 海上风险(自然灾害)和意外事故("inchmaree 式"风险)。

海上风险(自然灾害)通常与海难相联系或者是发生在航行中的各种灾难,如暴风雨、海啸、雷电、火灾、搁浅、触礁等。

意外事故是一个相对的概念,自然灾害强调了不可抗力,船舶承保的风险条款对意外事故都采用了列明或具体列明那些意外事故才予以承保,同时"意外"还包括船长、船员、租船人等因疏忽或恶意行为而造成的事故损失。

(2) 碰撞责任。

广义地讲,船舶碰撞责任是指船舶因航行疏忽或过失造成船舶碰撞引起第三方的财产损失、人身伤亡,在法律上应负的民事损害赔偿责任。而船舶保险碰撞责任条款规定的仅是限制性负责承保被保险船舶与其他船舶碰撞或触碰固定的或浮动的物体或其他物体而引起被保险人应负的法律赔偿责任,这种限制性表现在不包括人员伤亡或疾病、本船所载货物损失以及仅承保四分之三碰撞责任、责任限额以保额为限等。

（3）施救费用。

在财产险业务中,施救费用常称为整理费用,属单损费用性质。指保险船舶发生承保风险时,被保险人采用各种合理的防止或减少保险船舶逆一步受损的措施而产生的费用,保险人负责承保。

（4）共同海损和救助。

在理赔章节中,将予以专门阐述。

3. 船舶保险的保障地损失内容

（1）船舶的物质损失。

物质损失是船舶保险保障的主要内容,是指船壳、机器（包括主机、副机等）以及导航设备、燃料、给养的供应等遭受的损失。一般来说,凡属于船舶本身以及附属于船上的财产,而为船东所有的,均予承保。

（2）船舶的有关利益损失。

指船舶本身除物质损失以外的利益损失。当船舶发生事故,除了船舶本身遭致局部或全部损失外,还会因船舶停航、修理等使被保险人遭受多种利益的损失,如运费、租金、预期利润、营运费用、保险费以及船员工资等。目前,国内保险公司一般不承保这些利益损失。在国外船舶保险市场上,上述利益损失有相当一部分是作为费用保险来加保的。

（3）对第三者的责任。

指由于船舶引起的法律上需要在经济上向第三方负责赔偿的责任,如船舶碰撞责任等。碰撞责任是指被保险船舶因航行疏忽或过失造成碰撞事故,引起被碰撞第三者的损失,在法律上有保险人应负的责任。

4. 船舶保险的除外责任

保险船舶由于下列原因所致的损失、责任和费用,船舶险合同中不予承保:

（1）船舶不适航。

船舶不适航（即不适航、不适货、不适人）,造成保险船舶损失,不具有偶发性的原因,保险人对此当然不负赔偿责任。

（2）被保险人及其代表的疏忽或故意行为。

"被保险人疏忽或故意造成保险船舶损失"的含义是指被保险人应当作为而不为,或明知自己的行为会造成保险船舶损失的后果,却不知或希望或放任这种后果的发生,最终造成了损失。要判断被保险人对保险船舶发生的损失是否具有故意或疏忽,最重要的是根据事实,进行逻辑上的推断。

这一方面的除外责任,是船舶保险的一项十分重要的内容,其作用在于防止被保险人故意损毁保险船舶,保护保险人的合法利益。

（3）船舶的自然磨损和缺陷等。

船舶自然磨损、锈蚀造成的损失是指保险船舶的船壳,船机和属具在正常使用中的损耗和因海风、海水侵袭造成的船舶锈蚀,这些都是船舶在营运过程中发生的损失。比如:船舶自然磨损到一定年限需要进行常规修理,会产生修理费和更新机件的费用,船舶使用达到其寿命年限后便成为废钢船;船舶还需要定期除锈油漆,产生一定的费用。这些损失均由被保险人自行承担。

（4）残骸及航道的清除费用。

被保险船舶造成被撞船舶及其所载货物的沉没和落海应负担的打捞费和清除残骸费用,保险人不负赔偿责任。

（5）战争险及罢工险承保和除外的责任。

战争险和罢工险是船舶保险的特种附加险,是一种政治风险,仅指保险船舶在通常和平环境下航行或停泊时,遭受到战争行为、暴动或任何人有政治动机的恶意行为的突然袭击所造成的损失。保险船舶进入非通常意义上的和平环境地区,应要求加保特别战争险,保险人可以拒绝承保或酌情加费承保。

通常情况下,船舶战争罢工险的保险期限与该船的船舶保险期限是一致的,但保险人根据情况有权在任何时候向被保险人发出注销战争险责任的通知,在发出通知后的 7 天期满后终止战争、罢工险责任。

5. 保险的险别

船舶保险的主要险别分为全损险和一切险。

全损险,指被保险船舶遭受承保风险的损害后,只有发生全损时,保险人才负责赔偿。而发生部分损失是不在赔偿之列的。

一切险,指被保险船舶遭受承保风险的损害后,不论是发生全损,还是仅发生部分损失,保险人均负责赔偿。此外,在全损险承保责任的基础上,一切险的保险人还负责赔偿船舶碰撞责任、共同海损、救助、施救等引起的损失和费用。

从上述两种险别可以看出,一切险项下的保险保障范围比全损险项下的保险保障范围大得多。因此,投保人保一切险的保险费要比保全损险多。

除此之外,船舶保险的种类繁多。

按承保期间可划分为:船舶航次保险,也称作航程保险;定期保险;航次和定期混合保险。

按船舶保险标的的类型可分为:营运费用保险;船舶修理保险;停航保险;运费保险;

期得利益保险;超额责任保险;保赔保险;船舶建造保险;船壳险;船舶增值保险。

10.4.2 船舶险业务的承保

承保工作是保险合同订立的过程,是整个保险业务工作的基础。包括展业争取业务,接受投保,拟订承保条件,出立保险单,出具批单,结算保险费,安排分保和危险管理等。

1. 核保要素

保险人收到投保单后应对所填写的内容逐项审核并详细研究船舶资料和船籍证书等。审核要点如下。

(1)被保险人和船舶管理公司的资信状况。

船舶所有人经营作风、管理水平和信誉都会对保险船舶的安全有直接的影响。而被保险人的资信状况在很大程度上左右着被保险船舶的实际管理和经营状况。事实上,相同的船舶,在不同经营管理人之下,船员素质会有不同,管理的方法会有差异,维修保养也会有优劣等,从而面临的风险迥然不同。

(2)船舶的技术状况。

① 船舶的建造日期(或船龄)和建造厂家。

船龄长短对船舶性能关系很大。船龄较长的船舶发生海损后,修理费用一般也较大。一般把 15 年以上的船舶称为老龄船,对老龄船的承保,保险人应持十分谨慎的态度。造船业技术、劳动双重密集,一些大型以及特种船舶的设计与建造更充分体现了一国的综合科技实力。不同国家和船厂建造船舶的质量是有较大差异的。

② 船级、适航证书。

入级船舶的船级,表征了一艘船的综合技术状况。船级社对于入级船均有严格的检验要求(特别检验、年度检验、海损修复船级检验等)。船级证书分为船体入级证书和轮机入级证书两种。世界上有名的船级社有 10 多家,中国船级社自 1996 年起已成为国际船级社协会的会员。

③ 保险金额和保险价值的确定。

船舶保险属定值保险。保险价值和保险金额主要由被保险人决定。

保险价值,一般按船壳机器、锅炉或特种设备(如冷藏机等)等保险标的在投保当时的市价和保险费的总和来计算。从另一个角度来看,保险价值还应从船舶的购置价值、船舶作为固定资产折旧后的账面价值及船舶抵押权人对船舶保单抵押性的要求等方面多方进行考虑。

保险金额按保险价值确定,保险金额不得超过保险价值,超过部分无效。在船舶险业务承保工作中,应尽可能杜绝超额保险,以避免道德风险的产生。

④ 保险费率。

船舶保险费率应根据船龄、船舶种类、航行范围、船舶承载货物、船级、船舶实际状况、船队规模大小、每一危险单位保险金额、船壳和机器市价、承保条件、免赔额、被保险人经营管理状况和以往事故损失记录因素来制订。伦敦水险市场船舶保险费率的调整是由联合船舶委员会(JHC)，按不同的船队，主要参照以往的赔付记录来制订不同的保险费率标准。涉外船舶险业务承保费率基本与国际市场接轨并参照市场竞争因素制订。船舶险业务费率还应根据上年度的赔付率情况进行调整。

⑤ 以往损失记录。

承保船舶以往损失记录从一个方面反映了被保险人的综合管理水平和具体船况等，对保险人预测未来承保期间可能产生的风险有重大影响，在很大程度上左右着保险人对保险费率、承保险别和条款的拟定等。为更客观综合地反映投保船舶以往损失的实际状况，避免偏颇，一般保险人会综合考虑投保船舶前三年或五年的损失记录（或综合赔付率），这样更真实合理。

2. 关于免赔额

免赔额的设定是船舶保险承保条件的一个重要组成部分，承保船舶险业务时，应按规定设立绝对免赔额。

一般来说，免赔额的扣除适用于船舶险单独海损的索赔。对船舶全损、碰撞责任、施救以及共损救助费用的承保，一般不设立免赔额。

免赔额是重要的保险条件。保险费率的制定，在很大程度上受到免赔额的约束。免赔额高，保险费率低；免赔额低，保险费率高。在国内船险市场上，免赔额普遍低于国际市场，费率水平相对较高，这可能与目前国内航运业管理水平还有待提高有关，国内免赔额一般定在保险额的 5‰ 左右。

3. 保险人的船舶保险的分保落实

船舶保险具有风险集中、出险频率较高、保障范围广泛、常会产生巨额赔款，千万元以上的船险赔案比较多，有的个案甚至高达 7 000 万—8 000 万元。为了保持该险种业务的正常经营和公司财务资金的稳定以及扩大自身的承保能力，保险人常常需要做好分保工作。

10.4.3 船舶保险业务的理赔

船舶保险是一古老而复杂的险种，其复杂性尤其体现在保险理赔方面。因船舶保险合同纠纷或发生保险责任事故而产生的索赔问题涉及各方面的专业知识，并受到不同国家或地区经济体制、法律制度、文化背景等多种因素的制约。圆满地解决船舶保险合同的争端，始终是理赔中的棘手难题。

1. 船舶险业务理赔流程

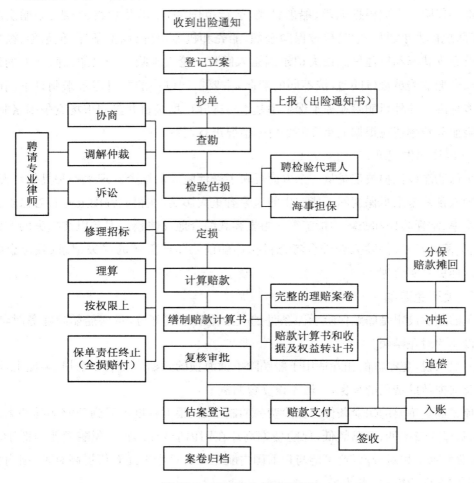

图 10.7　船舶险业务理赔流程

　　船舶险业务理赔流程见图 10.7。被保险人应当从知道或应当知道保险船舶发生保险事故的当天起,两年内向保险人提出书面索赔,并按保险人的要求提供各种有关索赔单证。有效的索赔单证包括保险单、港监签证、航海日志、轮机日志、海事报告、船舶法定检验证书、船舶入籍证书、船舶营运证书、船员证书(副本)、运输合同载货记录、事故责任调解书、裁决书、损失清单及其他有关文件。当被保险人按时提供齐全有效的单证后,保险人应主动、迅速地审查核实,被保险人应当在保险人参与下会同有关部门进行检验定损,确定修理范围及项目,编制修理费用计划。赔款金额经保险双方确认后,保险人须在十日内一次性赔偿结案。

2. 核赔要点

　　在核赔过程中保险人必须注意核赔要点,逐项深入细致的分析。如,在整个流程中

"查勘"是比较重要的一环,首先要分析清楚保险标的的"损失原因",查出什么是近因,以便界定是否在承保范围内;其次要详细调查"损失程度",区别自然磨损还是意外事故或自然灾害事故;再次要严格划分"损失责任",是被保险人的疏忽或过失还是无法控制的外界因素所致损失,或第三方引起的事故。

3. 船舶部分损失的理赔

船舶遭受保险事故,其损害程度未达到全部损坏、灭失或完全丧失价值的情况,称为部分损失。部分损失分为下列几种情况。

(1) 部分损坏已修理的赔款计算。

① 对船舶部分损失的赔偿以新换旧必须扣减(new for old clause)。

尽管有此规定,但并未赋予被保险人要求使用新材料的权利。如被保险人出售损坏的旧材料所得款项应从修理费中折扣或相应扣减赔款。如船舶螺旋桨的一片桨叶受损,经检验核定需要重新定制螺旋桨,预计花费 30 万元,而受损螺旋桨出售所得 5 万元,在这种情况下赔款时,应相应扣减 5 万元。

② 关于临时修理费用(temporary repairs)。

船舶发生保险事故,在就近停靠港无法进行永久恢复性修理,只能作临时修理,使其适航后开往修理港,这可以作为合理的修理费,应予以赔付。如果被保险人仅仅是为了自己的方便而作临时修理,这种修理费是不合理的,保险人不予赔付。

③ 关于加班费(overtime)。

加班费是为了加快修船速度,减少船舶在厂时间而支出的,其是否合理将根据具体情况而定。为了减少船舶坞修时间,或是客货班轮赶船期合理加班而产生的加班费,保险人应予以赔付。仅仅为被保险人方便而产生的加班费是不合理的,理赔时应予以剔除。

④ 为推迟修理损失而增加的修理费(increased cost of repair due to deferment)。

船舶遭遇一般危险而受损,而这种损坏不影响船舶继续投入运输服务。一段时间以后,该损坏才进行修理,这种修理费可能比损坏刚发生时增加很多,被认为是被保险人为自己方便而产生的支出,将不予以赔付。但是,当这种推迟修理的做法对保险人有利时,应负责赔偿。

⑤ 坞修费(drydocking)。

相对船舶其他修理项目,坞修费用一般比较昂贵。船舶遭遇保险事故损坏或正常检修都有可能进坞修理。船舶检修进坞费用由被保险人支出。船舶遭遇承保危险必须进坞修理,保险人承担赔偿责任。倘若二者同时进行,一般按对半比例分摊。如果涉及单独海损和共同海损坞修,就须在两者之间平均分摊。

⑥ 船底除锈、喷漆费用(scraping and painting bottom)。

与保险事故无关的船底除锈和喷漆费用由被保险人单独承担,保险人只承担承保危险所致的海损修理中的除锈和喷漆费用。

⑦ 受损船舶移往可以修理港的费用，也称移动费用（removal expenses）。

船舶受损所在港口无法予以修理时，需要移往可以修理该受损船舶的港口，由此而发生的合理和适当费用可获得保险人赔付。倘若这种移动不仅是为了保险人承保的海损项目，而且也为了被保险人自身需要，那么上述费用应在保险双方之间按比例分摊。

⑧ 工资和维持费用（wage and maintenance）。

这种费用属延迟所引起，一般不予赔偿。但如果是船员自修，保险人应予赔付合理的费用。

⑨ 燃料和物料费用（fuel and stores）。

船舶发生保险事故导致部分损失，修理期间的燃、物料费用，理论上，保险人应予以赔付。但中国船舶险条款未作明确规定。在理赔中，应根据实际情况，区别对待。

⑩ 监修费（owner's superintendent's fee）。

船舶发生保险事故，在修船期间，被保险人往往会派出雇佣人员监管修理工作。由此发生的费用，可合理列入检验费或修理费中。

（2）船舶部分损坏未修理的赔款计算。

被保险人出于种种因素考虑，常常有船舶在承保期间产生部分损失未作修理的情况，如为了调整船队结构，以船舶受损状态出售等情况。此时，保险人以下列办法计算赔款：

① 以检验人出具的检验报告损失为依据，扣减免赔额赔付。

② 以部分损失未曾进行修理的合理折扣费为依据，但最高不超过对损坏作全部修理的费用。合理的折扣费＝（船舶完好价值－受损价值）÷船舶完好价值×船舶的保险价值。

③ 以保险合同终止时船舶保险价值为据赔付。

如 A 轮投保时保险金额和保险价值均为 200 万元，保险期限内发生五次部分损失（每次损失金额均为 40 万元）但均未修理。保单终止时船舶保险价值为 100 万元。这种情况下，虽然被保险人合并理赔，但保险人仅负责赔偿 100 万元。

（3）船舶不足额承保的部分损失赔付及免赔额的扣除。

船舶险保单对保险价值和保险金额均有明确的约定。当二者金额不一致时，船舶发生保险事故，产生部分损失索赔时，保险人应结合规定的免赔额条件，实施比例赔付。值得注意的是，免赔额不存在比例扣减的问题。

如 A 轮投保时，保险金额 800 万元，保险价值 1 000 万元，规定免赔额为 5 万元/每次事故。保险期间，该轮因火灾产生部分损失 40 万元。

保险人对火灾损失的赔付金额为：$\frac{800}{1\,000} \times 40 - 5 = 27$ 万元。

而不是：$\frac{800}{1\,000} \times (40 - 5) = 28$ 万元。

此外，由于恶劣气候造成两个连续港口之间单独航程的损失索赔应视为一次意外事故，只扣减一次免赔额。如某轮在保险期限内，自上海开往大连的同一航次，左右舷梯分别在不同时间和地点受风浪袭击落海灭失，损失均为 5 万元。在这种情况，虽然是两次意外事故，但因发生在两个连续港口之间且是恶劣气候引起，赔付时只能扣减一次免赔额。需要注意，船舶遇险进入避难港，这个避难港也可以认为是"连续港口"的港口。如上面讲的这种情况，上海至大连航次，途中停靠避难港威海，而同样性质的事故分别发生在上海至威海段、威海至大连段，则属于两次保险事故，免赔额应分别扣减。

4. 船舶险全损的理赔

（1）全损的概念。

全损依实际情况分为实际全损、推定全损。船舶构成实际全损常见如下情况：

① 保险船舶完全损毁和灭失，如船舶遭遇风暴倾覆而沉入深海，无法打捞；

② 保险船舶失去原有的性质和用途，如油船因爆炸火灾而烧毁；

③ 保险船舶的所有权丧失，已无法追回，如船舶在战争期间被敌国逮捕；

④ 船舶失踪，达到一定时间杳无音讯。

推定全损就实质而言，是保险人和被保险人双方达成协议后解决保险赔款问题的办法。

船舶构成推定全损常见如下情况：

① 保险船舶的实际全损已经无法避免，如船舶航行中触礁搁浅，船壳损失严重，加之地理和气象条件很差，救助人一时无法救助，因而将不可避免地出现船体断裂或沉没的结果；

② 遭遇海难船舶为防止实际全损发生而需要的施救和救助费用将超过预计的获救价值；

③ 修理受损船舶的修复费用将超过其保险价值。

（2）委付与全损。

委付指保险船舶等发生事故后，被保险人将尚未实际全损的保险船舶的一切权利和义务转移给保险人，而要求将船舶作推定全损进行赔偿。

委付是被保险人的一种单方面行为，不必征得保险人的同意，但保险人有同意接受委付、放弃接受委付和拒绝接受委付的三种权利。

保险人选择接受委付，则不能撤回，必须按保险金额赔付被保险人的全部损失，同时取得有关标的的一切权利；若选择放弃接受委付，必须按推定全损赔付被保险人同时放弃对保险标的的一切权利；若保险人拒绝接受委付，表示其不同意按推定全损处理赔案。在保险人没有决定之前，被保险人可以收回已提交的委付通知书。

5. 船舶全损时救助和施救费用的理赔

根据我国《海商法》救助方对遇险船舶进行救助，取得效果的，有权获得救助报酬；救助未取得效果的，除其他法律另有规定或者合同另有约定外，无权获得救助款项。对船东方面，船舶经救助仍发生全损，一般不需支付救助费用，但救助合同有规定等时，还需按规定支付有关救助费用。

对船舶保险人而言，船舶保险条款结合《海商法》上述规定，一般都将对救助费用的赔偿同样放在船舶损失赔偿的保险金额以内，故当船舶发生全损时，被保险人不能从保险人处获得救助费用补偿。

施救费用一般不得超过船舶的保额。被保险人对保险船舶采取了各种抢救、防损措施后（不论是否取得成效），船舶仍遭到全损，保险人除按保险金额赔偿全损外，对因施救所产生的合理费用还可在另一个保额限度内给予赔偿。

6. 船舶险共同海损的理赔

（1）共同海损的理算规则。

共同海损理赔一般按照理算规则来处理，目前为世界大多数航运国家接受采用的是1974年《约克—安特卫普共同海损规则》。而我国一般则采用1975年《北京理算规则》，该规则全称为《中国国际贸易促进委员会共同海损理算暂行规则》，于1975年1月1日起施行，是我国共损理算的主要依据，被并入我国航运企业的提单条款（或运输合同）。

（2）船舶险保单项下承保共同海损的规定。

① 保险人负责赔偿被保险船舶共损损失和费用的分摊部分。

② 被保险船舶发生共同海损牺牲，视为单独海损处理。被保险人可获得对这种损失的全部赔偿，无须先行行使向其他各方索取分摊额的权利。

③ 理算规则按有关合同规定或适用的法律或惯例办理。如运输合同无此类规定，应按《北京理算规则》或其他类似规则理算。

（3）船舶险业务共损理赔实务。

共同海损损失和费用应当由受益方按照各自的分摊价值的比例分摊，具体内容如下。

① 船舶共损分摊价值的确定。

按船舶在航程结束时当地完好价值扣除不属于共损损失金额或者按船舶在航程结束时的当地实际价值加上共同海损补偿额。由此可见，计算船舶共损分摊价值，确定船舶在航程终止港当时当地的完好价值是首先要考虑的因素。确定船价的办法有两种：

● 净值法。由专业船舶估价人根据船舶造价，按使用年限折旧并适当考虑添置新的零部件因素,算出当时的船舶完好价值。

● 市场价方法。由专业船舶估价人根据被估船舶资料以及同类型完好船舶在航程终止当时市场成交价格结合市场波动因素进行估价。需要说明的是,因船舶保险是定值保险,常存在足额、不足额或少量超额保险的情况,船舶保险价值(金额)仅供船舶估价人在进行估价时参考而已。

② 货物共损分摊价值的确定。

按卸货时货物价值计算,一般按交给收货人的商业发票为准。如没有这种发票,应按货物装运时的价值加上保险费和运费以及共损补偿来计算。如果货物在抵达目的港前出售,则按出售的净值加上共损补偿额来计算。

③ 其他利益方分摊价值的确定(如运费等)。

④ 赔付共损分摊金额。

保险人应按保险价值下的分摊价值与船舶共损分摊价值之比例,赔付共损分摊额。

在共同海损损失和分摊价值等于或低于船舶保险价值的情况下,保险人可以按共损分摊金额赔偿。如果共同海损损失和分摊价值高于船舶保险价值,保险人按照比例赔偿,其差额由被保险人自己承担。如果保险人已赔付被保险船舶共同海损牺牲,在赔付共损分摊费用时应扣除其他受益方应支付的共损分摊额。

⑤ 保险人赔付船舶共损牺牲和垫付的共损费用应收取利息。

共损的理算过程较长,如果有关共损损失和费用已由保险人赔偿给船方,则在理算结算时,原应给船方(被保险人)的利息,应自保险赔偿之日起按年利率 7% 付给保险人。

7. 船舶救助费用的理赔

(1) 救助的概念。

海上救助指对在海上遭遇灾难的船货及相关的运费以及与被救助财产有牵连的人命,由外来力量对其进行救助的商业活动或法律行为。

(2) 救助成立的条件。

救助是一种有偿服务,支付救助报酬的前提是救助必须成立,必须同时符合下述四个条件:

① 被救助船必须遇到海上风险。

② 救助人的救助必须出于自愿,而不是出于法律上的义务。

救助人在法律上有义务必须对另一船进行救助,不构成海上救助,报酬的获得就无从谈起。如甲船与乙船发生碰撞,致使乙船处于危险状态,这时甲船在法律上就有义务救助乙船,结果可能会使乙船损失不再扩大。在这种情况下,甲船无法获得救助报酬。

③ 救助必须要有效果。

这一条就是我们通常所说的"无效果—无报酬"原则。它是传统海难救助制度的一項基本原则,也是救助作业中确定有关方报酬的通常的办法。当然也有例外情况,如雇佣救助、强制救助、涉及减轻或避免环境污染的救助(特别补偿)等。

船长或船东在与救助人签订救助合同时,应根据当时客观条件选择适当的救助合同,如雇佣拖带合同等。在非紧急情况下,应谨慎对待"无效果—无报酬"救助合同,如劳埃德救助(lloyd's open form,LOF)合同。

④ 获救财产必须是被认可的救助标的。

(3) 关于救助合同。

救助方与被救助方常常在事先以合同形式明确双方的权利和义务。在国际航运界已逐渐形成标准救助合同,供当事人协商采用。其中最普通的 LOF 合同标准格式,此外,中国国际贸易促进委员会也制定了《北京救助合同标准格式》。

(4) 海上救助的理赔的范围。

在保险船舶发生海难需要救助的情况下,如果船舶载货或有其他利益方时,救助是共损行为,救助费用是一种共同海损损失。在实际工作中,救助常与共同海损联系在一起。无论何种情况,保险人以船舶保险价值为据,仅赔付救助费用的分摊部分,但前提是船舶需要救助的起因必须是由承保危险引起,否则,保险人不予赔偿。

8. 船舶施救费用的理赔

(1) 施救费用的概念。

由于承保风险造成的船舶损失或船舶处于危险情况,被保险人为防止或减少根据保单条款可以得到赔偿的损失而付出的合理费用。

(2) 施救费用的性质。

船舶施救费是一种特别费用(particular charge),保险人对船舶施救费的赔偿责任独立于保单其他条款规定的赔偿责任以外,目的是鼓励被保险人积极采取必要的合理措施,尽力避免或减少保险事故造成的损失。

(3) 施救和救助的区别。

救助人与被保险人签订合同,主动提供救助服务而产生的救助费,并非是被保险人为了避免或减少保险船舶损失而采取合理措施所支付的合理费用。

救助报酬的取得与救助效果相互依存,而施救费的赔付则不然,只要施救费产生,不论施救成功与否,保险人都应赔付。

(4) 施救费用的赔付审核。

审查施救费用是否合理的基本原则是:

① 被保险人及其雇佣和代理人所采取的措施和支付的费用必须是为了避免或减轻应由保险人赔偿的损失,即合理性。

② 被保险人及其雇佣或代理人所采取的措施和支付费用必须经保险人事先同意。

（5）施救费用的计算金额。

在任何情况下，施救费用以船舶保险金额为限。

船舶不足额投保而发生施救费用时，船舶的完好价值超过保险价值，在这种情况下保险人按比例赔付施救费用，计算公式为：

保险人赔付金额＝保险金额/保险价值（完好价值）×已发生施救费用

（6）关于船舶的特殊财产关系。

① 船舶所有权。指船舶所有人依法对其船舶享有拥有、使用、收益和处分的权利。

② 船舶抵押权。指抵押权人对于抵押人提供的作为债务担保的船舶，在抵押人不履行债务时，可以依法拍卖，从卖得价款中优先受偿的权利。

③ 船舶优先权。指船舶发生海损事故后，海事请求人依法向船舶所有人、光船承租人、船舶经营人提出海事请求，对产生该海事请求的船舶具有优先受偿的权利。

就船舶本身所具有的性质而言，船舶是一个不可分的合成物。在所有权关系中，如船舶为数人共有，在分割时应采用经济补偿办法；在债权债务关系中，船舶作为债务标的，涉及多个债权人或债务人，他们享有或承担连带债权或债务。此外，船舶虽然属于动产，但在其处理和对待上，按不动产处理。拟人化处理也是船舶关系中又一个独具的特点。

10.5　船壳险、海上能源险与船东互保险

海运保险除货运险、船舶险外，还有船壳险、能源险、船东互保险等一些特殊保险。

10.5.1　船壳险

以下风险需要额外的保单才能承保：租金损失、战争风险、船舶碰撞责任及固定物浮动物责任。而船壳险能够规避与其相关的部分风险。

1．船壳险的概念

船壳险是保障船东自身对船舶的投资的保险。银行可以做为船舶的抵押权人，也可以做为船壳险的共保人，在保单项下受到保障。船壳险主要保障船舶本身及其辅具因为搁浅、与其他船舶碰撞、与固定物碰撞（例如码头、浮标、闸门等）、爆炸及火灾造成的船壳本身的损害。

船壳险承保的风险包括以下几点：

① 船舶全损的损失,及船舶损坏所引起的修理船壳、机器及设备的费用。

② 船舶失踪的损失。

③ 在共同海损中,船舶分摊的损失及费用。

④ 救助船舶时发生的必须的、可能产生的费用。

⑤ 为减少损失所产生的必要的、合理的费用。

2. 船壳险类别

船壳险包括沿海内河船舶保险、远洋船舶保险、渔船保险及船舶建造险;船壳险(以中国船舶保险条款为例)包括主险和特殊附加险两种。主险又可分为全损险和一切险两种。

(1)全损险。

全损险通常承保包括下列原因导致的被保险船舶的全部损失:

① 自然灾害包括火灾、爆炸,地震、火山爆发、闪电等。

② 意外风险包括触礁、搁浅,暴力盗窃,抛货,装卸货物产生的意外事故等。

③ 机件或船壳的潜在缺陷。

④ 船长、船员的疏忽或故意行为等。

(2)一切险。

一切险承保上述原因所造成被保险船舶的全损和部分损失以及

① 船舶碰撞责任。

② 船舶共同海损。

③ 救助和施救费用及有关船舶碰撞责任等。

(3)附加险。

经约定,可附加战争险、罢工险、拖轮拖带责任险、螺旋桨单独损失险、船东对船员责任险等。

3. 保费费率及免责

(1)船壳险保费:船壳险按照船舶的价值计算,保赔险按照船舶的吨位计算。

(2)船壳险费率是根据船级社、船籍、船龄、航线、管理水平、免赔额等因素确定。

(3)主要除外责任有以下几点。

① 被保险人的故意行为。

② 由于战争、内战、革命、叛乱、骚动或由此引起的民间纷争。

③ 船舶承运违禁品、偷越封锁线或从事非法贸易等非法行为。

④ 水雷、鱼雷、炸弹、爆炸品或其他类似武器而引起的责任、费用或开支不予赔偿。

10.5.2 海上能源保险

能源险包括陆上能源险和海上能源险,具体见表10.5。

海上能源险原来只指海洋石油开发保险,随着新能源的开发,海上风电险保险也随之发展起来。

表 10.5 能源险分类

按照地域分类	险 别	生产过程财产险	人身意外险种
海上	海上能源险	勘探险、海上石油开发险、施工建设险、运维险、海上石油开发互保险、海上能源开发保险等	操作失误责任险、环境污染责任险、财产物理损失险、业务中断险、员工意外伤害及死亡责任险等
陆地	陆上能源险	包括石油、天然气、煤炭、核能、可再生能源(水、风、光)险、电力等	
	能源设施保险	生产、储存、输送能源的各类设备和设施如石油钻井平台、油气储存库、输油管道、电力设施等	
	涉及使用能源的交通工具保险	铁路机车、飞机、船舶、汽车等	
	能源交易保险	包括履约保证、价格波动、市场变动、政策调整等开发的险种	

1. 海洋石油开发保险

海上石油开发一直是高技术高风险的代名词。不仅要考虑洋流、风速、海域等地理环境因素,还要攻克采油、处理、贮存及输送等技术难关。故对海上石油开发也有专门的保险产品来转嫁风险,这正是我们要介绍的海洋石油开发保险。海上石油保险产品分类见图 10.8。

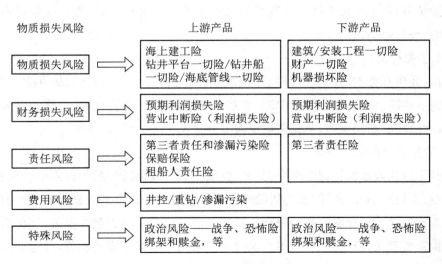

图 10.8 海上石油保险产品分类

（1）海洋石油开发保险。

海洋石油开发保险是指以海洋石油工业从勘探到建成、生产整个开发过程中的风险为承保责任，以工程所有人或承包人为被保险人的一种特殊风险保险。

虽然海洋石油开发保险属于水险市场范畴，但其已经作为一个特殊的险种，从船舶保险和货物运输保险分离出来。在劳合社市场上，有专门的承保人从事此类业务的承保工作。

（2）海洋石油开发保险的主要风险。

海洋石油开发保险的主要风险概括为风险广泛而集中，事故频率高，技术性复杂。具体而言，海洋石油开发中的主要风险有：

① 海洋风险。这是海洋石油开发所处的特定地理范围内的风险，如飓风、海啸等，这既是海洋石油开发面临的主要风险，也是海洋石油开发保险承保的主要风险，它造成的主要损害后果就是钻井平台、钻井船及其他海上设施的沉没及作业人员的伤亡。

② 井喷。井喷是石油开发过程中的一种特殊的巨型风险，井喷的发生极易带来火灾，烧毁钻井设备与平台，如果不能得到有效控制，还会破坏地下资源和污染海洋环境，造成投入巨资的油井报废。即使能够使井喷得到控制，该控制费用也往往非常高昂。

③ 损害赔偿责任。海洋石油开发事故一旦发生，损害的就不仅是作业者及承包人的财产物资和人身安全，而且还会造成公害和第三者的人身、财产或利益的损失。如沉没造成的航道阻碍，井喷或渗漏造成的海洋环境污染等，依据各国民法及有关国际公约的规定，均需要由责任者负经济赔偿责任。因此，损害赔偿责任作为一种法律风险，亦是海洋石油开发中经常遇到的风险，是保险人承保的一类主要风险。

④ 火灾及其他事故。由于技术人员或操作人员的过失或粗心，易酿成火灾、爆炸等各种风险事故，这同样可能造成开发部门及作业者的重大损失，从而亦是海洋石油开发保险中的一般承保责任。

（3）主要种类。

目前，我国开办的海洋石油开发保险的险种有：钻井平台一切险、钻井船一切险、平台钻井机一切险、油管保险、保赔保险、承租人责任险、第三者责任险、海洋石油开发工程建造险、井喷控制费用保险、重钻费用保险等。

① 钻井平台保险。

钻井平台保险承保被保险财产的一切物质损失。其保险标的为固定平台装置，包括平台本身、人行道、登陆斜梯（系缆机除外），以及置放在平台上的为被保险人所有的或由被保险人负责经营或保管的各种财产。钻井平台因设计不当引起的损失，经保险人同意并加收保险费可予以承保。钻井平台保险一般采用定值保险方式承保，保险金额以重置价值方式确定。

② 移动式钻探设备保险。

该险种通常由钻井平台或钻井船所有人或承包人负责投保。被保险财产为保险单列明的钻井平台和钻井船体及有关装置设备,包括钻井机及设备、直升机、起重设备及其他备用物、附属物,甚至包括装载在钻井船附近有关的其他船舶(船舶本身除外)上的设备、工具、机械、沉箱、起立架、材料、供应物、配件、钻井机和井架、钻柱、套管、钻杆以及在钻井中的钻柱等配套项目。钻井船可在允许的航行范围内被拖航。钻井船与其他船舶发生碰撞,适用于一般船舶互撞的原则。钻井船的保险金额确定方式与船舶保险一样,也是按约定价值投保,如果发生全损或推定全损,保险人按保险金额赔偿,而不根据出险时的市场价值与保险金额的比例支付赔偿金额。停泊退费计算也与船舶保险相似。保险人对于被保险财产的间接损失、免赔额内的损失、被保险人未恪尽职责所造成的损失不予负责赔偿。如果被保险人根据合同对于与其他一起作业或为其作业的企业或个人造成保险财产损失可以免责时,保险人对于这些免责的企业或个人也可放弃追偿权。免赔额一般规定为每次事故 25 万美元,免赔额的规定适用于部分损失,不适应实际全损或推定全损。

③ 平台钻井机保险。

该保险的保险标的包括钻井平台设施和被保险人所拥有、保管或控制的有关设备,如固定在平台上的钻探工具、设备、机械、材料、供应物、钻井架、底层结构、钻杆等。保险人对于在保险单列明的作用区域作业的平台钻井机所遭受的直接损失负责赔偿,同时,保险人对保险标的在岸上储存或在港口与平台之间的往返运输过程中引起的直接损失也予负责。由于平台钻井机发生小额损失的机会较多,保险人在承保时通常对平台钻井机保险规定较高的免赔率,如保险金额的 3% 等。这种免赔率不适用于全部损失的赔偿。

④ 海洋石油开发管道保险。

管道保险可分为管道铺设保险和管道作业保险两种。前者一般按工程保险承保,有时也可附加在海洋石油开发工程建造保险中作为整个工程的一部分。后者一般按钻井平台保险承保,但保险人在承保时应查明管道铺设的时间和地点、管道承建单位、管道口径大小、作业地点水深、管道价值、水下管道是否埋设以及过去损失记录等。管道保险的保险责任和除外责任与钻井平台保险基本相同,只是增加了一些有关输油管线特殊风险的内容。管道保险一般采取第一危险方式承保。

⑤ 海洋石油开发责任保险。

这类保险的险种主要有保赔保险、承租人责任保险和第三者责任险。保赔保险是指在海洋石油开发中涉及各种船舶的责任赔偿的一种保险。承租人责任保险承保的是租船人的租船合同责任。第三者责任险承保的是被保险人一方应对第三者承担的经济损害赔偿责任。这些责任在石油工程项目中往往相互重复交叉,为了避免这种重叠,在国际保险市场上常采用"三者合一"的混合保险形式来承保海洋石油开发责任保险。

⑥ 海洋石油开发工程建造、安装保险。

国际上通常采用近海工程一切险来承保海洋石油开发工程建造、安装险。该险种的保险责任一般以建筑、安装工程一切险为基础,然后根据海洋石油开发工程的特点附加船舶的碰撞责任、特约保险责任等,使之适应近海石油工程和水上作业以及拖船过程中需要的风险保障。该险种的保险标的为被保险人承包的工程及其使用的机器、设备、材料、平台、海上建筑物、输油管、单点停泊设施,为石油生产所列明的一切物资材料和机械设备,以及为完成工程所使用的临时建筑物、架设生产配线、器材、设备等。保险期限通常从被保险物资、器材卸到工程地点时开始,一直到建筑、安装工程完毕、试车、交付时为止,并可根据协议包括一般维修期。保险价值以工程完成时的完工价值或估计价值(成本加费用)计算。该保险的除外责任以一般建筑、安装工程保险的除外责任为主,再加上海洋石油开发工程的一些特点,如海上平台或设施被建造在错误地点,或未完工及延迟完工、未达到合同标准而导致的罚款等。

⑦ 海洋石油开发费用保险。

费用保险包括井喷控制费用保险、重钻费用保险、控制污染及清理费用保险三部分内容。井喷控制费用保险承保海洋石油开发工程作业中因突然发生井喷,为控制井喷并使之恢复正常钻探所产生的费用损失;并规定在油井完全恢复控制以后,保险人承担的井喷费用责任立即停止。重钻费用保险是指由保险人负责对井喷、井塌和火灾造成的可恢复的钻井的丧失,支付重钻或恢复受损井眼的费用的一种保险,对于不能恢复的井眼进行重钻的费用,保险责任以重钻井达到被保险井眼受损前的深度和状态为限。这种保险一般作为井喷控制费用保险的附加责任。井喷造成的控制污染和清理费用,可以在原保险单上批注后予以加保,但保险人对因井喷引起的任何罚款、精神损害等损失不负责赔偿。

(4) 海上石油开发险互保协会。

石油互保组织(OIL),1971 年 1 月 1 日注册于百慕大,发起者为 16 家美国石油公司,以解决能源市场承保能力不足、承保条件过高的问题,1986 年,石油意外保险有限公司(OCIL)成立,专门提供超赔责任险保障,2001 年,成员范围扩大到其他能源行业(电力、煤炭、矿产公司)。

① 海上石油开发互保险责任。

海上石油开发互保险责任见图 10.9。

② 定价。

2010 年 1 月 1 日起,实行新的定价标准以 5 年全体成员赔付金额为基础进行定价,如图 10.10。

　　　　　　　　　　　　　　责任保障　　　　除外风险
　＞ 责任范围　　＞ 物质损失　　＞ 土地、战争、核风险
　　　　　　　　　＞ 建造　　　　＞ 营业中断
　　　　　　　　　＞ 井控,含重钻　＞ 商用废弃物处理场所
　　　　　　　　　＞ 货运　　　　＞ 产品责任
　　　　　　　　　＞ 污染责任　　＞ 油轮污染(不包括租船人责任)
　　　　　　　　　＞ 恐怖事件　　＞ 输配送
　＞ 责任限额：　　每个成员每次事故赔偿限额 USD2.5 亿元
　　　　　　　　　所有成员每次事故赔偿限额 USD7.5 亿元
　　　　　　　　　每个成员期限内无累积限额
　＞ 免赔额：　　　USD1 000 万元

图 10.9　海上石油开发互保险责任

＞ 定价
＞ 2010 年 1 月 1 日起,实行新的定价标准
＞ 以 5 年全体成员赔付金额为基础进行定价,使得赔付率不超
　过 100%
＞ 费率分两部分：
　　＞ 基本费率(Pool A)：对损失的 60%分摊
　　＞ 浮动费率(Pool B)：对损失的 40%分摊
＞ 保费根据会员的总资产、资产类型、责任范围选择调整
＞ 即使退出 OIL,应立即缴清应付保费
＞ 对于大西洋飓风风险,在 2.5 亿美元中提供 USD1.5 亿美元的保
　障,每成员累计限额 3 亿美元。超过部分的风险需要额外购买

图 10.10　海上石油开发互保险责任定价机制

③ 海上石油开发互保险安排。

　　地球物理勘探,包括:初步地形勘探、地震勘探(3D 地震勘探、4D 地震勘探)。涉及的主体和保险种类如表 10.6。

表 10.6　海上石油开发互保险涉及的主体和险种

合同方	保　　　　险
承包商	货运险
	所用设备的财产一切险
	船舶险
	保赔险
	雇主责任险
	第三者责任险
	机动车强制三者险,及超赔保险
	职业赔偿保险

合同方	保　　　险
业主	雇主责任险
	第三者责任险
	机动车强制三者险,及超赔保险

（5）海上能源自保险。

① 自保公司。

自保公司即自营保险公司,是指由非保险公司拥有的保险或者再保险公司,对其母公司或者关联公司的风险进行直接承保或者再保险。随着自保公司的发展,其含义也逐渐加入开放性,其不仅为母公司提供保险,也为与母公司无隶属关系的企业提供保险。因此,有的自保公司由最初的作为企业内部的风险管理机制,逐步发展成为以利润为中心。在 20 世纪 60—80 年代期间,全球的自保公司得到迅速发展。如今,自保公司已成为国际保险市场上的新兴力量。据统计,在自保公司最发达的美国,500 家最大的公司中设立自保公司的占 90%,英国 200 家最大公司中设立自保公司的占 80%以上。在《财富》500 强企业中,有 80%以上的企业设立了自保公司。

② 中国自保公司的发展。

自保公司在中国的发展一直较为缓慢。目前,中国的公司主要采取的自保形式是自保基金,比如中石化的安全生产保证基金、中国邮政的邮政保价等、中海油自保公司、中石油专属财产保险有限公司和中国远洋海运自保公司等。

（6）国际能源保险市场。

国际最主要的能源保险市场,主要是以劳合社市场为核心的全球能源保险的中心,承保全球范围内的上下游能源保险。欧洲大陆承保全球业务,但主要关注下游能源保险,安联保险公司在北美设有一些大型的公司但是并不是很关注全球业务,更加注重北美本土业务。亚太地区有很多保险公司增加区域性承保能力,主要集中在新加坡和中国香港,但上游风险还是由其伦敦总部控制。船级社还有很多"本土"承保能力,例如很多国际公司在当地设立分支机构或是保险公司,如美国美亚保险（中国）、中国人保、中国太平洋保险、平安保险等。

2. 海上风电项目的保险

随着人类的环境保护的意愿强烈,再生能源前景喜人,海上风电项目保险应运而生。

（1）海上风电的风险来源。

海上风电项目投资牵涉的影响因素较多,如海上风力发电机组、支撑结构和基础、海上升压站、海底电缆,甚至运维配套设施等,这些都面临着不同的风险。海上风电的风险来源见表 10.7。

表 10.7　海上风电的风险来源

风险过程	类别	风险来源
工程期和营运期的风险	设备风险	设备在运输途中出现损坏或丢失;意外事件造成设备无法正常应用并导致经济损失产生的项目风险;货物运输工具不稳定或选择的运输线路不适合相关设备的运输;参与运输方(公司、个人)的现场职责不清;风机装卸中由于天气条件原因,装卸无法实施或装卸作业延误;工程延期等
	基建风险	投建过程中,因施工不当、调试不当造成的设备及运输工具损坏。如,电缆在储存、运输、安装、开挖过程中产生的火灾风险;变电站在安装、调试过程中产生的组装、安装、调试、检查损坏或火灾风险等;风机、升压站在基础施工中产生大气污染物、固体废弃物及二次污染对生态环境的影响
	运维风险	项目运维作业实施中,相关运维计划设定不完善、运行过程中设备故障维修不及时、相关人员配置不到位、维护计划缺失等造成的设备频繁故障导致运维成本升高,需要重新更换设备,从而引起的项目风险。如,发电机的转子免误差、定子匝间短路、齿轮箱轴承故障(主要有可能发生损坏的高速轴承和中间轴承,淬火问题导致的齿轮断裂,以及海上风电场所处环境造成的腐蚀等);叶片故障(主要损坏来自近海风力产生的气动荷载、潮汐和涌流通过基础与塔架给叶片造成振动疲劳荷载等);风机在海洋高湿热、盐雾和阵风中的火灾、爆炸等事故(包括电气故障、机械故障或雷击,可能使得风机设备出现过保护现象、电气短路或者运行中绝缘损坏导致电缆起火);意外碰撞事故(与海上平台发生碰撞、与正常航线上的船只、非正常航线上的船只、平台供给船只、运行期间的维护船只等发生碰撞)
其他风险	自然风险	台风风险、雷击风险、鸟类迁徙冲突风险等。其中,台风风险及雷击风险造成的风险现象主要表现为:大面积的设备损坏、人员伤亡、火灾事故等,以及海啸、风暴潮、海雾灾害、海岸侵蚀等
	技术风险	项目建设中部分工艺技术的实施、设备安装技术的应用存在问题或不足,如电气性能测试不到位、构件固定不到位,最终造成设备运行中出现短路等全面性的设备故障,以及设备爆炸、火灾等.严重影响了海上风电项目的安全稳定运行
	环保风险	海上风电项目在建设运行的过程中,产生了较多的污水、固体废料及部分生活垃圾。由于该类污水及垃圾未合理有效地进行处理,造成施工区域的海域出现水体污染现象,影响了浮游生物、鸟类的正常生存,对于区域生态环境造成不利影响等

资料来源:甘爱平、张淇:《我国海上风电风险管理及其保险对策》,《上海保险》2022 年第 2 期。

(2)海上风电涉及的险种。

① 国外海上风电涉及的险种。

海上风电保险从建设到运营,涉及水险和能源险中的许多领域。国际上主要包括:货运险、船舶险、海上建工险、保赔险、海上能源险、信用保险、责任保险、保证保险等,分别对应不同阶段的保险主体(见图 10.11)。

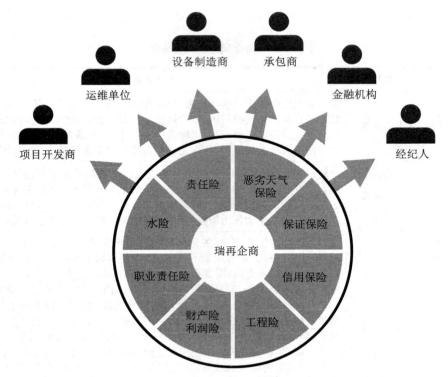

资料来源：甘爱平、张淇：《我国海上风电风险管理及其保险对策》，《上海保险》2022年第2期。

图 10.11　国外海上风电涉及的险种

② 国内海上风电涉及的险种。

针对海上风电项目，国内保险公司提供了多种保险产品。在建设期主要有：建筑安装工程一切险（附带第三责任险）、设备运输险；在运营期主要有：财产一切险、机器损坏险、公众责任险，以及设备厂商可能会购买的产品质量保证保险。

● 海上风电建筑安装工程一切险。该险种承保海上风电项目在建造过程中因自然灾害或意外事故而引起的一切损失。该险种主要预防在建设期可能出现的极端气象灾害对在建海上风电场及临时堆场的设施、设备造成的损坏带来的损失。目前，由于前期国内海上风电项目较少，保险公司对海上风电项目的风险评估过高，导致保险费率居高不下。近年来，海上风电建安险费率一般在 0.5% 左右（抢修工程例外）。当然，费率会受免赔额、赔偿限额、海域自然条件、施工单位经验等因素影响而有所差异。

● 海上风电设备运输险。这是以运输途中的风机机组及其附件作为保险标的，保险人对由自然灾害和意外事故造成的货物损失负赔偿责任的保险。海上风电有别于陆上风电，运输模式包含陆路、水路。其中，水路涉及内河和近海，运输过程中可能会发生设备刮擦、落水、进水等风险。运输险一般由设备运输单位直接购买自然灾害或意外事故造成保险标的直接物质损坏或灭失的损失。根据海上风电场所处的海域环境、风电机组基础形式、风电机组可靠性、免赔额等因素确定财产一切险的保险费率，一般在0.6％—0.9％之间。

● 机器损坏险。该险种一般与海上风电场财产一切险搭配投保。主要保险责任包括：风力发电设备设计不当；材料、材质或尺度的缺陷；制造、装配或安装的缺陷；操作不良、疏忽或怠工；物理性爆炸、电气短路、电弧或因离心作用所造成之撕裂等。考虑到国内海上风电机组的技术还不够成熟，保险公司在费率方面较为慎重。从目前的情况来看，海上风电机损险费率一般远高于陆上风电，其实际费率可能在0.3％—0.5％之间。

● 风电产品质量保证保险。该险种是针对风电设备供应商所生产的成套风机因制造、销售或修理本身的产品质量问题致使风电场遭受的经济损失（如修理、重新购置等），由保险人负赔偿责任的保险。目前，由于对风电设备质量的担忧，保险公司对承保这一险种比较谨慎，所以这一保险保费占比10.6％；结冰坠落事故34起，占比2.8％；运输事故94起，占比7.8％；环境破坏108起，占比8.9％；其他事故234起，占比19.4％。[①] 在这些海上风电造成的风险事故中，严重事故、人身伤害、火灾、环境破坏等往往损失较大，问题复杂。在国内，目前赔付率较高的海上风电保险主要集中在建筑安装工程一切险和财产一切险，出险的事故原因主要是极端天气或者电网影响等。

目前，国内海上风电项目设备运输险保单主要由原陆路货物运输险、国内水路运输险及海洋运输险融合衍生而来。根据每一运输工具的最高保额、免赔额、运输路径风险、运输载具状况等，以保险标的金额为基数进行计费，保险费率为0.15％—0.5％不等。

● 财产一切险。该险种承保的是管控和分散海上风电事故带来的损失风险。国内外对海上风电风险保障有不同的险种安排项目保险从安装调试到运营，涉及水险和能源险中的许多领域，安装调试期主要是建筑安装工程一切险（附带第三责任险）、设备运输险等，运营期主要是财产一切险、机器损坏险、公众责任险、雇主责任险或人身意外险等。另外，设备厂商可能会购买产品质量保证保险。

● 公众责任险。公众责任险是以被保险人的法律责任为保险标的，保险人承保被保险人在公众活动场所因非故意行为致使他人的人身或财产遭受损害，依法应负的经济赔偿责任的保险。风电场作业环境复杂，存在公众责任事故的风险，公众责任险可以转移这些责任。

● 雇主责任险或人身意外险。雇主责任险是企业规避用工风险的"护身符"，员工在海上风电项目的安装调试运行中出现职业病、致伤、致残或死亡等情况，企业需要承担的医药费、诉讼费及其他经济损失赔偿，这些都由保险公司按合同规定的保额进行赔偿。

人身意外险，是指在约定的保险期内，海上风电项目安装调试运行过程中发生意外

---

① 数据来源：瑞士再保险。

事故,如施工船舶碰撞、火灾爆炸、吊装事故等造成被保险人死亡或残疾,支出医疗费用或暂时丧失来动能力,保险公司按照双方的约定,向保险人或受益人支持一定量的保险金的一种保险。海上风电在国内起步较晚,缺乏历史风险经验,雇主责任险或人身意外险能够较好地解决可能面临的劳资纠纷,保护了企业利益。

除了以上介绍的保险以外,风电场的承包商或风电设备的供应商还可以投保现场施工单位的财产险、施工机器保险、船舶保险等险种来规避风险。

10.5.3　船东互保险

船舶保险经营一般有商业保险公司经营、保赔协会经营以及渔船、商船互助保险协会等形式。

1. 保赔保险

保赔保险是财产保险的险种之一。保赔保险是保障与赔偿保险的简称,承保的是船东之间的互助保险,是承保船东在经营船舶业务中应承担的,却不包括在船舶保险承保范围内的责任风险的保险。船东互保协会向船东提供船舶碰撞保险、超额碰撞险和人身伤亡等的保障,统称为"保障";协会向船东提供货损货差责任赔偿等的保险,统称为"赔偿"。

保赔保险是建立在保赔合同基础上的一种互助保险,完全或基本体现了保险"千家万户保一家"的大数法则理论,实现保险在社会中的补偿职能作用。然而,保赔保险并不是对船东所有的风险全盘接收,而是以商业合同约定的形式对风险做选择性的承保,对投保的船东做有条件的筛选,因此船东为了能使自身的风险获得协会的保险保障,会不断提升自身能力,从而更好地达到合同约定投保的条件要求。

船东保赔险主要承保赔偿与责任,以及一些特殊附加险,如海盗、战争等。船东保赔险主要是船东互保协会来经营。

2. 船东互保协会服务功能与业务范围

(1) 船东互保协会的含义。

船东互保协会是船东间互助性保险机构,承保船东海上经营风险,旨在保障船东利益、补偿会员经济损失。

对广大船东来说,由于商业保险协会只承保船舶本身的风险,而对船舶在运营中所发生的对船舶意外的第三者责任的保险没有包括在内,因此,船东们自己组织成立了一个互助性的、不以盈利为目的的协会,称为船东保赔协会。该协会主要承保船东对第三者责任的风险,各船东按入会船舶的具体情况缴纳入会费,组成协会的赔付基金来赔偿个别船东的船舶发生意外事故而造成船舶以外的第三者的损失,包括船载货物等的物质损失、污染事故损失和人身伤亡的损失等。

（2）船东保赔协会的主要服务功能：理赔、防损和担保。

① 理赔指保赔协会参与诉讼（以第三人身份、以被保险人身份和被直接起诉）行使代位求偿权，包括出险的立即通知义务、会员出险的通知期限、施救费用的理赔、海难救助的特别补偿理赔、货损理赔事项、人身伤亡理赔事项（尤其对于人身伤亡事故调查）等。

② 防损。随着石油、化学品、有毒有害物质海运量的增加和运输船舶的巨型化，海洋环境受到严重威胁。在海洋油类污染中，船舶是最重要的油类污染源。一方面，船舶在正常营运中排放油类货物、燃料油或其他油类物质，如废油、油类混合物等，此为有意排放，占主要排放比重（约 70%）；另一方面，船舶发生事故，造成大量油类物质溢出船舶，污染了海洋，此为事故性排放，经常造成比有意排放更为严重和集中的污染损害。在国际海事组织制定的一系列国际公约中，与船舶有意排放油类和事故性溢油有关的部分，主要集中在三个方面，一是如何减少船舶向海洋的有意排放及避免事故性溢油；二是发生油污事故后如何保证受害者得到充分赔偿；三是如何在发生溢油事故时，进行快速有效的反应，以减少油污损害的严重程度。可以说，防止油污和确定油污责任已成为海事国际公约中发展最快、涉及量最大的两个课题，船东和保赔协会应当密切关注。

③ 担保。海事担保分为四大种类，即保释担保、存款银行、银行保函、协会保函。保赔协会保函优点有：谈判时间、金额迅速；不需要实际支付现金或提供银行担保；谈判可选择管辖权；避免了因扣船造成的延误、花费和不便；为索赔人无风险地持续担保。

（3）协会保函的形式与提供担保的条件。

协会保函的形式一般为标准格式，而协会提供担保的条件和特点有：属于协会的自由裁量权；被扣船舶必须是入会船舶，索赔请求必须在协会承保范围内，协会可以要求反担保，不表示协会因此而承认补偿会员有关索赔请求，会员的会费必须缴足，会员对协会有补偿义务。

（4）船东互保协会的管理与营运模式特征。

特征主要有：现代管理组织架构、营运目的的非营利性；承保营运的自治性；营运利益的互助与互惠；承保范围的灵活性；赔偿额度总体的无限制与个体险种的有限制、担保函的效力和可信赖性；保赔服务的周密性、专业化与国际化。

（5）业务范围。

船东互保协会的保险业务范围主要分为责任险（保赔险）和船舶险及一些附加险（如法律抗辩保险、战争险、罢工险等）。各协会均附设有投资业务，赔款基金被用于投资、增加协会资产、扩大协会信誉、降低会费成本等方面。船东互保协会规定的承保范围是由船东组成的，意图为可能承担的责任范围提供金融保障。由于船东面临同类性质风险，船东互保协会将风险放在同类业务的互助基础上进行运作；每年度保险费的溢价将汇入根据风险暴露程度确定的共同基金,而损失将从该共同基金对外补偿。

船舶险与船东互保险的区别见表 10.8。

表 10.8　船舶险与船东互保险的区别

船舶险	保赔险
四分之三碰撞责任,且有五项除外责任	四分之一碰撞责任＋六项列明碰撞责任(一般足以涵盖船舶险的五项除外责任)
四分之四碰撞责任,且有五项除外责任	六项列明碰撞责任
碰撞责任	四分之四碰撞责任＋六项列明碰撞责任

3. 船东互保协会的发展与市场分布

国际保赔协会市场包括:国际保赔协会集团和非国际保赔协会。

(1) 国际保赔协会集团。

在 20 世纪 20 年代初,英国有 9 家保赔协会通过签订联营协议和相互间分保协议,组成了伦敦保赔协会分保集团,简称伦敦集团(London Pool),这是由船舶所有人自治、自享形成的联盟,主要承保船舶除船壳险外的其他风险,是船舶所有人在国际航运中必不可少的风险保障机构。后来又有几家北欧保赔协会和日本保赔协会加入,伦敦集团发展成为现在的国际保赔协会集团(International Group of P&I Clubs)。随着国际保赔协会集团内部成员的淘汰和更新,国际保赔协会集团目前有 13 个成员,英国 8 家,挪威 2 家,瑞典 1 家,日本 1 家,美国 1 家。具体见表 10.9。

表 10.9　主要保赔协会及成立日期

保赔协会名称	成立时间	保赔协会名称	成立时间
不列颠尼亚保赔协会(Britannia Club)	1854 年	标准保赔协会(Standard Club)	1885 年
船东互保协会(SOP)	1855 年	北欧保赔协会(SKULD)	1897 年
西英互保协会(NOE)	1856 年	挪威加德保赔协会(Gard Club)	1907 年
北英互保协会(WOE)	1860 年	汽船互保协会(SSM)	1909 年
伦敦保赔协会(London Club)	1866 年	美国保赔协会(API)	1917 年
联合王国保赔协会(UK Club)	1869 年	日本保赔协会(JPI)	1950 年
瑞典保赔协会(Swedish Club)	1872 年		

国际保赔协会集团覆盖了全球商船吨位的 93％—95％,也就是说只要一艘船舶出了第三方责任险,全世界 93％—95％的船舶都要为此埋单。

目前,凡属于该集团内的各家协会代船东出具的海事担保均已被大多数国家的索赔方接受;协会出具的油污财务担保——兰卡(Blue Cards)也已被 1969 年油污民事责任公约缔约国普遍作为同意颁发船舶 FMC 证书的油污保险依据，就连要求苛刻的美国也同意接受协会出具的担保。

当然，国际保赔协会集团的垄断地位和风险分担性质导致了其必然能够对入会船舶设置高门槛，为防止集团内的分保优势被他人分享，国际保赔协会集团对新成立的保赔协会，往往采取抵制政策，如日本保赔协会用了 10 年时间才被接受；中国船东互保协会（CPI）至今仍未被接受。但在抵制政策实行期间各家协会并不放弃新协会的业务，它们采取接受分保的方式，拓展或吸引新协会将业务分给它们。

（2）国际保赔协会集团以外的协会。

许多商业保赔保险机构，非国际保赔协会集团相互保险协会和承销机构，在国际保赔协会集团以外经营。目前这些保赔保险机构旨在为特定类型的船舶经营人提供保险解决方案，在船舶高达 25 000 总吨吨位范围内，能提供的最高保赔限额为 500 万美元（可根据机构提供更高的上限和限额）。这些机构往往针对拥有较小的、从事短期贸易的船只，主要在沿海或内陆水域经营的船主进行互保。除此之外，还有一些比较小型的保赔协会，如韩国保赔协会、注册在新西兰的 Maritime Mutual 保赔协会、注册在百慕大的 British Steamship 保赔协会和南英保赔协会（South England P&I Club）等。

另外，还有收取固定保险费的保赔协会。这些保赔协会的背景实际上都是商业保险协会，例如澳大利亚的 QBE 和荷兰的 Raest 保险协会，这些协会主要是做中小船舶的保赔险，而且可以按船东的需要只承保保赔险中的部分风险。

除了传统的船东互保协会外，现代保赔保险已经扩展到其他航运经营人，典型的是英国联运保赔协会（TT Club）。联运保赔协会成立于 1968 年，以多式联运经营人的设备风险和责任风险为承保对象，参与投保的经营者包括班轮协会、港口经营人、国际货运代理人、无船承运人、场站经营人等。联运保赔协会业务主要以物流责任保险为主。

（3）中国船东互保协会。

中国最早的保赔险是波兰保险协会专门为中波轮船协会设立的保赔保险业务。1976 年 1 月 1 日，中国人民保险协会开始使用自己制定的"油污和其他保赔保险条款"，1978 年 1 月 1 日，全面补充修订了该条款，开始承保船舶油污责任险。从那以后，中国远洋船队的部分船舶开始由中国人民保险协会来承保保赔保险，中国人民保险协会又把其中 80% 的风险分保给联合王国保赔协会和西英保赔协会等国际上大型的保赔协会，实际上，中国人民保险协会只扮演了西英保赔协会的出单协会。

1984 年 1 月 1 日，由中国远洋运输协会在北京发起组建了中国船东互保协会。其宗旨是根据法律法规、国际公约和惯例，维护与保障会员的信誉和利益。协会接受交通运输部的业务指导，并根据国务院《社会团体登记管理条例》在民政部注册登记，享有社团法人资格。协会能够向会员提供保赔险、互助船舶险、抗辩险、租船人险、战争险等多险种的一站式海上互助保障和专业服务（见表 10.10）。协会已成为我国最大的保赔险保险人，位居全球同业第 10 位。此外，近年来协会互助船舶险业务发展迅速，已成为我国主要的远洋船舶险承保人之一。

表 10.10　中国船东互保协会承保的险种

险种	主要承保范围
保赔保险	1.船员责任、第三者人身伤亡责任；2.货物责任；3.油污责任；4.清除残骸责任；5.船舶险除外的碰撞责任和触碰责任；6.罚款、偷渡、拖带责任等
互助船舶险	该保险服务于 1998 年 1 月 1 日起提供。产品包括标准船舶险、增值险及战争罢工险等。协会制定有互助船舶险条款，该条款承保风险范围与中国人保 1986 年修订的船舶保险条款基本一致。同时，应市场要求，协会也可通过并入等方式适用其他常见船舶险条款，如国际及沿海条款（PICC 条款）、协会船舶定期保险条款（ITC 条款）等
抗辩险	主要承保因约定事项而产生的法律费用和开支。主要承保由下列事件所产生的合理的法律费用：1.提单纠纷；2.租约纠纷；3.其他运输合同纠纷；4.碰撞事故；5.救助、拖带、共同海损；6.保险合同；7.入会船的损害；8.入会船的建造、修理、买卖和改装；9.入会船的抵押；10.与入会船有关的其他合同。其中，绝大部分的纠纷都是有关提单、租约等运输合同的纠纷
租船人险	1.船员责任、第三者人身伤亡责任；2.货物责任；3.油污责任；4.清除残骸责任；5.船舶险除外的碰撞责任和触碰责任；6.罚款、偷渡、拖带责任等

资料来源：中国船东互保协会，https://www.chinapandi.com/index.php/cn/。

中国船东互保协会还提供防损服务和船舶状况检验，如帮助发现船上的安全管理、结构完整性、防污染能力及适货性方面等存在的缺陷及不足。另外，还提供通信代理网络服务，该协会的法律和商业通代遍布全球 140 多个国家和地区，可为会员提供 7×24 小时及时、高效的服务。

目前，中国唯一涉足保赔险业务的中国人保的模式是固定保费，只不过可以承保的额度较大，因为其与西英保赔协会挂钩。固定保费的保赔的保险船舶标的相对较小。如油轮，就不能投保固定保费保赔险，因为一旦出险风险责任太大，需要船东互保协会的强大分保模式。但若不是油轮，就可以考虑固定保费保赔险。

10.6　航空保险

10.6.1　航空保险

航空保险指的是飞机在飞行期间遭受到意外或者自然灾害而对被保险者造成的经

济或者人身损失的保险种类,是保险公司为航空旅客专门设计的一种针对性很强的商业险种。

　　航空保险实际上是一种综合性保险。它既有财产保险,即以飞机及其设备为保险标的飞机及零部件保险;又有责任保险,即承保承运人对旅客及其第三者的法定责任保险。航空保险同时也包括机组人员人身意外保险和自动人身意外保险。因此,航空保险可以界定为:为了防止飞机发生意外事故,以航空运输中相关财产与利益以及人身为保险标的各种保险的总称,包括以航空承运人为被保险人的各种险别、以机场所有人或经营人为被保险人的各种险别和以飞机制造厂商为被保险人的各种险别。

10.6.2　航空保险的种类

1. 飞机机身险

　　飞机机身险主要承保飞机在飞行和滑行中或在地面停航时被保险飞机的机身、发动机及附件设备的灭失、损坏、失踪以及飞机发生碰撞、跌落、爆炸、失火等不论何种原因而造成飞机的全损或部分损坏,保险公司予以赔偿。

　　另外,在飞机机身险的保单中,还规定以下与机身险发生有关的费用也由保险公司赔付,不论飞机是全损还是部分损坏:

　　(1) 事故发生后的施救费用,一般不应超过保险金额的10%,但事先征得保险公司同意则可不受此限制。

　　(2) 飞机从出事地点运往修理厂的运输费用。

　　(3) 损坏飞机修理后的试飞及进行检验的合理费用。

　　(4) 修好后的飞机运返出事地点或其他指定地点的运输费用。

　　由于以下原因而引起的飞机的损失或损坏,保险公司不予赔偿:

　　(1) 机械故障、磨损、断裂和损坏以及飞机设计上的缺陷和失误。以上问题实际上是一种正常的运营消耗,而不是保险应承担的责任。

　　(2) 由于石块、碎石、灰层、沙粒、冰块等所引起的吸入性损坏,致使飞机发动机逐渐损坏,这通常也被认为是"磨损、断裂和慢性损坏",因而也不予赔偿。但由于单一事故而引起的突然性的吸入性损坏,导致发动机立刻不能工作,这种情况应列入保险范围内,给予保险赔偿。

　　(3) 战争及相关的危险。这些属于机身战争险承保范围。

　　飞机机身险中投保的金额通常是约定价值。与一般财产险不同,保险公司在承保时需要在保险单中规定一个免赔额,一旦发生事故,保险公司要根据免赔额来酌定保险赔偿额。

2. 机身战争险

机身战争险承保由下列原因引起的飞机损失或损坏：

（1）战争、入侵、外敌行动、内战、叛乱、起义、军管、武装夺权或篡权。

（2）罢工、暴动、国内暴乱、劳工骚乱。

（3）一人或多人出于政治或恐怖主义的目的而采取的任何行动。

（4）任何第三者的恶意行为或阴谋破坏活动。

（5）任何政府或公众或地方当局采取的或按其命令采取的充公、国有化、扣押、占用或征用。

（6）未经被保险人同意，机上任何一人或几个人在飞行中对飞机或机组人员进行劫持或非法扣押或错误操作（包括有扣押或错误操作的企图）。

机身战争险保险单受理由上述危险而引起的各种索赔，但不承保由下列任何一个或几个因素引起的损失、损坏或支出：

（1）下列五国中任何两国之间发生的战争：美国、英国、法国、俄罗斯、中国。一旦上述国家中的任意两个国家发生战争（不管是否宣战），该保险单自动失效。

（2）发生原子武器或放射性武器爆炸、核裂变和核聚变或其他类似反应，不论是带有敌意的或是其他什么原因。一旦发生上述情况中的任何一种，保险单即自动终止。

（3）因财务原因和营运原因而造成的损失。

机身战争险一般是作为机身一切险的一种特别附加险承保的。因此，其投保的金额也是约定价值。但机身战争险通常没有免赔额。

3. 法定责任险

法定责任险承保飞机在营运过程中（飞行及起降过程中）因意外事故而导致人身伤亡或财产损失而应由被保险人承担的经济赔偿责任，保险公司负责赔偿。飞机法定责任保险包括旅客责任险（含行李）、货物责任险、邮件责任险及第三者险四种。下面介绍法定责任险中的两种主要险别：旅客法定责任险和第三者责任险。

（1）旅客法定责任险。旅客法定责任险承保旅客在乘坐或上下飞机时发生意外，造成旅客的人身伤亡及其所带行李（包括手提行李和交运行李）物品的损失，依法应由被保险人（航空承运人）负担的赔偿责任，保险公司给予赔偿。

本保险单中的旅客是指购买飞机票的旅客或航空运输企业同意免费搭载的旅客，但不包括为履行航空运输企业的飞行任务而免费搭载的人员。

（2）第三者责任险。第三者责任险承保飞机在营运中由于飞机坠落或从飞机上坠入、坠物而造成第三者的人身伤亡或财产损失应由被保险人承担的赔偿责任，保险公司负责赔偿。但被保险人的雇员（包括机上和机场工作人员）、被保险飞机上的旅客的人身伤亡或财产损失则均不属于第三者责任险承保范围。

此外,法定责任险还负责与事故发生有关的费用支出,如事故发生后的搜索和施救费用,为减少事故损失及损坏而采取的措施的成本、清除飞机残骸的费用等。通常规定上述这些费用成本的最高给付限额为每次事故 300 万美元。保险公司对因涉及被保险人的赔偿责任而引起的必要的诉讼费用也予以负责。

法定责任险对被保险人的投保总额作了限制。保险单规定:任一事故的保险总额或保险期内发生的累计损失的保险总额限制在 10 亿美元,即本保险单规定的责任保险的最高赔偿额为 10 亿美元。法定责任险的保险费按航空公司承运的旅客客公里计收。

飞机机身险、机身战争险、法定责任险是目前中国民航各大航空公司普遍投保的险种。

4. 航空旅客意外伤害险

2007 年 9 月底,中国保险监督管理委员会发布《关于加强航空意外保险管理有关事项的通知》。该通知要求,从保护消费者利益出发,废止设定价格和保额的行业指导性条款,将航意险产品开发权和定价权交给保险公司,自 2007 年 12 月 1 日起实施。这意味着旅客在购买航意险时,可以有更多的选择,航空意外伤害险结束“全国统一售价 20 元、保额 40 万元”的历史。

思考题

1. 财产保险有哪些类别?

2. 海上保险有哪些类别?

3. 船舶险业务理赔有哪些流程?

4. 船壳险及其类别是什么?

5. 海上能源险及其类别是什么?

6. 船东互保险及其类别是什么?

7. 简述远洋船舶保险的承保和理赔。

8. 简述航空保险的含义及其种类。

参考文献

[1] 苏平贵:《金融学》,清华大学出版社 2012 年版。

[2] 郭松克、张效梅:《企业融资学》,河南人民出版社 2002 年版。

[3] 徐保满:《金融信托与投资》,科学出版社 2007 年版。

[4] 徐天芳、王长勇:《国际航运经营管理》,大连海事大学出版社 1998 年版。

[5] 陈莉:《我国上市航运企业融资效率影响因素实证研究》,厦门大学,2018 年。

[6] 李晓玉、闫国东、辛普阳:《我国中小航运企业的融资模式研究》,《中国水运》2020

年第 11 期。

　　[7] 吴长仲:《航运管理》,大连海运学院出版社 1992 年版。

　　[8] 池小萍、刘宁:《保险学》,高等教育出版社 2012 年版。

　　[9] 索晓辉:《保险经纪相关知识》,中国市场出版社 2007 年版。

　　[10] 吕书亮、刘世华:《简明商品经济知识》,华中师范大学出版社 1992 年版。

　　[11] 李欠友:《融资租赁对航运企业的影响分析及发展建议》,《财会学》2018 年第 11 期。

第 11 章　航运（航空）资产管理与交易及其金融衍生品

航运（航空）业是资本密集型行业，营运资产庞大。企业如何盘活巨大的财产，是经营中必做的功课。

11.1　航运（航空）资产管理

在学习航运（航空）资产管理时，需要先了解资产与资产管理的内容。

11.1.1　资产与资产管理

1. 资产

（1）资产的定义。

资产是由企业过去的交易或者事项形成的，由企业拥有或者控制的，预期会给企业带来经济利益的经济资源。

（2）资产的分类。

按照会计学理论，资产＝负债＋所有者权益，其中在会计制度中资产的分类如图 11.1 所示。

① 资产按流动性进行分类，可以分为流动资产和非流动资产。这里的流动性是指各种资产的变现能力或者变现速度。

● 流动资产。流动资产是指预计在 1 年内变现的资产，主要包括货币资金、交易性金融资产、应收及预付款项、存货等。其中，交易性金融资产包括以交易为目的持有的债券投资、股票投资、基金投资、权证投资等和直接指定为以公允价值计量且其变动计入当

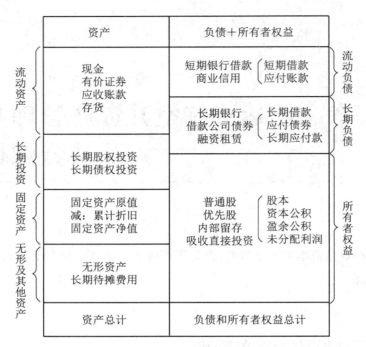

资料来源：作者根据资料整理。

图 11.1　在会计制度中资产的分类

期损益的金融资产投资。

　　● 非流动资产。除流动资产以外的其他各项资产统称为非流动资产，主要包括持有至到期投资、可供出售金融资产、长期股权投资、投资性房地产、固定资产、生物资产、递延所得税资产、无形资产及其他资产。其中，持有至到期投资是指到期日固定、回收金额固定或可确定，且企业有明确意图和能力持有至到期的非衍生金融资产。包括：企业从二级市场上购入的固定利率三年期国债、浮动利率两年期公司债券、委托银行向其他单位贷出的两年期的贷款等。可供出售金融资产是指在初始确认时即被指定为可供出售的投资。如企业购入的在活跃市场上有报价的股票、债券和基金等。长期股权投资是指持有期限准备超过一年（不含一年）的各种股权性质的投资。无形资产是指企业拥有或者控制的没有实物形态的可辨认非货币性资产。无形资产包括专利权、商标权、著作权、土地使用权、非专利技术、特许权等。

　　② 资产按其在企业经营中的功能与作用可分为金融资产和经营资产。

　　金融资产是指企业持有金融工具而形成的资产，包括库存现金、银行存款、应收账款、应收票据、贷款、股权投资、债券投资等。经营资产指除金融资产以外直接在企业提供商品或劳务过程中涉及的各种资产，包括存货、固定资产、无形资产等。

2. 资产管理

（1）资产管理的定义。

资产管理是指运用资产组织、协调、控制，以求其保值、增值的过程。

（2）资产管理的范围界定。

资产管理的目的是维护资产的价值，维护资产所有者及其相关的经济主体的合法权益，实现资产的优化配置和管理等。

在市场经济条件下，资产多种多样，其性质各不相同，因而资产管理的范围很广。但无论是何种形式的资产，都有其在企业形成、使用和退出的"生命"全过程。因此，对资产的管理要贯穿资产在企业生产经营活动的全部过程。

① 资产的形成管理。

企业资产的形成方式包括股东投入、生产经营活动实现的资产增值、通过负债获得货币资产、通过支付租金获得实物资产和无形资产的使用权等。因资产具体形成形式不同，因此资产形成管理具体表现在以下方面：

● 资产的购入管理。

● 资产的建设管理。

● 资产的投资转入管理。

● 资产捐赠管理。

● 资产债务重组管理。

在资产的形成管理中特别需要注意的一点是资产产权管理，需要明确资产的所有权，而其中最为重要的是国有资产的产权管理。

② 资产的日常管理。

对于不同的资产，其资产的日常管理范围也不相同。

● 货币资金的日常管理。主要包括：货币资金的收入管理、支出管理、清查管理、账务核算管理等。

● 实物资产的日常管理。主要包括：资产卡片管理、资产录入管理、资产转移管理、资产维修管理、资产借用管理、资产启用管理、资产停用管理、资产盘点管理、资产折旧管理、报表管理等。

● 无形资产的日常管理。主要包括：无形资产的经营管理、使用管理、摊销管理等。

● 对外投资资产的日常管理。对外投资主要包括：股权投资、债权投资、混合投资和基金投资。而按对外投资项目的运作程序，日常管理一般包括：审批管理、实施管理、监控管理等。按内容又可分为：资金管理、财务管理、风险管理等。

③ 资产的退出管理。

不同资产的退出形式不同，因而具体资产的退出管理又有不同。

● 货币资金的退出管理。对于货币资金来说，支出货币资金就是退出，而支出管理属于货币资金的日常管理，因此，货币资金不存在退出管理。

● 实物资产的退出管理。实物资产的退出方式有报废、出租、出售及捐赠等。因此，实物资产的退出管理包括：报废管理、出租管理、出售管理、捐赠管理等。

● 无形资产的退出管理。主要包括：无形资产的出租管理、出售管理、转销管理等。

● 对外投资资产的退出管理。对于对外投资资产的退出，主要是指收回投资资金。因此这一过程的管理主要是出售管理。

从以上管理内容看，资产管理是全过程管理。具体见图 11.2。

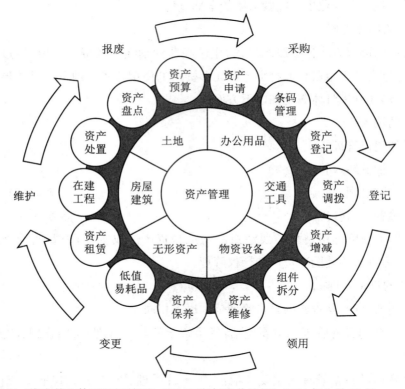

资料来源：《资产管理体系》系列标准，ISO（国际标准化组织），2014 年 1 月 15 日。

图 11.2　资产管理的全过程管理

3. 资产管理业务

资产管理业务是指资产管理人根据资产管理合同约定的方式、条件、要求及限制，对客户资产进行经营运作，为客户提供证券、基金及其他金融产品，并收取费用的行为。该业务是委托人将自己的资产交给受托人，由受托人为委托人提供理财服务的行为，是金融机构代理客户资产在金融市场进行投资，为客户获取投资收益。

资产管理的另一种方式是作为资产的管理者，将托管者的财产进行资产管理，主要投资于实业,包括但不限于生产型企业。此项管理风险较小,收益较资本市场低,投资门槛较低。

（1）资产管理业务种类。

资产管理业务种类主要有三种:

① 为单一客户办理定向资产管理服务。

② 为多个客户办理集合资产管理业务。

③ 为客户特定目的办理专项资产管理业务。

能够从事资产管理业务的公司除了证券公司、基金公司、信托公司、资产管理公司以外,还有第三方理财公司。从某种意义上来说,第三方理财公司在资产管理市场上的拓展和定位有些类似于现在的私募基金,将专家理财和灵活的合作条款捆绑嫁接作为打开资产管理市场的突破口。

（2）资产管理的价值。

① 对资产全生命周期的管理。资产全生命周期管理（product lifecycle management, PLM）是生产企业对设备产品从生产、使用直至淘汰的整个生命过程进行的一体化管理,使资产效用最大化。资产全生命周期见图 11.3。

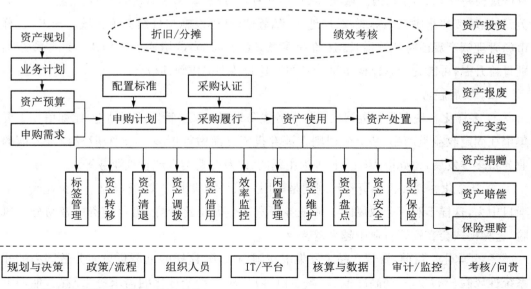

资料来源:深圳友为资产管理系统。

图 11.3　资产全生命周期

② 核算并确保资产得到有效利用。每项资产都有一个生命周期。如果企业了解当前公司的资产状态,就能在资产生命周期内明智地规划采购活动、更新、更换和作其他变更,同时做好相关预算。同时,在资产信息化的基础上,从源头加强成本控制,通过工程

管理精细化,降低工程造价,加强资产经济运行管理,降低运行维护成本,完善资产报废监督程序,规范处理过程,加强技术鉴定,强化资产退役和报废管理,实现对企业单位资产的全生命周期管理。

③ 组织资产数据。企业能从运营角度控制硬件、软件和其他资产,将这些资产与组织和财务信息结合,以进行战略性规划。此外,可方便实施复杂价值与责任管理,将资产数据融入更大的服务管理战略当中,同时执行工作流与资产属性或生命周期状态的变更。这可以保持资产数据的新鲜度和相关性,并将重要变更告知利害干系人,还能够捕获组织需要,向整个企业展示直接且显著价值的核心数据。

4. **资产管理业务未来分布与发展趋势**

(1) 资产管理的未来主要业态分布。

① 打造针对零售客户的定制化产品。特别是 ESG 产品、主题 ETF、直接指数化产品以及独立管理账户。

② 投资产品创新另类产品。抓住另类资产增长机遇,寻求合作,或通过收购进行能力提升,以确定最佳发展道路。

③ 发展产业私募市场。过去十年,众多另类产品中,私募市场的表现尤为亮眼,管理资产规模每年增长约 12%。截至 2020 年 9 月,全球私募市场管理资产规模达近 8 万亿美元,全球资产集中在私募股权、房地产、私募债、基础设施和自然资源领域。未来,私募市场管理资产规模将持续增长,且随着零售资金不断涌入,增速可能加快。这些资产类别日益升温,可能为资管机构未来十年的增长和转型提供绝佳机会。

(2) 发展趋势。

① 多样化。现在各类资管机构的业务主要集聚在某些特定的产品上,比如信托主要集聚在固定收益类产品,基金公司则在证券投资方面做得更多。未来,股权投资方面的业务将逐步发展,比如以 VC、PE 等为主题的,以及并购类资产管理业务等。

② 基金化。现在很多资管计划还是采用一对一的投资方式,投资到一个企业或一个项目中去,这样不利于分散风险。而证券投资基金做得比较好,组合投资更容易分散风险,这种模式会在资管行业中越来越普及。

③ 全球化。目前,资管产品主要集中在国内市场,这样的基金化只能分散国内的非系统性风险。如今,一些高净值、超高净值客户,对投资全球化的需求越来越高,他们希望在全球范围内分散风险,捕捉投资机会。

④ 智能化。从行业目前的探索来看,智能化投顾可能也是资产管理发展的一个趋势。

5. **航运(航空)资产管理及其业务内容**

航运(航空)资产管理业务注重的是实体和生产型的实物资产管理,主要包括:

（1）船舶、飞机管理。包括建造维修、商务管理、交易，为船东和航空公司选择第三方航运服务商，提供具有公信力的资源对接、开展专业的选择第三方航运服务商。

（2）股权融资：包括公司股权买卖、交易及回购，协助公开上市；债权融资：包括公司长短期贷款、保函、非标 ABS 安排及 ABS、债券的协助发行。

（3）并购重组：包括船舶(航空)资产整合及剥离，股权并购及重组，公司业务扩张、收缩及退出；资产交易：包括船舶(航空)资产新造、二手船(飞机)买卖经纪业务以及长期租约安排。

（4）项目融资。针对船舶(飞机)及某个特定项目的债权融资、过桥安排及结构性融资等一揽子复合化融资安排。

（5）投资管理。如公司股权投资、航运公司、航运(航空)科技公司、与航运(航空)相关的上市公司船舶(飞机)资产投资；长、短期持有船舶和飞机(新造、二手)资产。

（6）债权类投资。包括融资租赁、分级债权投资、夹层投资、债转股投资。

（7）另类航运项目投资。包括租约、资产余值、航运期权及期货衍生品、拆解飞机的维修与评估。

（8）破产重整。针对破产所涉及的船舶抵押权、留置权、优先权及普通债务、员工及船员进行赔偿及安置，将营运效率较差的船舶(飞机)进行出售剥离，并组建新的航运(航空)公司营运主要运力。

（9）风险管理。如船舶、飞机的风险监控与管理，保险经纪与安排等。

（10）数据资产管理。

（11）船舶、飞机碳排放权与碳交易管理。

（12）不良资产投资。包括不良债权、破产重整、重组及清算、物理缺陷的资产收购投资等。

11.1.2　船舶资产管理

船舶资产管理，主要包括船舶资产评估、交易经纪、融资服务、船舶管理、运营服务、航运咨询等全流程经营管理服务，加快资产流转速率，促进资产保值增值。本部分重点介绍船舶资产评估是船舶资产管理的重要内容。

1. 船舶资产评估

（1）船舶资产评估的特点。

船舶资产的诸多特点可以集中表述为资产的技术特征和价值特征两方面。这些特征决定了船舶资产评估的特点。

①以技术检测为基础。船舶资产本身具有较强的工程技术特征,其技术水平和技术层次直接影响船舶的取得价格或变现价格,关系到船舶的新旧程度,是决定船舶资产价值的最基本因素,所以对船舶技术状态的鉴定是评估的基础工作。②以单台、单机为评估对象,逐一鉴定。③评估奉行继续使用假设。列为评估对象的船舶必须具有正常的航运能力,或者能够恢复其正常的航运能力,且维修费用要明显低于其评估值。

(2)船价和运费率。

船舶的市场价格从来都与运费率或租金密切相关。

根据航运市场情况来测算船舶的营运价值。不仅在造船和买二手船时需要,还应用于:

① 银行每年需重估船价,以便与未清偿贷款额比较,及时掌握情况,避免风险。

② 船舶接受救援,可能需要向法庭或仲裁庭提交船舶市值。

③ 作为计税或企业转让时的资产或投资额的估定值。

船舶估值是船舶经纪人的经常业务之一,这和房地产经纪人的估值业务是相似的。在资本主义国家中,房屋的价值不是以建造成本来确定的。船舶的情况也一样。

二手船的情况同新造船舶不同的是,用于购买二手船的费用中、船东自有资金所占比例较大(常占买入价的 40%—50%)。贷款部分的还款期较短。贷款利率较新造船高。因此,在营运收支分析上,一般不能作长期稳定收入的打算。即使如此,二手船价还是跟随着运费率水平而变动的。

货运费率的增长会导致船舶需求量的增长,对二手船价值立刻产生积极的影响。二手船与新造船互为替代品,二手船价格的上涨会导致新造船需求的增长。

2. 船舶现值评估

(1)重置成本法。

重置成本法简称重置法,是以被评估资产的现时完全重置成本(即重置全价)为基础,在扣除按重置全价计算的各种贬值项目后确定被评估资产评估值的一种资产评估方法。

其基本公示可表示为:

$$P = P_重 - S_1 - S_2 - S_3 \tag{11.1}$$

式中:P 表示被估资产评估值;$P_重$ 表示重置成本;S_1 表示实体性损耗;S_2 表示功能性损耗;S_3 表示经济性损耗。

或:

$$P = P_重 N \tag{11.2}$$

式中,N 表示成新率。

有时,也将式(11.2)单独作为一种评估方法,称为成新率法。

① 船舶的实体性损耗。

船舶的实体性耗损是由于使用及自然力作用而使船舶实体或使用价值发生的耗损。这种耗损一般用以下公式计算:

$$S_1 = (P_c - V_c)Y_1/(Y_2 + Y_1) \tag{11.3}$$

式中:S_1 表示船舶的实体性损耗;P_c 表示船舶的复原重置成本;V_c 表示船舶的残值;Y_1 表示已使用年限;Y_2 表示尚可使用年限。

② 船舶的功能性损耗。

船舶的功能性损耗是指由于生产或造船技术的进步,劳动生产率的提高,新的性能更好的船舶的出现,以及新的技术方法的应用,使原有船舶价值发生的贬值。具体表现为超额投资成本和超额运营成本。功能性损耗目前在国内船舶市场所交易的船舶中表现不明显,故一般情况下不予考虑。但对于国际船舶市场交易的船舶,它可按以下公式计算:

$$S_{21} = \sum_{n=1}^{N} (C_{1n} - C_{2n})(1-f)(P/F, i, n) \tag{11.4}$$

$$S_{22} = P_{复原} - P_{更新} \tag{11.5}$$

式中:S_{21} 表示超额运营成本产生的被估二手船功能性损耗;S_{22} 表示由超额投资成本产生的被估二手船功能性损耗;C_{1n} 表示被估船舶的第 n 年营运成本;C_{2n} 表示同类新船的第 n 年营运成本;f 表示为所得税税率(一般为 33%);$(P/F, i, n)$ 表示按折现率 i 及使用第 n 年计算得出的整付现值因子;$P_{复原}$ 表示被估二手船的复原重置成本;$P_{更新}$ 表示被估二手船的更新重置成本。

由于利用参照船舶采用类比法(功能价值法、生产能力比较法)估测的被评估船舶的功能性损耗已经将被评估船舶中的超额投资成本所形成的功能性贬值剔除掉,所以当利用参照船舶求功能性贬值时,只需要求出超额运营成本所形成的功能性贬值即可。

③ 船舶的经济性损耗。

船舶的经济性损耗是指由于外部环境的变化而使资产发生的贬值。外部环境的变化包括由于竞争加剧而使货运量减少引起船舶装载率减少、船舶闲置;由于通货膨胀、高利率等引起营运成本上升和收益锐减,使船舶贬值;以及由于航运政策、法规的变化限制了某种船舶的使用,使船舶贬值。一般情况下,船舶的经济性损耗可用外部环境变化前后的船舶收益差额。按航运业的平均收益率折现算出。

$$S_3 = \sum_{n=1}^{N} (D_{1n} - D_{2n})(1-f)(P/F, i, n) \tag{11.6}$$

式中：S_3 表示被估船舶的经济性损耗；D_{1n} 表示被估船舶在外部环境变化前第 n 年的收益；D_{2n} 表示被估船舶在外部环境变化后第 n 年的收益；f 与 $(P/F, i, n)$ 的含义与式(11.5)相同。

（2）现行市价法。

应用现行市价法评估，一般按下列程序进行：

① 评估对象一经确定，应明确评估指标（也叫比较项目）。

② 进行市场调查，收集相同或类似资产的市场基本信息资料。

③ 分析整理资料并验证其准确性确定参照物。评估人员对从市场收集到的资料应认真分析。验证其真实程度，然后在多个可供选择的参照物中判断选定一个或一组相似性较强的参照物。

④ 将被评估资产与参照物进行比较。

⑤ 分析调整差异。通过与参照物的比较，一般都可发现一些差异，为了得到正确的评估结论，就要进行定量分析，调整差异。

现行市价法主要包括市价折余法，市场价格比较法和收益现值法。

① 市价折余法。

如果参照物是全新资产而评估对象是使用过的资产，或者虽未使用但存在着一定的价值贬损，这时就应以参照物现行市价为基础，按现行市价计算贬损额作为扣除项，进而确定评估值。在资产评估中一般都应将资产已发生的有形损耗和无形损耗的价值列为扣除项。

以全新状态的参照物现行市价为基础，只将按现行市价计算的累计折旧额作为扣除项，以其余额作为评估值，这种资产评估方法就称为市价折余法。

市价折余法的计算公式为：

被评估船舶的评估值＝参照物船舶现行市价－按现行市价计算的累计折旧额

$\qquad$＝参照物船舶现行市价×(1－已使用年限×年折旧率)

$\qquad$＝参照物船舶现行市价×(1－累计折旧率) $\tag{11.7}$

或为：

$\qquad$ 被评估船舶评估值＝参照物船舶价格×成新率 $\tag{11.8}$

② 市场价格比较法。

市场价格比较法是当不能在市场上找到与被评估资产完全相同的参照物时，选择若干个类似的参照物或已成交案例,分析比较评估对象与各个参照物或成交案例的因素差异,根据参照物或案例价格进行调整处理,进而确定被评估资产评估值的方法。这里的若干参照物或案例,一般要求 3 个或 3 个以上。

目前,国际船舶市场已具规模,船舶经纪公司较多,研究航运市场咨询的公司也较多。这些都为运用市场价格比较法估算船舶价值创造了非常好的前提条件。

市场价格比较法的计算公式为:

$$MP = \frac{1}{n} \sum_{n=1}^{N} p_i (1+a_i)(1+b_i)(1+c_i)(1+d_i) \tag{11.9}$$

式中:MP 表示被评估船舶市场价格的估算值;n 表示被评估船舶参照对象的数量;P_i 表示被评估船舶参照物的市场交易价格;a_i 表示被评估船舶市场价格与其第 i 个参照物市场交易价格在时间上的差异系数;b_i 表示价格的市场差异系数;c_i 表示价格的品质差异(主要指两者技术状态上差异)系数;d_i 表示价格的公允性差异系数。

在大多数情况下,公允性差异系数为零。因此在找到被评估船舶参照对象并知道它们价格的前提下,要计算被评估船舶的评估值,就必须确定前三个系数。

$$1 + a_i = \prod_{i=1}^{k} (1 + a_{it}) \quad i = 1, 2, \cdots, n \tag{11.10}$$

式中,a_{it} 表示第 i 个参照对象第 t 期(月、季度、年等)的价格被动系数,$t = 0, 1, \cdots$;k 表示 P_i 的形成($t = 0$)(参照对象交易时间)到评估所指定的时间(评估基准日)的期限长度;a_{it} 可从研究国际航运市场的几家著名的杂志上获得。

$$b_i = \frac{\sum_{g=1}^{G} W_g (P_g^I - P_g^{II})}{\sum_{g=1}^{G} W_g P_g^{II}} \quad i = 1, 2, \cdots, n \tag{11.11}$$

式中,P_g^I,P_g^{II} 表示市场 I(第 i 个参照对象的交易所在市场)和市场 II(被评估船舶所在市场)第 g 种资产的市场价格;W_g 表示第 g 种资产市场价格的权重系数,且 $\sum_{g=1}^{G} W_g = 1$。

式(11.11)测量两个不同地点的资产市场的价格水平差异,它是影响船舶价格估算的重要因素。求这个系数最简单的方法是通过查参照对象交易所在市场与被估船舶所在市场的物价指数得到。

$$c_i = \frac{PV - P\overline{V}_i}{P\overline{V}_i}, \quad i = 1, 2, \cdots, n \tag{11.12}$$

式中，$P\overline{V}_i$ 表示第 i 个参照对象的收益现值；PV 表示被评估船舶的收益现值。

式(11.12)定义了船舶的使用价值，因此船舶的品质（主要指技术状态）反映了其效用，这也是符合现实的。$P\overline{V}_i$ 和 PV 可以通过模拟参照对象和被评估船舶在同一时间、同一地点、装运同一货物所获得的收益来计算，也可以简单地通过两者的吨/天油耗量来计算。

为了使评估工作简单，评估结果准确可靠，正确选择好参照船舶非常关键。一般可按以下几个原则来选择：

● 尽可能选择在同一个船舶交易市场上已成交的船舶。这样可以避免计算 b_i 所带来的麻烦。如果实在难找到同一个交易市场上的船舶时，则可以到其他船舶交易市场上寻找，这时就必须使用式(11.11)求得 b_i。

● 参照船舶应尽可能和被评估船舶在船龄、船型、载重量等船舶主要参数方面相同或相似。

● 尽可能多选择几个参照对象，一般选择三个以上。这样可使评估结果更加准确可靠。如果只能找到一个参照对象，则它最好与被评估船舶出自同一份图纸或相互之间存在母型船关系。

● 参照对象的交易日和评估基准日越近越好。这样可以使 a_i 的计算相对简单。

③ 收益现值法。

收益现值法是将被评估资产的预期收益转化为资产现时价值的一种资产评估方法，一般简称为收益法。收益现值法根据资金的时间价值原理，通过对被评资产的未来预期收益的估算并折为现值，从而确定被评资产价格。具体原理是将评估对象在剩余寿命期间各年的预期收益，用适当的折现率折现，累加得出评估基准的现值，以此作为资产价值的方法。用该方法确定资产评估值时，只以其在未来计算期内所创收益为基础数据，而不考虑购建该资产的历史成本，因而得出的评估值在市场经济条件下可以被产权变动各方所理解和认同。其基本计算公式为：

评估值＝未来收益期内各期的收益现值之和

即：

$$P = \sum_{t=1}^{n} F_t (1+i)^{-t} \tag{11.13}$$

式中，P 表示评估值；F_t 表示未来第 t 个收益期的预期收益额，当收益期无限时，t 为无穷大，当收益期有限时，F_t 值中还包括期末资产剩余净额；i 表示折现率。

由于船舶经营市场存在许多不确定的因素。诸如装、卸货时间，候泊位时间、进出港辅助航行时间、船舶的营运率、装载率以及船舶的营运环境等，所以要准确预测某一船舶的未来收益非常不容易。

船舶的营运收入,可以有几种计费办法,按经营方式而定,包括班轮运价和租船运价(航次租船运价和定期租船租金),班轮运价和航次租船运价中包括了燃油、港口费用等变动成本,即航次费用与定期租船租金之间可以相互换算。在进行船舶投资分析或估值时,一般用不包括变动成本在内的定期租船租金作为计算要素之一,主要包括:船员工资、本息分摊、修理费、物料费、管理费和其他费用(调整费用等),即包括了本息分摊(或折旧)和不包括航次费用在内的营运成本两部分,这两部分的现金流量总和,加上残值,按一定贴现率折算成现值,就是船舶的现值。

定期租船租金不包括通常由租船人承担的航次费用,可以确定一个长期稳定的,或按一定比例或数额递增的约定值作为计算的基础。当然,租船人所能接受的租金与航次费用的水平有关,如果燃油价格提高,船的耗油量提高,或者船的装卸费用提高,租舱人只能接受较低的租金。对此有必要作相应的估计和调整。

现值、收入(租金)、营运成本、残值之中已知任意三个数值,即可由下式求出未知值,式中还涉及利率、年限和成本增长率。

$$PV = G\frac{1-\dfrac{1}{(1+i)^n}}{\dfrac{i}{(1+i)^{\frac{1}{2}}}} + \frac{L}{(1+i)^n} - R \times 365 \times \frac{1-\left(\dfrac{1+e}{1+i}\right)^n}{\left(\dfrac{1+i}{1+e}\right)-1}(1+i)^{\frac{1}{2}} \qquad (11.14)$$

式中,PV 表示现值(元);$G=HD(1-C)$;H 表示每日租金(元/天),已知每载重吨月租;D 表示营运日数(天);C 表示佣金比率;L 表示残值(元);R 表示每日营运收入(元);i 表示回收率(利率);e 表示营运成本年增长率;n 表示期限(年)。

计算中的均匀年金现值因子 $\left[1-\dfrac{1}{(1+i)^n}\right]/i$ 和复利现值因子 $(1+i)^{-n}$ 均可从工程经济书籍中的表格查得。将现值除以 $(1+i)^{1/2}$ 是设定年度内按年中计算现金收入的修正,按照约定的租金收款条件,也可用其他办法修正。

如果租金逐年递增,则有两种情况:

● 租金逐年递增一定比率 g,此时将上式小的 $(1+i)$ 除以 $(1+g)$ 即可。

● 租金逐年递增一定数额 z,则式(11.14)右端第一项改为:

$$\sum_{j=k}^{n} G(H+z_j)/(1+i)^{(j-0.5)} \qquad (11.15)$$

在头几年租金维持不变(k 年内)的情况下,则分两部分计算后相加。

利用上述计算办法,可以对租金和营运费用的影响作简单的敏感性分析,假定船舶载重量为 36 000 吨、租期 10 年、残值 120 万美元、回收率 12%、每日营运费用以 2 500 美元为基准,增长率为 7.5%,租金以 10 元/(吨·月)为基准,则不同租金和营运费用变化所引起的船舶现值的变化大致如表 11-1 所列(注:这些数值并不反映当前的市场情况)。

表 11.1　租金和营运费用变动的影响

租金＼营运费用	0	100%	200%
0	0	−40%	−80%
50%	70%	30%	10%
100%	140%	100%	60%
150%	210%	170%	130%
200%	280%	240%	200%

由表 11.1 可见,租金变动对船价的影响很显著(斜率大于 1);而营运费用也有相当影响(斜率接近 0.4),但其实际变化范围较小。

如果有比较可靠的原始数据,常常能得出有趣的计算结果。如一艘 8 200 吨集装箱船,某船东曾以 3 300 美元/天的租金租用,在非正式探询中,曾表示可出价 300 万美元购买新造姐妹船(原价 700 余万美元),据了解,该船实际营运成本约为 1 700 美元/天,如按租期 5 年,残值(五龄船价)200 万美元,$i=9\%$,$e=7.5\%$,租金 5 年不变的条件计算,现值为 305 万美元,正好与其意图相当。如果要想增加 100 万美元售价,则租金需增加到 3 978 元/天,这是比较困难的。如果航运市场前景较好,则很容易通过加长租用期限来调整平衡。

在计算中,几个数值的参考范围为:

● 年营运天数:一般按平均 355 天/年计算;

● 营运成本增长率:7.5%—10%(或 8%—12%);

● 租船佣金率:2.5%—3%;

● 回收率:i 可按市场利率确定,通常也可按伦敦银行同业拆放利率(LIBOR)加 1%—2%来计算。

④ 各种评估方法适用船舶情况分析。

在能收集到数据的情况下,重置成本法适合评估任何一种船舶。由于它的工作量大,所以在一般情况下不要用它(由于中国的市场信息欠发达,所以在评估其他资产时大多数采用它,而西方一些发达国家市场信息发达,数据获取也较容易,所以他们大多数采用市场价格比较法)。

干散货船类船舶,由于市场买卖较为活跃,能够很容易得到各种吨位船型的参照价格,因此适用于市场价格比较法。其评估过程简便可行,评估结果也较为可靠。干散货船经营市场大多数为不定期船即期市场,某艘船舶的未来收益受许多不确定性因素影响,如货源是否得到保证,油价是否稳定,航线是否经常变动等,其未来经营收益没有保证,用收益现值法估算干散货船的价格是不合适的。此外,二手油船市场交易和干散货船市场一样活跃,也较容易找到二手船的参照物,所以也非常适合市场价格比较法评估。

一些专用船舶(如 LNG 船)在进行二手船交易时,常使用收益现值法。因为其二手船市场交易很少,用市场价格比较法很难找到参照对象,所以市场价格比较法不适用。

集装箱船市场交易虽没有散货船和油轮活跃,但在用其他两种方法评估难以收集到准确数据的情况下,市场价格比较法是可用的。集装箱船运输市场是定期船市场,定期船市场除了它的运费会适时调控、装载率会变动外,其他因素基本上是一些确定性因素。

11.1.3　航空资产管理

航空资产评估是航空资产管理的前提,本部分将重点介绍。

资产评估是评估机构和人员,按照特定的目的,遵循客观经济规律和公正的准则,按照法定程序,运用科学方法,对资产价值进行评定和估算的行为。航空公司资产评估包括无形资产的评估、有形资产的评估和公司整体价值的评估。

1. 航空公司无形资产评估

(1)概述。

无形资产对企业的发展和经济效益的提高起着至关重要的作用,航空公司的无形资产包括航线权、停机位、商标、管理者的管理水平、员工的工作经验等。

① 影响无形资产价值的因素。

无形资产评估受到成本、无形资产本身状况、无形资产实现风险大小、无形资产实施的环境、无形资产的交易特征、市场因素及法律因素等影响。

当无形资产作为商品在市场上进行交易时,其交换价值的确定有时也受获得该项无形资产的成本及供求关系的影响。通常,资产购买方的出价不会高于使用该资产获得的净收益,资产出售方则不愿以低于该资产的成本要价,成交的条件是资产使用的净收益大于或至少等于资产的成本。在无形资产评估中,成本虽是一个重要的考虑因素,但不是决定因素。

无形资产本身的状况主要包括:无形资产的有效期、无形资产的使用价值、无形资产的收益因素、无形资产的市场供求关系、无形资产的社会价值。

无形资产实现的风险大小对无形资产未来收益预测是否准确,直接影响到无形资产价值的评估,而收益受很多不确定因素影响,因此收益的实现带有极大风险。

无形资产的交易特征包括无形资产的转让方式、转让次数、转让内容及价格支付方式。

无形资产转让次数越多,受让者的竞争对手越多,所获得的收益就越少。无形资产一般只转让使用权。无形资产价格支付方式有一次付清、分次支付、有先支付基础部分后付分成等多种支付形式,不同的支付方式,使双方承担的经济风险不同,也会影响到其价格。

此外,无形资产的价值受经营环境影响较大。在航空公司无形资产评估中,同一项无形资产在不同的环境下,给航空公司带来的经济效益是不同的,例如,同一航线让不同的航空公司经营,航线经营利润很可能不同。

② 常用的评估方法。

常用的评估法包括成本法、市场法、收益法。

成本法从历史角度来推导资产的价值,它是根据过去发生的市场交易情况,由过去的数据来测算和推导资产的现时市场价格。

市场法从现在市场价格的角度来推导资产的价值,它是根据近期或现时发生的市场交易情况,由近期或现在的数据来比较推导资产的现时市场价值。

收益法也称为收益现值法,从未来收益状况的角度来推导资产的价值,它是根据有条件的预测未来发生的市场交易情况,由未来的收益预测推算资产现时的市场价值。

在无形资产评估中,特别要对航线价值评估进行分析。

(2) 航线价值评估。

① 决定航线价值的因素。

决定航线价值的因素有以下几个方面。

第一,航线本身状况。指航线现有的和未来预计的运量,运量与航线网的匹配度,运量随季、月、天、时的变动程度。另外,航线价值还受经济管制的影响,在完全竞争环境下,天空自由开放,没有经济管制。航线上的经济管制越多,潜在的垄断利润越高。随着航班频度的加大,票价的市场化和公开化,同一航线上的竞争者将会增多,垄断利润将会下降,航线价值也会下降。在许多国家,航空服务条约的自由化是加速竞争和减少垄断的有效手段。目前,世界各国领空开放的可能性很小,因此航线垄断利润仍然存在,但会随市场竞争的加剧而逐渐减少。

第二,管理者的管理水平。指航空公司经营和管理航线网络的能力。成功的经营者可以将航线组合成为一种高效和盈利的航线网络,从而为公司创造更多盈利。此外,管理能力与公司的战略以及航空公司降低成本,提高收入的效率有关。这些影响因素虽然很难量化,但是可以通过对航线价值的影响间接反映出来。

第三,航线的交易特征。主要是指航线交易的性质。包括航线的获得是否增加了航空公司现有的航线网络;航空公司或其分公司之间是否发生了兼并或重组;获得航线的同时是否获得了一定的停机位或飞机;交易发生的时间;航线交易是否通过竞标进行。在美国,有些航空公司购买的是地区航线,从泛美航空公司购买的航线,包括卖方的地区航线经营,还包括飞机和停机位的经营。而有些航空公司购买的是国际航线,国际航线通常与一个枢纽港相联结,且由买方经营。

② 航线价值的评估方法。

在航线价值评估中,通常采用三种评估方法:市盈率法、贴现现金流量法、方程分析法。

第一,市盈率法。

市盈率法是收益法的一种形式,它是根据被评估资产的收益和市盈率来确定其价值的方法,即资产价值=资产收益×市盈率。由公式可以看出,利用市盈率法需要做两个基础工作,即确定市盈率和资产收益。用该方法进行航线价值评估,必须具备以下前提条件:有一个充分发育、活跃的无形资产市场,市场交易越活跃,交易的无形资产越多、越频繁,就越容易得到与被评估无形资产相类似的无形资产的市场价格及相关的信息资料;参照物及可比较的指标,技术参数等资料是可收集的,这些资料有助于确定市盈率和资产收益。

利用市盈率法进行估价时,航线价值等于当前或者计划年内航线经营的净利润与市盈率的乘积。市盈率是以市场价格确定的。如泛美航空公司 1988 年将在德国的航线以4.3 亿美元卖给了德国汉莎航空公司。泛美航空公司 1987 年该航线的经营净利润大约是 4 300 万美元,市盈率约为 7,则该航线价值为 3.01 亿美元。采用市盈率法进行估价时,需要确定标准市盈率,一般通过具有可比性的航线交易数据资料进行估算。该估价方法的难点在于确定一条航线或一组航线的经营利润。

第二,贴现现金流量法。

贴现现金流量法的基本原理是:任何资产的价值等于其未来全部现金流的现值总和。利用该方法进行航线价值评估时,首先要假定航线是航空公司的一项投资,在未来使用年限内可以产生稳定的净现金流量,然后采用一定的贴现率对净现金流量折现,从而得到航线的内在价值。这种评估方法的基础是未来的现金流量和贴现率,如果航空公司经营航线有正的现金流,且未来的现金流可计量,还可以根据现金流相关的风险特征较为恰当的确定贴现率,那么就适合采用贴现现金流量法,但实际情况与模型的假设条件往往不符,因此该方法在实践中很难被推广,主要原因是:

● 资产未来可使用年限难以确定,而利用会计方法确定的资产可使用年限通常都很长。

● 经济环境和经济管制的不确定性使得未来收入和成本很难准确量化。

● 应考虑资产的终值和资产再投资条件。

● 运用该方法对非上市公司的无形资产进行评估的最大难点在于非上市公司的风险难以度量,从而难以确定适当的贴现率,解决方法之一是参考可比上市公司的风险参数。

● 航线未能充分利用,从而其内在的价值并没有真正体现出来。因为价值是体现在现金流量中的,如果航线未能充分利用,航空公司价值会被低估。

第三,方程分析法。

在方程分析法中包含一个变量或多个变量,航空公司以实际支付的航线价款为基础对模型方程进行调整。这些变量包括:与变量相关的收入;与变量相关的运量。

该方法仅适用于美国航空公司之间的航线交易。假设美洲航空公司每年支付给环球航空公司 1.95 亿美元为芝加哥—伦敦航线使用费,且该航线每年承运旅客 19.5 万美元。如果泛美航空公司北大西洋航线每年可以承运 3 700 万美元旅客的话,则该航线价值即为 39 亿美元,大约是芝加哥—伦敦航线价值的 20 倍。

2. 航空公司有形资产评估

有形资产的评估,其价值的大小主要取决于现实状况。例如,对航空公司机器设备和飞机进行评估时,着重考察它的性能如何,是否实用,实体性损耗状况以及当前资产的价值等,以此来判定其价值的大小。

(1) 飞机价值评估与其他有形资产评估的区别。

经济理论和常识都认同一个基本原则,类似的资产应该有类似的交易价格。按照这一原则,评估一项资产价值的一个直截了当的方法就是找到一个可以参考的、买卖双方刚刚进行完的交易或者具有可比性的资产。这一原则意味着被评估资产的价值等于可比较资产的交易价格。这种评估方法在房地产评估中使用效果很好,如果有 5 所类似的房屋,而其中 1 所刚刚被出售,那么,另外 4 所房子的价值就可以按照已出售房子的卖价来估算。

飞机价值的评估不同于其他有形资产的评估,可以借助飞机二手交易市场进行。飞机价值评估主要面临三个难题:一是缺少有关航空公司地面服务设施的交易;二是飞机不同于普通的有形资产,不具有可比性和可参照的市场交易,飞机使用年限、飞行总时间和飞行周期以及飞机大修理时间都难以确定;三是飞机二手交易市场具有周期性,模拟飞机价格不可行。

(2) 飞机价值评估方法——重置成本法。

重置成本法是成本法的一种,其原理是根据资产在全新情况下的重置成本,减去按重置成本计算的已使用年限的累计折旧额,考虑资产的功能变化、成新率等因素,评定重估价值;或根据资产的使用期限,考虑资产的功能变化等因素重新确定成新率,评定重估价值。

在重置成本法中,飞机的重估价值主要由重置全价和飞机的成新率(反映飞机新旧程度的指标)两大要素决定,在此基础上再考虑损耗。可由以下公式表示:

$$飞机重置净值＝飞机重置全价－已损耗价值 \tag{11.16}$$

式中,飞机重置全价是采用现行市价确定的,如果被评估的机型已经停止生产,可对市场上可类比的飞机进行估价;损耗价值可以用飞机的折旧表示。例如,某资产评估师利用直线法对飞机计提折旧,折旧年限(即飞机的有效使用年限)为 20 年,残值率为 10%,然后利用飞机的重置全价扣除折旧,最终得到航空公司现行机队的市场价值。

3. 航空公司整体价值评估

（1）概述。

航空公司是资本市场中特殊的商品，其价值如何确定以及确定方法是否准确是资本市场的一个重要课题。通常资产评估师利用市场比较法对航空公司的整体价值进行评估，这种方法的实质就是把企业内部的财务指标或比率与市场上可比公司的比率进行比较，从而得出公司的市场价值。其在国外航空公司价值评估中应用很广泛。

（2）市场比较法的评估过程。

市场比较法有时也称为相关评估法或直接比较法，这是一种基于替代性原则的评估方法。根据替代性原则，相似的资产应该有相似的价值，按照这一原则，评估目标航空公司的价值时，也可以采用公司价值与相近企业类比的方法。在用比较法对整个公司进行评估时，由于经营水平、经营规模、资本结构等各种差别，应该用一定的比率进行评估。采用比率法进行评估时，应选择恰当的比率，筛选并确定影响该比率的相关变量，选取比较企业（可以是股票交易所中全部或部分的上市航空公司），进行比率和变量的多元回归分析并得出回归方程，根据方程计算出目标企业比率数值，最后得出企业价值。

① 选择可比公司。

在评估不公开招股的公司价值时，选择可比企业可以有两种方案，一是选择不公开招股企业，二是选择上市公司。一般只选择其他上市公司作为比较企业，选择上市公司作为比较企业的最大好处是很容易获得许多财务数据和其他相关资料。对可比企业的基本要求是它与被比较企业应属于同一行业。

② 选择估算比率。

在比较评估法中，选择合适的估算比率至少和选择具有可比性的企业同等重要，从逻辑上来讲，所选择的比率应该是个接近常数的比率，用 P/X 来表示。其中 P 表示企业的价值或价格，X 表示被选择的财务变量，根据经济理论，这些财务变量应该与公司的价值紧密相关。实践中使用比较多的财务变量有盈利、销售收入、现金流量等，为了选择合适的财务变量，资产评估师可以查找并根据有关数据做出判断。假设找到了一组可比的航空公司，可以选择不同的 X，然后计算 P/X 比率在各个可比航空公司之间的波动情况。如果根据一定的 X 价格销售所计算的比率波动相当大，这就说明所选择的 X 不太合适。目前应用最为广泛的比率是市盈率（P/E）。

第一，价格收益比（市盈率）。

市盈率估价在航空公司整体价值评估中应用很广泛，原因很多。首先，它是一个将股票价格与当前公司盈利状况联系在一起的十分直观的统计比率，价格和收益也是上市公司最容易被观察到的两个财务数据。其次，对大多数股票来说，市盈率易于计算，并容易以其他途径得到，易于在航空公司之间作比较。再次，它能作为航空公司风险性和成长性的代表。

第二,其他比率。

其他比率,包括价格销售收入比率(P/S),价格现金流量比率(P/CF)。

每个比率都有其适用的情况,应根据各个航空公司的特点、评估目的等因素加以选择。

第三,选择一个标准化的衡量尺度。

通常是收益、现金流、账面价值或营业收入。例如利用市盈率模型评估航空公司整体价值的步骤如下:

● 评估航空公司当年收益或净利润和未来至少一年的收益或净利润。

● 在比较分析其他航空公司的市盈率的基础上,同时参考市场公布的航空公司市盈率和市场平均市盈率,以此评估航空公司历史市盈率和预计的市盈率。

● 评估航空公司发行的股票总数和每股价格。

● 计算航空公司的市场价值(收益乘以市盈率)。

市盈率法最大的难点是确定价格收益比率,通常受下列因素的影响:折旧政策,以及融资租赁和经营租赁在资产负债表表外披露的情况。此外,各航空公司税收政策和所处市场环境的不同也会加大计算误差。

市盈率法的缺陷是:由于该方法的评估结果是建立在可比公司市场价值的基础之上,所以它不可避免要受到现行市场偏见正面或负面的影响。因此该评估结果不能完全反映公司的内在价值,而要受到市场被高估或被低估的影响。

11.2　企业并购

11.2.1　基本概念

1. 企业兼并

企业兼并(merger)和收购(acquisition)通常简称为 M&A,译为并购。企业并购在各国公司法中都有较明确的规定。

企业兼并(或称为企业合并),主要指两个或两个以上公司依照法律规定的程序,合并成一个公司的行为。

2. 企业收购

企业收购指一个公司依照法定程序收购其他公司的部分或全部资产、或股权以达到控制该公司的行为。

兼并与收购的区别有:兼并是两个企业合并为一个企业,合并各方资产进行重新组合,一般只保留一个法人。收购是一个企业通过收购资产或股权以实现对其他企业的控制,收购后通常只进行业务整合,两个企业仍保留两个法人资格,不一定发生控制权转移。另外,兼并多数是善意的,而收购多数是恶意的。

11.2.2　动因分析

从总体上,企业并购动因可概括为五大类:第一类是生存型动机;第二类是防范型动机;第三类是多元化型动机;第四类是扩张型动机;第五类是非利润型动机。

1. 规模经济

规模经济指企业生产和经营规模扩大,引起企业投资和经营成本降低,从而获得较多利润的现象。

2. 财务协同论

(1) 通过企业并购实现合理避税的目的。

按照西方现行税法利会计制度,具有不同纳税义务的企业可通过并购获利。

首先,企业可以利用税法中亏损递延条款来达到避税目的,减少纳税义务。亏损递延是指,如果某公司在一年内出现了亏损,该企业不但可以免付当年所得税,亏损还可以向后递延,以抵消以后几年的盈余,企业根据抵消后的盈余缴纳所得税。

其次,在企业并购中,如果是采取以换股(stock for stock)方式,也可以达到免税目的。例如公司 A 向公司 B 的股东发行公司 A 的股票,以此来换取公司 B 的部分或全部资产,从而达到并购目的。在这一过程中由于公司 B 的股东并未收到现金,只收到公司股票,因而不需要纳税。在现代资本市场中,部分企业并购采取换股方式。

再次,如果并购企业向被并购企业发行可转股债券,同样可以减少纳税义务。因为并购企业可以预先减去它所发行可转换债券的利息,从而使其赢余总额减少,达到少纳所得税的目的。

(2) 通过企业并购来提高价证券价格。在某些情况下,企业并购后所增加的价值可能会大大超过并购前各企业价值的总和。

(3) 公司股票过低的估价率也使并购有利可图。公司股票估价中是决定企业并购的一个重要因素,估价率指市值与资产值之比,即:股票数×股票价格/资产账面值。如果一家公司由于经营不善,其股票价格低于资产账面值,它将很容易成为"资产掠夺者"(并购者)的首要目标。

3. 市场占有理论

市场占有理论认为,企业并购的主要原因是提高企业产品市场占有率,提高企业对市场的控制能力、垄断程度,从而获得更多的超额利润及垄断利润。

4. 企业发展理论

企业发展靠并购方式比靠内部积累方式速度更快，效率更高。

（1）并购可以减少投资风险和成本，缩短投入产出时间。

（2）并购有效降低进入新行业的障碍。企业在进入一个新的经营领域时将面临进入障碍和行业内现有企业的反应。

（3）并购可以充分利用经验曲线效应。经验曲线效应是指企业的生产单位成本随着生产经验的增多而有不断下降的趋势。因此，在企业需要发展壮大时，许多企业都是采取并购其他企业的形式，在跨国经营或投资中尤其如此。

5. 企业竞争论

竞争作为企业并购动因，主要来自两个方面，一是企业为了提高在市场中的竞争能力和扩大规模而进行并购；二是企业为了抵制被其他企业并购而进行的并购。

11.2.3　并购形式

（1）新设合并与吸收合并。

① 新设合并，又称设立合并、创新合并。指两个或两个以上的公司合并成一个新公司的商业交易。即：A＋B＝C。

② 吸收合并，又称存续合并。是一个或几个公司并入一个存续公司的商业交易行为。即：A＋B＝A。

（2）直接兼并与间接兼并。

① 直接兼并。在直接兼并中，又可分为向前兼并（或上游兼并）和向后兼并（或下游兼并）。

② 间接兼并。间接兼并主要指收购公司首先设立一个子公司或控股公司，然后再以子公司的名义兼并其他公司。

（3）横向兼并、纵向兼并和混合兼并。

从市场结构与产业关联的角度看，又可分为横向兼并、纵向兼并和混合兼并。

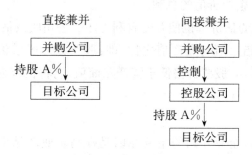

图 11.4　直接兼并与间接兼并形式

① 横向兼并指生产和经营相同或相似的产品，或提供相同或相似劳务的企业之间的兼并。

② 纵向兼并指同一产品或劳务的不同生产阶段企业之间的兼并。

③ 混合兼并指产品不相同，在生产工艺上也没有前后关联性的企业之间的兼并。

（4）善意收购与恶意收购。

① 善意收购。善意收购又称为"白衣骑士"，指收购公司通常能出较公道的价格，提供较好的条件。这种收购主要通过收购公司的董事会与目标公司的董事会之间协商来进行。双方在相互认可、满意的基础上制定出一个收购协议。

② 恶意收购。敌意收购又称"黑衣骑士"，是指某些企业通过秘密收购目标公司分散在外的股票等手段对其形成包围之势，使目标公司不得不接受苛刻的条件把公司出售，从而实现控制权的转移。在恶意收购中，收购公司通常要以高于目标公司股票市场价格来收购目标公司的股票（一般要高20%—50%）。进行恶意收购，往往要遭遇目标公司董事会的反对或反击，因而收购公司通常是直接向目标公司的股东发出收购要约，即向目标公司的股东提出收购其部分或全部股票的现金报价，也可能是现金和本公司证券的联合报价。

（5）按付款方式不同的收购。

① 用现金购买资产，指收购公司使用现金购买目标公司绝大部分资产或全部资产，以实现对目标公司的控制。

② 用现金购买股票，指收购公司以现金购买目标公司的大部分或全部股票，以实现对目标公司的控制。

③ 以股票购买资产，指收购公司向目标公司发行收购公司自己的股票以交换目标公司的部分或全部资产。

④ 换股方式，一般收购公司可直接向目标公司的股东定向发行股票以交换目标公司的大部分或全部股票，股票数量通常至少要达到收购公司能控制目标公司所需。

（6）杠杆收购与管理层收购。

① 杠杆收购（leverage buy out，LBO）。指收购公司先投入资金，成立一家处于完全控制之下的"空壳公司"，而空壳公司以其资本以及未来买下的目标公司的资产及其收益为担保进行举债。

② 管理层收购（management buy out，MBO）。指在有些目标公司遭到袭击时，目标公司中对公司经营情况最为清楚的管理层认为公司有发展潜力时，会成立一家新公司，并通过大量举债筹资，对目标公司股票进行收购。

11.2.4　并购业务流程

企业并购程序相当复杂，单从法律方面来说，至少涉及公司法、证券法、投资法、会计法、税法、金融法、竞争法或反托拉斯法等。如果从并购策略运用和技巧策划来说，就更复杂了。本部分只分析并购的一般程序。

1. 并购程序

企业在确定并购对象并经过协商后，大致有以下几个阶段：

（1）合并双方的公司董事，应各自通过有关合并决议。

（2）董事会将通过的决议提交股东大会讨论，并由股东大会予以批准。

（3）合并各方签订合并合同，此合同须经各方董事会和股东大会的批准。

（4）合并合同一经股东大会批准，应在规定时间内到政府有关部门登记。存续公司应当进行变更登记，新设公司应进行设立登记注册，被解散的公司应当进行解散登记。只有在政府有关部门登记注册后，合并才正式生效。

2. 收购程序

收购资产的一般程序与企业合并基本类似，股权收购的程序主要指收购公司股权（特别是上市公司）的一般程序。如图 11.5。

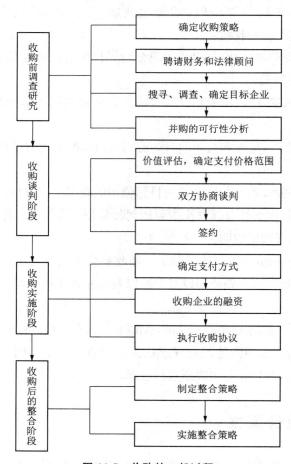

图 11.5 收购的一般过程

11.3　船舶交易

11.3.1　船舶交易与船舶交易服务机构

1. 船舶交易

根据中华人民共和国交通运输部发布的《船舶交易管理规定》,船舶交易是指船舶所有人向境内、境外转让船舶所有权的行为。船舶交易应按照《船舶交易管理规定》第七条确定的范围在船舶交易服务机构进行。

2. 船舶交易服务机构

指依照《船舶交易管理规定》设立,不以营利为目的,为船舶的集中交易活动提供场所、设施和信息,组织开展交易鉴证、评估等相关专业服务的组织。各省、自治区、直辖市交通运输主管部门(或航运管理机构,下同)应会同相关部门根据本地区的实际情况,按照适度集中、便利交易、公平有序的原则,加强对本地区船舶交易服务机构的管理,合理确定船舶交易市场的布局安排,并报交通运输部备案。

3. 设立船舶交易服务机构具备的条件

① 有固定的营业场所和从事业务活动的必要设施。

② 有不少于5名熟悉航运、船舶技术和船舶交易的专业人员。

③ 有规范的规章制度,包括交易规则、服务规范及交易文件档案管理办法等。

④ 具有连接或使用全国统一船舶交易信息平台的相关技术条件。

船舶交易服务机构应依法取得营业执照,并向省级交通运输主管部门备案。省级交通运输主管部门应根据本地区船舶交易市场的布局安排,对符合上述条件的船舶交易服务机构予以公布,并报交通运输部汇总公布。

11.3.2　船舶经纪

船舶交易经纪是指为船舶交易提供居间、行纪、代理等活动,并获得佣金报酬的经营性活动。从事船舶交易经纪活动,应至少配备2名从事航运、船舶交易相关行业3年以上工作经验的专业人员,依法取得营业执照,并向所在地地级市交通运输主管部门备案。从事船舶交易经纪活动,应当遵守国家法律法规,遵循平等、自愿、公平和诚实信用的原则。船舶交易服务机构应定期公布进场的船舶交易经纪人名单,并建立信用等级档案。

船舶交易服务机构不得从事船舶交易经纪活动,任何单位和个人不得影响船舶交易方自由选择船舶交易经纪人。

11.3.3 船舶交易程序与法规

船舶交易服务机构应当提供公开、公平、公正的交易环境和便利的交易条件,保障船舶交易依法进行,并接受相关部门依法实施的监督检查。

1. **交易船舶类型**

下列船舶的交易应通过船舶交易服务机构进行:

(1)国际航行各类船舶;

(2)港澳航线各类船舶;

(3)国内航行油船(包括沥青船)、化学品船、液化气船;

(4)100总吨以上内河普通货船、200总吨以上沿海普通货船;

(5)50客位以上的国内航行客船。

除上述船舶外,各省级交通运输主管部门可根据本地区的实际情况,确定需要通过船舶交易服务机构进行交易的其他船舶。

2. **交易方提供的文件**

交易方应当向船舶交易服务机构提供下列文件,并对其提供材料的合法性、真实性负责:

(1)船舶所有权证书、国籍证书;

(2)船舶检验证书;

(3)交易双方的身份证明或营业执照,若由他人代理的,还需提供委托人签章的授权委托书和被委托人的身份证明或营业执照;

(4)抵押权人同意船舶转让的书面文件(如船舶已设定抵押权);

(5)确认船舶交易合法性的其他材料。

船舶交易服务机构应建立完整的船舶信息数据库,船舶交易信息应包括船名、船舶类型、建造日期、船厂及建造地点、船籍港、船舶主尺度、船检机构、船舶成交价格、船舶出让方和受让方等。

船舶交易双方成交后,应当向船舶交易服务机构缴纳交易服务费。船舶交易服务机构应按照不以营利为目的的原则,合理测算交易服务费收取标准,并报地级市交通运输、价格主管部门核准。船舶交易服务机构应在船舶交易完成后,向交易方开具税务机关监制的购船发票(船舶交易发票)。对未经船舶交易服务机构鉴证或交易的,船舶交易服务机构不得开具购船发票(船舶交易发票)。船舶交易方应当凭船舶交易服务机构开具的购船发票(船舶交易发票)等有关材料,向船舶登记机关办理船舶所有权登记或注销手续,向交通运输主管部门办理船舶营运证或国际航行船舶备案手续。

上海航运交易所受交通运输部委托,组织其船舶交易服务机构会员拟定统一规范的船舶交易服务规范、交易规则、交易合同示范文本,并报交通运输部备案。上海航运交易所受交通运输部委托,建立全国统一的船舶交易信息平台,提供船舶交易信息服务。各地方船舶交易服务机构应当向上海航运交易所及时报送本机构的船舶交易信息,由上海航运交易所定期汇总发布全国船舶交易信息和市场行情。油船、化学品船、液化气船、客船等重点监管船舶进行交易时,应在船舶交易信息平台进行信息公示,船舶交易服务机构应及时受理有关方提出的异议,并向航运、海事管理机关报告。

国内其他沿海沿江城市也建立了船舶交易或航运交易所,主要在宁波、青岛、广州等地。

11.4 航空交易

11.4.1 二手飞机交易

二手飞机交易项目具有标的额大、涉及面广、专业度高、流程长、环节多等特点。航空公司出售或购买一个二手飞机资产包,往往需要由包含维修、机务、发动机、航材、运控、飞行、商务等部门组成的技术团队,以及由律师、财务、对接局方资源的行政人员等组成的风控团队分工协作、共同推进。

1. 二手飞机的定义

根据《民用航空器及其相关产品适航审定程序》等我国民航法规的规定,满足下列条件之一的,即为使用过航空器(有时也称为使用过的航空器):

(1) 航空器的所有权曾经被除制造厂或专门的租机公司之外的第三方所持有;

(2) 航空器曾被私人拥有、出租或安排过短暂使用;

(3) 航空器曾经专门用作培训驾驶员或参与空中出租业务;

(4) 航空器所有权虽然一直被制造厂或专门的租机公司所持有,但未按规定的维护方案进行相应的维护,或累计使用超过 100 飞行小时或 1 日历年(以先到为准)。

2. 二手飞机交易流程

二手飞机交易项目的流程主要包括:筹备、购机意向书(LOI,包括谈判、签署、执行工作)、购机合同(包括谈判、签署、执行工作)、飞机交付(包括技术、资产、产权工作)等重要事件。

（1）筹备工作。

对于绝大部分买方来说，购入飞机都不是一件小事，尤其是从制造商外的其他卖方处购入二手飞机。清晰的购机计划、专业的项目团队、可预见的资金计划，将有助于项目的实施落地。筹备阶段需要阶段的核心问题是资金计划、购机来源、管辖法域的确定、所涉法域的管理规定、税务规定将对交易是否可以进行构成实质影响。

（2）LOI。

LOI是二手飞机交易的正式开端，一般会涵盖交易最核心的商业条件，也是正式购机合同的根基。涉及飞机评估、预检/查验和保证金等内容。

（3）购机合同。

购机合同是飞机买卖交易中的最为核心的文件，是LOI的全面延伸和细化。购机合同主要由以下几个部分组成：

① 买卖双方的陈述保证；

② 交易方式、标的；

③ 出售/购买的先决条件；

④ 价格和支付；

⑤ 交付安排；

⑥ 税费、责任和赔偿。

在二手飞机交易中，英文的购机合同仍处于主导地位，国内使用的购机合同文本大多来源于英文文本，在语言表述方式和体例结构上，带有很明显的英美法系合同特征。买方项目团队，尤其是项目法律顾问，不仅应当全面掌握拟使用的购机合同，适当引入行业内的通行做法，更应当根据客户的最终商业目的以及实际交易情况，调整、修改合同，完善交付、验收、支付机制所对应的适用情形及当前交易中各项术语定义的适用性，制作适合客户和当前交易的版本。

（4）交付。

交付安排，包括飞机文件、技术、资产以及产权的交付，以及风险转移时间点的安排，这些均为购机合同中的关键条款，且应制作对应的附件，尽量详细地列明文件、技术、资产的交付内容及标准。

交付程序一般涉及以下几方面：

① 卖方完成交付前检查和维修（如适用）；

② 买方完成交付前检查，飞机三证、飞机数据、飞行记录等飞机资料的检查，飞机及其他交付资产（如备用发动机）物理检查；

③ 完成飞机文件的交付工作；

④ 产权交付（取得所有政府、局方批准、海关批准）；

⑤ 签署交付完成证明文件（最终接收证明）；

⑥ 完成飞机所有权的变更注册；

⑦ 如全部交易对价涉及第三方托管，则在相应的交付步骤完成后，依约向第三方发送指令，由第三方托管机构根据放款机制放款。

合理的交易流程将有助于交易的完成。同时，通过分阶段推进，有利于决策者在成本、风险可控的阶段及时终止或继续推进。但在某些情况下，项目可能并未完全按照上述流程推进，这时交易流程与所有法律文件一样，应当因事为制，以为交易质量服务为核心，协助客户达成交易目的。

3. 交付前检查

交付前检查在一个完整的二手飞机交易项目中尤为关键。下面从交付前检查的关注点以及交付前检查后的处理两个层面，就二手飞机交易中的交付前检查环节进行介绍。

（1）交付前检查的关注点。

① 法律状态。

作为二手飞机交易中的法律顾问团队，律师优先且最易关注到的风险点即二手飞机作为交易标的物的法律状态。根据《中华人民共和国民用航空法》《中华人民共和国民用航空器权利登记条例》《中华人民共和国民用航空器权利登记条例实施办法》等相关规定，无论是处于装载还是拆离状态，民用航空器及其构架、发动机、螺旋桨、无线电设备等用于民用航空器的物品，均享有民用航空器权利。民用航空器权利人应当就其所有权、占有权、使用权、抵押权及优先权等的设立、取得、变更、注销等办理相应权利登记。国务院民用航空主管部门亦专门设立了民用航空器权利登记簿，用以记载、查询民用航空器的权利登记信息。

二手飞机的法律状态是自前期工作、LOI 签署，直至购机合同谈判、起草过程中，持续关注的问题。从状态查验上看，民用航空器权利登记簿上是否记载了标的飞机及其部件存在权利瑕疵或履行障碍的登记信息，是否存在权利人应当办理登记而未办理的情形，以及该等权利瑕疵是否直接影响购机计划及价款等问题，均应提前进行查询、评估。从合同条款上看，买方通常会在陈述与保证条款中要求卖方承诺，其作为标的飞机法定的所有权人，有权出售及处分标的飞机，并确保标的飞机及其享有或可能享有民用航空器权利的任何部件，均不存在留置权、抵押权等担保物权以及航空器优先权。卖方一般应注意在购机合同中明确前述条款的情况下，是否已如实向买方就该等权利瑕疵进行披露并达成豁免。除此之外，在确存在第三方权利登记的情况下，作为飞机引进方，买方如何消除履行障碍,卖方如何保障买方平静使用权,以及是否影响交付日设置、购机款调整等具体权利义务均应在购机合同中有所体现。

同时,在二手飞机引进中,买方还需注意,根据《中华人民共和国民法典》的规定,二手飞机作为特殊动产,其物权的设立、变更、转让和消灭,未经登记,不得对抗善意第三人。买方在通过购买行为取得二手飞机所有权后,亦应相应办理权利登记。因此,应全面考量卖方是否完整提供了用以办理权利登记的文件资料,如何履行其配合办理权利登记的相应附随义务等。

② 物理性状。

相较于采购成本高昂的全新飞机,引进二手飞机具有性价比高、议价权大的显著优点。但是,因二手飞机往往曾投入一手甚至几手的运营使用,其历史使用人可能存在不同的经营需求、管理维修能力,故对二手飞机的物理性状进行全方位、有深度的查验,便成为交付前检查中必不可少的一环。因此,为确保技术查验的准确度、精细度,尽量减少、控制因技术查验对二手飞机造成的微小损伤,大部分买方,尤其是首次引进二手飞机的营运人,会选择将部分技术查验工作委托给具备相应执照、经验的第三方机构完成。

实践中,二手飞机物理性状查验的范围可能包括但不限于机身、发动机、驾驶舱、电子设备舱、客货舱、起落架轮舱、APU 舱及其他部件等整体结构及装机、未装机部件。查验的流程可能包括但不限于目视检查、绕机通电检查、发动机孔探检查、地面试车、验证飞行等多个环节。在二手飞机交易中,买卖双方势必会对标的飞机物理性状查验的尺度、时间节点,以及与付款安排、单方解除权的购机关系等关键问题进行多轮拉锯。

③ 技术文件。

通常在普通货物买卖合同中,客户及律师均会关注产品合格证书、质检报告、使用说明书等随货资料是否随货物的交付一并转移至买方。二手飞机作为高额、精密的特殊动产,其交付文件的转移,亦属于买卖双方考量、谈判的重点之一。同时,相较于普通货物,因二手飞机的交付文件更为庞杂、繁复,且交付文件直接影响产权登记及后续运营,故二手飞机交付文件的完整、齐全尤为重要。

从其性质上看,基于监管要求及飞机运行需要,二手飞机的交付文件可分为法律权属登记文件、持续适航文件及技术状态记录文件三类。根据《中华人民共和国民用航空法》、《大型飞机公共航空运输承运人运行合格审定规则》(CCAR-121 部)等法律法规,以及关于批准航空器投入运行的相关咨询通告,结合项目实践,二手飞机交付文件清单如表 11.2。

表 11.2 二手飞机交付文件

类　别	文　件　名　称
法律权属 登记文件	适航证（copy of certificate of airworthiness）； 国籍登记证（copy of current aircraft registration）； 电台执照（copy of radio station license）
持续适航文件	飞行手册（AFM）；适航指令（AD）；维修手册（AMM）； 维修计划文件（MPD）；发动机手册（EM）等
技术状态 记录文件	适航指令执行记录（dirty finger print certification-CAD's）； 服务通告执行记录（dirty finger print certification-SB's）； 发动机履历/历次拆装记录（engine log book/master records of installation/removals）； 飞行记录本（flight log book）； 飞机事故声明（aircraft accident and incident report）； 维修检查记录清单（certified status of check/inspection history）……

资料来源：作者根据相关资料整理。

为避免买卖双方在交付文件的范围、版本、所有权转移等事项上产生争议，影响飞机投入运营，首先，应尽可能以详尽、具体、清晰为原则，以附件形式在购机合同列出二手飞机的交付文件清单；其次，在交付检环节应预估、预留足够的工作时间用以完成飞机文件的交付验收；最后，在购机合同中相应明确关于飞机文件交付的时间节点、违约责任、救济措施、接收证明等条款，以串联买卖双方责任、义务。

（2）交付前检查的费用承担。

如前所述，二手飞机的交付前检查耗人耗时耗力，且因其涉及面广、专业度高，很多时候，买方出于谨慎性考量，还会选择外聘相关专业机构参与部分检查工作。除此之外，就算买方作为成熟的航空公司，具备独立完成交付前检查工作的能力与经验，交付前检查环节仍然需要大量的技术人员及流动资金投入。

在二手机引进项目中，交易惯例往往倾向于由买方自负费用、自担风险。但在部分项目中，也存在买卖双方达成费用分摊约定，或买卖双方在购机合同中明确，在交付前检查验收不合格的情况下，以及因二手飞机自身状况原因，需要进一步开展约定外的检查工作时，由卖方实际负担相应费用的情形。可见，交付前检查的费用承担问题，并非一概而论、由卖方主导，而是可通过对标的飞机的前期评估、商务谈判策略、合同条款设置等多种方式，尽量控制购机成本。

（3）交付前检查后的处理。

① 交付检验收证明。

买卖双方完成交付前检查后，按照交易惯例，卖方会要求买方向其出具交付检验收证明，并将该等验收证明作为买方已完成交付前检查，并认可标的飞机符合双方约定，可予以交付、接收的书面凭证。

在交付检验收证明中,卖方律师会从法律条款设置上要求买方承诺,自签署该等验收证明之日起,不因任何标的飞机状况、技术文件或其他已通过交付前检查的事项,对卖方提起诉讼、索赔或主张任何权利。当然,买方律师也会将交付检验收证明,作为正式记录标的飞机交付状态的法律文件,用以表明标的飞机及其部件、技术文件等,与购机合同约定之间存在的所有差异与不符,并在购机合同中对"有条件接收"以及卖方的交付后义务进行系统性约定。

② 交付前损坏、故障或灭失。

在二手飞机交易项目中,标的飞机所有权的转移通常以销售凭证的签署为标志,且自此,标的飞机灭失、损毁的风险,及维修维护责任,亦转移至买方承担。但实践中,完成交付前检查与签署销售凭证之间可能存在时间差,卖方在该时间段内可能还实际占有标的飞机并具有相应保管、维护义务。因此,将交付前标的飞机可能存在一定损坏、故障甚至灭失风险纳入考量,并在购机合同中相应体现,应属于飞机引进方需额外关注的事项。

实务中,二手飞机的买卖双方通常会设置一个双方都可接受的阈值,约定在某个合理金额内,或在某些特定事项上,卖方承担交付前因标的飞机及其部件损坏、故障造成的损失。与此同时,考虑到极端风险下,标的飞机发生的损坏、故障,可能导致标的飞机不符合交付条件,甚至直接灭失,故出于对买方利益的保护,通常建议在购机合同中赋予买方在该等情形下的单方解除权,以避免标的飞机接收后高额的维修费用与可能长期无法投产的预期利益损失。

11.4.2 退役飞机的资产管理

随着服役时间的增加,单架飞机的维修成本会日益攀升,同时其资产价值也逐年下降,在两者达到盈亏平衡点之前将其退役可以避免给飞机资产带来负面效应。

1. 退役飞机再利用

航空退役再利用市场主要指民用航空器中的客运机、通用机、运输机的再利用市场。主要包括二手机的转售或者转租、将客机改为货机、趣味回收、飞机拆解、配件回收与维修。

根据运营市场经验,通常大型喷气式客机退役机龄为 23—27 年,支线喷气式飞机为 18—22 年。飞机退役后每年有 9%(根据每年公开数据测算,机龄 8—12 年)被卖到国外作为客机继续使用。除被卖到国外的飞机外,对适合改装的飞机(机龄 10—15 年)优先进行改装处置,不适合改装的飞机进入飞机拆解市场(见表 11.3)。

表 11.3　退役飞机再利用的方式

机龄(年)	处置方案
8—10	转卖
10—15	客改货
15 年以上	飞机拆解

资料来源:作者根据相关资料整理。

2. 飞机退役处置类型

(1) 转售或者转租。

主要是转售或者转租到非洲、南美洲等地区的经济欠发达国家,这些国家的航空公司购买力较弱,因此倾向于采购价格较低的二手飞机。

(2) 将客机改为货机。

技术进步使得飞机的有效寿命由原来的 25 年延长到更久,这势必会延长航空运输公司更换飞机的时间周期,减少对飞机的需求。为此,作为航空制造大国,为了促进飞机订购量,美国《通用航空振兴法案》规定,航空制造企业对于自己产品的责任有效期只有 18 年,这迫使航空运输企业在 18 年后提前报废某些尚可使用的飞机。这项规定也增加了航空运输企业对新型飞机的需求。退役后的飞机改造成了货机。这样,货机的平均服役寿命比民航客机延长 10—20 年,随着全球电商和快递物流业发展,大量快递公司购买货机以提升运输效率和运量。但并非所有的客机都适合改装为货机,从目前的货运市场看,物流企业更愿意将波音 7J7、空客 A320 等窄体机改为货机。

(3) 趣味回收。

欧美国家通过创意和艺术再创造,将退役飞机变身为酒店、缆车、游艇、餐厅,以及公园的游览设施等。

(4) 飞机拆解。

可以实现航空器材的最大化循环再利用。近年来,波音公司和空客公司不仅在建造更大更舒适的飞机方面进行市场竞争,同时,它们也在飞机回收和拆解方面进行竞争。由于新的拆解技术的提高,波音公司退役飞机回收再利用率达到近 90%,空客公司回收再利用率大约是 60%。

(5) 维修使用与配件回收。

将部分配件拆解后,如飞机发动机、航空电子和机电设备、起落架、油泵等零部件重新进行价值评估、技术检验合格后回收再利用,进入维修市场,以实现航材的最大化循环再利用。退役飞机的废旧金属也可以回收再利用。

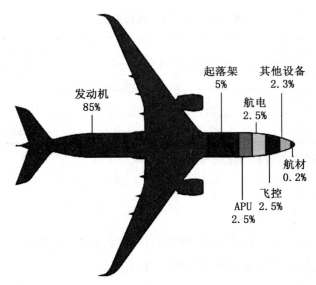

起落架
5%

其他设备
2.3%

发动机
85%

航电
2.5%

航材
0.2%

飞控
2.5%

APU
2.5%

资料来源：《前瞻经济学人》2022 年第 6 期。

图 11.6 飞机主件价值占比

事实上，不同处置方式的选择并不取决于飞机的新旧程度，而是从资产价值最大化的角度去选择。在这几种不同的处置方式中，转租或转售相当于客机继续运营，通常说的飞机退役方式更多是指"客改货"和"飞机拆解"。

3. 退役飞机再利用市场的衍生

退役飞机再利用市场服务主体主要是飞机拆解回收基地、飞机拆解研究中心或维修中心等，这些基地和中心由飞机制造商、航空公司、大型废金属回收商、环境管理公司、飞行设备制造和维修供应商及其他零部件供应公司和航空服务公司组成。

退役飞机再利用市场产业链发展派生出各类相关市场，主要包括：二手飞机与航材配件交易，飞机租赁、维修，国际合作与交流等，退役飞机再利用市场主要包括：(1)二手飞机交易与航材配件交易、零部件交易经纪；(2)飞机转租租赁、退租服务、飞机转售；(3)飞机资产管理；(4)飞机客机改货机服务；(5)退役飞机拆解与回收利用；(6)飞机部件价值评估、飞机残值处置、认证、维修、运营的服务；(7)航空金融、融资咨询、飞机保险、航空投资咨询及管理、维修信息等服务；(8)航空公司、机型等各类数据库信息服务与服务平台；(9)客机改货机、检测与估价、飞机拆解与再利用、标准技术与信息数据；(10)人才交易与培养；(11)国际合作与国际市场开拓。

退役飞机再利用市场产业链发展派生出各类产业。如总部经济、高科技制造业、金融业、旅游业、会展业等。并衍生出航空引致产业，如居住、教育、消费、购物、娱乐等生活需求，以及产业发展所必需的咨询、法律、中介、广告等服务需求。航空退役市场孕育着巨大的产业，市场潜力巨大。

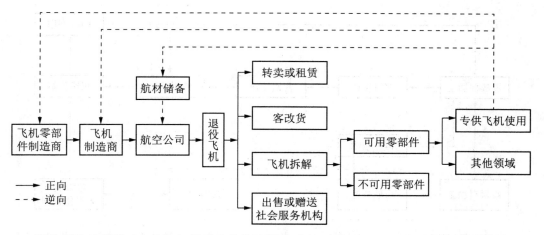

资料来源:飞行邦:《变废为宝,退役飞机的再利用》,http://flyingstate.com。2021年1月25日。

图 11.7 退役飞机再利用处置流程与市场循环

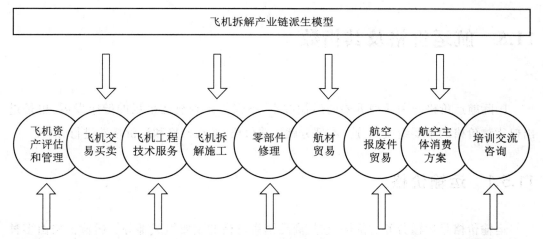

资料来源:常良峰、王兰仪等:《飞机拆解再制造及衍生产业链全景解析》,清华大学互联网产业研究院,2023年1月4日。

图 11.8 飞机拆解产业链派生模型

退役飞机再利用是航空制造闭环的主要环节,也是生态环保与循环经济在航空产业集中的体现。退役飞机循环再利用不仅是航空企业内部的小循环,也是整个飞机产业的中循环,海事是社会经济层面循环的一部分。飞机产业资源消耗模式向"循环经济型"资源消耗模式转化,从而实现飞机产品从原材料加工、生产制造、使用维护、退役处理的整个生命周期过程中资源消耗最小化、资源的利用率最优化的目标(见图 11.9)。

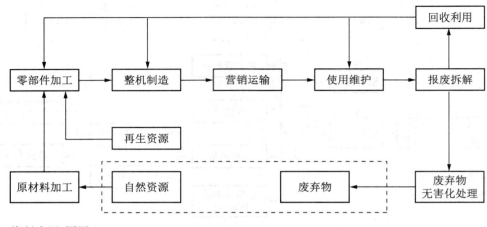

资料来源：同图 11.8。

图 11.9　退役飞机再利用及其循环模式

11.5　航运价格及其指数

国际航运价格作为一种重要的运输成本，不仅关系到航运市场的健康发展，也是进出口货物价格的重要组成部分。本部分就运输价格、航运价格和运价指数进行分析。

11.5.1　运输价格

运输价格是运输劳务的价格，它是商品销售价格的重要组成部分。运输价格由多种因素决定，其中，不同类型的运输市场模式对其形成产生极其重要的影响。

1. 运输价格的含义

运输价格能有效地调节运输方式的运输需求。在总体运输能力基本不变的情况下，运输价格的变动会导致运输需求的改变。但货物运输需求在性质上属于"派生需求"，运输总需求的大小一般取决于社会经济活动的总水平。货物运输价格是商品销售价格中的组成部分，它的高低变动也会影响其他物质生产部门的收入水平，对其运输价格需求产生一定的影响，有时对某一运输需求的调节相当明显。

2. 运输价格的特征

运输价格是一种劳务价格。运输企业为社会提供的效用不是实物形态的产品，而是通过运输工具实现货物或旅客在空间位置的移动。在运输生产过程中，运输企业向货物或旅客提供了运输劳务,运输价格就是运输劳务的价格。

货物运输价格是商品销售价格的组成部分。在外贸进出口货物中,班轮货物的运价占商品价格的比率为 1.1%—28.4%,大宗而价廉货物所比率,可达到 30%—50%。由此可见,货物运价的高低会直接影响商品的销售价乃至实际成交情况。

不同运输距离或航线,运输价格也不同。货物或旅客按不同运输距离规定不同的价格,称为"距离运价"或"里程运价"。这种按运输距离制定的价格,货运表示为吨公里(或吨海里)运价,客运则表示为人公里运价。距离运价是中国沿海、内河、铁路、公路运输中普遍采用的一种运价形式。

运输价格具有比较复杂的比价关系。因货物或旅客运输,有时可采用不同运输方式或运输工具加以实现,最终达到的运输效果也各不相同。具体表现在所运货物的种类、旅客舱位等级、运载数量、距离、方向、时间、速度等方面。

3. 运输价格的决定因素

国家有关经济政策以及各种运输方式之间的竞争会影响运输成本与价格的变化,但运输成本却是决定运输价格的基础。

运输成本是指运输企业在进行运输生产过程中发生的各种耗费的总和。

根据市场的竞争程度,运输市场结构可分为四种类型,即完全竞争运输市场、完全垄断运输市场、垄断竞争运输市场和寡头垄断运输市场。不同类型的市场有不同的运行机制和特点,对运输价格的形成会产生重大影响。

国家对运输业实行的税收政策、信贷政策、投资政策等均会直接或间接地影响运输价格水平。长期以来,国家为扶持运输业,在上述方面均实行了优惠政策。

影响运输价格水平的竞争因素有:运输速度、货物完好程度,以及是否能实现"门到门"的运输等。以运输速度为例,相同起讫地的货物运输可采用两种不同运输方式进行,此时运输速度较慢的那一种运输方式只能实行较低的运价。这是因为,就货主而言,它增加了流动资金占用和因货物逾期、丧失市场机会而造成的市场销售损失。与运输速度较快的运输方式相比,其理论降价幅度为流动资金占用差,以及因货物逾期、丧失市场机会而造成的市场销售损失之和。

4. 运输成本定价

运输成本是运输企业在进行运输生产过程中发生的各种耗费的总和。根据财务制度规定,运输成本由营运成本、管理费用、财务费用所组成。

按平均成本定价,只能补偿运输企业在营运生产过程中的各种消耗。运输产品与其他工农业产品一样,其价值由物化劳动、活劳动及剩余劳动构成,因此,运输价格包括运输企业盈利(即利润和税金)。

制定运输价格的基本方法可以表述为:

$$运输价格＝物化劳动转移价值＋活劳动转移价值＋剩余劳动$$
$$＝运输成本＋利润＋税金$$
$$＝C＋V＋M \tag{11.17}$$

其中：

$$利润＝运价×利润率$$
$$营业税金＝运价×营业税率$$

因此，平均成本运价＝吨公里运输成本/(1－税率－利润率)。

11.5.2　国际航运价格及其影响因素分析

1. 国际航运运价

货运运价是承运单位货物的运输价格，又称为运费率。国际航运运价是指国际航线上的货物运价。

2. 国际航运价格的分类

根据国际航运市场惯例，国际航运运价条款可分为：一般运价条款和不定期船运价条款。一般运价条款适用于各种运价形式；不定期船运价条款主要为班轮运价和集装箱运价。

（1）一般运价条款。

一般运价条款规定了费率标准、运费支付时间、运费计收办法，并划分承、托运双方的经济责任和费用。在一般运价条款中，按装载的程度又可分为全额运费和亏舱运费。一般托运人向承运人租船订舱，在运输合同中载明承运货物的数量，按这一数量收取的运费叫全额运费。亏舱运费是托运人未能按约定数量交付货物而造成亏舱时，必须支付的亏舱费用。

在一般运价条款中，按负担货物装卸费用的条件，又可分为四种运输条款，不同条款在运价上有一定的差异。第一种为班轮条款，表明船东负担货物在港口发生的船内装卸费。第二种为 FI 条款，船东只负担货物卸货费。第三种为 FO 条款，船东只负担货物装货费。第四种为 FIO 条款，装卸港船内货物的装卸费均由货主自理，船东不负担。第五种为 FIOST 条款，船东不负担装卸费、堆货费及平舱费。

按照支付运费的时间来划分，运费可分为预付运费和到付运费。

预付运费是指在提单签发前或者在货物装载完毕后支付运费。一般在运输合同中具体规定了预付运费的时间。由于在国际贸易中，提单可以转让，收货人有可能变更；或由于采用 CIF 或 CFR 运价条款，在签发提单前由卖方在装货港支付运费可使交易双方尽早结汇,因而产生了预付运费。

到付运费是货物运抵目的港交付货物前付清运费。在这种情况下,承运人要承担一定的风险。尽管提单中一般规定承运人有权要求支付全额运费,但如果货物灭失,再想追收运费实际上很困难。承运人为防止因收不到运费而蒙受损失,除了可以将应收的到付运费作为可保利益向保险公司投保外,通常还可以在提单条款或合同条款中附加类似"收货人拒付运费或其他费用时,应由托运人支付"或"托运人应向承运人提交一份保证收货人不支付运费时,由托运人支付的保证书"的条款。另外,在提单条款和合同条款中还有关于留置权的规定,按照这一规定,在收货人付清到付运费之前,承运人可以拒绝交付货物,经法院批准可以将货物拍卖,以拍卖收入抵偿应收的运费。

(2) 不定期船运价条款。

按航次租船方式计算运费称为航次租船运价,又称为程租船运价。在程租船运输中,承运货物是大宗货物,一般按重量吨计算运费(木板是例外,它按板尺计费),即以货运单价乘以货运吨数计算运费。在运送铁屑、圆木、成材等货物时,经常采用包舱运输的形式,此时按照船舶的全部或一部分舱位收取包租运费,亦称整笔运费。

定期租船的运费是以船舶载重吨和租赁期限进行计算,又称期租船租金。期租船通常是当航运市场预计船舶供给可能出现紧张状态时,采取的一种事先租船的形式。所以,期租船带有一定的投机性和风险性,因为航运市场船舶供给状况和行情受多种因素影响,而且对未来变化的预测有很大的不确定性,不易掌握未来行情的变化。期租船接租期长短又分为短期租船和长期租船,租期不超过一年的为短期租船;超过一年的为长期租船。按长期合同所确定的运价,称为长期合同运价。

(3) 班轮运价。

根据运价的制定者不同,班轮运价可分为:

① 班轮公会运价。它由班轮公会制定。调整或修改,各班轮公司无权单独进行。此种运价水平较高,是一种垄断性质的运价。

② 班轮公司运价。它由班轮公司自行制定并进行调整或修改,货方可以提出意见,但解释权和决定权归船公司。

③ 双边运价。它由船、货双方共同商议制定,共同遵守,其调整或修改也由双方协商。

④ 货方运价。它由货方制定,船方接受,货方有较大的权力调整或修改,但需与船方协商。一般来说,能制定运价的货方,都是掌握相当大数量货源的货主,能长期向船方供货。

根据运价形式,班轮运价可分为:

① 单项费率运价。它是按照货物类别和航线制定一个基本运价,只根据货类和航线

即可直接从运价表中查出货物的运价来计费。

② 等级运价。它是将货物分为若干等级,然后按航线制定一个基本运价。归属某一等级的货物,均按该等级的运价计收运费。运费计收时,先查货物分级表找出货物所属的等级,再从航线运价表中查出该等级的运价,最后进行具体计算。

③ 航线运价。它是按照航线、货物等级制定运价。在远洋运输中,由于航线距离足够长,递远递减的规律对运输成本的影响很小或不起作用,只有航线上的港口费用、装卸效率等因素,及各类挂靠港条件对运输成本起重要作用。因此,按远洋航线和货类等级制定运价,只要起运港和目的港属于航线上规定的基本港口,不论距离远近,均按航线费率表上各该货类等级规定的运价计算运费。这种运价是按照各航线上挂靠港的平均运距规定的平均运价。

(4) 集装箱运价。

集装箱运输是班轮运输的一种重要形式,其运价也应该属于班轮运价,但由于集装箱运输的特殊性,特别是随着"门到门"运输的发展,集装箱运输的范围延伸了。因此,集装箱运价不仅包括海上运输费用,还包括内陆运输和港口作业有关费用和装箱、拆箱等有关的各项费用。

集装箱运费的结构和分担较为复杂,在不同的交接方式下,收取的运费也不同。集装箱运输的全程运输费用,不仅存在各部分运费的计收,而且还有整箱货托运与拼箱货托运的区别。集装箱运输的各项费用,各船公司有规定的计收办法,有按费用结构逐项计收的,也有将某些项目合并计收的。如将码头搬运费包括在海运运费中;甚至实行总包干运费率,将各项附加费也合并计入运费中。

3. 航运价格的构成因素与影响因素

(1) 航运成本。

在完成航运生产过程中,所发生的生产耗费总和叫做航运成本。航运成本是影响国际航运运价的主要因素。航运业主要成本构成中包括船舶投资,燃、润料消耗,船员工资,港口费用,保赔费及管理费等。航运成本在不同的经营范围内有不同的内涵,航运成本包括船舶资本成本,经营成本,船舶耗用的各种材料、备品、备件、储备品费用,航次成本等。

① 船舶资本成本。

这是船舶最基本的成本,即船舶购置资金(也叫资金成本)。它包括贷款、利息、税金和折旧。从短期看,船舶资本成本可以视为固定成本,也可以通过"租赁"或光船租船的手段转化为可变成本。为了进行航次估算,年度资本成本可以看作是等值"折旧"。

② 经营成本。

船舶经营成本是为保持船舶适航状态所需要的经常性维持费用。它包括船员工资、保险费、保赔费、船舶维修费、润料费、物料费、供应费、管理费等项目组成。

　　● 船员工资。包括船员的基本工资、各种补贴与津贴、奖金、社会福利费,差旅费、培训费等等。

　　● 保险费。包括船舶(船体和主机)险、运费险、船员险等。

　　● 保赔费。许多船舶都加入保赔协会,以便使船东免遭因罢工、检疫限制、故障等而引起的损失,并防止常因疏忽而造成的索赔。这类索赔并不包括在保险单里。保赔协会是非营利性组织,所以该项目费用视索赔金额而定。

　　● 船舶维修费。包括船舶日常维护与修理所发生的经常性维修费用和船舶定期修理的费用。定期修理可分为大修、小修和航修。

　　● 润料费。包括船舶主机与辅机使用的润料的费用。

　　● 物料费。

　　③ 船舶耗用的各种材料、备品、备件、储备品费用。包括供应费、管理费和其他运营费用。

　　● 供应费。包括船员的食品供应、船员的服装费等。

　　● 管理费。船公司设立的各种管理部门和代理机构,从事营运需要的调度业务、商务、财务、机务、安全监督、法律事务、物资供应、市场开发等管理工作所发生的一切费用之和。

　　● 其他营运费用。不属于上述项目的船舶日常营运费用。船舶日常营运成本可以直接归属于特定的船舶。

　　④ 航次成本。

　　航次成本是船舶为从事特定航次的运输所发生的费用。它包括燃料费、港口及运河费、货物装卸费和其他航次费用。

　　● 燃料费。船舶在航行、停泊、装卸作业时所耗用的各种燃料费之和。这是航次成本构成中的主要部分。

　　● 港口费用及运河费。船舶进出港口及通过运河所发生的费用,包括船舶吨税、停泊费、码头费、引水费、拖轮费、解缆费、检疫费、海关检验费、灯塔费、运河及海峡通过费等。

　　● 货物装卸费。是指与装卸货物有关的一切费用之和。它包括理货费、开关舱费、待时费、加班费、平舱费、绑扎费及货物装卸费。

　　● 其他航次费用。不属于上述项目的费用归并入其他航次费用。

　　无论对定期船(班轮)还是对不定期船,运输耗费都是确定其运价的基本因素。只是在不同的租船方式中,按成本项目的分类,船东与租船人所分摊的费用项目不同。

　　国际航运中,班轮运输与不定期船的成本内涵稍有不同。班轮的变动成本仅由装卸费和其他航次费用组成,其余部分全部定义为固定成本;而不定期船的变动成本是船舶航次成本的所有内容,而固定成本是指资本成本与经营成本之和。

不同船舶营运方式,费用分摊情况如下:

● 光租船:船东负担船舶资本成本;租船人负担船舶经营成本和航次成本。

● 期租船和航次或租船:船东负担资本成本和经营成本;租船人仅负担航次成本。

● 航次租船、包运合同或长期运输合同:除装卸费和其他航次费用按合同规定外,全部成本由船东负担。

● 班轮运输:全部成本(资本成本、经营成本、航次成本)均由船东负担。

（2）航运市场结构。

期租船市场是不完全竞争的市场,因此,市场的运价水平并非由市场供需均衡而形成的,而是受货主与船舶经营者对市场的影响与控制,船舶经营者之间的竞争也受到一定程度的抑制。在期租船市场上,一般期租合同期都较长,这样有利于船舶经营者在较长的时间内保证船舶处于营运状态。合同期较长,船舶经营的风险相对就会较小,因此,在运价(租金)上船舶经营者必须对承租人作出让步。所以在一般情况下,期租船市场合同期越长,运价(租金)越低。

不定期船即期市场与非即期市场运价是具有相互替代作用的两种市场,因此,非即期市场运价水平与即期市场运价水平是相互关联的。当即期市场运价开始上升时,货主担心未来的运价会继续上升,其租船行为往往愿以期租或长期运输合同的形式成交,当货主对市场运价上升趋势估计时间越长,试图成交的合同期也越长;船公司(或船舶所有人)在这种情况下对即期市场更感兴趣。于是,非即期市场上就会出现供不应求的局面,最终导致运价上升。

班轮运输市场运价曾长期由班轮公司所垄断,价格相对稳定。

（3）承运对象。

货物种类、数量是决定船舶类型、船舶吨位的主要依据,也是影响运价水平的重要因素之一。

另外,货物装卸的特殊要求,货物受损的难易程度等都应在定价时予以考虑。

（4）航线及港口条件。

航线包括航行距离,航区的自然、气象、水文情况,是否需要通过运河以及航线上是否有加油港及其油价等。这是决定是否派船的主要根据之一。

在往返航程中,能否揽取回程货载是影响班轮运价水平的重要因素。此外航线上的港口状况是构成航线的重要组成部分,港口状况包括港口的地理位置,限制水深和潮汐变化,港口的装卸费率及其与船、货有关的使用费,港口的装卸设备泊位条件以及装卸效率水平、港口的班制、管理水平和拥挤程度等,这些因素对运价的制定有重要参考价值。

4. 制定国际航运运价的原理与方法

（1）运价制定原理。

国际航运运价的制定是一个相当复杂的问题，影响运价的因素既取决于航运企业内部条件，又取决于航运市场结构、特点及其他外部环境条件。因此，可通过多种原理进行航运定价。

① 成本定价原理。

成本定价原理是以航运服务的必要劳动耗费所应得到的补偿加合理的利润后所确定的运价。成本定价原理既符合价值规律，也符合企业的目标，所以，成本定价原理被广泛应用于制定国际航运运价。

② 从价原理。

从价原理，又称为负担能力定价原理，是指以货物对运价水平的承受力大小来确定运价。一般情况下，商品本身价值较高的贵重货物对运价水平有较大的承受能力，其航运需求弹性小于1，因此，运价可以定得高一些，这样对航运公司有利。如金银饰品、文物、电子产品等，这些商品的自身价值较高，对运价也有较大的负担能力，运价水平对它的市场价格影响不大。商品价值较低的货物对运价水平的承受能力较小，运价定得过高，对航运公司并不利，运价应该定得低一些。如煤炭、矿石、石油、谷物等，这些货物本身的价值较低，对运价的负担能力也较小，运价水平对它的市场价格影响较大。因此，货物的运价应该根据货物对运价的不同负担能力来确定。通常，负担能力定价原理被运用于需求导向型定价方法。它与成本定价方法相比较，更重视货主对运输服务质量以及满足需求程度等方面的要求。

③ 供求关系定价原理。

供求关系定价原理是指运价取决于航运市场的供求关系，运价随着航运供给与需求而波动。

（2）运价制定方法。

① 成本导向定价方法。

成本导向定价方法是依据成本定价原理进行定价。其定价思路为：

$$运价＝单位成本＋加成额 \tag{11.18}$$

单位成本是指每单位产品所费的成本，加成额主要是毛利。此方法需先算出运输总成本及总运量，求出单位运输成本后，再加上一定比例的毛利，就得出单位运输价格，也就是运价。这种定价方法为多数国际航运企业所采用。此法定价能保证企业补偿全部的费用，并取得合理的利润。在成本定价原理中又存在两种定价方法。

● 平均成本定价。

平均成本定价是以运输总成本平均分摊到所承运的货物上之后,考虑单位运量的必要利润水平而确定的运价。即:

运价＝平均固定成本＋单位运量变动成本＋单位运量利润

平均固定成本＝固定成本/运量

$$P_f = \frac{S_{fc}}{Q_m} + C_{VC} + r \tag{11.19}$$

式中,P_f 表示运价(元/吨);Q_m 表示运量(吨);S_{fc} 表示固定成本;C_{VC} 表示单位运量可变成本(元/吨);r 表示单位运量合理利润(元/吨)。

平均成本定价基本符合价值规律原则,它既考虑了运输生产过程中的物化劳动价值,又考虑了活劳动的价值,简单明了,直观易行,对船货双方都是公平合理的,因此很容易被接受并且在实践中应用。

● 边际成本定价。

海运边际成本是在给定的时间内每增加单位产量而导致总成本的增量,它是船舶总成本对运输产量的导数。运输产量指船舶运输周转量。边际成本可表示为:

$$P_f = dT_C/dQ \tag{11.20}$$

式中,P_f 表示单位运价(元/吨海里);dT_C 表示海运总成本的增量(元);dQ 表示海运总周转量的增量(吨海里)。

如果运输生产规模不变,即投入的运力不变(固定成本不变),在给定的时间内增加产量,边际成本实际上就是增加的可变成本,边际成本是对周转量的导数,即:

$$P_f = MC = dTVC/dQ \tag{11.21}$$

式中,MC 表示海运边际成本;TVC 表示海运总变动成本。

边际成本定价原理很适合运输业的特点。对于货源充足、运力不足的航线,由于固定生产要素制约着生产规模,当运量超过最有效的定量水平时,边际成本就会迅速增加,并大大超过平均成本。这时按边际成本定价,就可以限制运量的增长,缓解运力紧张的状况,迫使货源向其他线路或运输方式转移,促使运输布局趋于合理,并促使各种运输方式形成合理的比价关系。当运量增长到超过现有的航运运输能力时,必须通过追加投资增加单位运量总成本的增量定价,这样既考虑了实际成本,又考虑了长期供求状况。

② 需求导向定价方法。

需求导向定价方法主要是从需求者对运输服务质量的要求出发,考虑货物对运价的承受能力后进行定价。其定价思路为：

$$运价＝货物价值×承受能力系数 \qquad (11.22)$$

货物价值是指投入运输的单位货物（通常以重量吨或以容积吨计算）的市场价格。承受能力系数通常根据市场调查或经验确定。

（3）竞争导向定价方法。

竞争导向定价方法是为了确保市场占有率，或为了挤入市场，而针对市场形势进行定价的一种方法。这种定价方法不能只考虑企业利益，更重要的是根据市场供求关系和竞争对手的运价水平。它一般有三种情况：

① 与竞争对手运价水平相当。

② 高于竞争对手的运价水平。

③ 低于竞争对手的运价水平。

11.5.3　运价指数

1. 指数的概念与种类

指数产生于分析研究现象的动态变化，如物价的变动、产量的变动、劳动生产率的变动、工资的变动、成本的变动等。指数的概念有广义和狭义之分。

（1）指数的概念。

广义指数：两个有一定联系的变量值相对比得到的相对数叫指数。如计划完成相对数、动态相对数、比较相对数等都是广义指数。

狭义指数：反映复杂经济现象总体变动方向和程度的相对数叫指数。

复杂总体：构成总体的各单位不能直接加总的总体叫复杂总体。

（2）指数的性质。

主要包括：综合性、平均性、相对性、代表性。

（3）指数的分类。

对于指数，按不同的分组标志，可以进行不同的分类。常用的指数分类方法有以下几种。

① 按照指数所说明社会现象范围的不同，指数可以分为个体指数和总指数。

个体指数是指反映某一种现象变动的相对数。总指数是综合反映多种或全部社会现象变动的相对数。总指数通常简称为指数。总指数按其表现形式不同，又分为综合指数和平均指数。

② 按照指数所反映社会现象性质的不同,指数可分为数量指标指数和质量指标指数。

数量指标指数是反映社会现象总体规模,水平或总量变动的相对数。如反映多种产品产量变动的相对数;反映多种商品销售量变动的相对数。这些产量指数、销售量指数,都是数量指标指数,也称为物量指标指数。

质量指标指数是反映经济工作质量变动的相对数。如产品单位成本指数、价格指数、劳动生产率指数、工资水平指数等。这些指数都是根据质量指标计算的,反映了质量的好坏,所以称为质量指标指数。

③ 按照指数所采用的基期不同,可以分为定基指数和环比指数。

定基指数是指采用固定基期而计算的指数。它反映了某种社会现象在一个较长时期内的变动程度。

环比指数是用报告期总体总量与前一期总体总量对比所得的相对数。环比指数都是以前一期指标作为对比基期,而计算的动态相对数。它反映了某种社会现象逐期的变动程度。

2. 运价指数

(1) 运价指数就是运价变动的相对数。

国际航运市场广泛采用运价指数来反映运价水平和动态。

航运(价格)指数是一个相对数,其含义是航运市场价格在一个时期的数值与另一个作为比较标准的时期内的数值比较,以此反映航运运价水平和动态。从本质上讲,运用指数原理编制运价指数可以如实刻画和描述航运市场的波动轨迹,具有时效性、直观性、准确性和较好的预测功能。

世界上一些主要航运国家和研究机构会定期发表包括各种运价指数的市场报告。如英国海运交易所每月发表不定期船运价指数,此外,德国不莱梅航运经济研究所、美国纽约航运研究院均定期发表运价指数报告。

(2) 波罗的海交易所指数。

由于波罗的海交易所能够根据航运市场的发展和变化,对运价指数的构成及时予以修订,而运价指数又是根据严格、明确的航运市场规则计算出来的,所以,它能够反映出全球干散货航运市场的运价水平,成为反映干散货航运市场发展和变化的"晴雨表"。此外,波罗的海运价指数是运费期货交易的基础,对干散货航运市场的分析和预测,指导干散货船的租船业务,有着至关重要的作用。波罗的海运价指数分为波罗的海好望角型船运价指数(BCI)、波罗的海巴拿马型船运价指数(BPI)、波罗的海灵便型船运价指数(BHI)以及波罗的海干散货船期租费率指数(BDI),见图 11.10。

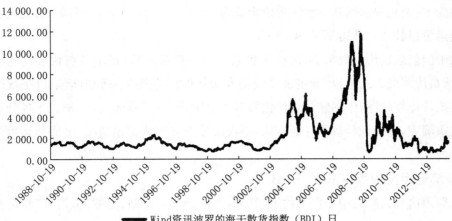

資料來源：Wind 资讯，https://www.wind.com.cn/portal/zh/Home/index.html。

图 11.10　BDI 指数的走势图

11.5.4　中国航运运价指数体系

目前，学界内对指数体系主要有宏观和微观两种解释。宏观上，指数体系是涵盖某种市场中各类指数的指数群；微观上，指数体系是指由三个或者三个以上的具有数量关系的统计指数所构成的有机整体。除有特别说明以外，本部分主要将宏观上的指数体系作为研究对象。

1. 航运运价指数体系编制方法

中国航运运价指数的编制基本遵循运价采集和统计计算两个阶段。以上海出口集装箱运价指数（SCFI）为例，在运价采集阶段，上海航运交易所航线市场份额较大的 22 家班轮公司和 26 家货贷公司签订运价采集协议，由其在每个指数发布日的 12 点前报送成交价格；在指数计算阶段，SCFI 基期（以 2009 年 10 月 16 日为例）运价指数人为指定为 1 000，2009 年 10 月 17 日运价指数可以根据式（11.23）计算：

$$SCFI = \sum_{i=1}^{12} \frac{P_i}{P_0} \times W_i \times 1\,000 \tag{11.23}$$

式中，P_i 为 12 条分航线平均运价，P_0 为基期各分航线平均运价，W_i 为各基期指定的权重。

以美西航线为例，[1]假设其基期价格为 20 美元/吨，权重为 10%，基期第二日报送平

---

[1]　美西航线位于美国北与加拿大接壤处，南靠墨西哥湾，西临太平洋，东濒大西洋，海岸线长达 22 680 公里。从航线上划分，美国被分为美东航线、美西航线，均为船公司到美国挂靠的基本港，美国的其他较小港口以及内陆点，在航线上均作为美国内陆点。大多数至美国的船公司均提供至美国内陆点的联运服务。美西航线的主要港口有：洛杉矶（Los Angeles）、西雅图（Seattle, WA）、长滩（Long Beach）、奥克兰（Oakland）。

均价格为 30 美元/吨,则其分航线运价指数为 30/20×10％×1 000＝150。如此,将 12 条分航线运价指数加总就得到了 SCFI。

对中国航运运价指数来讲,运价采集是编制的关键环节,确定具有代表性的航运公司、筛选最优成交方式运价、确定最佳收集和报送时间直接关系到航运运价指数的准确性。在统计计算阶段,中国航运运价指数基本沿用 SCFI 计算模式,区别在于各分航线指数的权重确定,选择最佳权重计算方法,不仅要考虑分航线运输情况,更要与运价采集环节相匹配。

2. 航运运价指数体系发布系统

选取国内九大航运中心作为代表,其中,大连、天津、青岛、上海、厦门、广州是沿海省市国际航运中心,宁波—舟山、武汉、重庆则属于内地航运中心。相较而言,沿海省市国际航运中心依托开放政策优势,率先进行指数发布,截至 2018 年,其发布的运价指数数量占全部运价指数的 90％以上,依据典型性、代表性原则选取上述沿海省市航运中心作为样本,按照航线范围将其分为全球性性航运中心和区域性航运中心。按照运价指数产生过程,概括出以中国交通部为顶层决策机构,以航运中心为适用范围,以航交所为具体执行机构的"金字塔式"发布系统。这种"自上而下"的运价指数发布系统有利于行政权力下达,提高指数发布效率。

11.5.5 中国航运运价指数体系结构分析

中国航运运价指数类别较广、层次较多,在航线范围、货物装载形式上存在异质性,本部分将从两个维度对其进行结构上的剖析,以期对中国航运运价指数体系进行全面分析。

1. 全球性航运中心运价指数建设情况

上海、广州依托其港口条件以及城市腹地发达的贸易条件,形成了多层次、多种类的航运运价体系,涉及综合运价指数和各载货类别运价指数。如表 11.4 所示:

表 11.4　上海港、广州港、宁波港航运指数情况

发布机构	载货类别	指数名称	开始发布日期	发布频率
上海航运交易所	集装箱	中国出口集装箱运价指数(CCFI)	1998 年 4 月 13 日	每周
		上海出口集装箱运价指数(SCFI)	2009 年 10 月 16 日	
		中国进口集装箱运价指数(CICFI)	2015 年 11 月 30 日	
		东南亚进口集装箱运价指数(SEAFI)		
		台湾海峡两岸间集装箱运价指数(TWFI)	2014 年 11 月 27 日	

发布机构	载货类别	指数名称	开始发布日期	发布频率
上海航运交易所	干散货	中国沿海散货运价指数(CBFI)	2001 年 11 月 28 日	每周
		中国沿海煤炭运价指数(CBCFI)	2011 年 12 月 7 日	每日
		中国沿海金属矿石运价指数(CBOFI)	2018 年 11 月 28 日	每周两次
		中国沿海粮食运价指数(CBGFI)	2018 年 11 月 28 日	每周
		中国进口干散货运价指数(CDFI)	2013 年 11 月 28 日	每个工作日
		远东干散货运价指数(FDI)	2017 年 11 月 28 日	
	油货	中国进口原油运价指数(CTFI)	2013 年 11 月 28 日	
		中国沿海成品油运价指数(CCTFI)	2017 年 11 月 28 日	
广州航运交易所	集装箱	珠江航运集装箱运价指数(PRCFI)	2016 年 4 月	每周
	干散货	珠江航运散货运价指数(PRBFI)		
	综合指数	珠江航运运价指数(PRFI)		
宁波航运交易所	集装箱	宁波出口集装箱运价指数(NCFI)	2013 年 9 月 7 日	每周
	综合指数	宁波航运经济指数(NSEI)		每月
	港口指数	宁波港口指数(NPI)		每月
	气象指数	航运气象指数(SMI)		每天

以上海为例,上海航运交易所发布运价指数范围广。1998 年,上海航运交易所依托上海在全球航运集装箱市场的强大规模优势发布了中国航运界的第一个运价指数——中国出口集装箱运价指数,成为继波罗的海干散货运价指数之后的世界第二大运价指数。上海航运交易所后续发布了集装箱、干散货以及综合运价指数等十几种指数,这些指数涵盖了航运市场的主要船型及主要货物类型,在指数航线样本的选择上遵循典型性、地区分布性、相关性等原则。

2. 区域性航运中心运价指数建设情况

大连港港口定位为面向东北亚的国际航运中心,天津港致力于打造面向中国北方的国际航运中心,两大北方港口在港口定位上存在一定程度上的重叠。厦门港则致力于建设成为面向东南的国际航运中心,目前仅有集装箱运价指数,指数类型较为单一。大连港、天津港、厦门港指数情况见表 11.5。

表 11.5　大连港、天津港、厦门港指数情况

发布单位	指数分类	指数名称	开始发布时间	发布频率
大连市港口与口岸局	集装箱船	大连出口集装箱运价指数(DCFI)	2011 年 7 月 15 日	每周
		大连内贸集装箱运价指数(DDCFI)	2011 年 7 月 15 日	

发布单位	指数分类	指数名称	开始发布时间	发布频率
天津国际贸易与航运服务中心	集装箱船	北方国际集装箱运价指数(TCI)	2010 年 9 月 28 日	每天
		沿海集装箱运价指数(TDI)	2012 年 12 月 7 日	
	干散货船	北方国际干散货运价指数(TBI)	2010 年 9 月 28 日	
厦门航交所	集装箱	厦门出口集装箱运价指数(XCFI)	2016 年 12 月 5 日	每周
		台湾海峡两岸集装箱运价指数(TWFI)	2014 年 11 月 27 日	

11.6　航运指数衍生品交易

11.6.1　金融衍生品

1. 金融衍生品概念

金融衍生品是一种金融工具,一般表现为两个主体之间的一个协议。其价格由其他基础产品的价格决定,并且有相应的现货资产作为标的物,成交时不需立即交割,而可在未来时点交割。典型的金融衍生品包括远期,期货、期权和互换等。

2. 金融衍生产品品种

金融衍生产品的种类在国际上非常多,而且由于金融创新活动的不断推出新品种,金融衍生品种类不断增加。从基本分类来看,主要有以下三种分类:

(1) 根据产品形态,可分为远期、期货、期权和掉期四大类。

(2) 根据原生资产分类,可分为股票、利率、汇率和商品。如果再加以细分,股票类中包括具体的股票(股票期货、股票期权合约)和由股票组合形成的股票指数期货和期权合约等;利率类中包括以短期存款利率为代表的短期利率(如利率期货、利率远期、利率期权、利率掉期合约)和以长期债券利率为代表的长期利率(如债券期货、债券期权合约);货币类中包括各种不同币种之间的比值;商品类中包括各类大宗实物商品。

(3) 根据交易方法,可分为场内交易和场外交易。场内交易即通常所说的交易所交易,指所有的供求方集中在交易所进行竞价交易的交易方式。场外交易即柜台交易,指交易双方直接成为交易对手的交易方式,其参与者仅限于信用度高的客户。

11.6.2　国际航运市场运价衍品

1. 航运运费衍生品

在航运界,对运费风险管理的探索从未停止过脚步。航运界从市场波动更为剧烈的金融市场中得到启示,通过产品创新和借鉴,海运运费衍生产品应运而生。航运运费期货交易可以成为解决运费风险的较好的选择,因为期货交易有着两大功能:套期保值和价格发现。

2. 国际航运运费指数期货

(1) 波罗的海运费指数期货。

1985 年,波罗的海航交所开设波罗的海国际运价期货市场(BIFFEX),开始波罗的海运费指数期货交易,其标的为波罗的海运费指数。参与者使用 BIFFEX 提供的标准格式合约,利用 11 条标准航线计算得出的波罗的海运费指数进行套期保值。

BIFFEX 期货合约的交易规则与通常的股票指数期货相同,合约的价值为一个乘数(通常为 10 美元)乘以指数。它的最终交割也不通过实物的转移实现,而只涉及交易方之间的资金流转。比如在某年的 1 月 1 日,以 7 月 1 日为到期日的 BIFFEX 指数为 715 点,那么一份以 7 月 1 日为到期日的 BIFFEX 合约的价值就是 7 150 美元。期满时,该合约的价值就为 10 美元×当天的 BFI 指数。如当天的 BFI 为 800 点,该合约的价值就为 8 000 美元。一投资者在 1 月 1 日买入一份以 7 月 1 日为到期日的 BIFFEX 合约,如果不计算手续费,到 7 月 1 日就能净赚 850 美元。

但是,在航运市场上,通过运价指数期货合约只能利用市场上的总体情况进行对冲,很难为需要的航线进行套期保值,原因在于合约标的指数对应于每条具体的航线时,两者之间的变动趋势和变动幅度不一定相同,尤其当一个航线的价格波动在指数波动中得不到体现或两者产生的波动相关性很差时,期货套期保值的目的就无法实现。正是因为这些原因导致 BIFFEX 合约的市场影响力逐步下降,交易量逐年萎缩,市场流动性严重不足(见图 11.11),至 1999 年该期货合约的成交量已经低于 1985 年开始设立时的成交量。鉴于以上因素,2002 年伦敦国际金融期货和期权交易所(LIFFE)停止了 BIFFEX 合约的交易。

(2) 远期运费协议(FFA)。

BIFFEX 合约退出交易时,另一种期货合约却取得了全面的成功,这就是 FFA 协议。FFA 是 Forward Freight Agreements 的缩写,即"远期运费协议"。通俗来讲,FFA 是买卖双方达成的一种远期运费协议,协议规定了具体的航线、价格、数量等,且双方约定在

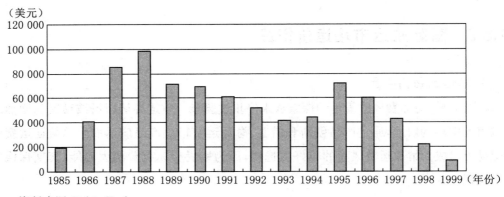

（美元）

资料来源：Baltic Exchange。

图 11.11　BIFFEX 的年交易量

未来某一时点，收取或支付依据波罗的海的官方运费指数价格与合同约定价格的运费差额。因此，FFA 作为运费的金融衍生品，是一种有效的运价风险管理工具，交割对象并不涉及实际货物运输。

尽管名称是远期协议，但是 FFA 在交易机制中还是存在某些期货交易的性质，即，在交易中，FFA 的交易标的是标准化合约，拥有相应合约对冲机制，同时挪威奥斯陆国际海运交易所，伦敦清算所和新加坡国际金融期货交易所还作为 FFA 在全球的专门结算机构负责结算。

国际干散货航运市场的巨大波动性，促进了 FFA 市场的发展，通过 FFA 套期保值可以有效规避市场风险。从市场相关性方面来看，FFA 和现货市场也表现出强大的相关性。

在 FFA 合约初创的十余年间，80％的交易都在欧洲的船东和商品贸易商之间进行，交易的流动性不是很高，操作的主要目的是套期保值、规避风险。2003 年以来，随着国际干散货运输市场指数飙升，BDI 指数在 4 个月内由 3 000 点迅速攀升至 5 000 点。此前，BDI 指数每跨越一个千点位一般需要近 10 年的时间。

国际干散货运输市场行情的火爆，引来众多关注，更多的机构参与到了 FFA 交易中，干散货 FFA 交易的航线也从 1999 年的 10 条发展到 2004 年的 24 条，同时引入了 15 条原油航线组成的液体散货交易航线和 6 条成品油航线。①

在多种因素的共同推动下，FFA 成交的合约数逐年递增，其规模和影响力逐步扩大。据远期运价协议经纪人协会统计显示，2006 年，FFA 全年合约累计成交 165 万票，累计市场价值高达 560 亿美元。而 2004 年 FFA 交易额为 320 亿美元左右，2003 年的交易额仅有 100 亿美元左右。

---

① 数据来源为周旸鸥：《海运运费衍生品 FFA 在企业中的运用》，《中国水运》2011 年第 11 期。

表 11.6　FFA 合约涉及的航线分布

	标的物(现货)—航线	发布单位
干货	单个航线	
程租	211：C4,好望角型,理查德湾—鹿特丹,150 000 公吨	波罗的海交易所
	212：C7,好望角型,玻利维亚—鹿特丹,150 000 公吨	波罗的海交易所
	213：C4 AVG:好望角型,理查德湾—鹿特丹,150 000 公吨	波罗的海交易所
	214：C7 AVG:好望角型,玻利维亚—鹿特丹,150 000 公吨	波罗的海交易所
期租	241：P2A,巴拿马型,期租,直布罗陀—远东	波罗的海交易所
	242：P3A,巴拿马型,期租,韩国—日本(环太平洋航线)	波罗的海交易所
干货	一篮子航线	
	220：CS4TC,好望角型,期租平均	波罗的海交易所
	250：PM4TC,巴拿马型,期租平均	波罗的海交易所
	290：SM5TC,超灵便型,期租平均	波罗的海交易所
油轮—原油	TD 单个航线(TD 为 Tanker Dirty 简写,意为原油轮)	
	101：TD7,阿芙拉型,北海—欧洲大陆,80 000 公吨	波罗的海交易所
	102：TD9,阿芙拉型,加勒比海—美湾,70 000 公吨	波罗的海交易所
	103：TD5,苏伊士型,西非—美东,130 000 公吨	波罗的海交易所
	104：TD3,巨型,海湾—日本,260 000 公吨	波罗的海交易所
	105：TD4,巨型,西非—美湾,260 000 公吨	波罗的海交易所
	106：TD12,巴拿马型,欧洲西北岸—美湾,55 000 公吨	波罗的海交易所
	107：TD8,阿芙拉型,科威特—新加坡,80 000 公吨	波罗的海交易所
油轮—成品油轮	TC 单个航线(TC 为 Tanker Clean 简写,意为成品油轮)	
	151：TC4,MR 型,新加坡—日本,30 000 公吨	普氏
	152：TC2,MR 型,欧洲大陆—美东,33 000 公吨	波罗的海交易所
	153：TC1,LR2 型,海湾—日本,75 000 公吨	普氏
	154：TC5,LR1 型,海湾—日本,55 000 公吨	普氏
	155：TC6,MR 型,阿尔及利亚—地中海,30 000 公吨	波罗的海交易所

注：在期货合约中,以期租(T/C)为标的物的交易单位 1 手为 1 天,而其他以 1 000 公吨为 1 手,其中,油轮运输的季度合约为 3 000 公吨为 1 手,年度合约为 12 000 公吨为 1 手。表中的交易量"最大"是同类货物类别中的比较,如 TD3 在整个原油海运运费期货产品中交易量最大。类似"211""101"的数字表示交易代码。

下面分别对 FFA 的多头和空头套期保值的应用进行举例说明。

例 11.1　FFA 的多头套期保值。

有一家中国贸易公司,在某年 3 月签订了一项买卖合同,将在 7 月从巴西采购 20 万吨铁矿石运回国内,约定买方支付运费。目前干散货船的运价为 10 美元/吨,但是考虑到 BDI 指数的一路上扬趋势,若到 7 月份再签订运输合约,运价势必会上涨。为了提前锁定运输成本,该公司决定进行 FFA 的套期交易。假定目前 7 月到期的 FFA 运价为 11 美元/吨,该公司买入 FFA 合约 100 张(每张合约等于 1 000 吨海运干货)。到该年 6 月,该贸易公司找到了船家,双方签订了运输合同,将运价定在 12 美元/吨,此时 FFA 市场上的 7 月到期的合约价格也上涨到 13 美元/吨。这时该公司卖出 FFA 合约进行平仓。通过这一过程,多头方的盈亏情况见表 11.7。

表 11.7　FFA 的多头套期保值分析

日期	现货市场	FFA 市场
3 月	运价为 10 美元/吨	买入 7 月到期的运价合约,约定运价为 11 美元/吨
6 月	运价上涨到 12 美元/吨	卖出 7 月到期的 FFA 合约,运价为 13 美元/吨
盈亏	−(12−10)×10 万=20 万美元	(13−11)×10 万=20 万美元

可以看出,通过套期保值,该贸易公司成功规避了价格上涨的不利因素。

例 11.2　FFA 的空头套期保值。

一家船东拥有一条好望角型船,在 2006 年 12 月,这条船的期租合同将 3 个月后(即 2007 年 2 月底)到期还船。船东想在 2007 年 2 月还船后将该船放到理查德湾-鹿特丹航线(C4 航线)做一个航次。由于 2007 年 2 月市场存在不确定性,船东想锁定将来的运费为 18 美元/吨,以得到稳定的利润。因此,他会进行如下操作:

2006 年 12 月,他以 18 美元/吨的价格卖出 C4 航线 2007 年 2 月份的 FFA,合同数量是 150 000 吨。交割价格为 2007 年 2 月最后 7 个指数发布日的平均运价。

到 2007 年 2 月中旬,船东要为该船进行现货即期市场上的租船成交,如果此时现货市场跌到 16 美元/吨,船东在实际货运中也只能做到该运价,同时 2 月中旬可看到月底的 FFA C4 的期货价格为 16 美元/吨,因此船东以 16 美元/吨的价格买入 C4 航线 2007 年 2 月的 FFA。若 2 月中旬现货市场涨到 20 美元/吨,此时看到月底的 FFA C4 的期货价格也为 20 美元/吨,因此船东以 20 美元/吨的价格买入 C4 航线 2 月的 FFA。

经过这样的操作后,无论将来市场涨跌,船东得到的实际运费价格都为 18 美元/吨,具体计算见表 11.8。

表 11.8　FFA 的空头套期保值分析

2006 年 12 月	卖出 C4 航线 2007 年 2 月的 FFA,价格为 18 美元/吨	
	市场下跌	市场上涨
2007 年 2 月 中旬现货市场操作	现货市场上 16 美元/吨成交	现货市场上 20 美元/吨成交

2007 年 2 月中旬 FFA 市场操作	买入 C4 航线 2007 年 2 月的 FFA,价格为 16 美元/吨	买入 C4 航线 2007 年 2 月的 FFA,价格为 20 美元/吨
在 FFA 上的每吨收益	18－16＝2 美元	18－20＝－2 美元
实际运费价格	16＋2＝18 美元/吨	20－2＝18 美元/吨

　　FFA 交易具有以下优点:期货指数和实际运费指数变动幅度相同,可以实现"完全保值"。双方可以根据实际需要,确定需保值的航线,在确定好与标准航线之间的固定差额后,即可进行套期保值。FFA 只需依据标准合同确定时间和协议价格,具有良好的流动性。

　　(3) 运费期权。

　　运费期权是亚式期权,即期权的执行价格是合约存续期间航线运费(运费指数)的平均价格,一般存续期的计算是指合约生效日到到期日之间。而远期生效的亚式期权的执行价格是合约生效日后的某一时点开始至到期日的平均标的价格(或者到期前某一时段的平均价为执行价格)。确切地说,运费期权是远期生效亚式期权,采取这种形式的好处有:防止人为短期操纵而产生不合理的价格;如果运费指数一定时期内能平均稳定在某一价位上,那么参与者的规避风险的损益可以不受运费指数的起伏而有异常波动。

　　2004 年,海运价格牛市带动了运费远期交易的火爆,催生了较高级的运费期权产品的出现。2005 年 6 月 1 日,奥斯陆国际海运交易所联合挪威期货和期权结算所推出最有流动性的湿货运费远期 TD3 和 TC2 的认购和认沽的亚式期权。同时推出了世界上第一个干散货运费远期 PM4TC 的期权合约,因为巴拿马型船运费价格经常会出现幅度为 60％的波动,所以新的运费期权合约主要针对巴拿马型货船。2006 年运费期权的交易量还比较少,上半年仅交易 1 166 票,合计交易额为 0.223 亿美元;但 2007 年第二季度交易额已经上涨为 3.52 亿美元,运费期权成为运费衍生品市场中一支新生力量。

　　在运用期权投资 FFA 策略中,最有实际应用价值的是运费空头头寸与看涨期权多头头寸组合策略,以及运费多头头寸与看跌期权空头头寸组合策略。

　　① 运费空头头寸与看涨期权多头头寸组合策略。

　　例 11.3　假设当前运费市场上 C4 航线的运价为 5 美元/吨,一船舶所有人担心未来 C4 航线的运价会下降,为规避运费风险,他会做空 FFA,FIS 报价 3 个月后的 C4 航线远期运价为 4.8 美元/吨,该船舶所有人以此价格卖出 3 个月后的 FFA,持有 FFA 空头头寸。同时,为了减少由于决策错误带来的风险,他决定买进看涨期权合约,执行价格为 4.9 美元/吨,期权费为 0.2 美元/吨,到期日也是 3 个月后。

　　假如到了 3 个月后,该船舶所有人决策错误,运价非跌反涨,即期市场价格为 5.5 美元/吨,则损益结果为:当前运价为 5 美元/吨;做空 FFA 运价为 4.8 美元/吨;买进看涨期权的期权费为 0.2 美元/吨；3 个月后的运价为 5.5 美元/吨；FFA 市场上损益为 4.8－5.5 ＝－0.7 美元/吨；执行看涨期权损益（执行价格为 4.9 美元/吨）为 4.9－4.8－0.2＝－0.1 美元/吨；不执行看涨期权损益为 4.8－5.5－0.2＝－0.9 美元/吨。

该组合策略示意如图 11.12 所示。

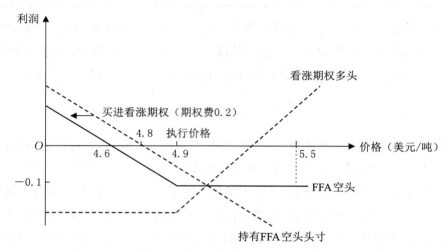

图 11.12　运费空头头寸和看涨期权多头头寸组合策略示意(a)

显然，该船舶所有人会选择执行看涨期权。该船舶所有人买进看涨期权合约相当于给自己的决策买了保险，即使他的决策错误，通过执行看涨期权合约，其在 FFA 市场上损益为－0.1 美元/吨。而且通过持有一个看涨期权进行保护，该船舶所有人在 FFA 市场上的损失是固定的，若不做看涨期权交易，则他在 FFA 市场上的损失为 4.8－5.5＝－0.7 美元/吨。而这只是该船舶所有人在 FFA 市场上的损益，其实在即期市场上，由于 3 个月后运价的上升，该船舶所有人在现货市场可以补偿。

若该船舶所有人的决策正确，3 个月后运价果然下跌，即期市场价格为 4.5 美元/吨，则损益结果为：当前运价为 5 美元/吨；做空 FFA 运价为 4.8 美元/吨；买进看涨期权的期权费为 0.2 美元/吨；3 个月后的运价为 4.5 美元/吨；FFA 市场上损益为 4.8－4.5＝0.3 美元/吨；执行看涨期权损益（执行价格为 4.9 美元/吨）为 4.9－4.8－0.2＝－0.1 美元/吨；不执行看涨期权损益为 4.8－4.5－0.2＝0.1 美元/吨。

该组合策略示意如图 11.13 所示。

在这种情况下，该船舶所有人当然会选择不执行看涨期权，获益 0.1 美元/吨。虽然这比不买进看涨期权，只做 FFA 市场交易少赚 0.3－0.1＝0.2 美元/吨，这 0.2 美元/吨的期权费相当于保险费，虽然钱赚少了，但是该船舶所有人的风险降低了。

② 运费多头头寸与看跌期权空头头寸组合策略。

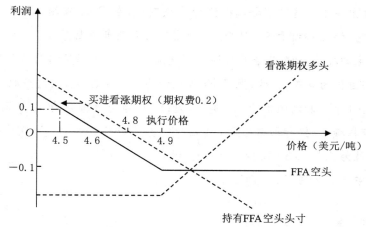

图 11.13　运费空头头寸和看涨期权多头头寸组合策略示意(b)

　　例 11.4　我们还是假设当前运费市场上 C4 航线的运价为 5 美元/吨,这次我们从货主角度考虑,假如一货主担心未来 C4 航线的运价上涨,为规避运费风险,他会做多 FFA,FIS 报价 3 个月后的 C4 航线远期运价为 5.3 美元/吨,该货主以此价格买进 3 个月后 FFA,持有 FFA 多头头寸。同时,为了降低风险,他买进看跌期权合约,执行价格为 5.4 美元/吨,期权费为 0.2 美元/吨,到期日也是 3 个月后。

　　假如到了 3 个月后,该货主的决策错误,运价非涨反跌,即期市场价格为 4.8 美元/吨,则损益结果为:当前运价为 5 美元/吨;做多 FFA 运价为 5.3 美元/吨;买进看跌期权的期权费为 0.2 美元/吨;3 个月后的运价为 4.8 美元/吨;FFA 市场上损益为 4.8－5.3＝－0.5 美元/吨;执行看涨期权损益(执行价格为 5.4 美元/吨)为 5.4－5.3－0.2＝－0.1 美元/吨;不执行看涨期权损益为 4.8－5.3－0.2＝－0.7 美元/吨。

　　该组合策略示意如图 11.14 所示。

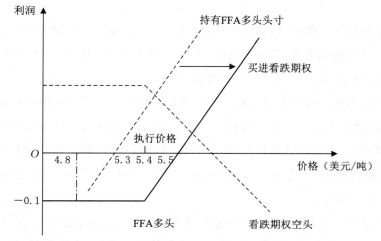

图 11.14　运费多头头寸和看跌期权空头头寸组合策略示意(a)

显然,该货主在这种情况下会选择执行看跌期权,在 FFA 市场上的损失为一0.1 美元/吨,但在现货市场上,由于运价下跌,该货主可在即期市场上得益。

假如该货主的决策正确,3 个月后运价果然大涨,即期市场价格为 5.7 美元/吨,则损益结果为:当前运价为 5 美元/吨;做多 FFA 运价为 5.3 美元/吨;买进看跌期权的期权费为 0.2 美元/吨;3 个月后的运价为 5.7 美元/吨;FFA 市场上损益为 5.7-5.3=0.4 美元/吨;执行看涨期权损益(执行价格为 5.4 美元/吨)为 5.4-5.3-0.2=-0.1 美元/吨;不执行看涨期权损益为 5.7-5.3-0.2=0.2 美元/吨。

该组合策略示意如图 11.15 所示。

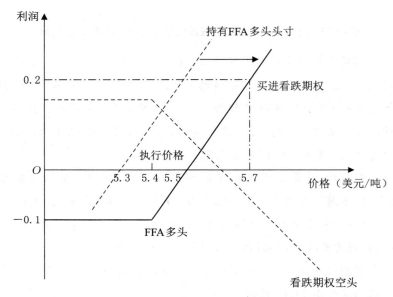

图 11.15　运费多头头寸和看跌期权空头头寸组合策略示意(b)

该货主会选择放弃执行期权,获利 0.2 美元/吨,用于弥补即期市场运价上升的损失。通过以上两种运用期权交易 FFA 的策略,可以帮助交易者在进行 FFA 交易时进一步降低风险,顺利止损、止盈,增加 FFA 市场的流动性。

以上案例仅为单期权的交易策略,还有由两种或两种以上投资于同一标的物的期权所形成的交易策略,称为价差交易策略。两期权的交易组合可以构成多组交易策略,如牛市看涨期权价差、牛市看跌期权价差、熊市看涨期权价差、熊市看跌期权价差等,当涉及多期权时,其组成的交易策略更加的冗杂,而收益和风险的衡量需要更多金融学知识的支持,在此不过多研究。

本部分介绍的几种国际航运市场运费衍生品,无论是已经退市的波罗的海指数期货,还是广泛应用的远期运费协议,以及方兴未艾的运费期权,都是国际航运产业利用金融衍生工具积极规避市场价格风险的手段。具有服务对象广泛,可以套期保值规避风险的优点。对提升航运业的风险管理技术,转嫁运费风险具有积极意义。

11.6.3　中国航运指数期货

2003 年 8 月 18 日,中国首个航运期货品种——集运指数(欧线)期货在上海期货交易所全资子公司上海国际能源交易中心正式挂牌交易。该品种是与上海出口集装箱结算运价指数相关联的指数期货;也是我国期货市场推出的首个服务类期货品种,以及首个在商品期货交易所上市的指数类、现金交割的期货品种;还是面向国际投资者开放的境内特定品种。集运指数(欧线)期货交易所部分的最低保证金比例为 12%,部分期货公司加收 10%。投资者的实际投入保证金比例为 22%。

11.6.4　国际航运公司对运价风险的规避

国际航运市场受多种因素的影响,面临巨大的风险。在国际航运市场上,大致出现或存在船队拆分经营、指数浮动法以及运费衍生品等若干风险规避的方法。

1. 船队拆分经营

船队拆分经营是传统的、也是目前比较实用的规避市场风险的方法。是将船队分成两个经营部分,一部分在即期市场上经营,另一部分进行期租。这样,船东既可以从船舶期租中取得可预见的稳定收益,又能使投入即期市场的运力不会错过未来可能出现的更高收益。这种风险规避的方法至今仍被大船东所采用,许多船公司都会将部分运力在市场高位时通过长期期租,以锁定今后一段时间的收益。

2. 指数浮动法

指数浮动法主要用于货运合同(COA)运输的一种规避风险方法。COA 合约一般为长期的(1 年、2 年或更长时间),而且运价是定好的。COA 执行时间很长,如果将来市场运价上涨,船东就可能产生亏损或巨大的机会成本,如果将来市场运价下跌,货主就会付出比市场更高的运输成本。所以,有时在签订 COA 合约时,双方会使用浮动指数法,即将 COA 运价从固定价格变成与市场指数(例如 BDI 指数)挂钩的浮动价格,规避了风险。如规定以出货的前几天的相应航线运价指数的平均值为该载货物的运价,相当于取了一个在当时比较符合即期市场水平的运价,或者在好几年的 COA 中将每年的运费价格与上年的指数平均值进行挂钩,这样双方不会因市场波动而造成巨大损失或机会成本。在这种方法下,COA 双方也不会因市场变动而产生巨大盈利。

3. 运费衍生品

运费衍生品是指以运价(或运价指数)为标的的金融衍生产品。海运运费衍生品市场中先后涌现出三类运费衍生品:BIFFEX、FFA 和运费期权,为航运企业提供了有效规避运费风险的工具。

思考题

1. 船舶资产评估的主要方法包括哪些?
2. 航运价格的构成与影响因素包括什么?
3. 运价指数体系的主要功能是什么?
4. 如何运用 FFA 进行套期保值?
5. 航运运费衍生品的作用是什么?

参考文献

[1] 张庆龙:《资产管理与控制》,企业管理出版社 2008 年版。

[2] 陈飞儿、张仁颐、胡昊:《船舶贸易与经营》,上海交通大学出版社 2012 年版。

[3] 张滋田:《航空公司资产评估研究》,《中国民航学院学报》2004 年第 1 期。

[4] 任映国、徐洪才:《投资银行学》,经济科学出版社 2000 年版。

[5] 锦天城律师事务所网站,https://www.allbrightlaw.com/CN/10475/f46d6f06632509f.aspx。

[6] 王彦、吕靖:《国际航运经济与市场》,大连海事大学出版社 2013 年版。

[7] 国际航运管理人员培训教材编写委员会:《国际航运管理基础知识》,人民交通出版社 2001 年版。

[8] 黄小彪:《国内外航运交易所建设漫谈》,《珠江水运》2013 年第 2 期。

[9] 程军、朱云海:《中外航运交易市场发展比较》,《交通企业管理》2014 年第 7 期。

[10] 刘虎生、余浩:《中国航运运价指数体系研究》,《价格理论与实践》2019 年第 5 期。

[11] 袁象:《航运金融衍生品市场》,上海浦江教育出版社 2014 年版。

[12] 胡美芬、王义源:《远洋运输业务(第 4 版)》,人民交通出版社 2006 年版。

第 12 章　航运担保

　　航运业是资金密集型行业,无论在资金的融通和借贷,还是船舶在远洋过程中遇到事故,都会涉及担保问题。本章就担保物权、航运担保及登记制度、海商法院的管辖权及海商留置权和航运融资的其他担保进行简述。

12.1　担保物权

12.1.1　相关概念

1. 物权
　　物权是指权利人(自然人、法人或其他组织)直接支配、享受的利益,并排除他人干涉的权利,它是特定社会人与人之间对物的占有关系在法律上的体现。物权包括所有权、用益物权和担保物权,但实际以所有权为核心,如土地所有权、房屋所有权等,在所有权基础上衍生出用益物权和担保物权等权利。

2. 所有权
　　所有权是指财产所有人依法占有(自己的财产)的权利。
　　所有权包括国家所有权团和宗教组织所有权、共有所有权集体所有权、公民个人所有权、建筑物区分所有权、相邻关系等。所有权具有如下特征:(1)是自物权、完全物权;(2)是实体物权;(3)以占有为前提;(4)具有弹力性、回归力。

3. 用益物权
　　用益物权是指对他人所有物在收益、处分并获其收益的权利。
　　用益物权包括土地使用权、农村土地承包经营权、宅基地使用权、地役权、典权、空间利用权等。用益物权具有如下特征:(1)是他物权、限制物权、期限物权;(2)是实体物权;

（3）标的物主要是不动产；（4）以占有为前提；（5）具有独立性，不具有物上代位性；（6）以追求物的使用价值为目的；（7）有明确的存续期限；（8）目的实现时间系于现在。

4. 担保物权

担保物权是指以确保债务清偿为目的，在债务人或第三人所有或经营管理的特定财物或权利之上设定的权利。

担保物权包括抵押权、质权、留置权等。担保物权具有如下特征：（1）是他物权、限制物权、期限物权；（2）价值权、变价权、非实体物权；（3）标的物为动产和不动产；（4）除留置权和质权外不以占有为前提；（5）具有价值性、从同性、不可分性；（6）以追求标的物的交换价值为目标、具有变价受偿性；（7）没有明确的存续期限；（8）目的实现时间系于将来；（9）设定担保物权的根本目的是担保债权受偿。

12.1.2　担保物权的实现方式

在现代法上，担保债权的实现有三种不同的担保方式，分别是：担保物权、保证、定金。

1. 担保物权——物的担保

（1）担保物权是通过直接取得或者直接支配主债务人的某项特定财产的交换价值，以确保债权得到实现的权利。

（2）担保方式：物的担保，通过债务人的特定财产作为债权的担保。

（3）财产支配：债权人直接支配或者直接取得债务人或第三人的某项特定财产。

（4）担保实现：同一债权既有保证又有物的担保的，物权先于保证用于实现担保利益。

2. 保证——人的担保

（1）保证指由第三人作为债权实现的保证人，和债权人约定，当债务人不履行债务时，保证人按照约定履行债务或承担责任的担保方式。

（2）担保方式：人及企业的担保，通过第三人的信用作为债权的担保。

（3）财产支配：债权人不直接支配保证人的财产。

（4）担保实现：同一债权既有保证又有物的担保的，保证人对物的担保以外的债权承担保证责任；保证人对债权人放弃物的担保范围内的债权部分不再承担保证责任。

3. 定金——金钱担保

（1）定金指合同当事人为了确保合同的履行，依据法律规定或者当事人双方的约定，由当事人一方在合同订立时，或订立后、履行前，预先给付对方当事人的金钱或其他代替物。

（2）担保方式：金钱的担保，通过当事人一方向对方给付定金作为债权的担保。

（3）财产支配：债权人直接占有债务人的特定财产——定金。

（4）担保实现：给付定金的一方不履约的无权要求退还定金；收受定金的一方不履约的应双倍返还定金。

12.1.3　担保物权的担保方式

所谓物的担保，是指以物担保债权实现的制度。物的担保有两类：

（1）转移所有权的物的担保：将担保标的物的所有权转移给或保留于债权人，以担保债务人清偿债务。若债务人不履行债务，则债务人不能取得标的物所有权。这种担保方式中，在担保标的物上没有设定除所有权之外的其他权利。转移所有权的物的担保方式包括转让与担保、代物清偿预约、所有权保留等。

（2）不转移所有权的物的担保：债权人不取得担保物的所有权，而需要在标的物上另设定一项权利，即担保物权使债权人能够支配和控制标的物的价值，以担保债务人清偿债务。若债务人不履行债务，债权人以担保标的物折价或变卖标的物的价款优先得到偿还。也就是说，担保物权是在担保标的物上为债权人设定的、只能直接支配和控制担保标的物价值的、不同于所有权的另一物权。

本部分所探讨的仅为物的担保权的一种——担保物权。

担保物权主要包括抵押权、质权、留置权、优先权等基本类型。

12.1.4　担保物权的基本类型

1. 抵押权

抵押权指债权人对于债务人或第三人提供的、不转移占有而作为债权担保的财产，在债务不愿行时，就该财产的变价优先受偿的权利。

（1）抵押权的特点：不转移担保标的物的占有；是约定担保物权。

（2）抵押权的类型：一般抵押权；特殊抵押权；共同抵押权。

（3）抵押权的当事人和标的物：债权人是抵押权人，标的物是由抵押人提供。标的物抵押权称为抵押权利。

（4）抵押权设立的要件：有效的书面抵押合同，依法对物权变动需要登记的财产必须进行登记。依法对物权变动不需要进行登记的财产，抵押权的设定未进行抵押权登记，不得对抗第三人。

（5）抵押权的公示方式：抵押权及扣保物登记公示。

（6）担保物权的实现条件：抵押权有效存在；非债权人原因逾期不履行债务；债权未届清偿期，但债务人被法院裁定受理破产案件、抵押人故意毁损或减少抵押物价值、抵押人应另提供担保却不予提供。

（7）抵押权的实现方式：不得转移标的物所有权；当事人协议、起诉或以法律规定；以标的物变价（折价、拍卖、变卖等所得价款）；担保物实现价值超出债权部分归担保人所有，由债务人索偿。

（8）抵押权的消灭：债权消灭；抵押物灭失又无代位物；抵押权与所有权混同（该财产上另有其他担保权时除外）；超过约定的抵押权存续期；未约定抵押权存续期或约定无效的、诉讼时效期届满后两年（或债务逾期四年后或经抵押人催告一年后）；抵押权实现。

2. 质权

质权指债权人对于债务人或第三人提供的、作为债权担保的财产，在债务不履行时优先受偿的权利，并转由债权人占就该财产的变价。

（1）质权的特点：转移担保标的物的占有；是约定担保物权。

（2）质权的类型：动产质权；权利质权（准质权）。

（3）质权的当事人和标的物：债权人是质权人，标的物提供者质人。质权的标的物称为质物。在不承认不动产质权的国家，质物只能是动产、财产权利、特定化的金钱。

（4）质权设立的要件：有效的质押合同；质权标的由出质人移交于质权人占有。

（5）质权的公示方式：占有质押标的物。

（6）质权的实现条件：质权有效存在；非债权人原因逾期不履行债务；债权已届清偿期但出质人应另提供担保却提供不了的。

（7）质权的实现方式：与抵押权的实现方式相同。

（8）质权的消灭：债权消灭；质物灭失又无代位物；质物任意返还；非质权人原因丧失质物占有且不能恢复占有；质权与所有权混同（该财产上另有其他担保权时除外）；超过约定的质权存续期；债务逾期四年后或经出质人催告一年后；质权实现。

3. 留置权

留置权指债权人对于合法占有的债务人的动产，在债务不履行时，就该动产予以留置，并就该动产的变价优先受偿的权利。

（1）留置权的特点：转移标的物的占有；是法定担保物权，但当事人可在合同中约定不得留置的物；留置权的债权人是留置权人，留置权的标的物称为留置物。

（2）留置权设立的积极要件：债权人合法占有标的物；债务逾期不履行；债权人对动产的占有与其债权的发生有牵连关系。

（3）留置权设立的消极要件：未约定不得留置；对动产的留置不违反社会公共秩序或社会公德；对动产的留置不得与债权人承担的义务相抵触。

（4）留置权的公示方式：占有被留置的动产。

（5）留置权的实现条件：留置权有效存在；债务人知道债权人留置财产后两个月以上；无法告知债务人而债权逾期六个月以上。

（6）留置权的实现方式：与抵押权的实现方式相同，即不得转移标的物所有权；当事人协议、起诉或以法律规定；以标的物变价（折价、拍卖、变卖等所得价款）优先受偿；担保物实现价值超出债权部分归担保人所有；清偿。

（7）留置权的消灭：债权消灭；留置物灭失又无代位物；留置物任意返还；非留置权人原因丧失留置物占有已不能恢复；另行提供相当担保并被债权人接受；可实现留置权之日起两年后；留置权实现。

12.2　航运担保及登记制度

12.2.1　船舶担保权益的构成

当银行把一笔巨款借贷给航运公司时，银行必然要求取担保权益，作为偿还其贷款的担保品。一般的做法是，银行将首先要求取得船舶的抵押作为担保权益。其次，如果这艘船舶已经以定期租船的方式出租给别人，则银行将要求航运公司把这项定期租船合同转让给它，银行作为该合同的受让人能从定期租船合同中取得收入，以此来抵偿银行对航运公司的贷款金额。此外，银行一般要求航运公司把船舶保险单或船东保赔协会的保险单转让给它，以便在船舶发生全损或部分损失时，作为保险单的受让人的贷款银行能够从保险公司的赔偿金中得到相应的保障。上述各种做法都是为了达到一个目的，就是使贷款银行在借款人无清偿能力时，能得到完全的担保。

由此可见，船舶的担保利益包括以下因素：

（1）船舶的抵押；

（2）收入的让与，例如，把租船合同项下的租金收入让与银行，以清偿其贷款；

（3）保险合同的让与；

（4）政府征用船舶的补偿金的让与，即把政府付给被征用船舶的补偿金让与贷款银行；

（5）如系只拥有一艘船舶的航运公司，有时可把该公司的股票出质给贷款人；以便在借款人违约时，贷款银行可在出售公司或出售船舶这两种补救措施中选择采用一种对它有利的方法。

上述各种担保权益都是连结在一起的,但是,确定每一种担保权益的有效性及其优先顺位所适用的法律规则却有很大的差异。

船舶融资有时可以采取船队抵押的方法,即在几艘船舶上设定担保权益。这些船舶可以属于同一家公司所有,也可以属于几家只有一艘船舶的公司所有。后一种状况比较普遍。因为船东往往把其船队中的各条船舶分别划归几家公司所有,以便把每一艘船舶的财务风险分隔开来,以此阻止债权人提起"姐妹船诉讼"。"姐妹船诉讼"是指当一支船队的几艘船舶同属一家公司所有时,各艘船舶之间的关系即形成"姐妹船"关系。债权人因其中一艘船舶的债务而向法院起诉要求扣押船队中的另一艘船舶,这对船东是不利的,所以船东采用上述办法来防止出现这种局面。在这种情况下,当需要以整个船队作抵押贷款时,就要由每一家轮船公司对借款公司的借款提供担保,并在这些公司所拥有的船舶上设定抵押权作为担保。

为了享受税收方面的优惠或其他好处,在融资时可以采用以下三项互相联系的结构:

(1) 贷款人向专门为了融资目的而成立的轮船公司贷款;

(2) 轮船公司将船舶抵押给贷款人,并用光船租船合同出租给"真正的"船东;

(3) 船东将光船租船合同让与贷款人作为贷款的担保权益。

由于光船租船合同是还本付息的资金来源,所以该租船合同的条件接近于不论交货与否均须付款的合同的内容。光船租船合同的租船人在让与合同的文件中向贷款人承诺,他将不向贷款人主张他在轮船公司违反租船合同时本来可以对轮船公司提出的抵消权和反请求权。这是为了使贷款人不必担心因轮船公司违反租船合同而不能收回其贷款及贷款的利息。

12.2.2 船舶登记与抵押登记

1. 船舶登记

(1) 船舶登记的定义。

船舶登记是赋予船舶以国籍和权利义务的行为,即对船舶享有某种权利的人,向国家授权的船舶登记机关提出申请并提交相应的文件,经船舶登记机关审查,对符合法定条件的船舶予以注册,并以国家的名义签发相应证书的法律事实。

船舶登记对船舶抵押具有重要的意义,如果船舶由于不具备登记的条件而被撤销登记时,船舶抵押登记亦将一并被撤销。因此,在船舶抵押融资时,必须了解各国有关船舶登记的法律规定。

船舶登记内容主要包括:船舶资格登记、船舶所有权登记、船舶抵押权登记、光船登记。

（2）中国船舶资格登记的规定。

《中华人民共和国船舶登记条例》中关于船舶资格登记的主要内容为：

第二条 下列船舶应当依照本条例规定进行登记：（一）在中华人民共和国境内有住所或者主要营业所的中国公民的船舶。（二）依据中华人民共和国法律设立的主要营业所在中华人民共和国境内的企业法人的船舶。但是，在该法人的注册资本中有外商出资的，中方投资人的出资额不得低于50%。（三）中华人民共和国政府公务船舶和事业法人的船舶。（四）中华人民共和国港务监督机构认为应当登记的其他船舶。军事船舶、渔业船舶和体育运动船艇的登记依照有关法规的规定办理。

第三条 船舶经依法登记，取得中华人民共和国国籍，方可悬挂中华人民共和国国旗航行；未经登记的，不得悬挂中华人民共和国国旗航行。

第四条 船舶不得具有双重国籍。凡在外国登记的船舶，未中止或者注销原登记国国籍的，不得取得中华人民共和国国籍。

第五条 船舶所有权的取得、转让和消灭，应当向船舶登记机关登记；未经登记的，不得对抗第三人。船舶由二个以上的法人或者个人共有的，应当向船舶登记机关登记；未经登记的，不得对抗第三人。

第六条 船舶抵押权、光船租赁权的设定、转移和消灭，应当向船舶登记机关登记；未经登记的，不得对抗第三人。

第七条 中国籍船舶上应持适任证书的船员，必须持有相应的中华人民共和国船员适任证书。

第八条 中华人民共和国港务监督机构是船舶登记主管机关。各港的港务监督机构是具体实施船舶登记的机关（以下简称船舶登记机关），其管辖范围由中华人民共和国港务监督机构确定。

第九条 船舶登记港为船籍港。船舶登记港由船舶所有人依据其住所或者主要营业所所在地就近选择，但是不得选择二个或者二个以上的船舶登记港。

第十条 一艘船舶只准使用一个名称。船名由船籍港船舶登记机关核定。船名不得与登记在先的船舶重名或者同音。

第十一条 船舶登记机关应当建立船舶登记簿。船舶登记机关应当允许利害关系人查阅船舶登记簿。

第十二条 国家所有的船舶由国家授予具有法人资格的全民所有制企业经营管理的，本条例有关船舶所有人的规定适用于该法人。

（3）船舶所有权登记。

《中华人民共和国船舶登记条例》中关于船舶所有权登记的主要内容为：

第十三条 船舶所有人申请船舶所有权登记，应当向船籍港船舶登记机关交验足以证明其合法身份的文件,并提供有关船舶技术资料和船舶所有权取得的证明文件的正文、副本。就购买取得的船舶申请船舶所有权登记的,应当提供下列文件:(一)购船发票或者船舶的买卖合同和交接文件;(二)原船籍港船舶登记机关出具的船舶所有权登记注销证明书;(三)未进行抵押的证明文件或者抵押权人同意被抵押船舶转让他人的文件。就新造船舶申请船舶所有权登记的,应当提供船舶建造合同和交接文件。但是,就建造中的船舶申请船舶所有权登记的,仅需提供船舶建造合同;就自造自用船舶申请船舶所有权登记的,应当提供足以证明其所有权取得的文件。就因继承、赠与、依法拍卖以及法院判决取得的船舶申请船舶所有权登记的,应当提供具有相应法律效力的船舶所有权取得的证明文件。

(4)船舶抵押登记。

船舶抵押登记是指当事人把船舶抵押文书向有关政府主管部门进行登记。《中华人民共和国船舶登记条例》中关于船舶抵押登记的主要内容为:

第二十条 对20总吨以上的船舶设定抵押权时,抵押权人和抵押人应当持下列文件到船籍港船舶登记机关申请办理船舶抵押权登记:(一)双方签字的书面申请书;(二)船舶所有权登记证书或者船舶建造合同;(三)船舶抵押合同。该船舶设定有其他抵押权的,还应当提供有关证明文件。船舶共有人就共有船舶设定抵押权时,还应当提供三分之二以上份额或者约定份额的共有人的同意证明文件。

第二十一条 对经审查符合本条例规定的,船籍港船舶登记机关应当自收到申请之日起7日内将有关抵押人、抵押权人和船舶抵押情况以及抵押登记日期载入船舶登记簿和船舶所有权登记证书,并向抵押权人核发船舶抵押权登记证书。

第二十二条 船舶抵押权登记,包括下列主要事项:(一)抵押权人和抵押人的姓名或者名称、地址;(二)被抵押船舶的名称、国籍,船舶所有权登记证书的颁发机关和号码;(三)所担保的债权数额、利息率、受偿期限。船舶登记机关应当允许公众查询船舶抵押权的登记状况。

第二十三条 船舶抵押权转移时,抵押权人和承转人应当持船舶抵押权转移合同到船籍港船舶登记机关申请办理抵押权转移登记。对经审查符合本条例规定的,船籍港船舶登记机关应当将承转人作为抵押权人载入船舶登记簿和船舶所有权登记证书,并向承转人核发船舶抵押权登记证书,封存原船舶抵押权登记证书。办理船舶抵押权转移前,抵押权人应当通知抵押人。

第二十四条 同一船舶设定二个以上抵押权的,船舶登记机关应当按照抵押权登记申请日期的先后顺序进行登记,并在船舶登记簿上载明登记日期。登记申请日期为登记日期;同日申请的,登记日期应当相同。

（5）光船租赁登记。

《中华人民共和国船舶登记条例》中关于光船租赁登记的主要内容有：

第二十五条　有下列情形之一的，出租人、承租人应当办理光船租赁登记：（一）中国籍船舶以光船条件出租给本国企业的；（二）中国企业以光船条件租进外国籍船舶的；（三）中国籍船舶以光船条件出租境外的。

第二十六条　船舶在境内出租时，出租人和承租人应当在船舶起租前，持船舶所有权登记证书、船舶国籍证书和光船租赁合同正本、副本，到船籍港船舶登记机关申请办理光船租赁登记。对经审查符合本条例规定的，船籍港船舶登记机关应当将船舶租赁情况分别载入船舶所有权登记证书和船舶登记簿，并向出租人、承租人核发光船租赁登记证明书各一份。

第二十七条　船舶以光船条件出租境外时，出租人应当持本条例第二十六条规定的文件到船籍港船舶登记机关申请办理光船租赁登记。对经审查符合本条例规定的，船籍港船舶登记机关应当依照本条例第四十二条规定中止或者注销其船舶国籍，并发给光船租赁登记证明书一式二份。

第二十八条　以光船条件从境外租进船舶，承租人应当比照本条例第九条规定确定船籍港，并在船舶起租前持下列文件，到船舶登记机关申请办理光船租赁登记：（一）光船租赁合同正本、副本；（二）法定的船舶检验机构签发的有效船舶技术证书；（三）原船籍港船舶登记机关出具的中止或者注销船舶国籍证明书，或者将于重新登记时立即中止或者注销船舶国籍的证明书。对经审查符合本条例规定的，船舶登记机关应当发给光船租赁登记证明书，并应当依照本条例第十七条的规定发给临时船舶国籍证书，在船舶登记簿上载明原登记国。

第二十九条　需要延长光船租赁期限的，出租人、承租人应当在光船租赁合同期满前15日，持光船租赁登记证明书和续租合同正本、副本，到船舶登记机关申请办理续租登记。

第三十条　在光船租赁期间，未经出租人书面同意，承租人不得申请光船转租登记。

2. 船舶抵押权人的权利可能遇到的各种风险

尽管船舶抵押权人办理了抵押登记手续，但是，在某些情况下，某权利仍然会受到威胁，甚至有丧失的危险。主要有以下几种情形。

（1）船东的欺诈行为。

从事欺诈活动的船东有时可以伪造撤销船舶抵押登记的文件，蒙骗主管注册部门把登记册上的抵押权予以勾销，以便遭船舶出售或再次抵押给别人。当出现这种情况时，被撤销登记的抵押权人能否申请有关主管部门在登记册上予以纠正，须取决于登记国的法律。即使该国法律允许予以纠正，但如果船东已将船舶抵押给另一个人，则后来的抵押权人的权利就会蒙受损害。因为后者原来并不知道该船已有担保物权，按照许多国家的法律，抵押权的优先顺位是以登记的先后次序为准的，所以在这种情况下，后来的抵押权人的优先顺位就要排在先前的抵押权人之后。

（2）所有权的变更。

抵押权的一项基本要求是，出抵人对出抵的财产必须有合法的所有权。如果出抵人对出抵财产的权利有瑕疵，或者所有权发生变更，都会对抵押权人的权利产生重大影响。船舶所有权的变更主要出现在以下几种场合：①新船从造船国转移到船籍国；②现有船舶的出售根据法院命令将船舶强制出售。当船舶所有权发生变更时，必须撤销原来的所有权登记，而按照某些国家的法律，撤销所有权登记会带来撤销抵押权登记的风险，这对抵押权人不利。虽然有些国家的法律要求在撤销所有权登记时，须发出公告或事先征得抵押权人的同意，但这些规定往往不大管用，而且有些国家根本就没有这些要求。

对抵押权人来说，更大的风险是发生在债权人扣押船舶，申请法院作出判决将船舶强制出售的场合。按照有些国家（如德国）的法律，当地法院应及时将出售船舶一事通知外国的抵押权人和该船的船籍港。但是，许多国家，如日本、加拿大、澳大利亚、新加坡等，都不需要作上述通知。在这种情况下，船舶的抵押权人就必须随时注意船舶的动向。如果在抵押权人不知情的情况下，船舶被法院出售，他就失去了在拍卖时参加出价竞买的权利，如果抵押权人不能及时提出参与分配出售船舶所得的请求权，他还将失去参与分配的权利。

当船舶转移给一个新的所有人，或转移到另一国登记时，一般都要出具注销证书。原来的登记港也会要求抵押权人同意后，才在登记册上予以注销。如利比里亚《海商法》第72条规定："受优先抵押权拘束的船舶登记证书，未经抵押权人的同意，不得认为已放弃登记权而予以接受。"美国法律也有类似的规定。

按照希腊的法律。如果一艘先前悬挂外国国旗的船舶已经取得了希腊国籍，则在该船上设定的外国抵押权仍然有效，即此项抵押权已按先前船旗国的法律在该国政府登记册上登记，并自登记之日起60天内在希腊抵押登记册上进行登记。

英国法律则规定，当船舶在登记册上注销时，该船的船舶登记即告完结，但登记册上登记的抵押权如尚未得到清偿可作为例外处理，如该船日后再处于英国法院管辖之下，则英国法院可以强制执行。

由于各国对注销船舶登记是否必须征得抵押权人同意的问题在法律上的规定各有不同，这就给国际间的船舶抵押带来了许多不便，并使抵押权人承担相当大的风险。为了解决这个问题，各国（主要是北欧各国）在布鲁塞尔缔结了一项关于船舶留置权与抵押权的国际公约,试图统一有关这方面的法律。按照该公约第3条的规定,未经已经登记的抵押权人的书面同意,各缔约国不得允许船舶注销登记。但公约承认一项例外:如果船舶在缔约国内被法院判决强制出售,在这种情况下,抵押权的附着物就不再是船舶而转化为出售船舶所得的价金,即抵押权人只能就出售船舶所得的价金请求清偿。

(3) 无权利的人无从让与权利的原则。

英国法律有一项历史悠久的原则,即没有权利的人不能授予他人任何权利。因此,如果船舶的买主由于借款买船而在买来的船舶上为其贷款人设定了抵押权,但结果却发现该船的卖主并非船舶的所有人时,抵押权人就会遭受重大的损失。因为按照英国的法律,船舶是作为动产看待的,船舶的所有权登记并不是终局性的所有权证据,根据上述没有权利的人不能授予他人以任何权利的原则,该船舶的真正所有人有权要求撤销登记。因为卖主既然不是船舶的所有人,他就无从把船舶的所有权让与买主,买主亦无从为其贷款人设定有效的抵押权,在这种情况下,贷款人的抵押权就成为无源之水、无本之木,变得毫无用处。但有些国家的法律则倾向于保护善意买主的利益,按照这些国家法律的规定,如果一个人让一个第三者占有他的货物,并让其以所有人的身份出现,那就不能剥夺对前者的权利并不知情的买主的权益。在这些国家里,前面所讲的情况是不大可能出现的。

此外,按照瑞典、挪威等少数国家的法律,国家在某些情形下对登记事项承担担保责任。例如,挪威《海商法》规定,船舶登记处有权纠正某些有差错的记载,如果任何人由于登记上的差错而遭受损失,可要求国家给予赔偿。

(4) 船舶在抵押之前已经存在着留置权。

如果在船舶设定抵押权时,抵押权人并不知道该船先前已有留置权,而是在事后才发现这一情况,这时抵押权人就会处于十分不利的地位。因为海商留置权是一种法定的权利,它不是由双方当事人设定的,而是依据法律所规定的某些特定的债权成立的,按照各国的法律,海商留置权不需要以登记或占有船舶为立的条件。所以它在某种程度上是秘密的,抵押权人在接受船舶抵押时不一定知道该船先前已有留置权的事实。特别重要的是,根据许多国家的法律,海商留置权的优先顺位一般都排列在抵押权之前,也就是说,留置权人的权利将优先于抵押权人的权利,在这种情形下,抵押权人的清偿请求能否得到满足是缺乏保障的。

有些国家的法律,如利比里亚的法律规定,出抵人有义务披露先前的留置权和其他担保物权,并规定如果出抵人隐瞒这种情况,将给予刑法制裁。但这种规定对抵押权人并无多大实益。因为尽管隐瞒实情的出抵人受到刑法制裁,但只要该船舶先前已有留置权,抵押权人还是会失去其优先地位。

(5) 船舶不具备登记条件。

如果船舶由于不具备登记条件而被撤销所有权登记时,对抵押权登记是否会产生影响,这也是抵押权人利害攸关的一个问题。

按照美国法律,如果船舶不具备登记条件,则船舶抵押权的登记亦不能生效。但是,根据挪威《海商法》第11条的规定,凡已载入船舶登记册上的已经登记过的权利,不得以船舶不具备或不再具备登记条件为理由而提出异议。因此,按照挪威《海商法》,船舶上已经登记的权利,不会由于船舶不具备登记条件而被撤销,也不会因此影响到船舶的抵押登记。

12.2.3　船舶抵押合同的约定事项

约定事项是指抵押合同中双方约定的条款,按照这些条款,一方保证去做或不去做某种指定的事情,或保证某种事实的真实性。在现代的船舶抵押合同中,一般都包括船舶所有权的保证,不存在留置权和其他担保物权的保证,以及船舶适航性的保证等约定事项。出抵人必须严格遵守合同中的约定事项,如果出现违约事态,就要对由此引起的后果负责。

除了关于船舶收入让与和保险让与等约定事项以外,在英国、希腊、利比里亚、巴拿马等国的船舶抵押合同中,一般都包括以下约定事项,即由作为出抵人的船东向抵押权人保证做到以下事项。

(1)保持本抵押权为第一优先顺位的抵押权,在船上保管一份抵押合同的抄本,以及在背面详细记载抵押合同细节的登记证书,将这些文件向一切有利害关系的人展示,航图室和船长室内应张贴通知,载明抵押合同的详细内容并指出:船东、租船人、船长或任何人都无权在该船上设定留置权,或允许他人在船上设定留置权,但由于船员工资或救助费用而产生的留置权除外。

这一约定事项中,关于要求船上保管抵押合同的抄本和登记证书的规定,反映了1926年关于海商留置权与抵押权的布鲁塞尔公约,以及美国、希腊、利比里亚等国家的国内法的要求。其目的是保护抵押权人的利益,使其权利不因日后在船舶上设定其他留置权而受到影响。

(2)保持现属的船籍国的船舶登记,保证不做一切有可能导致丧失登记或有害于登记的行为。

(3)不得改变船舶的登记名称或登记港,或修改船舶的文书。

(4)保证船舶遵照一切适用的法律规章进行经营(如安全规章等)。

(5)对船舶进行维修,使其保持良好的适航性能,但可以允许有适当的耗损,同时应使船舶能取得特定船级社的特定部级。

(6)对船舶的结构、类型或速度不得作重大改动。按照有些国家(如英国、利比里亚)

的法律,如发生上述改变,船舶应重新进行登记。

(7) 不得把船舶的全部或其中的一部分,或把船舶的收入或保险单等出售、转让给别人,或作其他的处分。

对于上述约定事项,有些国家认为没有规定的必要。因为按照这些国家的法律,出抵人未经抵押权人的同意而把船舶出售或转让是法律所禁止的。但是在抵押合同中作出规定对抵押权人是有好处的,尤其是对于没有上述禁止性规定的国家就更有必要在合同中明确加以规定。

(8) 除救助费用和船员工资外,应使船舶不受任何留置权或担保物权的拘束。

这一约定事项涉及第二顺位抵押权的问题。在出抵人没确定作出不设定第二顺位抵押权的例证的情况下,习惯做法是由第一顺位抵押权人与第二顺位抵押权人之间,订立一项协调协议。根据此项协议,第二顺位抵押权人承认在规定的最高贷款额加大利息与强制执行费用的限度之内,其优先顺位次于第一顺位抵押权人,并约定未经第一顺位抵押权人的同意,或第一顺位抵押权人已强制执行其权利,第二顺位抵押权人将不要求强制执行其担保权益。

按照英国的法律,未经第一顺位抵押权人的同意,第二顺位抵押权人不得执行其权利,除非得到有管辖权的法院作出的命令。但按照巴拿马的法律,即使第一顺位抵押权人不愿强制执行其抵押权,第二顺位抵押权人也可以要求执行其抵押权。希腊法律也有类似的规定。

(9) 对于能向船舶提出强制执行的留置权或其他请求权的有关债务,应全部予以偿还。

(10) 不得把船舶交给有权取得留置权的修船厂或其他人,除非他们首先抛弃了留置权,或该留置权所担保的债务不超过一定的金额(如若干美元)。

这是因为未受清偿的修船厂在占有船舶时,其优先顺位将排列在抵押权人之前。而且按照有些国家(如美国)的法律,即使未受清偿的修船厂失去了对船舶的占有,仍对船舶享有海商留置权。

(11) 不得在船舶的全部或一部分上,或在船舶的收入或保险合同上设定或允许继续存在抵押权或其他担保物权。

(12) 不得把船舶按光船租船合同出租,或者以定期租船合同或连续航次租船合同按下列条件出租:租期超过 6 个月。因预付租金达 1 个月以上租金率低于商业上通行的租金率。

规定不得把船舶以光船租赁方式出租的主要理由是,在光船租赁的条件下,船东(出抵人)须将船舶的占有与控制权移交给租船人,这样一来,出抵人就很难履行抵押合同的约定事项所规定的义务。至于对定期租船合同与航次租船合同条件的限制,主要是为了防止船东(出抵人)以不利的条件把船舶出租,从而降低了担保权益的价值。但按照英国法,只要租船合同不严重威胁担保权益的价值,英国船舶的出抵人有权自由订立租船合同。

(13) 履行有关船舶所订立的一切租船合同和雇佣合同。

(14) 确保船舶不从事非法营运业务或可能使船舶被没收、扣押或毁灭的营运业务。

(15) 确保船舶不在对其安全有危害的领海内或战区内从事营运业务。

(16) 确保船舶只由一名特定的经理人管理。

(17) 向抵押权人提供关于船舶、雇佣人员、位置、约定义务的全部信息,提供船级社证明书副本,检验报告副本,以及有关灾害事故、航行日志、拖带与救助的具体情况的信息。

(18) 如船舶发生重大灾害事故、船舶被扣留、被法院判决扣押或被强制购买、征用或有人对船舶行使留置权时,应以电传通知抵押权人。

(19) 如船舶被扣留、扣押或遭受法院判决时,应在 14 天内使船舶获得释放。

(20) 如船舶的估定价值下降到贷款金额的规定比例(如 125%)以下时,应提供追加担保。

12.3 海商法院的管辖权及海商留置权

12.3.1 海商法院的管辖权

在船舶贷款的诉讼中,首先必须解决的问题是法院的管辖权问题,即哪一个国家的法院有强制执行抵押权的管辖权。在确定了某个国家的法院有管辖权之后,还要进一步解决这一法院将适用哪一个国家的法律来处理有关抵押权的各种问题,如抵押权的有效性,抵押权与海商留置权的优先顺位,以及抵押权与无担保的债权人的优先次序等问题。这就是通常所说的管辖权问题和法律适用问题。许多国家都制定了一些法律冲突规则,借以解决涉外民事案件上出现的法院管辖权问题和法律适用问题,但各国的法律冲突规则并不一致。

1. 1952 年率先于扣留远洋船用的布鲁塞尔公约

(1) 公约的适用范围及基本原理。

1952 年关于扣留远洋船舶的公约,是国际上关于法院在什么条件下可以根据海商法请求权扣留船舶的一个重要的国际公约。许多国家都批准或参加了这一公约,其中包括阿尔及利亚、比利时、英国、埃及、德国、希腊、西班牙、南斯拉夫等。日本虽然没有参加这一公约，但其国内法基本上吸收了公约的内容。值得注意的是，有些重要的航运国家，如美国、挪威、巴拿马和利比里亚并没有参加这一公约。

该公约适用于在任何缔约国的管辖区域内悬挂任何一个缔约国旗帜的所有船舶。按照该公约的规定："悬挂缔约国旗帜的船舶得在任何缔约国的管辖区域内，由于海商请求权的原因而予以扣留，但不得因其他请求权而予以扣留。"这里所说的海商请求权包括船舶抵押所引起的请求权。

该公约还规定，"悬挂非缔约国旗帜的船舶得在任何缔约国的管辖区域内，由于海商请求权或缔约国法律允许扣船的任何其他请求权而予以扣留。"由此可见，缔约国的法院不仅有权扣回悬挂缔约国旗帜的船舶，而且还可以扣留悬挂非缔约国旗帜的船舶。

公约中所说的"扣留"是指在作出判决之前留置船舶，即为了确保实现海商请求权而通过司法程序扣留船舶，因此，扣船的本身并不按与法院对事件的实体作出判决的管辖权。但是，按照公约第七条的规定："如执行扣船的国家的法院的国内法按与其相应的管辖权，或者扣留船舶是根据船舶抵押的请求权提出来的，则法院就有对案件的实体法问题作出判决的管辖权。"

此外，公约还规定，有管辖权的法院在得到充分的保释金或其他担保的条件下，得释放被扣留的船舶。如果双方当事人对保释金的金额不能达成协议时，应由法院予以确定。

（2）扣留船舶的程序。

扣留船舶的程序由缔约国的法律决定。扣留船舶须在法院监督之下进行。但是，有些国家的法律规定，要求扣船的债权人应提供保证金，以便日后一旦发现扣船不当时，用以赔偿船东的损失。

（3）非缔约国的地位。

按照该公约第八条的规定，任何缔约国都有权全部或部分排除任何非缔约国的政府，或在扣船时没有在任何一个缔约国拥有习惯居所或主要营业所的人，享受本公约的利益。

公约所给予的好处主要有两个方面：一是扣留船舶的权利；二是法院可以对案件的实体法问题作出判决。因此，如果原告是非缔约国的公民，他就不能按照公约的规定享受上述利益。在这种情况下，非缔约国的原告所处的地位如何，可以从下列假设的例子中窥见其一斑：假定一个美国抵押权人企图在法国申请法院扣留一条挪威籍的船舶，由于美国与挪威都不是缔约国，作为原告的美国人不能享受公约的利益，所以此项请求不能按公约的规定来处理，只能按照法国法来处理。按照法国法，如果该船舶已"准备开航"，抵押权人就不能扣留船舶；如果该船并未"准备开航"，法国法院可以扣留船舶，但按照法国的法律,法国法院无权对案件的实体法问题作出判决。换言之,在这种情况下,关于案件的实体法问题尚须由其他有管辖权的法院作出判决。

针对上述情况,公约规定,如果在管辖区内扣留船舶的法院没有对案件作出实体法判决的权力,则按照该公约第五条为释放船舶提供保释金或其他担保时,必须明文规定此项担保是为将来有权作出决定的法院所作的判决而提供的;而且扣留船舶的国家法院应规定原告向有管辖权的法院起诉的期限。如果原告不在规定的时间内起诉,被告得要求释放船舶或解除保释金或其他担保。公约还规定,非缔约目的原告不得以将其请求权让与缔约国居民的办法来摆脱其不能享受公约的利益的不利地位。

(4)不得多次扣留船舶及"姐妹船"的诉讼。

按照该公约的规定,如果原告已经一度扣留了船舶,则在该船提供了保证获得释放之后。原告就不得再在另一个国家申请扣留该船,以便从中得到对自己更为有利的处理结果。

所谓"姐妹船"的对物诉讼是指某些海商留置权的债权人扣留产生海商留置权的船舶,或扣因在该海商留置权成立时该船东所有的另一艘船舶,并对其起诉,要求清偿该留置权所引起的请求权。但抵押权人不能提起对"姐妹船"的对物诉讼。他必须取得有对人的管辖权的法院的判决之后,才能援引一级强制执行法对"姐妹船"强制执行。

2.部分国家国内法的管辖权

下面拟扼要介绍几个国家国内法有关船舶抵押诉讼的管辖权的若干规定。

(1)英国法。

英国以1956年的《司法管理法》把1952年关于扣留远洋船舶的公约吸收为国内法。该法规定,对于船舶的抵押权或其他担保物权所引起的诉讼,均可向法院的海事庭提起"对物诉讼"。英国法院的管辖权适用于一切抵押权,不论是否登记,普遍法上的或衡平法上的抵押权,还包括根据外国法律成立的抵押权和其他担保物权。

(2)美国法。

美国在1954年才修改现行的立法,使法院对外国的船舶抵押权有海商管辖权。其原因是,在第二次世界大战时美国政府拥有一支庞大的商船队,二战后美国政府将这些船舶出卖给外国人,一般都以抵押船舶作为价金的担保。在这种情况下,美国海事法院对强制执行外国船舶的抵押权是否具有管辖权,就成为一个十分重要的问题。为了使美国海事法院取得这种管辖权,美国在1954年对1920年的法律作了修改。根据修改后的法律规定,优先抵押权可以包括在外国登记的船舶上的抵押权,只要该抵押权是按照船舶登记国的法律设定的,并已按照该国法律在船籍港或在主营业所登记处的登记册上进行了登记。凡符合以上条件的外国船舶上的抵押权,美国海事法院即对其有管辖权。

（3）欧洲大陆国家的法律。

按照意大利的法律，原告应向意大利法院申请扣留船舶，然后再向有管辖权的意大利法院或外国法院申请作出实体法上的判决。如果是由外国法院对实体法问题作出判决，则该判决必须得到意大利法院作出的可以在意大利强制执行的判决，才能在意大利强制执行，否则扣留船舶是无效的。

在荷兰、挪威、德国、葡萄牙等国，扣留船舶一般就使得法院有权对实体法问题作出判决。

3. 对外国船舶抵押权的承认

动产抵押权一般受抵押权设定时动产所在地国家的法律管辖，但是如果该项动产是流动性的，则应以与交易关系最密切的国家的法律作为准据法。就船舶抵押来说，以抵押权成立时船所在地国家的法律为准据法显然是不恰当的。因为一个国家的船舶可以航行世界各地，有可能靠泊在任何一个国家的港口，船舶的所在地同船舶不一定有紧密的联系，因此，除双方当事人另有约定外，船舶抵押权的有效性与效力应受船籍国法律的管辖。目前，大多数海商法国家都承认这一原则，认为在确定船舶抵押权的有效性与效力时，船籍国法应起决定性的作用。

1926年和1967年关于海商留置权与抵押权的布鲁塞尔公约也采用了这一原则。按照1926年公约的规定，凡依照船舶所属国家的法律成立的船舶抵押权与类似的担保物权，在船籍港或主营业所所在地的政府登记处登记之后，在所有其他缔约国都应认为有效。截至1988年有28个国家参加了这一公约，其中包括阿根廷、比利时、巴西、丹麦、法国、芬兰、意大利、西班牙、葡萄牙、罗马尼亚、匈牙利和波兰。但英国、美国、日本和加拿大都没有参加这一公约。

1967年公约进一步规定了承认外国船舶抵押权的条件。按照该公约的规定，凡符合下列条件的远洋船舶上的抵押权，在各缔约国均应得到强制执行：

（1）该抵押权已按照船舶登记国的法律设定并已进行登记。

（2）登记册以及按照船舶登记国的法律应向登记处登记的合同文件应供公众查阅，并可向登记处取得登记册的摘要及合同文件的副本。

（3）登记册及合同文件应指出抵押权人的姓名、地址以及担保的金额，并应按照登记国的法律确定各抵押权顺序的日期及其他细节。

值得注意的是，公约要求在登记册和抵押合同文件上应载明船舶抵押担保的金额，这项要求反映了大陆法对船舶抵押的观点，它与英国式的流动账户登记格式的要求是不一致的。因此，英美法国家都没有参加这一公约。该公约至今尚未得到世界各国的普遍接受。

12.3.2　海商留置权

1. 海商留置权的概念

英美法上的海商留置权,被法国法律称为优先权。

海商留置权的产生有各种不同的原因,有的是由于船长订立合同的法律行为而引起的,如船长为保存船舶或为取得继续航行所必需的供应品而签订的合同,这种合同的债权人就享有对船舶的海商留置权;有的是由于船舶的侵权行为所引起的,如船舶因过失与其他船舶发生碰撞,使其他船舶受损,则受损船舶的所有人对过失船舶享有海商留置权;有的是由于欠缴国家法律规定的税款或其他费用而引起的,如各种税捐及诉讼费用等。

海商留置权制度的主要目的,是使某种债权人能借助于对物诉讼扣押船舶,以船舶来优先清偿其债权。不论船舶走到哪里,也不论其所有权是否转移,海商留置权人都可以对船舶主张其权利。如果没有这种制度,那么,因船舶碰撞而产生的债权,对遇难船舶施行救助而产生的债权以及在国外为船舶提供必需品所引起的债权,就会冒着得不到清偿的极大风险。因为对上述债务承担责任的船东可能住在外国,本国法院可能对其没有管辖权,同时,作为赖以清偿上述债务的财产的船舶,也可能超出了法院的管辖范围,从而使法院不能对其强制执行上述请求权。

从海商法的历史看,海商留置权曾经是一种重要的法律制度,也是对短期贷款的一种主要的担保办法。但现在海商留置权制度的重要性已大大下降。这是因为,第一,海商留置权所担保的金额一般比用于造船或购买船舶的巨额贷款小得多;第二,有些海商留置权所担保的债权现在可以采用向保险公司投保的方法获得保障,不必完全借助于海商留置权。

但是,就船舶融资而言,海商留置权仍然是一个不可忽视的问题。因为现代的船舶融资一般都以船舶抵押作担保,如果在同一艘船舶上既设定了抵押权,又出现了海商留置权,那么在这两种担保物权中,究竟哪一种居于优先地位,可以优先得到清偿,这对抵押权人和海商留置权人来说,都是利害攸关的问题。一般来说,按照各国的法律,海商留置权(至少是大多数海商留置权)都是排列在抵押权之前的,但是,具体到每一个国家来说,究竟哪些海商留置权应排列在抵押权之前,哪些海商留置权应排列在抵押权之后,各国法律分歧很大,不可一概而论。

2. 海商留置权的特点

海商留置权与其他一般的担保物权相比较,具有以下几个特点。

(1) 海商留置权是一种法定的权利。

海商留置权是一种法律创设的权利,当法律规定的某些债权成立时,海商留置权即当然产生,不必由双方当事人以明示的协议予以约定。而抵押权则是由双方当事人以协议设定的。

（2）排列优先顺位的原则不同于一般担保物权。

按照一般担保物权排列优先顺他的原则,在有担保权益的债权人之间,谁的担保权益先成立,谁的担保权益就排在先位,即以担保权益成立的先后（或登记的先后）为序。但在某些海商留置权人之间排列优先顺位的原则却恰好相反,不是先发生的留置权人居先,而是最后发生的留置权人居先,即后来者居上,最后的留置权得优先得到清偿。这样做的理由是,最后一个留置权人为先前所有的留置权人保存了船舶的价值,所以在优先顺位上应当排在第一位。例如,某船在航次中遭遇海难,被另一船舶救助后脱险,但出险后不久又遇难,被其他船舶施救脱险,第一个救助人与第二个救助人虽然都对该船有海商留置权,但第二个教助人的权利优于第一个救助人,因为如果没有第二个救助人的努力,船舶就不能获救脱险,第一个救助人的权利亦将随着船舶的灭失而丧失,所以第二个救助人理应优先得到清偿。另外,还有人认为,既然先前的留置权人没有立即扣留船舶,就意味着他已默示地同意该船日后成立其他留置权,所以,后来的留置权应居于优先地位。

（3）海商留置权具有秘密性。

所谓海商留置权的秘密性是指这种留置权不同于抵押权,它一般不需要以登记为成立的条件,也不需要占有船舶,所以,外界人士一般不大容易获悉海商留置权的存在。

（4）海商留置权具有追及力。

海商留置权是一种黏附于船舶之上的权利,它一般不因船舶所有权的变更而消灭,因此,即使买主不知道留置权的存在而购买了船舶,海商留置权亦不因船舶易主而消失。法国法把这种权利称为追及权,英美法把它称为"甩不掉"的权利。但是,在英美法国家,这种甩不掉的权利须受所谓"懈怠原则"的限制,即如果留置权不合理地迟延行使其权利,致使他人遭受损失,则丧失其留置权。在大陆法国家,如果留置权人不及时行使其权利,例如某些留置权如不在一年之内或半年之内起诉,或在下一个航次开航以前起诉,即丧失其留置权。

此外,按照 1967 年关于统一海商留置权和抵押权公约的规定,当船舶在缔约国被强制售出时,留置权对船舶来说即告消灭,留置权人仅能对出售船舶的价金主张权利,而不能再对船舶行使留置权。

3. 海商留置权的种类

关于海商留置权的种类,各国法律规定并不一致,有些国家列为海商留置权的项目,在另一些国家则可能认为不是海商留置权。

现将有些国家认为是同于海商留置权的项目简单介绍如下,但必须指出,下面将要介绍的留置权并不是各国都一致承认的。

（1）法院费用。所谓法院费用是指船舶在法院监管期间，由于照料船舶和经营船舶两支出的费用，以及由于扣押船舶和执行判决所产生的费用，因此，有些国家把这种费用又称为司法费用。

（2）船长开支的费用。这种费用是指船长在受雇期间在其权力范围内为船舶所支付的款项及为船舶所负的债务。

（3）船员的工资。许多国家的法律都认为，船员对其工资的请求权有海商留置权，应当优先得到清偿。有些国家还认为，这种请求还包括社会保险费、人身伤害和把船员遣送回原地的费用。

（4）救助费用。救助费用是指船舶遭遇海难时，经其他船舶施救后脱险而应当付给施救者的费用。各国法律一般都认为，救助费用的请求权得享受海商留置权，应当优先得到清偿。

（5）共同海损分担。共同海损是一种历史悠久的海商法上的制度。它的基本原则是，在海上运输中，当船舶及船上的货物遭遇到共同的危险时，船长为了共同安全，有意和合理地作出的特殊牺牲或支出的特殊费用，应当由获救的船舶按其获救后的价值比例分担。各国法律一般都认为，共同海损分担的请求权有海商留置权，可优先得到清偿。

（6）侵权行为所引起的请求权。这是指由于船舶的缺陷或船长、船员及船舶的其他受雇人员的过失所引起的请求权。例如，由于船长指挥不当同其他船舶发生碰撞所引起的船舶损害赔偿请求权、人身伤害赔偿请求权以及船舶污染海域所产生的赔偿请求权等。

（7）违约所引起的请求权。这是指由于违反了船长或船东的其他代理人为船舶所签订的各种合同所引起的请求权。例如，由于违反船长为船舶所签订的提供生活必需的或供应品合同所引起的请求权，由于码头费、装卸费、干船坞使用费所引起的请求权，以及由于船东违反租船合同时，租船人的损害赔偿请求权等。有些国家法律认为这些请求权都可以使权利人对船舶享有海商留置权。

（8）修船厂对船舶的留置权。这是指修船厂在船舶未付清修理费以前对船舶所享有的留置权。除了美国以外，大多数国家的法律都规定，这种留置权须以修船厂占有船舶为条件，一旦修船厂放弃了对船舶的占有，它就失去了对船舶的留置权。按照有些国家如英国的法律，这种留置权并不给予修船厂以出售船舶的权利。

（9）港口税和其他税收的留置权。港务当局对船舶应付而未付的港口税及引水费对船舶有留置权。在有些国家，税务局对未缴纳捐税的破产人的财产有留置权，可优先得到清偿。

（10）卖方的留置权。这是指没有收到价金的卖方的留置权，造船者和旧船的出售者如果没有得到价金都可以对售出的船舶享有留置权。但这种留置权须以占有船舶为条件,如果失去对船舶的占有,卖方的留置权亦随之消失,按照英国1979年货物买卖法的规定,留置权人有出售标的物的法定权利。

4. 海商留置权与抵押极之间的优先顺位

在上述各种海商留置权中,究竟哪一种留置权在优先顺位上应当排列在抵押权之前,哪一种应当排列在抵押权之后,各国法律分歧很大。一般来说,对于法院费用、船长与船员的工资、救助费用、共同海损分担及船舶碰撞的损害赔偿,各国法律大体上都认为应当优先于抵押权,但对于必需品的供应以及修船厂因修理费用而引起的留置权,各国法律就不完全一致。有强大造船工业和修船工业的国家一般都主张保护造船业和修船业的利益,在法律上把这些人的留置权排列在抵押权之前,相反,没有强大造船业和修船业国家的法律,则倾向于把这类留置权排列在抵押权之后。

(1) 关于统一海商抵押权与优先权的某些规定的国际公约。

为了统一各国有关抵押权与海商留置权的法律,海洋法国际会议1926年在布鲁塞尔制定了一项《关于统一海商抵押权与优先权的某些规定的公约》(以下简称1926年布鲁塞尔公约)。该公约的目的是明确哪些海商留置权应排列在抵押权之前,哪些留置权应排列在抵押权之后,即只有在抵押权的请求权得到清偿之后,才能得到清偿。

按照1926年布鲁塞尔公约的规定,海商留置权的标的包括:船舶、产生该留置权请求权的航次所收取的运费、船舶的附属设备以及自有关航次开航以来所发生的运费的请求权。凡该公约所列举的五项海商留置权,都可以就上述标的物优先得到清偿。

该公约第二条列举了五项海商留置权,这些留置权都优先于抵押权。其具体内容是:

① 应缴付国家的诉讼费用,为债权人的共同利益保存船舶、出售船舶及分配出售价款而支付的费用、吨税、灯塔费、码头税以及属于同一性质的其他公共捐税或费用、引水费以及自船舶驶入最后港口时起的看守费和维持费;

② 船长、船员和船上其他人员的雇佣合同所引起的请求权;

③ 救助报酬和共同海损分担;

④ 船舶碰撞或其他航行事故的损害赔偿以及对海港、码头或航道上的工程造成损害的赔偿,对旅客和船员人身伤害的赔偿,对货物或行李的灭失、损坏的赔偿;

⑤ 船舶驶离船籍港后,船长在其本身职权范围内,为保存船舶或继续航行所需而订立的合同或所作的行为所引起的请求权,不论船长是否同时是船舶所有人,也不论该请求权是属于船长本人,或属于船具商、修理商、贷款人或其他合同上的债权人。

除了公约所列举的五项留置权之外,公约还允许各缔约国在国内法中规定其他的留置权,但按照该公约第三条的规定,缔约国国内法所规定的其他留置权应排列在抵押权之后。

　　由于 1926 年布鲁塞尔公约要求缔约国承认必需品的供应商有海商留置权,与英国的国内法有矛盾,所以英国没有参加这一公约。

　　1967 年关于统一海商留置权和抵押权某些规定的国际公约(以下简称 1967 年布鲁塞尔公约),是根据 1926 年布鲁塞尔公约制定后世界航运经济发展的需要而制定的。在近代航运经济中,长期贷款日益重要,长期贷款人要求他的担保权益在顺序上应居于优先地位。此外,由于通信事业发达,船长很容易取得船东的指示,船东可以利用在各地的代理关系安排贷款,使船长得到必需的款项。船舶必需品的供应商亦可以更容易信赖船东的信誉,而不必以船舶作为提供必需品的担保。因此,根据英国的要求,公约取消了向船舶提供必需品的供应商的留置权,并对各种海商留置权的先后排列次序和内容作了一些调整。

　　按照 1967 年布鲁塞尔公约第四条规定,下列海商留置权在优先顺位上应排列在抵押权之前:

　　① 应付给船长、高级船员及其他船员的工资及其他款项;

　　② 港口、运河及其他水道的费用及引水费;

　　③ 与船舶的经营直接有关的,不论在陆上或水上发生的人身伤亡所引起的对船东的损害赔偿请求权;

　　④ 与船舶的经营直接有关的,不论在陆上或水上发生的财产灭失或损害,根据侵权行为,而不是根据合同引起的对船东的损害赔偿请求权;

　　⑤ 因救助、清除船舶残骸以及共同海损分担而引起的请求权。

　　公约规定,在上述五项海商留置权之间,它们的优先顺序,应按①、②、③、④、⑤的编号次序排列。但其中第 5 项关于救助、清除船舶残骸及共同海损分担所引起的留置权得优先于在它以前在同一航次中发生的任何其他留置权。

　　公约还规定,除上述五项海商留置权外,各缔约国还可以给予其他留置权,但这类留置权的优先顺位应排列在上述五种留置权和抵押权之后。

　　值得注意的是,该公约给予造船商和修船商为担保其造船费用和修船费用的请求权,在其占有船舶期间得对船舶行使留置权。这种留置权的优先顺位应排列在上述五项留置权之后,但可排列在抵押权之前。这种留置权须以占有为条件,一旦船舶脱离了造船商或修船商的占有,他们的留置权即告消灭。

　　上述两个公约所规定的时效期间都是一年,而在这一年的期限不得中断或中止。留置权人如果不在规定期限内行使权利,其留置权即告消灭。但该留置权所担保的债权并不因留置权的消灭而消灭,换言之,在一年期限过去之后,留置权人所失去的只是该留置权的优先地位,而不是失去了引起该项留置权的债权,但那时留置权人就降为一般债权人,不能凭借留置权要求优先得到清偿了。

（2）部分国家国内法的有关规则。

① 英国法。

英国法院在审理国内的船舶抵押权案件时,有时并不按照严格的优先顺位规则,而是根据具体案情处理。英国判例一般将下述请求权的优先顺位排列在抵押权之前:

● 法院费用与强制执行费用。

● 船长、船员的工资,船长的各项开支,即船长根据其权力在通常雇佣关系中用船东的信誉担保的义务,但不包括必需品的供应。

● 救助报酬。

● 船舶担保贷款,这是历史的陈迹,现已不再采用。

● 船舶碰撞损害赔偿。

● 占有留置权,即以占有为条件的留置权,如修船商的留置权、造船商的留置权等。这些留置权严格地说并不是海商留置权,留置权人一般没有出售标的物的权利。而且英国法在这个问题上的表述与美国法不同,留置权人失去对船舶的占有,其留置权即告消灭。

关于外国留置权之间的优先位次,英国法院适用审判地法来确定。英国法院认为,海商留置权是一项诉讼程序法上的权利,而不是实体法上的权利,因此其优先顺位应按审判地（法院所在地）法来决定。

② 美国法。

美国法上的海商留置权的数目大大超过英国法。对于纯属美国国内的案件,美国的海商留置权一般按下列优先顺序排列:

● 法院费用;

● 船长和船员的工资;

● 救助报酬及费用;

● 侵权行为引起的损害赔偿;

● 共同海损的分担;

● 优先抵押权;

● 给养及维修费;

● 拖带费、引水费及码头费;

● 对所载货物的损害赔偿;

● 租船合同所产生的债权。

按照美国法律,第 1 项至第 5 项请求权不论其成立时间的先后,都一律排列在优先抵押权之前。第 7 项至第 10 项请求权如其成立的时间早于优先抵押权成立的时间,则可排列在优先抵押权之前；但如其成立的时间晚于优先抵押权成立的时间，则应排列在优先抵押权之后。

对于外国海商留置权的优先顺位，美国法偏重于保护美国债权人的利益。根据美国1954年法律的规定，外国船舶上的抵押权在优先顺位上应次于在美国履行或提供的修缮、供应、拖带、使用干船坞、航运火车或其他必需品所产生的海商留置权。换言之，外国船舶上的抵押权应排列在上述留置权之后。

对于外国海商留置权之间的优先顺位，美国法院原则上适用审判地法来确定。但是，如果案件不涉及美国人的合同或美国人的请求权，有些法院曾采取比较灵活的态度，对某些具体案件可适用外国法来确定各项留置权之间的优先位次。

③ 大陆法系。

● 法国法。法国是1926年布鲁塞尔公约的成员国，并把该公约吸收为国内法，因此，法国法关于海商留置权的规定与1926年公约的内容基本相同。唯一的区别是，公约共列举了五项海商留置权，而法国法则把其中的第一项留置权，即关于司法费用以及保管、保存船舶等费用所产生的留置权分列为两项，第一项是司法费用所产生的留置权，第二项是保管、保存船舶及吨位税、港口税、引水费等所引起的留置权。所以法国法共列举了六项海商留置权，这些海商留置权在优先顺位上都排列在抵押权之前。

● 德国法。按照德国法，关于外国海商留置权之间的优先位次问题，如果在分配出售船舶的所得时，所有向法院起诉的请求权都受同一个外国国家的法律管辖，或者这些请求权属不同国家的法律管辖，但这些国家的法律对海商留置权的排列位次完全相同，则可适用外国法来确定这些请求权的优先顺序。否则，关于各外国海商留置权之间的优先位次，应按照审判地法即德国法来确定。比利时以及大多数北欧国家都适用类似的原则。

● 希腊法。按照希腊《海商法》第9条的规定，一切与船舶有联系的权利都应受船籍国法管辖。但是，大多数希腊法学界人士认为，海商留置权的优先位次问题属于实体法而不属于程序法，因此不应适用审判地法来确定。这种看法同英国法律完全不同的。由此可见，在这个问题上并不存在普遍接受的规则。

12.4　航运融资的其他担保

在正常情况下，贷款银行如能拥有船舶的第一优先抵押权，就已相对有了保障。然而由于航运市场变化无常，船舶的市场价值也将随着供求关系的变化而上下起伏。假设一银行为一船东提供金额为船价80％的购船贷款,并在船舶上设定了第一抵押权,但由于船价跌落,贷款银行即使行使抵押权,变卖船舶也已无法收回其全部贷款额了。因此贷款银行除了要求设定船舶抵押外,还会要求借款人提供其他保障。其他保障主要包括:借款人持有的股票和账户的质押。

作为一种船务融资的惯例。借款人的母公司将其持有的借款人公司的股票质押给贷款银行作为附加的贷款保障的这种担保方式得到越来越多的应用。对贷款银行来说,拥有借款人公司股票质押权的一个最明显的好处是,按照约定贷款银行可以在借款人违约时用自己的人取代借款人公司的董事和高级职员,而不必急于设法扣押船舶。此外,如果贷款银行打算出售船舶的话,他就可以同时出售船舶并拥有船舶的借款人公司。将船舶和船东公司一起出售的作用是贷款银行可以保留该船舶可能有的租船合同,船舶价值售价就能有所提高。

有时贷款银行会要求在借款人公司的股票上设定负担,在股票上设定负担和将股票质押是两个不同的法律概念。股票质押中的股票是不记名的,股票持有人即为该股票的所有人,也就是说,拥有占有权的人享有所有权。此外,股票质押不用进行登记,相反,在股票上设定负担或将股票进行抵押要经过登记,如需转让也要符合法律规定的形式要求并经过登记方才有效。

质押有效要件之一是占有。如果借款人公司的股票质押给贷款银行,贷款银行必须占有股票;而在股票上设定负担则不需要转移占有,因为占有并非设定股票负担的有效条件。然而,以实际操作观之,如果贷款银行不占有股票,也就无法在其认为必要时出售或转让股票,实现股票的价值,因此在实践中,即使贷款银行设定股票负担,也同样要求占有股票。

如果借款人公司的股票进行了质押或设定了负担,借款人公司的所有董事都应签署不填写日期的辞职函,和股票一起交给贷款银行,这样贷款银行就能随时按其自己的意愿更换借款人公司的董事。

思考题

1. 担保物权的基本类型是什么?
2. 航运担保及登记制度是什么?
3. 船舶登记的资格是什么?
4. 什么是海商法院的管辖权及海商留置权?

参考文献

[1]《中华人民共和国民法典》,中国政府网,http://www.gov.cn/xinwen/2020-06/

航运金融学(第二版)

01/content_5516649.htm。

[2]《中华人民共和国海商法》,中国政网,http://www.gov.cn/guoqing/2020-12/
24/content_5572935.htm。

[3] 司玉琢:《海商法》,法律出版社 2018 年版。

[4] 刘安宁:《船舶抵押权法律制度研究》,辽宁师范大学出版社 2013 年版。

[5] 刘红、郑剑:《船舶原理(第 2 版)》,上海交通大学出版社 2020 年版。

356

第13章　航运金融的科技创新与应用

当前,全球金融科技方兴未艾,呈现出强劲的发展潜力,以人工智能、区块链、云计算和大数据等为代表的新技术在金融领域的应用越来越广泛深入,在为金融业提质增效的同时,也在深刻改变传统金融行业,特别是航运(航空)相关的智慧物流方兴未艾。金融科技通过科技创造企业价值,实现用户体验优化、商业模式重塑、运营流程再造和产品服务创新,为航运金融赋能并实现重新再造。本章介绍智慧物流与金融科技、物流金融、供应链金融、区块链金融、物联网金融等航运金融相关的创新内容。

13.1　智慧物流与金融科技

13.1.1　智慧物流

1. 智慧物流的概念

物流是在空间、时间变化中的商品等物质资料的动态状态。智慧物流(Intelligent Logistics System, ILS)首次由 IBM 提出。我国于 2009 年 12 月,由中国物流技术协会信息中心、华夏物联网、《物流技术与应用》编辑部联合对其进行了诠释。智慧物流是指通过智能软硬件、物联网(Internet of Things, IoT)、大数据等智慧化技术手段,实现物流各环节精细化、动态化、可视化管理,提高物流系统智能化分析决策和自动化操作执行能力,提升物流运作效率的现代化物流模式。

2. 智慧物流的发展现状

近年来,随着政策的推行实施以及智能化的发展,中国智慧物流市场规模呈高速增长状态。2020 年中国智慧物流市场规模达 5 840 亿元,较 2019 年同比增长 19.55%;2021年,中国智慧物流市场规模达 6 477 亿元。

中国的智慧物流虽然起步较晚,但发展非常迅速。近些年来,中国智慧物流市场规模呈现阶梯式增长,2020年突破了5 000亿元。同时,依托人工智能、大数据等新一代信息技术,中国的物流技术及装备的后发超越可能性极大。

3. 智慧物流的作用

(1) 降低物流成本,提高企业利润。

智慧物流能大大降低制造业、物流业等各行业的成本,实打实地提高企业的利润,生产商、批发商、零售商三方通过智慧物流相互协作,信息共享,物流企业便能更节省成本。其关键技术诸如物体标识及标识追踪、无线定位等新型信息技术的应用,能够有效实现物流的智能调度管理,整合物流核心业务流程,加强物流管理的合理化,降低物流消耗,从而降低物流成本,减少流通费用、增加利润。

(2) 加速物流产业的发展,成为物流业的信息技术支撑。

智慧物流的建设,将加速当地物流产业的发展,集仓储、运输、配送、信息服务等多功能于一体,打破行业限制,协调部门利益,实现集约化高效经营,优化社会物流资源配置。同时,将物流企业整合在一起,将过去分散于多处的物流资源进行集中处理,可以发挥整体优势和规模优势,实现传统物流企业的现代化、专业化和互补性。此外,这些企业还可以共享基础设施、配套服务和信息,降低运营成本和费用支出,获得规模效益。

(3) 为企业生产、采购和销售系统的智能融合打基础。

随着RFID技术与传感器网络的普及,物与物的互联互通,将给企业的物流系统、生产系统、采购系统与销售系统的智能融合打下基础,而网络的融合必将产生智慧生产与智慧供应链的融合,企业物流完全智慧地融入企业经营之中,打破工序、流程界限,打造智慧企业。

(4) 使消费者节约成本,轻松、放心购物。

智慧物流通过提供货物源头自助查询和跟踪等多种服务,尤其是对食品类货物的源头查询,能够让消费者买得放心、吃得放心,还可增加消费者的购买信心、促进消费,最终对整体市场产生良性影响。

(5) 提高政府部门工作效率,助于政治体制改革。

智慧物流可全方位、全程监管食品的生产、运输、销售,大大节省了相关政府部门的工作压力的同时,使监管更彻底、更透明。通过计算机和网络的应用,政府部门的工作效率将大大提高,有助于中国政治体制的改革,精简政府机构,裁汰冗员,从而削减政府开支。

(6) 促进当地经济进一步发展,提升综合竞争力。

智慧物流集多种服务功能于一体,体现了现代经济运作特点的需求,强调信息流与物质流快速、高效、通畅地运转,从而降低社会成本,提高生产效率,整合社会资源。

4. 智慧物流的发展趋势

2021年,国务院总理李克强主持召开国务院常务会议,从国家层面部署推进"互联网+"高效物流。经国务院同意,国家发展改革委会同有关部门研究制定了《"互联网+"高效物流实施意见》,交通运输部、商务部、工信部等有关部门从各自职能领域出发部署了推进"互联网+"高效物流相关工作,为推动智慧物流发展营造了良好的政策环境。

当前,物联网、云计算、移动互联网等新一代信息技术的蓬勃发展,正推动着中国智慧物流的变革。可以说,智慧物流将是信息化物流的下一站。中国先进的信息技术在物流行业的应用和推广水平仍然较低,自主创新和产业支撑能力不强,物流设施设备的自动化、智能化程度和物品管理的信息化水平与发达国家还存在较大差距。

物流信息化的标准问题一直是物流产业发展的关键问题之一。我们要加快研究和制定物流信息技术、服务、编码、安全和管理标准,促进数据层、应用层和交换层等物流信息化标准的衔接,推动物流信息化标准体系建设。此外,中国物流标准化体系的建设还很不完善,系统内条块分割现象比较严重,难以实现信息的交换和共享,难以形成完整通畅的供应链,这最终将导致无效环节增加,物流速度降低,成本和事故上升。

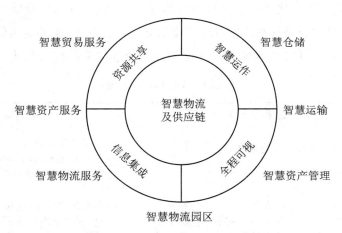

资料来源:张薇:《数智赋能打造现代智慧物流体系》,《中国民航报》2022年1月18日。

图 13.1 智慧物流体系

13.1.2 金融科技

1. 金融科技的概念

金融科技主要是指通过运用现代科技创新金融产品、运营模式、业务流程等,提升金融业务的质量与效率。金融稳定理事会(FSB)认为:金融科技是指由技术引发的,对金融市场、金融机构或金融服务产生重大影响的商业模式、技术应用、流程或产品的创新。金融科技致力于运用人工智能、大数据、云计算、物联网等信息技术深度整合金融业务,可以为金融业转型升级持续提供动力,为增强金融服务实体能力,防范重大金融风险发挥重要作用。

金融科技包含四个核心部分,即大数据金融、人工智能金融、区块链金融和量化金融,可以提供存贷款和融资服务,支付、清算和结算服务,投资管理服务,市场支持服务等四种服务,将推动中国金融行业高质量发展并进入一个全新的时代。

2. 金融科技的分类

从外延来看,国际清算银行根据对成员国的调查将金融科技分为四类:

第一类是存贷款和融资服务,比如移动银行、网络借贷、信用评级等。

第二类是支付、清算和结算服务,这类应用目前最为广泛。在零售方面比如手机钱包、所谓的"数字货币"等;在批发业务方面比如外汇批发、数字交换平台。

第三类是投资管理服务,比如智能投顾、高频交易等。

第四类是市场支持服务,物联网、数据应用(大数据分析、机器学习、预测建模)、分布式账本技术(区块链、智能合同)、云计算、人工智能。

归纳起来,前三类是典型的金融科技应用场景,直接表现为大众能感受到的创新金融产品和服务。第四类是这些应用背后的技术支持,实践中通常界定为针对金融机构提供的第三方服务,监管机构一般将其纳入金融机构外包风险的监管范畴。

表 13.1　金融科技的类型

创新产品和服务				市场支持服务
存贷款和融资服务	支付、清算和结算服务		投资管理服务	门户和数据聚合器 生态系统(基础设施、开源、应用程序接口) 数据应用(大数据分析、机器学习、预测模型)
众筹 借贷市场 移动银行 信用评分	零售 手机钱包 点对点传输 数字货币	批发 价值转移网络 外汇批发 数字交换平台	高频交易 复制交易 电子交易 智能投顾	分布式账户技术(区块链、智能合同) 安全(客户识别和认证) 云计算 物联网/移动技术 人工智能(机器人、金融自动化、算法)

3. 金融科技的应用

金融科技在赋能支付服务领域发挥重要作用。一是利用新技术优化移动支付技术架构体系,通过互联互通实现应用与商户间的互认互扫,此外,还可探索人脸识别等新技术,持牌金融机构可以构建全新的转接清算模式,同时实现安全与方便。二是在风险可控的前提下开展非接触式支付、生物识别技术支付、智能穿戴设备支付及银行卡综合服务等支付方式创新。三是不断优化各类支付结算服务。充分运用金融科技调整和优化金融基础设施，不断有效提高人民币跨境支付系统的科技应用水平，进一步完善人民币国际化基础设施。四是运用可信执行环境技术优化金融服务受理环境，逐步丰富业务范围和应用场景，充分发挥支付机构在支持诸多行业与各类小微企业、"三农"等方面的优势，促进金融支付与产业链、供应链、物流链、服务链、价值链的深度融合。金融科技生态系统见图 13.2。

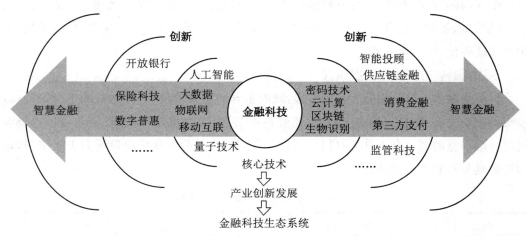

资料来源：杨农：《金融科技支持智能制造的机遇与挑战》，《清华金融评论》2022 年 9 月 22 日。

图 13.2　金融科技生态系统

4. 金融科技和科技金融的区别

科技金融是指通过创新财政科技投入方式，引导和促进银行业、证券业、保险业金融机构及创业投资等各类资本，创新金融产品，改进服务模式，搭建服务平台，实现科技创新链条与金融资本链条的有机结合，为初创期到成熟期各发展阶段的科技企业提供融资支持和金融服务的一系列政策和制度的系统安排。科技金融传统的渠道主要有两种，一是政府资金建立基金或者母基金引导民间资本进入科技企业，二是多样化的科技企业股权融资渠道。具体包括政府扶持、科技贷款、科技担保、股权投资、多层次资本市场、科技保险以及科技租赁等。

金融科技与科技金融虽然在表述上差不多，但是这两个概念有着本质上的区别。

第一，落脚点不同。金融科技的落脚点是科技，具备为金融业务提供科技服务的基础设施属性。与其并列的概念还有军事科技、生物科技等。科技金融的落脚点是金融，用以服务于科技创新的金融业态、服务、产品，是金融服务于实体经济的典型代表。与其并列的概念还有消费金融、三农金融等。

第二，目标不一致。发展金融科技的目标在于利用科技的手段提高金融的整体效率。发展科技金融的目标在于以金融服务的创新来作用实体经济，推动科技创新创业。

第三，参与主体不一样。金融科技的主体是科技企业、互联网企业、偏技术的互联网金融企业为代表的技术驱动型企业。科技金融的主体是以传统金融机构、互联网金融为代表的金融业。

第四，实现方式有差异。实现金融科技创新的方式是技术的突破。实现科技金融创新的方式是金融产品的研发。

第五，具体产品不同。金融科技的具体产品包括：第三方支付、大数据、金融云、区块链、征信、AI、生物钱包等。科技金融的具体产品包括：投贷联动、科技保险、科技信贷、知识产权证券化、股权众筹等。

5. 中国科技金融的发展阶段

科技金融的发展可以分为三个阶段：政府主导的初级阶段、过渡融合的中级阶段，以及市场驱动的高级阶段（见表 13.2）。历经科技贷款、市场机制、创业投资与资本市场等科技金融措施的逐一介入，中国科技金融有一定发展，部分省区市已发展到中级阶段，即市场驱动与政府引导相结合。

表 13.2　中国科技金融的发展历程

时　间	阶　段	标志事件
1985—1987 年	科技贷款介入	工商银行开发科技贷款项目
1988—1991 年	市场机制介入	火炬计划实施，使高新技术成果商品化
1992—1998 年	创业投资介入	创立科技风险开发性投资基金
1999—2005 年	资本市场介入	高新技术企业上市获得融资
2006 年至今	科技金融协调发展	《国家中长期科学和技术发展规划纲要（2006—2020 年）》提出

中国科技金融的典型模式，以北京、上海、深圳、苏州、杭州为代表，见表 13.3。这些科技金融模式具有以下共同特征：一是政府创新资本投入方式，提高市场化参与程度，如设立政府引导基金、科技专项基金等；二是综合服务平台的搭建，集聚银行、创投、担保等资源，构建综合性科技金融服务体系；三是借助科技信贷与资本市场的发展，推动科技企业的融资。

表 13.3　中国代表城市科技金融典型模式

代表城市	典型模式	模式阐述
北京	孵化器主导，多方资源整合	以中关村为平台，聚集 VC、PE、担保融资等各种资源。强政策导向的同时，市场化程度高
上海	"3＋1"科技金融体系	"3"是科技金融的政策支持体系、机构服务体系、产品创新体系；"1"是科技园区的融资服务平台

代表城市	典型模式	模式阐述
深圳	"一个平台、一个系统、三个联动、八项产品"模式	以南山科技金融在线平台为依托,构建"创新能力—管理能力—外部评价—财务指标"的评价系统,实现政企、投贷、银保联动
苏州	"6+1"模式	以交通银行苏州科技支行为主力军,"政府＋银行＋担保＋保险＋创投＋券商"
杭州	"一体两翼"模式	以科技信贷为主体,创业投资基金和科技担保为两翼

13.2　物流金融

物流金融是一种创新型的第三方物流服务产品,是伴随物流产业的发展而产生的。它为金融机构、供应链企业以及第三方物流服务提供商业间的紧密合作提供了良好的平台,使合作能达到"共赢"的效果。同时,它为物流产业提供资金融通、结算、保险等服务的金融业务。

13.2.1　物流金融的含义

物流金融是指在面向物流业的运营过程,通过应用和开发各种金融产品,有效组织和调剂物流领域中货币资金的运动。这些资金运动包括发生在物流过程中的各种存款、贷款、投资、信托、租赁、抵押、贴现、保险、有价证券发行与交易,以及金融机构所办理的各类涉及物流业的中间业务等。

物流金融服务伴随现代第三方物流企业而产生,在物流金融服务中,现代第三方物流企业业务更加复杂,除了要提供现代物流服务外,还要同金融机构合作一起提供部分金融服务。中国的物流金融业务发展起步较晚,业务制度也不够完善。相比国外以金融机构推动物流金融服务发展的模式,国内物流金融服务的推动者主要是第三方物流公司。

在传统的物流金融活动中,物流金融组织被视为进行资金融通的组织和机构。现代物流金融则强调:物流金融组织就是生产金融产品、提供金融服务、帮助客户分担风险,同时能够有效管理自身风险以获利的机构,物流金融组织盈利的来源就是承担风险的风险溢价。所以,物流金融风险的内涵应从利益价值与风险价值的精算逻辑去挖掘,切不可因惧怕风险而丢了市场。虽然物流金融在中国发展时间很短,但该业务的吸引力已经显现,再加上我国大力推进国际金融中心和航运中心的建设,物流金融将迎来发展的春天。对商业银行来说,物流金融是决胜未来的秘密武器,是开辟中小企业融资天地的新渠道。对物流行业来说,物流金融已经成为某些国际物流巨头的第一利润来源。而对物流企业来说,谁能够提供金融产品和金融服务,谁就能成为市场的主导者。物流金融已成为获得客户资源以及垄断资源的重要手段,在物流金融刚刚兴起的过程中,谁领先介入物流金融,谁就能够率先抢占先机。

13.2.2　物流金融的产生背景

物流金融是物流与金融相结合的产品,其不仅能提高第三方物流企业的服务能力,经营利润,而且可以协助企业拓展融资渠道,降低融资成本,提高资本的使用效率。物流金融服务将开国内物流业界之先河,是第三方物流服务的一次革命。

在国内,由于中小型企业存在着信用体系不健全的问题,所以融资渠道贫乏,生产运营的发展资金压力大。物流金融服务的提出,可以有效支持中小型企业的融资活动。另外,物流金融可以盘活企业暂时闲置的原材料和产成品的资金占用,优化企业资源。

对于现代第三方物流企业而言,物流金融可以提高企业一体化服务水平,提高企业的竞争能力,提高企业的业务规模,增加高附加值的服务功能,扩大企业的经营利润。对于供应链企业而言,物流金融可以降低企业的融资成本,拓宽企业的融资渠道,可以降低企业原材料、半成品和产品的资本占用率,提高企业资本利用率,实现资本优化配置,可以降低采购成本或扩大销售规模,提高企业的销售利润。对于金融机构而言,物流金融服务可以帮助金融机构扩大贷款规模,降低信贷风险,甚至可以协助金融机构处置部分不良资产。

当前金融机构面临的竞争越来越激烈。为在竞争中获得优势,金融机构,比如银行,不断地进行业务创新。这就促使了物流金融的诞生。物流金融可以帮助银行吸引和稳定客户,扩大银行的经营规模,增强银行的竞争能力;可以协助银行解决质押贷款业务中银行面临的"物流瓶颈"——质押物仓储与监管;可以协助银行解决质押贷款业务中银行面临的质押物评估、资产处理等服务。

13.2.3　物流金融的实施方式

中国目前的物流金融服务已经突破了最初的模式,物流金融的实施方式主要有如下四种。

1. 仓单质押

由于仓单质押业务涉及仓储企业、货主和银行三方的利益,因此要有一套严谨、完善的操作程序。首先货主(借款人)与银行签订《银企合作协议》《账户监管协议》,接着仓储企业、货主和银行签订《仓储协议》,同时仓储企业与银行签订《不可撤销的协助行使质押权保证书》。

货主按照约定数量送货到指定的仓库,仓储企业接到通知后,经验货确认后开立专用仓单。货主当场对专用仓单作质押背书,由仓库签章后,货主交付银行提出仓单质押贷款申请。

银行审核后,签署贷款合同和仓单质押合同,按照仓单价值的一定比例放款至货主在银行开立的监管账户。

贷款期内实现正常销售时,货款全额划入监管账户,银行按约定根据到账金额开具分提单给货主,仓库按约定要求核实后发货。贷款到期归还后,余款可由货主(借款人)自行支配。

2. 动产质押

动产质押一般是指债务人或者第三人将其动产移交债权人占有,将该动产作为债权的担保。债务人不履行债务时,债权人有权依照本法规定以该动产折价或者以拍卖、变卖该动产的价款优先受偿。规定债务人或者第三人为出质人,债权人为质权人,移交的动产为质押物。

银行动产质押指的是出质人以银行认可的动产作为质押担保,银行给予融资。分为逐笔控制和总量控制两类。

3. 保兑仓

保兑仓是指以银行信用为载体,以银行承兑汇票为结算工具,由银行控制货权,卖方(或仓储方)受托保管货物并对承兑汇票保证金以外金额部分由卖方以货物回购作为担保措施,由银行向生产商(卖方)及其经销商(买方)提供的以银行承兑汇票的一种金融服务。

通俗一点讲,企业向合作银行交纳一定的保证金后开出承兑汇票,且由合作银行承兑,收款人为企业的上游生产商,生产商在收到银行承兑汇票前开始向物流公司或仓储公司的仓库发货,货到仓库后转为仓单质押,若融资企业无法到期偿还银行敞口,则上游生产商负责回购质押货物。

4. 开证监管

开证监管是指银行为进口商开具立信,进口商利用信用证向国外的生产商或出口商购买货物,进口商会向银行缴纳一定比例的保证金,其余部分则以进口货物的货权提供质押担保,货物的承运、监管及保管作业由物流企业完成。

13.2.4　物流金融的作用

在宏观经济结构中，物流金融对于在国民经济核算体系提高流通服务质量、降低低物资积压与消耗、加快宏观货币回笼周转起着不可取代的杠杆作用。

在微观经济结构中，物流金融的功能突出的表现为物流金融服务，特别是在供应链中第三方物流企业提供的一种金融与物流集成式的创新服务，其主要服务内容包括：物流、流通加工、融资、评估、监管、资产处理、金融咨询等。物流金融不仅能为客户提供高质量、高附加值的物流与加工服务，还为客户提供间接或直接的金融服务，以提高供应链整体绩效和客户的经营和资本运作效率等。此外，物流金融也是供应链的金融服务创新产品，物流金融的提供商可以通过自身或自身与金融机构的紧密协作关系，为供应链的企业提供物流和金融的集成式服务。

在第四方物流出现后，物流金融才真正进入"金融家族"，在这里物流将被看成一种特殊的"货币"，随着货物的流转一起发生在金融交易活动之中，物流金融利用它特殊的身份将物流活动同时演化成一种金融交易的衍生活动，而此时的物流金融变成了一种特有的金融业务工具，一种特有的复合概念，一种特有的金融与物流的交叉学科。

物流与金融业务的相互需求与作用，在交易的过程中产生了互为前提、互为条件的物流金融圈。从供应链的角度看，厂商在发展的过程中面临的最大威胁是流动资金不足，而存货占用的大量资金就使得厂商可能处于流动资金不足的困境中。开展物流金融服务是各方互利的选择，但是，风险问题不可回避。要实现物流金融风险管理的现代化，就必须使物流金融业树立全面风险管理的理念。根据新巴塞尔资本协议，风险管理要覆盖信用风险、市场风险、操作风险等三方面。

13.3　供应链金融

随着社会化生产方式的不断深入，市场竞争已经从单一客户之间的竞争转变为供应链与供应链之间的竞争，同一供应链内部各方相互依存，"一荣俱荣、一损俱损"。与此同时，由于赊销已成为交易的主流方式，处于供应链中上游的供应商很难通过"传统"的信贷方式获得银行的资金支持，而资金短缺又会直接导致后续环节的停滞，甚至出现"断链"。维护所在供应链的生存，提高供应链资金运作的效力，降低供应链整体的管理成本，已经成为各方积极探索的一个重要课题，因此，"供应链融资"系列的金融产品应运而生。

13.3.1　供应链金融的含义

供应链金融指银行向客户(核心企业)提供融资和其他结算、理财服务,同时向这些客户的供应商提供贷款及时收达的便利,或者向其分销商提供预付款代付及存货融资服务。简单地说,就是银行将核心企业和上下游企业联系在一起提供灵活运用的金融产品和服务的一种融资模式。供应链金融是商业银行信贷业务的一个专业领域(银行层面),也是企业,尤其是中小企业的一种融资渠道(企业层面)。

一般来说,一个特定商品的供应链从原材料采购,到制成中间及最终产品,最后由销售网络把产品送到消费者手中,将供应商、制造商、分销商、零售商、以及最终用户连成一个整体。在这个供应链中,竞争力较强、规模较大的核心企业因其强势地位,往往在交货、价格、账期等贸易条件方面对上下游配套企业要求苛刻,给这些企业造成了巨大的压力。而上下游配套企业大多数是中小企业,难以从银行进行融资,资金链十分紧张,使得整个供应链出现失衡。供应链金融最大的特点就是在供应链中寻找出一个大的核心企业,以核心企业为出发点,为供应链提供金融支持。

一方面,供应链金融将资金有效注入处于相对弱势的上下游配套中小企业,解决中小企业融资难和供应链失衡的问题;另一方面,将银行信用融入上下游企业的购销行为,增强其商业信用,促进中小企业与核心企业建立长期战略协同关系,提升供应链的竞争能力。在供应链金融的融资模式下,处在供应链上的企业一旦获得银行的支持,资金这一"脐血"注入配套企业,就可以激活整个供应链链条的运转;借助银行信用的支持,中小企业也可以赢得更多的商机。供应链金融流程见图 13.3。

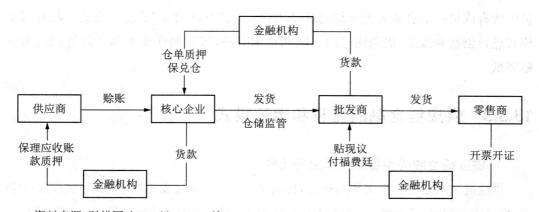

资料来源:财梯网,http://www.cadforex.com。

图 13.3　供应链金融流程

13.3.2 供应链金融的演变

供应链金融是一个大型的新兴存量市场。供应链金融可以给小微企业注入资金，盘活整个供应链，提高运营效率，对于激活供应链条具有重要意义。供应链金融的融资模式主要包括以下几种：①应收账款融资；②保兑仓融资；③融通仓融资。银行主要负责融资服务，也有一些龙头企业可以提供相同功能。供应链管理就是通过对供应商、生产商、销售商等各供应链商上的环节进行整合，促进物流信息和交易信息的交换，以实现能够在最合适的时间，最合适的地点，生产和配送最合适的商品，降低供应链的整体成本，提高企业的整体效率。目前，供应链金融主要经历了如下三个阶段的发展历程。

（1）供应链金融1.0：主要基于人工信贷审批。

银行对上游的供应商或下游经销商提供信贷的同时往往伴随风险，银行在信贷审批时，只能依托于核心制造商的信用记录，通常是通过人工授信并逐一讨论来完成，没办法通过技术手段分批接触客户。

（2）供应链金融2.0：以直接连通银行和企业为核心。

此时，科技渐渐注入企业，核心企业开始采取自动化的ERP，用自动化管理软件来控制库存成本和及时响应客户需求。银行和核心企业签署达成"银企直联"协议，以提高在同行业间的竞争力。这时，由于得到了核心企业的良好配合，银行除了能够依托核心企业的信誉向上游供应商和下游分销商提供信贷，还能够批量获取目标客户。

（3）供应链金融3.0：以三流合一平台为核心。

供应链金融3.0基于该平台，将商流、物流、资金流整合到一起，银行持有整条供应链中所有成员的信息和历史交易记录，鼓励银行以"互联网＋"的思维模式不断对商业模式进行创新和改革，借助先进的互联网技术支持，银行操作成本和风险管控成本大幅降低。

13.3.3 供应链金融的流程和运行模式

1. 供应链金融的参与主体和业务流程

供应链金融是在真实交易基础上，依托核心企业，通过支持性企业，对供应链中物流、信息流、资金流进行整合，以满足中小企业资金需求的金融活动。表13.4列举了供应链金融的参与主体与功能。供应链金融关系见图13.4。

表 13.4　供应链金融的参与主体与功能

参与主体	功　　能
金融机构	给中小企业提供资金的支持,降低中小企业融资成本,对融资期限拥有决定权
核心企业	一般规模大实力强影响大,可以通过担保、回购和承诺等方式帮助中小企业融资,维持稳定
中小企业	可以通过货权质押、应收账款转让等方式从银行取得融资盘活企业
支持性企业	供应链金融主要的协调者,一方面为中小企业提供物流仓储等服务,另一方面为银行等金融机构提供货押服务,起到中介桥梁的作用

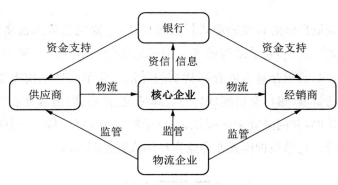

图 13.4　供应链金融关系图

2. 供应链金融的运行模式

根据供应链金融的质押物的性质和其在交易中出现的先后顺序,供应链金融的主要模式可分为:应收账款融资、存货质押融资和预付账款融资三种模式。

（1）应收账款融资模式。

应收账款融资模式指的是银行和核心企业合作,面向贸易往来密切的上游中小企业,为其提供资金支持的方案模式。当上游企业对下游企业提供赊销时,资金不会快速回流,若在上游企业进行业务或者进行下一步生产的过程中,消耗大量资金,可能会导致上游企业资金匮乏。为了保障业务的正常运行,此时上游中小企业便会提出融资申请,核心企业和银行审核上游企业信息和相应单据信息后,核心企业会对上游企业进行担保,并承诺按时偿还款项,银行等金融机构会质押应收账款进行借款,并以应收账款作为主要还款来源。反向保理业务是应收账款融资中具有代表性的模式,具体流程见图 13.5。

（2）存货质押融资模式。

存货质押融资主要是将贸易等经济活动中的货物进行抵质押融资的方式。若企业持有过量的存货,或存货周转较慢,企业可通过这种方式获取资金应对企业资金周转时

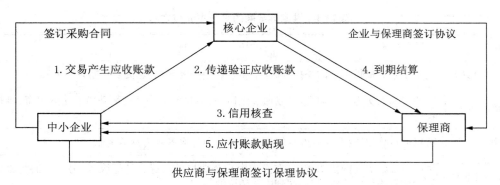

图13.5　反向保理业务流程

遇到的问题。存货质押融资表现的形式较为多样化,主要包括静态抵质押、动态质押和仓单质押三种形式。其中,仓单质押模式是中国运用较为成熟的一种方式,仓单指的是仓储进行仓储保存时给予存货人的仓储货物的凭证。仓单质押是指需要融资的企业凭借仓单向银行申请贷款,银行会根据货物的实际情况、性质、贬值程度和实际价值等信息制定一个合理的比例,并向融资企业提供该比例额度内的短期贷款,同时物流企业会代理对货物进行监管。仓单质押模式业务流程具体流程见图13.6。

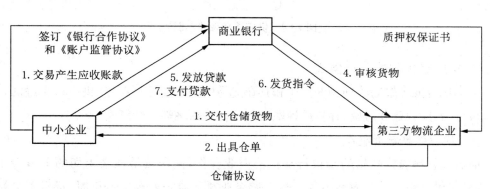

图13.6　仓单质押业务流程

（3）预付账款融资。

预付账款融资是在存货融资的基础上产生的,预付账款融资中最典型的一种融资模式为保兑仓融资模式,其能够为下游企业提供足够资金。保兑仓融资模式指的是货物提供方在承诺进行回购的前提下,银行为融资方开具银行承兑汇票,此时融资企业便会获得相应的购买权限,银行此时会选定仓库,供货方需要将货物发送到银行指定的仓库,融资企业在进行销售业务后,将资金提前还款或补存提货保证金,银行为其进一步提供提货权利,融资企业通知仓库进行发货,周而复始。保兑仓融资模式业务具体流程见图13.7。

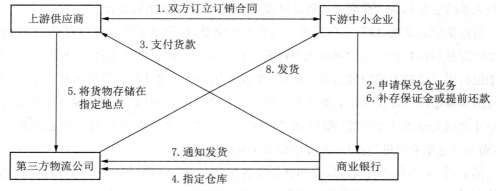

图 13.7　预付账款融资（保兑仓融资）业务流程

13.3.4　供应链金融的作用

供应链金融发展迅猛，原因在于其既能有效解决中小企业融资难题，又能延伸银行的纵深服务的"双赢"效果。

第一，供应链金融为中小企业融资的理念和技术瓶颈提供了解决方案，中小企业信贷市场不再可望而不可及。供应链金融开始进入很多大型企业财务执行官的视线。对他们而言，供应链金融作为融资的新渠道，不仅有助于弥补被银行压缩的传统流动资金贷款额度，而且通过上下游企业引入融资便利，企业本身的流动资金需求水平会持续下降。

由于产业链竞争加剧及核心企业的强势，赊销在供应链结算中占有相当大的比重。企业赊销已经成为最广泛的支付付款条件，赊销会导致大量应收账款的存在，一方面，中小企业不得不直面流动性不足的风险，企业资金链明显紧张；另一方面，作为企业潜在资金流的应收账款，其信息管理、风险管理和利用问题，对于企业的重要性也日益凸显。在新形势下，盘活企业应收账款成为解决供应链上中小企业融资难题的重要路径。一些商业银行在这一领域进行了卓有成效的创新，例如，招商银行最新上线的应收应付款管理系统、网上国内保理系统就备受关注。据招商银行总行现金管理部产品负责人介绍，该系统能够为供应链交易中的供应商和买家提供全面、透明、快捷的电子化应收账款管理服务及国内保理业务解决方案，大大简化了传统保理业务操作时所面临的复杂操作流程，尤其有助于优化买卖双方分处两地时的债权转让确认问题，帮助企业快速获得急需资金。

第二，供应链金融为银行提供了一个切入和稳定高端客户的新渠道。通过面向供应链系统成员的一揽子解决方案，核心企业被提供业务的"绑定"。供应链金融如此吸引国际性银行的主要原因在于：供应链金融比传统业务的利润更丰厚，而且提供了更多强化客户关系的宝贵机会。在金融危机的环境下,上述理由显得更加充分。

通过供应链金融,银行不仅跟单一的企业打交道,还跟整个供应链打交道,掌握的信息比较完整、及时,银行信贷风险也少得多。在供应链金融这种服务及风险考量模式下,由于银行更关注整个供应链的贸易风险,对整体贸易往来的评估会将更多中小企业纳入银行的服务范围。即便单个企业达不到银行的某些风险控制标准,但只要这个企业与核心企业之间的业务往来稳定,银行就可以不只针对该企业的财务状况进行独立风险评估,而是对这笔业务进行授信,并促成整个交易的实现。

第三,供应链金融的经济效益和社会效益非常突出。借助"团购"式的开发模式和风险控制手段的创新,中小企业融资的收益—成本比得以改善,并表现出明显的规模经济。

第四,供应链金融很好地实现了物流、商流、资金流、信息流等多流合一。

13.4 区块链金融

13.4.1 区块链金融的含义

区块链金融是区块链技术在金融领域的应用。区块链是一种基于比特币的底层技术,本质是一个去中心化的信任机制。通过在分布式节点共享来集体维护一个可持续生长的数据库,实现信息的安全性和准确性。通过分布式节点共享来集体维护一个可持续生长的数据库,实现信息的安全性和准确性。通过区块链,交易双方可在无需借助第三方信用中介的条件下开展经济活动,从而降低资产在全球范围内的转移成本。

13.4.2 区块链技术

1. 区块链技术的原理

区块链,就是一个又一个区块组成的链条。每一个区块中保存了一定的信息,它们按照各自产生的时间顺序连接成链条。这个链条被保存在所有的服务器中,只要整个系统中有一台服务器可以工作,整条区块链就是安全的。这些服务器在区块链系统中被称为节点,它们为整个区块链系统提供存储空间和算力支持。如果要修改区块链中的信息,必须征得半数以上节点的同意并修改所有节点中的信息,而这些节点通常掌握在不同的主体手中,因此篡改区块链中的信息是一件极其困难的事。

区块链是一项公共分类账技术。区块链上是无数个印有时间戳的数据块,数据块之间通过哈希值产生关系并且按照时间顺序相互连接。比特币是作为计算处理工作的奖励而创建的,称为挖掘,其中用户提供计算能力来验证和记录支付到公共分类账。比特币解决了长期存在的数字现金问题:双重支付问题。在区块链密码学支付之前,数字现金就像普通数字一样,是可以一直复制的,数字资产也是这样,必须要可信中央机构进行监管并且帮助确认。所以一般交易中都会有一个第三方机构,例如银行,这就是双重支付,也叫双花问题。而区块链通过点对点可以对文件进行共享,它的秘密级别也很高,可以结合公钥、私钥单向加密。新形成的加密货币所有权都记录在区块链构成的账本中,只有提供过加密协议和共识机制才能被确认。这些区块通过 P2P 网络建立联系,按照时间的先后顺序排列,组成一个去中心化,分布式的电子交易记录。公共群众可以在块浏览器或站点对区块链分类账进行查看。区块链技术的基本逻辑结构见图 13.8。

图 13.8 区块链技术的基本逻辑结构

区块链网络中的节点之间的工作流程如下:

(1)交易进行时,首先把消息广播到全网,每个节点都同时会收到广播,并将新交易的信息集合到节点进行保存,组装成区块。

(2)每个节点同时进行计算以期获取创建区块的资格,一旦碰撞出合格的随机数列获得资格,就可以把创建合法有效的区块数据在全网进行广播。

(3)当且仅当其他节点验证了该区块中的交易都是合法有效,并对矿工节点进行工作量证明的验证以后,各节点就会认同该区块的有效性,这时这个节点就可以被允许将新的区块写入区块链主链的末尾,整个区块链得以延长。

(4)所有节点默认最长链为唯一正确的区块链主链,并在此基础上持续完成上述延长区块链条的过程。区块链的设计原理是无信任机制,因为没有任何中介其中的用户不需要信任交易中的任意一方,但确实需要信任系统,即区块链共识协议。

2. 区块链技术的特征

(1)去中心化。在传统的中心化数据库系统中,需要一个所有节点共同认可的节点做为中心节点,中心节点负责存储全部网络中的数据信息,对所有数据信息的安全性可靠性提供信用保证,其余节点通过与中心节点的通信交流完成本地信息数据的同步与更新。因此,对于中心化的数据库系统,攻击者往往专注于对网络中的中心节点发动攻击,当中心节点的安全保护系统被攻破,攻击者就可以实现对网络数据的窃取和篡改,系统只能通过数据备份等恢复手段完成事后数据一致性检验,整个系统需要花费大量成本用来保障中心节点的安全。而对于区块链网络来说,账本数据由全网节点共同维护共同审核,无需中心节点每个节点本地均存有网络账本的备份,对单一节点发起攻击修改其本地账本数据无法影响网络中的账本信息,受攻击节点只需与其他节点发起交流,就能完成账本信息同步,具有更强的安全性。

(2)透明性。区块链使用开源的技术框架,底层技术原理和技术架构完全公开,保证系统本身的透明性。在此基础之上,区块链上数据对全网节点公开,任意用户都可以自由读取并使用账本数据。

(3)信息不可篡改。一份交易数据在被打包成为区块并上传至区块链上时,需要经过全网半数以上节点的审核和认可,一旦数据被成功记录,全网节点就会同步更新本地账本,保证了写入区块链的数据无法更改,无法抵赖,对区块数据的篡改也无法得到其他节点的共识认可。要彻底掌握一个区块链网络,需要掌握整个区块链内51%的算力,而这在实际的攻击过程中是基本不可行的。

(4)匿名性。区块链技术解决了节点之间的信任问题,将不同节点之间的信任转换为对区块链系统本身信任,因此不同用户的交易或者信息交换可以在完全匿名的情况下实现。同时区块链系统使用加密算法,用户只需提供公钥来完成交易和签名,预防了交易窃听和签名伪造攻击,保障了用户身份的匿名性。

区块链可以解决金融安全、信任和效率问题,具体见图13.9。

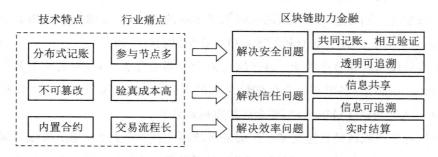

图 13.9　区块链解决金融安全、信任和效率问题

13.4.3　区块链技术在金融领域的应用

区块链技术在金融领域的应用主要有以下几方面。

1. 数字货币

区块链业务的一个主要领域是将加密货币与传统银行和金融市场连接起来。风险投资支持的 Ripple 实验室正在利用区块链技术重塑银行生态系统,并允许传统金融机构更有效地开展自己的业务。Ripple 的支付网络使银行可以在没有第三方中介的情况下直接在内部转移资金和进行外汇交易,意味着现在所要求的区域银行可以将资金双边转移到其他区域银行,而无需通过中介。Ripple 还开发了一个智能合约平台和程序语言,Codius。

传统的银行业和比特币之间的另一个潜在的共生关系是由西班牙银行 Bunkter 的创新基金投资在 Coffifein 的一个比特币技术,它的目的是使最终用户有可能在没有交流的情况下直接购买和出售比特币。

其他业务也将比特币与传统的金融和支付市场解决方案联系起来。Paypal 就是一个典型的例子,因为它作为一种平台的发展与比特币有相似之处。Paypal 最初是一个创新的支付市场解决方案,但此后已成为一个在监管行业正式的机构,收集和验证有关其客户的详细个人信息。

2. 银行业领域

(1) 支付清算系统:分布式清算机制。

银行间支付通常依赖于中介清算公司的处理,包括簿记、交易调节、余额调节、支付启动等,这会涉及一系列复杂的过程,以跨境支付为例,由于每个国家的清算程序之间差异巨大,汇款会耗用大量时间并且占用大量资金,效率很低。而区块链技术来进行点对点支付的最大好处恰恰是可以消除第三方金融机构的中介环节,这对提高服务效率、降低银行的交易成本来说是非常重要。区块链技术可以使银行能快速提供便捷的跨境支付清算服务。目前,有一些金融机构已经开始测试区块链交易平台。例如渣打银行使用企业级区块链平台 Ripple 来实现其首个跨境交易。该平台需要 10 秒完成目前银行系统和网络 3 天的结算流程。澳大利亚国民银行也使用了 Ripple 的分类账技术成功将 10 美元从一名澳大利亚国民银行员工的账户转移到另一名员工在加拿大帝国商业银行的账户,过程仅仅耗时 10 秒。

(2) 银行信用信息系统。

银行信贷信息系统的无效性主要有多个原因:①数据的稀缺性和质量差。这使银行难以判断个人信用状况。②机构间数据共享非常困难。③用户数据的所有权不明确,流通困难。这是由于客户对隐私和安全的担忧所导致。虽然这些问题通过不同利益相关方的合作和参与也能够得到一定的解决,但区块链技术可以为解决这些问题提供更有效的帮助。

(3) 建立数据所有权。

每人每天使用互联网的时候都会产生大量的数据,这些数据对于判断他们的信用状况来说是非常有价值的。但是这些数据目前都被大型互联网公司所垄断。个人无法建立自己数据的所有权进而将这些数据利用起来。除此之外,为了保护用户隐私,公司之间难以实现数据流通,造成了数据孤岛。区块链技术可以执行对数据的加密,这可以帮助控制个人大数据并建立所有权。这在降低信用机构收集数据所消耗成本的同时,提高了信息的真实性和可靠性。利用区块链技术,大数据可以成为每个人拥有自己所有权的信用资源,也可以为建立未来的信用体系奠定基础。

（4）促进数据共享。

区块链可以促进信用机构对大数据进行自动记录,同时还可以在机构内存储和共享客户信用状态,这种信用状态是先经过加密形式再被储存的,这样信用数据就被共享了。例如,银行可以首先将客户信息存储在自己的数据库中,然后使用技术进行加密后上传汇总信息并且存储在区块链中。当有人发出查询请求时,可以通过区块链通知原始数据提供者,征得原始数据提供者同意授权后执行查询。这样,各方都可以在不泄露其核心业务数据的同时为外部提供大数据搜索服务。加密技术可以确保摘要和原始信息一致,从而防止提供错误信息误导对应方。区块链在客户信息保护法规的框架下能够自动进行加密,然后共享客户和交易记录,这有助于消除银行间其他的冗余工作。

（5）金融交易中的分布式创新。

在传统的银行支付系统中,全球金融交易有两种基本模型。①当用户执行转账时,信息首先传输到总部的数据中心部门,完成信息登记和资金转移,而客户的账户、资金等其他信息,都将存在总部的系统服务器上。这是典型的总分集中模型,中心节点就是总行核心系统的服务器。②当用户执行跨行转账,例如将 A 行客户跨行转账到 B 行,就需要通过 A 行—央行—B 行这样的传导路径完成,对整个流程而言,中心服务器是央行。融资涉及大量的人工检查和纸质交易,这个过程还有许多中间人,还可能有非法交易掺杂其中,这样的融资是一项高风险、高成本和低效率的事情。区块链技术对智能合约的加入和采用可以大大减少人工干预,帮助严重依赖文书工作的程序进行数字化变革。这会在提高融资效率的同时大幅度降低人工操作风险。供应商、买方和银行等主要交易方,在去中心化分布式分类账上共享合同信息,与此同时,智能合约可以确保在预定时间内自动付款。区块链技术有助于降低银行和其贸易融资伙伴的成本。区块链金融的主要应用场景见图 13.10。

3. 供应链金融领域

企业的供应链包括两个:一条是公司之间的供应链,一条是公司内部的供应链。企业之间的供应链是与上下游企业之间建立的供应链管理。在传统的供应链管理中,企业的管理和决策往往基于自身利益。因此,供应链中的公司很难掌握供应链整体的情况。它们往往各自为政,无法良好地协作,这导致了多种问题的产生。

首先,供应链链主的管理权利有限。当链主对链中上下游的管理不断变换的时候,一定会带来成本的急速增加和管理效率的大幅下降。其次,供应链主的影响力有限。与

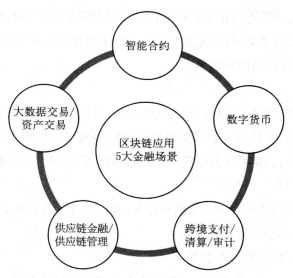

资料来源:《区块链技术的五大应用场景》,《学习时报》2019 年 11 月 6 日。

图 13.10   区块链金融主要应用场景

链主相比,稍微小体量的供应商或者客户也许会听从它的指挥,但是一旦遇到体量比链主自身大得多的供应商或用户,管理起来就不太尽如人意,结果只能通过两者之间的不断博弈,最终判定谁拥有决定权。最后,供应链主因为缺乏人才、资金短缺而导致自身管理能力有限,许多供应链主没有办法有效使用资源或最先进的管理工具来管理供应链中的信息流、实物流和资金流,造成了整个供应链低效无序的状态。

基于区块链技术的供应链金融管理对传统的管理方式是一种革新,可以从以下两个方面解决供应链固有问题。

(1)跟踪查询。

通过运用区块链技术,能够诚实透明地记录关于交付过程的完整信息,集体参与者的共同见证共同维护,保证了信息不被篡改,能有效防止物流信息丢失等问题。

(2)供应链物流防止窜货。

将区块链技术运用于实现交易信息的整个记录过程,可以充分掌握供应链交易过程中各个环节的交易信息。全面掌握货物的流量和数量可以有效防止窜货现象。例如,在销售电脑时,需要把完整的窜码流通信息记录下来。同时,物流部门需要同期记录每个交易链接的完整信息,以配合紧急召回功能的实施。运用区块链技术可以及时查询信息,充分满足用户需求。

4. 支付清算

现阶段商业贸易的交易支付、清算都要借助银行体系。与传统支付体系相比,区块链支付可以为交易双方直接进行端到端支付,不涉及中间机构,在提高速度和降低成本方面能得到大幅的改善。尤其是在跨境支付方面，如果基于区块链技术构建一套通用的分布式银行间金融交易系统，可为用户提供全球范围的跨境、任意币种的实时支付清算服务，跨境支付将会变得便捷和低廉。

5. 数字票据

对票据交易、票据签发、票据赎回等功能，数字票据避免了纸票"一票多卖"、电票打款背书不同步的问题，在目前电子票据的融合区块链技术的优势上，数字票据能够有效防范票据市场风险，而且在系统的搭建、维护及数据存储可以大大降低成本。

6. 银行征信管理

区块链可依靠程序算法自动记录信用相关信息，并存储在区块链网络的每一台计算机上，信息透明、不可篡改、使用成本低。

7. 权益证明和交易所证券交易

在区块链系统中，对于需要永久性存储的交易记录，可适用于房产所有权、车辆所有权、股权交易等场景。

8. 保险管理

区块链的共享透明降低了信息不对称，还可降低逆向选择风险；而其历史可追踪的特点，则有利于减少道德风险，进而降低保险的管理难度和管理成本。

9. 金融审计

由于区块链技术能够保证所有数据的完整性、永久性和不可更改性，因此可有效解决审计行业在交易取证、追踪、关联、回溯等方面的难点和痛点。

目前国际上典型的应用包括比特币、莱特币等电子货币，公开的分布式记账系统、支付清算系统等。发达国家的清算所、存托所、交易所、投资银行、商业银行、经纪商等金融机构，纷纷开始在跨境支付、证券交易结算和证券发行等领域推进应用探索。

目前，我国银行机构在区块链的应用场景目前已涵盖资产证券化、产业链金融、国内信用证、福费廷、国际保理、再保理等多个领域，并探索贸易金融跨境业务场景的解决方案，加入中国银行业协会"中国贸易金融跨行交易区块链平台"。多家银行披露的"链"上交易规模已突破千亿元，其中，中国建设银行区块链贸易金融平台交易额超 4 000 亿元[①]。

区块链在贸易金融领域的应用颇受重视。贸易金融包含了贸易结算、贸易融资等基础服务。其中，贸易融资是贸易金融的核心，区块链提高了贸易链上数据的可信性，降低了银行等金融机构在风控上的成本，并使得贸易金融业务覆盖到更多中小企业，银行的客户来源更加广泛和多元。

---

① 《金融科技成为多家银行创新发展的"重头戏"区块链技术也在科技的土壤里茁壮成长》，《证券日报》2020 年 4 月 7 日。

13.5 物联网金融

13.5.1 物联网

1. 物联网

物联网是指通过各种信息传感器、射频识别技术、全球定位系统、红外感应器、激光扫描器等各种装置与技术，实时采集任何需要监控、连接、互动的物体或过程，采集其声、光、热、电、力学、化学、生物、位置等各种需要的信息，通过各类可能的网络接入，实现物与物、物与人的泛在连接，实现对物品和过程的智能化感知、识别和管理。物联网是一个基于互联网、传统电信网等的信息承载体，它让所有能够被独立寻址的普通物理对象形成互联互通的网络。

2. 物联网技术原理

物联网技术架构主要分为三层，即感知层、网络传输层与应用层，技术架构如图13.11所示。

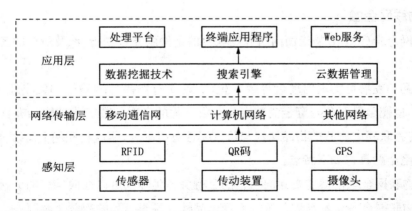

资料来源：亿佰特物联网应用，2023 年 3 月 17 日。

图 13.11　物联网技术架

3. 物联网与数据结合已成趋势

麻省理工学院的凯文·阿什顿（Kevin Ashton）教授在 1999 年最先提出了基于互联网、RFID 技术、EPC 标准，利用射频识别技术、无线数据通信技术等，构造了一个实现全球物品信息实时共享的实物互联网（即物联网）的方案，可以看到，物联网是为了记录实物信息数据而生的。随着物联网的不断发展，其衍生出的产业链几乎与数据产业完全重合，如果说数据是信息时代的石油，那么大数据与物联网的结合就会造就信息时代的石化产业，数据与连接的融合必将碰撞产生核效应，创造出全新的业态。物联网的产业链划分见表 13.5。

表 13.5　物联网产业链划分

层　　级	行业厂商	主要方面
感知层	传感器、微电机	传感器技术、射频识别技术、二维码技术、微机电系统、音视频采集技术
边缘计算层	云厂商、工业物联网厂商	腾讯 LECP、阿里 Link Edge、华为 IEF、小米、京东
汇聚层	网络运营商、芯片厂商、通信设备厂商	传感网自组网技术，ZigBee、UWB、Bluetooth 等近距离通信技术，Wi-Fi、LAN 等局域通信技术
传输层（网络层）	网络运营商、芯片厂商、通信设备厂商	互联网，电信网，2、3、4、5G 网络，NB-lot，loRa，NGN 等广域通信技术
数据存储层	云厂商、数据库厂商	主要是时序数据，如 Tdengine 和 openTSDB 等
应用层	IT 业、工业、金融业厂商	云计算、数据挖掘、AI、高端软件、产业金融

13.5.2　物联网金融

1. 物联网金融

物联网金融（iotfin）是指面向所有物联网的金融服务与创新，涉及所有的各类物联网应用。

物联网的发展可实现物理世界数字化，实现所有物品的网络化和数字化；金融信息化的发展，也使金融服务与资金流数字化。数字化的金融与数字化的物品有机集成与整合，可以使物联网中物品的物品属性与价值属性有机融合，实现物联网金融服务。

物联网金融具有如下特点：

（1）物联网金融使得主要面向"人"的金融服务延伸到可以面向"物"的金融服务。

（2）物联网金融技术与理念可以实现商品社会各类商品的智慧金融服务。

（3）物联网金融可以借助物联网技术整合商品社会各类经济活动，实现金融自动化与智能化。

（4）物联网金融使金融服务创新融入整个物理世界，可以创造出很多新型的商业模式。

2. 物联网金融主要创新模式

（1）仓储物联网金融。仓储物联网金融是在仓储金融基础上发展起来的金融服务，是借助物联网技术对仓单质押、融通仓、物资银行等服务的进一步提升。借助物联网技术,可以对仓储金融的监管服务实现网络化、可视化、智能化,使得过去独立的仓储金融服务得到发展,也可使金融创新服务风险得到有效控制。

（2）货运物联网金融。货运物联网金融是在货运车联网技术的基础上创新的金融服务,货运物联网金融服务由华夏物联网研究中心首先提出并进行了很多开拓性研究。货运物联网金融服务可以借助于一个双向管理（金融管理与物联网管理）手段,复合金融卡技术（RFID卡与银行卡合一）,面向货运车辆,实现一车一卡,集成卡车运营中的一切商务活动,进行金融服务创新。如:集成加油服务,可实现庞大客户群的加油团购,使得用户持卡加油获得大幅优惠,随着发卡量的增多,客户群会越来越大;又如集成卡车保险服务,可实现庞大客户群的保险团购,使得客户群远远大于车队规模,可获得大幅保险优惠,让保险公司与车主获利;等等。货运物联网金融可集成与整合的服务众多,创新空间巨大。

（3）公共服务物联网金融。如在远程抄表系统的智能卡上集成金融服务,可以实现远程金融直接结算,为控制风险,可增加手机或网络实时授权确认功能。这项金融服务可在燃气、水表、电表等公共服务上应用,完全可以集成在同一卡上,借助金融卡的集成作用作为通行证,打通各个公共服务物联网,实现各个专业的、孤立的物联网之间的共享服务。

物联网金融应用版图见图13.12。

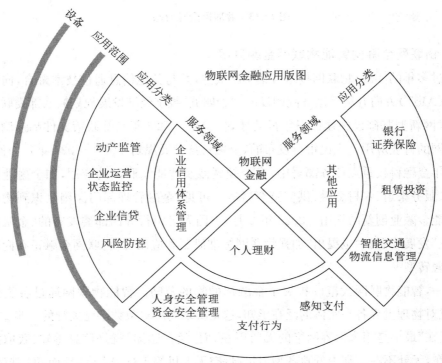

资料来源:薛小易:《银行物联网应用图鉴:国有银行、区域性银行应用最广》,移动支付网,2021年11月1日。

图13.12 物联网金融应用版图

（4）物联网与融资、保险的结合。物联网与动产融资、保险、供应链金融和租赁的结合，衍生出各类物联网金融业态，具体如图 13.13 所示。

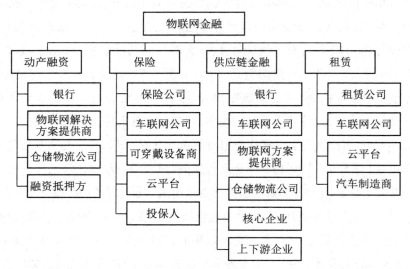

资料来源：申卉、穗发宣：《为企业信用精准画像！广州推出平台助力中小企业解决"融资难"》，《广州日报》2022 年 8 月 29 日。

图 13.13　物联网金融业态

3. 物联网金融向智能物联网金融升级

经过多年的实践，物联网技术方案不断成熟，并与其他信息通信技术融合，向着智能物联网（AIoT）方向升级。国务院印发的《"十四五"数字经济发展规划》、八部委联合印发的《物联网新型基础设施建设三年行动计划（2021—2023 年）》等政策文件都强调推动智能物联网的行业应用。人民银行发布的《金融科技发展规划（2022—2025 年）》为例，在对未来 4 年金融科技重点任务部署中，多个领域涉及智能物联网的应用，如金融业数字基础设施、服务渠道、农村金融、供应链金融等。可见，金融管理部门深刻认识到物联网全方位赋能金融业创新的作用。2022 年 2 月，中国人民银行等四部委发布的《金融标准化"十四五"发展规划》中也提出"加强物联网标准研制和应用"。物联网金融正在向智能物联网金融转型①。

第一，智能物联网大范围扩展了金融标的物的范畴。智能物联网通过各类感知技术，形成对物理世界各类实体的泛在感知，这是实现物理对象数字化关键的一步。

"泛在"最早是用来形容网络的无所不在，而"泛在感知"就是信息感知、获取的手段无所不在，无处不在。高中低轨各型卫星，近空无人机等飞行器平台，地面 5G 基站、各种

---

① 总结《智能物联网金融应用步入新发展阶段》，《金融时报》2022 年 7 月 18 日。

监控摄像头,甚至能拍照的个人手机,都是可用的感知手段。

泛在感知意味着能够最大范围获得各类物理对象的基本信息。如在很多实体经济的场景中,大量物理资产因为技术和成本的限制,无法成为金融标的物,因而也无法针对其设计金融产品。泛在感知技术的进步,给这些此前没有合适感知方案的场景提供了更多的机会,使这些场景中的物理资产能够数字化,为金融机构提供了低成本的资产真实信息,并在此基础上设计专属金融产品。例如,车辆、存货、牲畜等动产、活体资产,在智能物联网技术驱动下,可以成为有效的金融标的物,增加了信贷、租赁、保险等业务覆盖的范围。

第二,智能物联网完善了金融服务闭环流程。目前,智能物联网已初步具备固移融合、宽窄结合、天地一体的万物互联接入能力,协助产业数字化应用形成闭环流程。

现有的各类金融产品设计都建立在对标的物掌握一定信息的基础上,而金融产品涉及多个市场主体的闭环,全流程、全环节的信息接入是金融机构降低风险、提高效率所追求的目标,但并非所有环节都能够有效接入,这给产品设计、定价、风险管控带来一定困扰。接入手段的完善,让数字化各个环节能够随时随地实现连接,补齐此前部分流程的断点。

第三,智能物联网为金融产品创新提供更丰富数据。智能物联网扩大金融标的物范畴、完善金融服务流程,为金融业提供更多数据资源。智能物联技术支撑的万物互联,也意味着感知数据维度更全面、数据规模更庞大,其中大量数据成为金融业运行的关键输入。

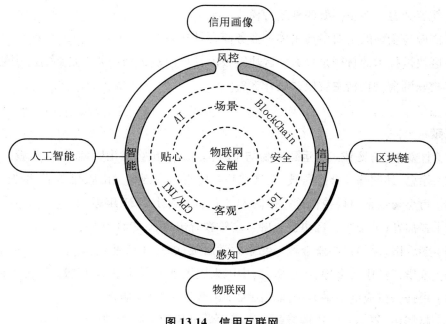

图 13.14　信用互联网

智能物联技术在各行业的应用，形成的行业数据会成为金融业数据的重要来源。例如，智能物联在工业互联网、车联网、智慧医疗等其他行业形成的数据，可作为这些行业主体资金融通、征信能力的有效证明。此外，金融机构自身基于智能物联网的终端使用以及交易行为，丰富了自身数据，银行、证券、保险的各类外勤设备使用，可以收集大量数据。形成信用物联网技术。

第四，智能物联网对于金融业的结合通过标准化体现出来。针对"5G＋物联网"智能金融应用领域的标准化，在银行对抵质押物管理的过程中，可建立起完整、规范的数字化管理方案，涵盖感知、边缘处理、连接、管理平台、安全、数据对接六个方面能力，这一方案对多个典型场景形成支撑。可以解决动产定位管理、融资租赁物风险管控、供应链金融中资产管理以及特定不动产的监测管理等实体经济融资中存在的痛点，实现银行产品创新。

智能物联网技术能够深入感知实体产业和企业各类资产、生产过程等数据，综合运用区块链、人工智能、大数据等技术，实现全产业链封闭场景中交易的数字化、透明化，做到对各类企业数据增信，以此为基础实现金融产品创新。如通过物联网金融云，把资金流、信息流、商流监管流等合流，实现融资、保险、结算、资产管理、风控的全流程管理。

思考题

1. 智慧物流的含义和作用是什么？
2. 金融科技和科技金融的区别是什么？
3. 物流金融主要包括哪四种运行模式？
4. 供应链金融的主要参与主体和业务流程是什么？
5. 区块链技术的特征是什么？区块链技术在供应链金融业务中是如何应用的？
6. 物联网金融创新主要模式是什么？

参考文献

[1] 甘爱平、杨旻骅：《航运碳交易与金融衍生》，中国金融出版社 2020 年版。

[2] 徐忠、孙国峰：《金融科技：发展趋势与监管》，中国金融出版社 2017 年版。

[3] 苟小菊：《金融科技概论》，中国人民大学出版社 2021 年版。

[4] 郭福春、吴金旺：《区块链金融》，高等教育出版社 2021 年版。

[5] 李蔚田、谭恒：《物流金融》，北京大学出版社 2013 年版。

[6] 宋华：《供应链金融（第三版）》，中国人民大学出版社 2021 年版。

[7] 卢强：《供应链金融》，中国人民大学出版社 2022 年版。

[8] 赵华伟、刘晶：《区块链金融》，清华大学出版社 2020 年版。

［9］王海芸、张明喜等：《科技金融：理论与实证分析》，科学出版社 2021 年版。

［10］易明：《科技金融系统理论与实践》，科学出版社 2020 年版。

［11］朱信凯、周月秋：《中国绿色金融发展研究报告 2021》，中国金融出版社 2022 年版。

［12］宋敏、唐方方：《绿色金融》，武汉大学出版社 2020 年版。

［13］王慧欣：《供应链金融模式中核心企业的风险识别及防控研究》，云南财经大学，2022 年。

［14］石睿：《供应链金融缓解中小企业融资约束问题研究》，吉林大学，2022 年。

［15］张振伟：《供应链金融对农业中小企业投融资效率的影响研究》，山东农业大学，2022 年。

第 14 章　国家战略与航运金融的发展

国家发展是以国家的长期战略为先导的。本章围绕着中国的航运强国、对外开放、人民币国际化、"双碳"战略等内容,研究航运金融如何服务于国家发展。

14.1　国家战略与产业政策

14.1.1　国家战略

1. 国家战略概念

国家战略就是为维护和增进国家利益、实现国家目标而综合发展、合理配置和有效运用国家力量的总体方略。国家战略涉及国家政治、经济、文化、社会、科技、军事、民族、地理等诸多领域,其空间范围,既包括国内战略,也包括国际战略。国家战略是国家的总体战略和最高战略。

2. 国家战略的特征

(1)目标性。任何国家的国家战略目标,都是为了维护和增进国家利益。这是国家战略的本质。国家目标不过是一个国家在特定历史时期所要维护或实现的国家利益。

(2)通用性。国家战略既包括大国的国家战略,也涵盖小国的国家战略;既适用于战时,也适用于和平时期。同时,这一概念还适用于各种国家战略模式,如国家治理战略、国家安全战略、国家发展战略、国家经济战略,等等。

(3)全面性。国家战略新定义,包含了国家战略的全部要素,即国家利益、国家目标、国家力量和国家政策。此外,以往的大战略或国家战略定义,有的关注国家力量的分配,有的关注国家力量的发展和使用。国家战略实践表明,为实现国家目标,不仅需要有效使用国家力量,而且需要综合发展和合理配置国家力量。只有综合发展和合理配置国家力量,才能为可持续地有效使用国家力量奠定基础。

(4)长远性。在任何情况下,一个国家综合开发潜力的能力,直接影响到国家的长远利益,关系到国家长远目标的实现。因此,国家战略不能仅仅着眼于当前,强调国家力量的配置和使用,还必须着眼长远,高度重视综合国力的发展,特别是一个国家将潜力可持续地转化为实力的能力。发展综合国力和将潜力可持续地转化为国家实力,不是一朝一夕所能做到的。只有从长远出发,通过改革创新和较长时间的历史累积,才能实现这一目标。

当今世界正经历百年未有之大变局,全球治理体系和国际秩序变革加速推进,世界面临的不稳定性突出。因此,中国的国家政治、经济、文化、社会、科技、军事、民族、地理等诸多领域战略需要顺应历史发展趋势,制定合理的长期战略。

需要有相关的宏观经济政策、产业政策、运输政策和航运发展政策配套实施,才能实现预期目标。

14.1.2 宏观经济政策与产业政策

宏观经济政策与产业政策是宏观、中观经济政策的体现,并引导行业可持续发展。

1. 宏观经济政策

政策指国家或政府为了增进整个社会经济福利、改进国民经济的运行状况、达到一定的目标而有意识和有计划地运用一定的政策工具而制定的解决经济问题的指导原则和措施。它包括综合性的国家或地区发展战略和产业政策、国民收入分配政策、价格政策、物资流通政策等。

宏观经济政策是指国家或政府有意识有计划地运用一定的政策工具,调节控制宏观经济的运行,以达到一定的政策目标。国家宏观调控的政策目标,一般包括充分就业、经济增长、物价稳定和国际收支平衡等。

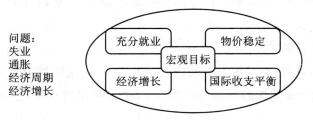

图 14.1 宏观经济政策目标

宏观经济政策的实施手段主要包括财政政策和货币政策,二者的政策手段如表 14.1。

表 14.1　财政政策和货币政策的实施手段

	财政政策	货币政策
实施政策的主体	政府	中央银行
传导过程	通过扩大财政支出或调整税率等手段直接作用于企业和居民	通过对中介指标(如利率、货币供应量、超额准备金、基础货币、汇率等)的间接调控(先货币,后市场需求)
政策手段	税收、预算、补贴、公债等	公开市场业务、调整法定准备金率、再贴现政策等

　　宏观经济政策工具是用来达到政策目标的手段。在宏观经济政策工具中,常用的有需求管理、供给管理、国际经济政策。其中,需求管理和供给管理是宏观经济政策中重要的管理方式。

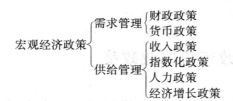

图 14.2　宏观经济的需求和供给

2. 产业政策

　　(1) 产业政策。

　　产业政策是政府为了实现一定的经济和社会目标而对产业的形成和发展进行干预的各种政策的总和。产业政策的功能主要是弥补市场缺陷,有效配置资源;保护幼小民族产业的成长;熨平经济震荡;发挥后发优势,增强适应能力。

　　政府通过产业政策,提出引导国家产业发展方向、引导推动产业结构升级、协调国家产业结构、使国民经济健康可持续发展的政策。产业政策主要通过制定国民经济计划(包括指令性计划和指导性计划)、产业结构调整计划、产业扶持计划、财政投融资、货币手段等来实现。

　　(2) 产业政策主要内容。

　　① 产业结构。即根据经济发展的内在联系,揭示一定时期内产业结构的变化趋势及其过程,并按照产业结构的发展规律保证产业结构顺利发展,推动国民经济发展的政策。

　　② 产业组织。即通过选择高效益的、有效使用资源的、合理配置的产业组织形式,保证供给的有效增加,使供求总量得以协调的政策。

　　③ 产业布局。即产业空间配置格局的政策。

（3）产业政策的作用。

① 调控经济结构。即调控产业结构、产业组织结构、产业区域布局结构，使社会资源在各产业、行业、企业、地区之间得到合理配置，逐步实现产业结构的优化。

② 影响经济的长期发展。即改造产业结构，实现产业结构的优化，促进经济的增长，必须经过长期的努力。

③ 产业结构政策、产业组织政策、产业区域布局政策表现为"集合"政策。每一种具体政策都以市场机制的调节为依据，对市场直接调控、对企业间接调控。

④ 调节供给。即通过促进或限制某些产业的发展，改造产业结构，调整各产业之间的相互关系，使供给总量和结构都能满足需求，实现供给和需求的总量、结构的平衡。

⑤ 发挥导向作用。在市场经济运行中，产业政策具有导向作用。这种导向作用主要是：调整商品供求结构，实现市场上商品供求的平衡；通过差别利率等信贷倾斜政策对资金市场进行调节，实现资金合理流动和优化配置；打破地区封锁和市场分割，促进区域市场和国内统一市场的发育和形成。

（4）产业政策的实施体系。

产业政策的实施包括激励政策和引导政策，如表 14.2。

表 14.2　产业政策体系框架

政策类别	政策名称	政策措施
激励型政策	金融政策	优先贷款和优惠贷款； 外贸和外汇方面的支持； 融资政策（股票、债券、保险、基金、担保等）； 鼓励投资和创新的风险基金
	财政政策	对行业的扶持与补贴； 对行业发展与创新的奖励
	税收政策	给予行业的减免税； 给予 R&D 优惠
	分配政策	从利润中提取创新基金
	价格政策	自主定价
	信息政策	建立国家信息化基础设施； 及时提供和发布各类的准确信息
	专利政策	保护技术创新成果的垄断使用权和知识产权
	其他政策	对行业发展有突出贡献者的奖励； 提供创新所需的基础设施； 消除既得利益集团对行业进入的阻碍； 减少行业发展过程中的政府官僚程序； 劳动力的培训

续　表

政策类别	政策名称	政策措施
引导型政策	产业政策	产业的优先发展政策； 产业开发区或集聚区、保税区政策； 高新技术产业政策； 产业结构调整政策
	科技政策	技术进步政策； 技术市场政策； 技术中介政策； 技术人才政策； 技术转让政策； 技术合作和交流政策； 技术引进政策； 技术改造政策； 技术进步和技术成果评价政策； 对 R&D 机构的支持政策
保护型政策		关税保护型政策； 政府采购政策
协调型政策		协调自主创新与技术引进政策； 协调跨地区、跨行业、跨部门的协调和服务政策； 促进产业发展—企业发展—政府引导的政策

14.2　航运强国战略与航运金融政策

交通是兴国之要、强国之基。经济强国，必定是交通强国、海运强国、航运强国。

为促进海运业健康发展，加快推进海运强国建设，2014 年 9 月 15 日，国务院印发《关于促进海运业健康发展的若干意见》；2019 年 9 月，中共中央、国务院印发《交通强国建设纲要》，明确从 2021 年到本世纪中叶，将分两个阶段推进交通强国建设战略。到 2035 年，基本建成交通强国，以保障经济安全、维护国家利益。

14.2.1　运输政策

1. 运输政策的概念

运输政策是指一国政府为实现一定时期的目标而制定的协调参与运输活动的各个经济主体之间利益关系的行为准则，是一国经济政策的一部分。作为国家宏观经济政策的一部分,运输政策不仅具有合理配置运输资源的作用,而且还与其他宏观经济政策共同影响和促进国民经济的合理产业布局及其他宏观总量的协调发展。

2. 运输政策的经济目标

(1) 促进运力的发展。政府管理的主要目标是不断促进运输能力的发展,满足经济和社会对交通运输的需求。

(2) 维护市场公平竞争和市场有序发展。

(3) 保护投资者或生产者的权益,维持正常的运输经营和合理的收益。

(4) 鼓励和促进国际运输能力的发展。

3. 运输政策内容

运输政策是国家对运输业实施调控的重要手段。政府通过运输政策的制定和实施,旨在实现资源配置、产业布局、环境保护以及运输业与其他产业协调发展。

运输政策主要是由运输投资政策、运输价格政策、运输干预政策等组成。

(1) 运输投资政策。

运输投资政策是政府为使交通运输业适应国民经济发展形成合理布局而制定的有关运输投资总量占国民经济投资总量的比例和国家投资在各种运输方式中的分配,以及引导或限制社会资本投向运输业而制定的相关的法规、政策或采取的措施。包括:

① 国家直接投资。国家直接投资是指直接由国家财政将资金投向某一地区的某一运输方式。因而其规模往往视国家财力大小而定,一般与一国的国民经济发展程度成一定的比例关系。在我国大多数的铁路建设、公路建设、港口的水下工程均是由国家直接投资建设完成的。

② 国家引导投资政策。国家引导投资政策是国家通过财政、税收、信贷等经济杠杆引导或者限制社会资本投向某一运输项目。

(2) 运输价格政策。

运输价格政策是指政府对运输业价格制定的引导、限制和规范等方面的政策。主要是为了促进运输业稳步发展和维护消费者的合法权益。

① 政府运输价格政策的目标:稳定运输价格,维护消费者权益,促进经济和贸易的发展;合理的配置资源;反对无序竞争和垄断。

② 政府对运输价格控制的主要方法。在市场经济较为发达的国家,政府一般不采用直接的方法来控制运输价格,而是通过《反不公平竞争法》《反垄断法》等一系列的法规对运输价格进行规范和调节。主要包括:价格上限的确定;价格的审批和报备制度;制定计划运输价格。制定计划运输价格是指政府代替企业来确定价格细目,并由政府公布执行。

(3) 政府对运输干预的方法。

运输政策的干预职能主要表现在以下几个方面:

① 税收和补贴。

② 直接投资和提供运输服务或运输基础设施。中央和地方政府可以通过对运输企业的拥有和对运输基础设施的直接投资来提供运输基础设施和部分运输服务，采取国营的方式经营。

③ 制定有关运输法规。为了实施政府的有关运输政策，各国政府往往制定较多的规定、规章、规则来补充国家有关的运输法律并使其细则化。

④ 政府对运输服务的直接购买。

14.2.2　海运强国战略与航运政策

1. 航运政策

航运政策是政府对本国航运业所采取的具体政策，它是一国政府为了发展海上贸易运输，改善国际收支等目的，对待本国商船队的态度、方针和措施的总称。航运政策的管理分为两大方面：一是直接对市场的管理，通过运力管理、经营权和资质管理、船舶登记管理、船舶口岸管理等，通过班轮航线审批、运价报备等措施调控市场的供求关系。二是通过航行安全、防污染等实行间接市场管理。如严格的航海安全管理提高了船舶运输的成本，必然影响到运输的价格。

各国的航运政策千差万别，但无不是围绕加强维护本国商船队在本国甚至在全世界的市场占有率而制定的，具体体现为国家干预和船旗歧视等。

2. 航运政策的种类

各国实行的航运政策主要有：航运扶持政策和航运保护措施。扶持政策主要通过经济、财政手段给予本国籍船舶各种补贴和资助。保护措施主要通过行政和法律等手段保护本国船队的利益。

（1）扶持与补贴政策。

造船和买船是一项数额巨大的风险投资。由于航运业是一个微利的行业，船舶所有人很难仅靠营运利润和自筹资金来发展或更新船队，因此，政府往往会在政策上给予一定的扶植。如国家银行提供长期的低息贷款，政府对船公司的贷款提供贷款担保，以一定金额或一定的船价比例作为给船厂的直接补贴，对造船所需的各类原材料、设备的进出口、技术更新、科技开发及经营亏损等给予财政上的优惠和资助等，这些都属于扶植政策的范畴。

对世界各国对造船补贴的类型很多，这里所说的造船补贴主要是针对造船企业而言的，主要有：

① 直接补贴。即以一定金额或造船价格的一定比例作为给船厂的直接补贴，这种办法及条件因国家而异。一般说来，为了保护本国造船业，常以船舶要在本国船厂建造为

条件。欧盟规定成员国政府向本国籍船补贴不得超过新船合同价,1989年补贴上限定为不得超过新船合同的26%;1990年降到20%,1991年再降到合同价的13%;1993—1994年保持在9%。美国造船差额补贴尤为特殊,即向美国船厂补贴与国外船价的差额(因财政吃紧,造船差额补贴实际上已在1981年后被废除了)。

② 低息贷款。当航运市场进入20世纪70年代中期的萧条时期后,政府,特别是西欧一些国家政府加强了资助力度,以扶植国内造船业。到90年代,随着国际航运业的复苏,虽然各国政府对船舶所有人贷款优惠政策的斗争加剧,但是政府同形式的资助继续对本国航运业发展起重大的作用。

③ 贴息。大多数国家政府对船舶所有人财政扶植的主要方法是提供造船长期低息贷款。这种扶植通常由国家银行具体实施,有时商业银行也参与其中。如果由后者实施,则政府负责补偿贷款期间二者的利息差额。

④ 政策优惠。诸如造船材料及设备免交关税;建造出口船和本国籍远洋船舶一样享受免交关税和增值税。

⑤ 冲销船厂的经营亏损,并向船厂提供改造资助或投资。

⑥ 资助船舶工业的科研与开发项目。

⑦ 对船用设备、材料和燃油提供单项补贴。

⑧ 船舶出口信贷。大多数造船国家都采取此项优惠政策,政府发放造船信贷旨在吸收国外船舶的所有人来本国船厂造船;或资助本国船舶所有人在国内定造新船。

(2)货载保留制度。

货载保留是国际海运业普遍采用的一种配额制度,主要通过双边或多边海运协定,规定货载份额,实现利益分享。有的国家规定政府物资的100%、商业物质的50%由该国商船队承运,只有在其主动放弃承运权时,才交由外国船公司运输。

到目前为止,世界上有50多个国家和地区仍在实行一定的货载保留制度,一般是通过立法的形式,规定政府部门的货载全部或部分由本国船承运,以保证本国船队得以正常运营和发展。比如,美国1984年航运法规定,国防部的军需物资为保留货载的运输物资。印度、秦国、印度尼西亚和斯里兰卡将本国船队承运商业物资比例定为50%;巴西、阿根廷、墨西哥、智利、秘鲁、委内瑞拉和韩国等国家规定,只有在本国船队放弃运输班轮货物时,外国船舶才能承运。

(3)税收优惠政策。

各国政府制定优惠的航运税收政策是国家向船舶所有人提供补贴的通用方式。主要利用冲销税金、延期纳税、加速折旧和减免税等政策来间接补贴本国的航运业。

(4)营运补贴。

营运补贴是指政府对本国商船队在营运成本较高的情况下,补贴一定比例的营运成本差额。其目的是增强本国航运企业在国际航运市场的竞争能力,确保船舶所有人的经营效益。美国是执行船舶营运补贴政策的典范。例如,美国规定,凡在美国建造并雇佣美国船员的美国籍船舶,由美国公民所有的,在海运总署规定的 29 条基本航线航行的船舶,都可以享受该补贴。船舶营运补贴包括船员工资、保险费、船舶维修费与国外同类型船舶之间上述各项费用的差额。

(5)减免关税。

关税是由主权国家确定的税种之一,由海关依法对进出国境的货物进行征税的一种税制。有的国家对进口船舶和造船材料及设备免征关税,而船舶制造国,多采用关税来保护本国的造船业。另外,一些国家对船舶维修、保养、营运所需物料和设备进口也免征关税。

(6)航运市场准入和国民待遇。

航运市场准入和国民待遇政策,关系到一个国家市场化的程度。例如,以欧盟为代表的、加入 WTO 组织的大多数国家和地区,均对本国国际航运市场采取开放的态度,并给予他国船公司以一定的或无差别的国民待遇。而美国等少数几个国家,以与本国国内法律冲突为由,对本国的航运市场加以保护。近年来,中国已基本上开放了本国的国际航运市场,并以双边海运协定的形式陆续给予世界上各主要航运国家和地区的船公司以市场准入和国民待遇。

(7)沿海运输权。

沿海运输权(也称沿海稍带)指国内沿海两海港之间的水上运输权利。为确保国家主权和本国的航运利益,许多国家规定,沿海运输业务只限于本国船舶经营,外国航运业不得进入本国航运市场。沿海运输权事关一国国内航运市场、主权和安全,大多数国家均未开放,或只在区域集团内相互开放。

3. 美国的航运政策

以美国为例的发达国家,对其航运业相当重视,将航运业看作维系国家经济和安全命脉的一个重要组成部分。美国一直维护一种强势航运政策,政府对其航运业高度重视,并对本国航运业进行保护。通过政府部门、法律制度制定和主导国际航运组织,实现海上运输控制的国家目标。

美国航运法律体系主要包括:反垄断法豁免(又称"反托拉斯法豁免",exemption of antitrust law)制度、运价管理制度、受控承运人(controlled carrier)制度、远洋运输中介人(ocean transportation intermediary)制度等。

1936 年的《商船法》,描述了美国必须拥有的商船队:足以承运其全部国内水运货物和相当一部分的美国对外贸易进出口货物;在战时或国家危急时刻作为海军的军需辅助船队;尽可能属于美国公民所有,并悬挂美国旗;美国建造、美国人驾驶。

1936年商船法建立了三个层次航运法律政策的制定部门：法律（国家权力机关颁布）、行政法规（国家行政机关或地方权力机关颁布）、规章（国家有关主管部门或地方政府颁布）。

职能部门主要是由美国联邦海事委员会（FMC）负责实施。《1984年航运法》《1998年远洋航运改革法》系列法案是国际海运政策的主体。

同时，美国参与或主导与航运有关的国际组织，有以下几类：

（1）联合国组织机构：国际海事组织（IMO）、联合国贸易和发展会（UNCTAD）。

（2）非联合国组织：WTO、OECD、EU、APEC。

（3）国际性民间航运组织：班轮公会、航运联盟。

（4）大型跨国海运和货主集团：马士基、APL、大平洋国际航运、美国商业航空、美国总统航空等。

（5）国际航运交易所：波罗的海交易所、纽约航运交易所等。

美国航运政策的主要内容见表14.3。

表14.3　美国航运政策主要内容

航运政策和法律手段	内　　　容
财政支出政策	政府投资：港口、码头等基本建设； 政府补贴：对造、买船和技术改造及运价补贴； 工资福利：航贴、免税等
财政收入政策	企业税收、关税——贸易壁垒、个人所得税、各种规费船舶折旧、税前还贷
金融手段	信贷：造、买船人贷款； 专项准备基金：船主用于造船的准备金； 海运和造船发展基金：银行提供低息贷款； 光船租购：国家作为船东； 汇率变动：影响进出口贸易
直接控制手段	货载保留：对本国进出口货载优先分配； 市场准入：对外开放程度，条件； 国民待遇：市场准入的补充； 最惠国待遇：WTO原则； 沿海运输权：本国沿海贸易权
国际航运企业审批	进出口船舶许可证制度； 运价管理：审批或报备； 船舶登记制度：国籍、所有权、技术规范等； 港口国监控：对到港外籍船的监督管理

4. 中国航运政策

我国航运政策有其历史改革，经历了从保护到开放的过程。

（1）1988 年之前的航运政策。

① 营运差额补贴。20 世纪 80 年代初，国家对船公司承运煤、石油、粮食和矿砂等大宗货物给予一定的营运差价补贴。但到 90 年代中期，中国航运业全面走向市场经济之后，营运差额补贴随之取消。

② 沿海运输权。中国沿海运输权赋予悬挂中国旗的船舶，而且船舶所有人应为中国国籍，只有他们才能参与沿海运输。

③ 双边海运协定。双边海运协定中的中国承运份额也是中国航运补贴一种形式。

④ 中国籍船舶享受注册国一定的港口运费优惠。但近年来随着对外轮采取国民待遇，这种优惠随之取消。

⑤ 运输份额。过去采取国货国运，保护国内航运企业发展。随着航运市场的开放，这种制度随之取消。

（2）1988—2001 年航运政策。

1988 年以后，我国国际航运经济政策进行了一系列的重大调整，先后取消了对国有海运企业的许多优惠政策。目前，我国对海运业已基本上没有保护政策。1988 年后中国航运政策具体表现为：

① 对从事国际运输的航运企业没有航运营运补贴。几乎世界所有其他航运国家，都对本国航运及相关产业实行扶持政策，而且越是航运强国，其政策扶持越全面和优惠。

② 取消了造船补贴、低息贷款和信贷优惠等，使得所有人购造船舶所支付的资金，明显高于西方国家，造船的固定成本比国外同类型船舶要高出许多。

③ 税收政策与其他行业一视同仁，无减免优惠。自实行统一新税制后，航运企业与其他企业一样，要支付 25% 的所得税。

④ 基本取消了货载保留政策。世界上绝大多数国家均实行有利于本国船队的货载保留政策。如日本规定，凡外贸货物，优先由本国船队报价，以控制货载外流；韩国也力主国货国运，从 1998 年起主要船公司承揽韩国国内出口货物比例突破了 50%。美国规定美籍船舶必须承运政府物资、外援货物的 75% 以上，军事物资全部由美籍船舶承运。

⑤ 实行市场准入及国民待遇政策。目前，中国对国外船舶征收的港口使用费，与中国船舶完全一样。同时，按照中国与 52 个国家签署的双边贸易协定及内陆水运协议，国外船公司可以申请设立自己的中国分公司，并享有签发提单、征收运费和签署服务合同的权利，这使中国国有船公司面临更大的市场竞争压力。

（3）2001—2010 年的水路运输政策。

加入 WTO 后，交通部 2001 年 5 月颁布了 2001—2010 年公路、水路交通行业政策，主要内容包括综合政策、公路交通行业政策、水路交通行业政策、交通人才和信息化政策等。

① 综合政策。

发挥政策的宏观调控作用，引导行业持续快速健康发展。公路、水路交通行业政策的目标是：指导各级交通行政主管部门加强行业管理，发挥政府在优化运输资源配置中的宏观调控作用；明确行业发展的方向和重点，实现产业结构的优化和升级；规范交通运输市场，营造行业发展的良好环境；引导交通企业向规模化、集约化发展，提高市场竞争能力，促进公路、水路交通行业持续快速健康发展。明显提高我国公路、水路交通行业整体水平、运输安全、服务能力和综合效益，保障行业发展战略目标的实现。

促进现代化综合运输体系的协调发展，适应国民经济和社会发展的需要。交通运输业是国民经济的基础产业，是国家重点发展的服务业。公路、水路交通是综合运输体系的重要组成部分。要加速发展公路、水路交通运输业，实现运输资源的合理配置。健康、畅通、安全、便捷的现代综合运输体系是适应国民经济和社会发展的需要。

巩固和加强公路交通在综合运输体系中的基础地位，充分发挥水路运输的优势。公路交通的发展继续遵循全面规划、合理布局、确保质量、保障畅通、保护环境、建设改造与养护并重的原则，以结构调整为重点，加速公路国道主干线建设，完善公路网络，加强县乡公路建设，提高路网通达深度。突出高速公路长途客货运输的大动脉作用，提高公路交通的市场竞争能力，巩固和加强公路交通在综合运输体系中的基础和主导地位。加快水路交通基础设施建设和水路运输结构调整步伐，充分开发和利用水运资源，加强沿海枢纽港建设和内河航道治理，建设国际航运中心，大力发展海洋运输，充分发挥内河航运的优势，强化水路交通在外贸运输和大宗散货运输中的主力地位。

提高资源利用效率，加大环境保护力度，实现行业可持续发展。提高交通基础设施建设中土地和岸线的综合使用效率，节约用地、鼓励造地；大力开发、推广和应用节能降耗技术，积极开发并鼓励使用运输装备的替代能源，引导行业走资源节约型可持续发展的道路。

实施"科教兴交"战略，大力推进信息化进程，加速实现交通运输现代化。推进"科教兴交"战略的全面实施，以提高运输效率和效益为中心，以建立技术创新体系为重点，加强人才培养和继续教育，促进行业整体技术水平的提高，为交通事业的发展提供人才保障。把信息化放在行业发展的优先位置，以信息化带动交通运输现代化。

落实西部大开发战略部署，加快西部交通发展。以国道主干线、水运主通道，西南出海通道以及其他区域性大通道等交通干线为重点，力争西部交通基础设施建设取得突破性进展。

发展现代物流，拓展运输业务功能，进一步扩大对外开放，提高质量和水平。加强对现代物流发展的引导，充分发挥运输企业在现代物流中的自身优势和主体作用；培育和开发物流市场,建立和完善现代物流体系,推进交通运输业与生产企业、营销企业的协调与合作;大力拓展交通运输企业的仓储、配送和代理等多种服务功能,促进大型运输企业由承运人向物流经营人方向转变。顺应经济全球化及加入WTO的需要,继续实行逐步有序的对外开放政策,进一步开放公路、水路交通基础设施建设市场、运输市场和服务市场。培育大型公路、水运企业集团,引导企业积极参与国际经济合作与竞争,有效运用国际经贸规则,增强竞争意识和能力。

依法治交,提高行业管理水平。建立和完善交通法规体系,理顺交通行政管理体制,加强交通行政执法队伍建设。健全和完善交通经济监督机构,建立健全交通行政执法监督机制,加大执法检查力度,严肃查处和纠正违法或不正当的行政行力,确保法律的正确实施。

树立行业新风,提供优质文明服务。以"服务人民、奉献社会"为宗旨,推进行业精神文明建设,开展创建文明行业活动,培养一支"四有"职工队伍,树立良好行业形象;坚持"以人为本",实行政务公开、社会公示、服务承诺制度,自觉接受社会监督;制定创建文明规划,推行行业文明服务标准、完善规章制度、落实岗位规范,使创建活动规范化、制度化,为社会提供优质文明服务。

② 水路交通行业政策。

港口建设和管理政策。加强港口布局规划管理,促进港口协调发展;调整港口结构,拓展港口功能;加大港口技术改造力度,发挥现有设施能力;加强港口管理,促进港口健康发展;支持内河主要港口建设,加速内河港口发展;推进技术进步,实现港口现代化。

航道建设和管理政策。充分开发利用水运资源,加强航道网的规划和建设航道是水路交通的基础,属社会公益性基础设施,应以各级政府投资为主进行建设和管理,并采取有力措施予以扶持;坚持水资源综合利用,促进航运与相关行业协调发展;加速西部地区航道建设,适应西部经济发展的需要;全面规划航道整治,因地制宜、提高成效;深化航道管理体制改革,加强航道管理与维护;提高航道建设技术水平,加速航道建设与管理现代化。

海洋运输政策。以市场需求为导向,加快运输结构调整;优化船队构成,加速船型结构调整;调整客运发展方向,适应客运市场需求;加强行业管理,规范航运市场;引导企业转变经营机制,提高企业活力;依托技术创新,提高海洋运输业整体技术水平;完善相关配套政策,提供良好发展环境。

内河运输政策。充分发挥内河航运优势,扩大内河运输能力;调整内河运输结构,适应市场变化需要,采用新型船舶,优化船队结构;加强市场监管,完善内河运输市场;大力推进内河船型标准化进程,提高内河运输效率和效益。

水路交通投资融资政策。明确投资方向和重点,拓宽投资渠道;多方筹集建设资金,加速公路交通基础设施建设实行"谁投资、谁决策、谁受益、谁承担风险"的授资机制,规范投融资行为;对于符合国家产业政策的项目,均可以由各类投资主体自主决策进行投资与融资,并承担相应的投融资风险。

水上交通安全政策。坚持"安全第一、预防为主"的方针,保障运输生产安全;完善本土交通安全监督系统,提高监控能力;建立和完善重大事故回应体系与快速高效的搜救和防污染应变机制,增强应急处理能力;改善通航环境,创造安全航运条件;加强船舶管理,保证船舶安全营运;严格船员管理,提高船员综合素质;应用新技术,提高水上安全防范能力。

③ 交通人才和信息化政策。

人才资源开发政策。做好人才规划,为交通事业发展提供人才保障;重要专业岗位实行职业资格认证制度,保证从业人员素质;建设网上交通人才市场,加强交通人才信息沟通;发展交通行业继续教育,提高交通专业技术人才素质;选拔和培养一批重点专业学科技术带头人,营造人才成长的良好环境;加强交通行政执法人员队伍建设,提高交通行政执法水平;大力支持西部交通人才资源开发,发挥交通人才在西部开发的重要作用。

交通信息化政策。完善信息化规划体系,多渠道增加信息化建设投入;加强信息资源管理,增强信息服务意识,实现信息资源共享;加强网络、信息安全管理,建立信息安全保障体系;积极运用先进信息技术,加快政府管理信息化进程;加快企业信息化建设,增强行业国际竞争实力,加速交通信息技术产业化,推进行业跨越式发展。

④ 最新的航运政策。

2014 年 8 月,国务院印发了《关于促进海运业健康发展的若干意见》,明确提出了建设海运强国的发展目标和主要任务。2019 年 9 月,中共中央、国务院印发了《交通强国建设纲要》;2020 年 2 月 3 日,交通运输部等七部门发布了《关于大力推进海运业高质量发展的指导意见》;2021 年 3 月 13 日,印发了《中华人民共和国国民经济和社会发展第十四个五年规划和 2035 年远景目标纲要》;2022 年 12 月 12 日,国务院印发了《"十四五"现代综合交通运输体系发展规划》。

海运强国包括以下两方面内容:第一,应该体现一个国家的海运总体竞争能力;第二,应该体现一个国家海运业的综合影响能力。要实现海运强国战略需要系统的航运政策支持,为建成安全、便捷、高效、绿色、具有国际竞争力的现代海运体系的发展目标,为建设海运强国奠定坚实的基础。

5. 国际航运政策新动向

目前国际海运业所处的环境极其复杂。航运市场竞争激烈,由于各国船舶登记在税金和费用方面的差别,促使海运企业选择条件优惠的国家登记船舶,以提高经济效益。

从发展国民经济的角度来看，各国都是以维护和发展本国海运业为基本目标的。

（1）海运政策的基调。

在传统的海运活动中，有的国家实行补贴政策，有的国家实行保护政策，有的国家实行两种政策结合，但在自由竞争的现代国际海运界，以保护政策作为海运政策的核心已不合时宜。因此，除部分地域和国家外，各国通常都以补贴作为海运政策的核心。

由于各国经济发展不同，各国的补贴政策也不尽相同。由造船补贴和航运补贴构成直接补贴，而间接补贴主要体现在税制的优惠上，前者是为了促进造船与减轻船舶所有人负担的一般补贴；后者是对法人税、所得税或固定资产税等各种税制上的优惠措施。多数国家都采取直接补贴与间接补贴相结合的补贴政策。

（2）新的航运补贴手段。

海运补贴政策将逐渐向特定的方向发展。与国际船舶登记制首先出现在欧洲一样，新的海运补贴政策也以欧洲为中心全面展开，海运补贴手段将向新的方向转化。

① 实行吨税制。

通常情况下，法人税的课税性较强，但同时也降低了企业用利润进行再投资的可能性，因而受到企业的抵制。近年来，欧洲一些国家用新的吨税制代替了法人税，如荷兰、挪威、德国等。

② 削减社会保险费。

法国免除由法国籍船舶所有人负担的50％船员社会保险费；荷兰规定船员工资的38％由船舶所有人保留；德国的税制优惠政策适用于所有在德国籍船上工作的船员。

③ 减免船员所得税。

发达国家海运竞争力低下的原因之一是船员成本较高。为了降低船员成本，丹麦和英国实行免除船员所得税措施；挪威免除船员所得税的20％；荷兰将船员工资的一定比例返还给船舶所有人；德国规定在星期日和假日工作的船员的工资，按一定比例返还给船舶所有人。

④ 放宽船员配备制度。

欧洲国家普遍在船舶登记制度中对船员配备有较严格的规定，因此，降低配备本国籍船员的比例是各国船舶所有人的普遍要求。挪威和丹麦首先实行了新的规定，即只规定船长须为本国船员。法国规定，除船长、大副必须是法国人外，其他船员可用其他国家的人员。

（3）国际海运发展的动向。

国际海运业在班轮市场展开全球性联盟和进行跨国经营已成为海运业发展的主流，这种趋势已向散货船市场发展。展望国际海运业的发展前景，大体有以下几个方面：从海运企业的角度来看,企业间的竞争将会更加激烈,为了生存,将有许多企业放弃暂时的利益而多方揽货。从海运市场的角度来看,一些班轮公司结成联盟垄断太平洋、欧洲和大西洋的主要航线,联盟以外的班轮公司将受到限制。从环境的角度来看,各国政府会进一步积极地取缔低标准船,以彻底防止事故发生,实现安全航行,开展确保海上环境、重视运输服务质量的海上运输。从货主的角度来看,货主为了降低物流成本,会进一步要求降低运输成本。

14.2.3　中国主要的航运金融政策

2009 年,国务院出台了《关于推进上海加快发展现代服务业和先进制造业建设国际金融中心和国际航运中心的意见》(以下简称国务院《意见》)对上海建设航运和金融中心进行战略部署,确定了 2020 年将上海建设成为与中国经济实力和人民币国际地位相适当的国际金融中心和具有全球航运资源配置能力的国际航运中心的宏伟目标。国务院《意见》首次对上海建设金融和航运两个中心进行同时规划,并具体针对航运金融领域的相关业务发展出台了详细的指导性意见。包括:加快发展航运金融服务,支持开展船舶融资、航运保险等高端服务。积极发展多种航运融资方式,探索通过设立股权投资基金等方式,为航运服务业和航运制造业提供融资服务。允许大型船舶制造企业参与组建金融租赁公司,积极稳妥鼓励金融租赁公司进入银行间市场拆借资金和发行债券;积极研究有实力的金融机构、航运企业等在上海成立专业性航运保险机构。优化航运金融服务发展环境,对注册在上海的保险企业从事国际航运保险业务取得的收入,免征营业税;积极研究从事国际航运船舶融资租赁业务的融资租赁企业的税收优惠政策,条件具备时,可先行在上海试点。研究进出口企业海上货物运输保费的有关税收政策问题。丰富航运金融产品,加快开发航运运价指数衍生品,为中国航运企业控制船运风险创造条件。

2011 年,国务院下发了《天津北方国际航运中心核心功能区建设方案》(以下简称国务院《方案》),同意天津以东疆保税港区为核心载体,开展国际船舶登记制度、国际航运税收、航运金融业务和租赁业务等方面的政策创新试点,用五至十年的时间,把东疆保税港区建设成为各类航运要素聚集,服务辐射效应显著,参与全球资源配置的北方国际航运中心和国际物流中心核心功能区,综合功能完善的国际航运融资中心。根据国务院《方案》,天津将船舶基金、租赁、银行、保险、保理等内容规划整合起来,构建航运金融服务体系。

2014 年 8 月 15 日,国务院正式印发《关于促进海运业健康发展的若干意见》,这是新中国成立以来第一次比较全面系统地明确海运发展的战略目标和主要任务,标志着海运业发展正式上升为国家战略。其中,在重点任务中提及"大力发展现代航运服务业。推动传统航运服务业转型升级,加快发展航运金融、航运交易、信息服务、设计咨询、科技研发、海事仲裁等现代航运服务业。建立市场化运作的海运发展基金,创新航运保险,降低融资成本,分散风险"。

《船舶工业加快结构调整促进转型升级实施方案(2013—2015 年)》指出,鼓励开展船舶买方信贷业务。鼓励金融机构加大船舶出口买方信贷资金投放,对在国内骨干船厂订造船舶和海洋工程装备的境外船东提供出口买方信贷。鼓励银行业金融机构积极拓展多元化融资渠道,通过多种方式募集资金;加大信贷融资支持和创新金融支持政策;鼓励金融机构按照商业原则,做好对在国内订造船舶且船用柴油机、曲轴在国内采购的船东的融资服务;加大对船舶企业兼并重组、海外并购以及中小船厂业务转型和产品结构调整的信贷融资支持;研究开展骨干船舶企业贷款证券化业务;积极引导和支持骨干船舶企业发行非金融企业债务融资工具、企业债券等。积极利用出口信用保险支持船舶出口。优化船舶出口买方信贷保险政策,创新担保方式,简化办理流程。鼓励有条件的地方开展船舶融资租赁试点。

为了贯彻实施《船舶工业加快结构调整促进转型升级实施方案(2013—2015 年)》,中国人民银行、国家发展和改革委员会、工业和信息化部、财政部、交通运输部、银监会、证监会、保监会、国家外汇管理局联合发布《关于金融支持船舶工业加快结构调整促进转型升级的指导意见》。银行金融机构进一步优化对船舶工业的信贷结构,推动船舶工业结构调整和转型升级;金融机构可依法合规通过内保外贷等金融工具,为境外船东、境内船舶企业海外子公司提供本外币船舶融资服务,积极支持符合条件的船舶企业、航运企业发行股票、公司信用类债券直接融资工具;金融租赁公司应按照商业可持续原则,积极开展船舶融资租赁业务创新,支持船舶企业开拓市场;鼓励金融机构积极开展船舶贷款证券化和船舶租赁资产证券化;鼓励融资担保机构加大对船舶企业融资担保的力度。银行业金融机构加大船舶出口卖方和买方信贷支持力度,支持相关金融机构通过境内外发行外币债券、境外定向融资和信贷资产证券化等方式拓宽船舶出口买方信贷的融资渠道。中国人民银行通过货币互换、货币掉期、货币互存等工具,拓宽金融机构船舶出口信贷业务资金来源。在保险方面,加快出口信用保险和海外投资保险服务创新,适当降低费率。拓宽社会资本投资船舶工业渠道,有关金融机构可参与设立股权投资基金、产业投资基金、并购基金等,投资船舶产业和航运业,引导私募股权基金、风险投资基金等风险偏好型投资者投资市场前景广阔的重点船舶和海洋工程装备技术研发和应用项目。

《国务院办公厅关于促进金融租赁行业健康发展的指导意见》鼓励金融租赁公司发挥扩大设备投资、支持技术进步、促进产品销售、增加服务集成等作用,创新业务协作和价值创造模式,积极服务"一带一路"倡议,京津冀协同发展、长江经济带发展等国家重大战略,推动大众创业、万众创新。在飞机、船舶、工程机械等传统领域培育一批具有国际竞争力的金融租赁公司。鼓励金融租赁公司利用境内综合保税区、自由贸易试验区现行税收政策和境外优惠政策,设立专业子公司开展金融租赁业务,提升专业化经营服务水平,支持金融租赁公司开拓国际市场,为国际产能和装备制造合作提供配套服务。

为深入贯彻落实党的十九大关于"加快建设海洋强国""增强金融服务实体经济能力"和"十三五"规划"拓展蓝色经济空间"的重大战略部署,统筹优化金融资源,改进和加强海洋经济发展金融服务,推动海洋经济向质量效益型转变,中国人民银行、海洋局、发展改革委、工业和信息化部、财政部、银监会、证监会、保监会八部委联合印发了《关于改进和加强海洋经济发展金融服务的指导意见》。该文件紧紧围绕推动海洋经济高质量发展,明确了银行、证券、保险、多元化融资等领域的支持重点和方向。在银行信贷方面,鼓励有条件的银行业金融机构设立海洋经济金融服务事业部、金融服务中心或特色专营机构,提升专业化服务水平;结合海洋经济特点,加大涉海抵质押贷款业务创新推广,对于海洋基础建设和重大项目、产业链企业、渔民等不同主体,给予针对性支持;鼓励银行业金融机构围绕全国海洋经济发展规划,优化信贷投向和结构,支持海洋经济一、二、三产业重点领域加快发展;明确加强涉海企业环境和社会风险审查,坚持"环保一票否决制"。在股权、债券方面,引导处于不同发展阶段的涉海企业,积极通过多层次资本市场获得融资支持。在保险方面,强调规范发展各类互助保险,探索巨灾保险和再保险机制,加快发展航运险、滨海旅游险、环境责任险等,扩大出口信用保险覆盖范围;鼓励保险资金通过专业资产管理机构、海洋产业投资基金等方式,加大投资力度。在多元化融资方面,支持符合条件的金融机构和企业发起设立金融租赁公司;推动航运金融发展,加快政府和社会资本合作(PPP)、投贷联动等模式在海洋领域的规范推广;积极发挥各类基金对于海洋经济发展的支持作用。

14.3 对外开放战略与自贸区(港)航运金融政策突破

14.3.1 对外开放战略

对外开放是我国一项长期的基本国策。对外开放,一方面是指国家积极主动地扩大对外经济交往;另一方面是指放宽政策,放开或者取消各种限制,不再采取封锁国内市场和国内投资场所的保护政策,发展开放型经济。

对外开放是中国经济腾飞的一个秘诀,也是中国全面建成现代化社会主义的一件法宝。"开放是国家繁荣发展的必由之路。必须顺应我国经济深度融入世界经济的趋势,奉行互利共赢的开放战略。"习近平指出:"中国开放的大门永远不会关上。"①

对外开放的最主要目的是:发展对外贸易,利用外国资金,引进先进技术和设备。在上述三项目标中,发展出口贸易是利用外资和引进技术的物质基础,是对外开放政策的最根本内容,因此,实行对外开放政策,必然使对外贸易在中国社会经济发展中处于重要的战略地位。

对外开放的内容呈现动态的变化,主要包括:一要大力发展对外贸易,特别是出口贸易;二要积极引进先进技术和设备,特别是有助于企业技术改造的适用先进技术;三要积极有效地利用外资;四要积极开展对外承包工程和劳务合作;五要发展对外经济技术援助和多种形式的互助合作;六要发展对外服务贸易;七要设立经济特区,开放沿海城市、沿边城市、沿江城市、经济技术开发区、高新技术产业园区、省会城市,设立保税区等,带动内地的开放。

14.3.2 自由贸易区(港)

1. 自由贸易区(港)

自由贸易是指签订自由贸易协定的成员国相互彻底取消商品贸易中的关税和数量限制,使商品在各成员国之间可以自由流动。但是,各成员国仍保持自己对来自非成员国进口商品的限制政策。

自由贸易港是设在一国(地区)境内关外、货物资金人员进出自由、绝大多数商品免征关税的特定区域,是目前全球开放水平最高的特殊经济功能区。

截至 2021 年 2 月,全世界有 130 多个自由贸易港和 2 000 多个与自由贸易港的内涵和功能相似的自由经济区域。

截至 2023 年 11 月,中国有上海、广东、天津、福建、辽宁等 22 个自贸试验区,以及海南自由贸易港。

2. 中国自贸试验区主要开放政策

我国的自贸试验区主要开放政策主要包括五个方面:贸易支持、投资开发、金融自由化、海关监管、税收优惠等,见图 14.3。

---

① 习近平:《中国开放的大门不会关闭,只会越开越大》,《人民日报》2023 年 11 月 4 日。

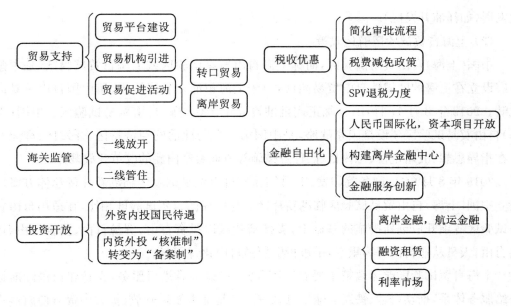

资料来源：申万宏源研究。

图 14.3　我国的自贸试验区主要政策体系

14.3.3　自贸试验区（港）航运金融开放政策

1. 航运政策突破

（1）海南自由贸易港航运政策。

海南自由贸易港建立。海南自由贸易港，简称海南自贸港，是国家在海南岛全岛设立的自由贸易港，位于海南省境内，全省陆地总面积 3.54 万平方千米。海南自由贸易港实施范围为海南岛全岛，建有 11 个重点园区。

2018 年 4 月 10 日，习近平提出探索建设中国特色自由贸易港；2020 年 6 月 1 日，中共中央、国务院印发《海南自由贸易港建设总体方案》；同年 6 月 3 日，海南自由贸易港 11 个重点园区同步举行挂牌仪式；2021 年 6 月 10 日，十三届全国人大常委会第二十九次会议表决通过了《海南自由贸易港法》等。

海南自由贸易港航运政策主要内容有以下几点：

一是提升港口服务，允许内外贸同船保税油加注，便利保税油业务监管，试行启运港退税政策。二是加大航运开放，放开外资投资限制，实施开放的船舶登记检验制度，进一步放开沿海捎带业务。三是拓展高端航运服务，支持发展航运金融保险，创新运价指数体系，支持邮轮发展。四是采用"零关税""低企业所得税""低个人所得税"等税收优惠政策。五是提出航线奖励、箱量奖励、船舶登记奖励等三方面的奖励措施促进港航物流产业发展（如洋浦开发区）。

（2）上海自贸试验区航运政策。

中国（上海）自由贸易试验区，简称上海自由贸易试验区或上海自贸试验区，是中国政府设立在上海的区域性自由贸易园区，位于上海市浦东新区境内，属中国自由贸易区范畴。2013年8月17日，国务院正式批准设立中国（上海）自由贸易试验区。中国（上海）自由贸易试验区建设是国家战略，是中国第一个与此前的经济特区、开发区、产业园区在指导思想、战略定位、总体目标、任务措施等方面有新内涵的改革开放载体。

2019年8月6日，国务院印发《中国（上海）自由贸易试验区临港新片区总体方案》，设立中国（上海）自由贸易试验区临港新片区。与以往的自贸试验区相比，在适用自由贸易试验区各项开放创新措施的基础上，支持新片区以投资自由、贸易自由、资金自由、运输自由、人员从业自由等为重点，推进投资贸易自由化、便利化。

上海自贸试验区航运政策主要有以下几点：一是提升港口服务，支持建设国际航运补给服务体系，推动海运、铁路运输信息共享。二是加大航运开放，扩大中资方便旗船沿海捎带政策实施效果，逐步放开船舶法定检验。三是拓展高端航运服务，支持相关企业和机构开展船舶交易、航运仲裁和航运保险等服务，允许境外知名仲裁及争议解决机构在新片区内设立业务机构，探索发展航运指数衍生品业务等。四是采用"免征交通运输业增值税""关键领域减免企业所得税""境外人才补贴个人所得税""洋山港登记船舶给予出口退税"等税收优惠政策。五是下放相关管理许可，将中资邮轮运输经营者开展中资非五星红旗邮轮海上游运输业务等许可下放至上海市交通运输主管部门。六是国际集装箱班轮公司利用其全资或控股拥有的非五星旗国际航行船舶，开展大连港、天津港、青岛港与上海港洋山港区之间，以上海港洋山港区为国际中转港的外贸集装箱沿海捎带业务试点。

2. 自贸试验区金融政策创新

在自贸试验区的建设过程中，扩大金融开放以及推动金融创新是自贸试验区的重要内容。整体来看，中国自贸试验区金融创新项目涉及范围较广，包括外汇管理改革、利率市场化、人民币跨境使用、放宽市场准入限制、鼓励离岸金融业务等，不同金融创新领域应因地制宜。金融创新核心内容主要是：外汇管理改革、跨境人民币、人民币资本项目可兑换、利率市场化。具体见表14.4。

表14.4 各自贸试验区金融制度创新情况

金融创新项目	涉及细分类	涉及主要内容	涉及自贸试验区
外汇管理改革	经常项目便利化	优化经常项目外汇结算手续	辽宁、河北、山东、陕西、四川、重庆、湖北、河南、浙江等

金融创新项目	涉及细分类	涉及主要内容	涉及自贸试验区
外汇管理改革	资本项目便利化	支持境外融资活动、放开境外本外币审批和规模限制等	上海、广东、天津、湖北、海南、福建等
	跨境资金池	促进跨国公司设立区域性或全球性资金管理中心、简化资金池管理、放宽外汇资金管理准入条件等	上海、辽宁、陕西、湖北等
	其他领域	探索商业保理外汇管理模式、建立国际大宗商品交易外汇管理制度等	广东、辽宁、陕西、四川、重庆、湖北、河南等
利率市场化	开展利率市场化试点	将合格金融机构纳入优先发行大额可转让存单范围	上海、天津、福建等
人民币跨境使用	推动人民币跨境使用	允许区内跨国企业开展跨境双向人民币资金池业务	大部分自贸试验区
市场准入	扩大金融市场开放,降低市场准入限制	支持区内设立外资银行、中外合资银行以及民营资本中小银行,优化牌照管理等	上海、广东、福建等
离岸金融业务	外币离岸业务	符合条件的中资银行试点开办外币离岸业务	广东、天津、福建等
	离岸金融业务	符合条件的银行机构在合法合规风险可控的前提下开展离岸金融业务	天津
	离岸保险业务		江苏
	离岸贸易		广东、天津、河南、海南等
交易平台建设	金融交易平台	国际大宗商品交易和资源配置	上海
	新型要素交易平台	设立碳排放额为首个交易品种的创新期货交易所	广东
	中国—东盟海产品交易所	建设区域性海产品交易中心	福建
保险	保险制度创新	涉及市场准入、不同领域保险产品、保险业务跨境合作等	大部分自贸试验区
融资租赁	鼓励融资租赁业务开展	支持符合条件的境内外机构在自贸试验区内设立融资租赁公司,允许区内开展境内外租赁服务等	上海、天津、湖北、浙江、河北等
航运金融	鼓励发展航运金融	发展航运价指数衍生品交易业务、航运融资、航运保险以及航运租赁等	上海、广东、天津、福建、浙江、山东等

资料来源:中国日报网,http://cn.chinadaily.com.cn,2023 年 5 月 31 日。

14.4　人民币国际化与航运金融

14.4.1　人民币国际化

人民币国际化是指人民币能够在境外流通，成为国际上普遍认可的计价、结算及储备货币的过程。尽管人民币在境外流通并不等于人民币已经国际化了，但人民币境外流通的扩大有助于推动人民币的国际化，使其成为世界货币。

人民币国际化包括三个方面：

第一，使人民币现金在境外享有一定的流通度。第二，以人民币计价的金融产品成为国际各主要金融机构包括中央银行的投资工具，为此，以人民币计价的金融市场规模不断扩大。第三，国际贸易中以人民币结算的交易要达到一定的比重。这是衡量货币包括人民币国际化的通用标准。

人民币国际化的最终目标有以下几点：

一是人民币可以在境内和境外自由兑换成外币，可以在境外银行开设人民币账户，在境外使用以人民币为基础的信用卡和借记卡，在个别情况下还可以小规模地直接使用人民币现金。

二是在国际贸易合同中可以以人民币为计价单位，不仅可用于中国的进出口贸易，还可以在不涉及中国的国际贸易中作为买卖双方都同意使用的计价货币。

三是在国际贸易结算时可以采用人民币作为支付货币，甚至在一些未采用人民币作为计价货币的国际贸易中，也可以经买卖双方同意后采用人民币支付。

四是人民币可以作为国际投资和融资的货币，这不仅包括人民币可以用于实体经济的投资、并购等活动，还包括人民币可以用于虚拟经济领域的各种金融资产及其衍生产品，例如股票、债券、票据、保单、保函、期货、期权、远期和互换。

五是人民币可以作为国际储备货币，不仅可以作为各国政府或中央银行干预外汇市场的手段，而且应在特别提款权中占有一定的比例。

14.4.2　人民币国际化实现的主要途径

人民币国际化的路径，主要有两条。以地域角度看，即不断扩大人民币范围；以货币职能角度看,即从结算货币到投资货币,再到储备货币,如图 14.4。

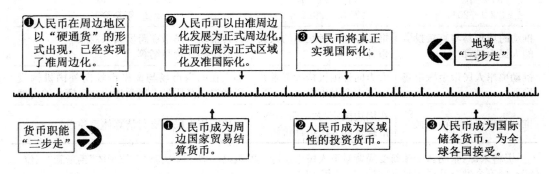

资料来源:全民聊财经,2022 年 5 月 16 日。

图 14.4　人民币国际化途径

第一,扩大人民币跨境贸易结算试点范围:需要大力鼓励和推动外贸企业与境外贸易伙伴以人民币结算,除了如上海、广州、深圳、珠海、东莞五个基本的城市之外,将边境贸易较大的省份也纳入试点范围。

第二,建立和完善跨境人民币资金支付清算机制,以转账支付代替现钞支付,为跨境贸易人民币计价结算提供清算平台。

第三,中国货币当局与人民币跨境流通规模较大的周边国家和地区的货币当局签订协议,允许其在一定额度内将人民币兑换成美元、欧元等国际货币,以提升周边国家和地区居民对人民币的信心。

14.4.3　人民币国际化演变趋势

中国人民银行在 2009 年推进人民币国际化之初,采取了以推动跨境贸易与直接投资的人民币结算、推动离岸人民币金融市场发展、推动签署双边本币互换为特征的旧"三位一体"策略;从 2018 年起,中国人民银行转为实施以推动原油期货交易的人民币计价、大力向外国机构投资者开放国内金融市场、在周边国家与"一带一路"沿线推动人民币计价结算为特征的新"三位一体"策略;而在全球新变局的背景下,中国人民银行应结合新挑战与新机遇,对原有策略进行扩展与改良,实施以大力推动人民币在跨境大宗商品交易中的计价与结算、加大在国内市场与离岸市场向外国机构投资者提供高质量人民币计价金融资产的力度、加快跨境人民币支付清算体系建设为特征的新新"三位一体"策略(见表 14.5)。

表 14.5　人民币国际化策略的演变趋势

旧"三位一体" （2009—2017 年）	新"三位一体" （2018—2022 年）	新新"三位一体" （2022 年至今）
推动跨境贸易与直接投资的人民币结算	推动原油期货交易的人民币计价	大力推动人民币在跨境大宗商品交易中的计价与结算
推动离岸人民币金融市场发展	大力向外国机构投资者开放国内金融市场	加大在国内市场与离岸市场向外国机构投资者提供高质量人民币计价金融资产的力度
推动签署双边本币互换	在周边国家与"一带一路"沿线推动人民币计价结算	加快跨境人民币支付清算体系建设

资料来源：张明：《全球新变局背景下人民币国际化的策略扩展——从新"三位一体"到新新"三位一体"》，国家金融与发展实验室网站，2022 年 12 月 9 日。

14.4.4　人民币国际化与航运金融

人民币成功加入特别提款权（SDR）后，在世界货币地位日益凸显，已然成为跨境收支的第二大货币、全球第五大支付货币、第三大贸易融资货币和第八大外汇交易货币。而国际海运费境内结算，甚至包括中资公司与中资公司的结算，仍然采用美元币种。这一行业惯例，不但给企业带来时间、空间和汇兑成本，也极大地制约了中国航贸业的整体发展与升级。

人民币国际化在航运金融方面主要体现在航运结算，涉及各类费用结算。

1. 航运结算及其种类

航运结算是航运企业在生产经营、筹资和支付、投资等过程中涉及的结算业务。其中，中国现行的港口费除船舶吨税按海关规定计收，代理费和理货费分别按照外轮代理公司和外轮理货公司规定的费目和计费办法计收外，《航行国际航线船舶及国外进出口货物港口费收规则》中规定的费目，只有引航费、移泊费、系解缆费、船舶港务费、货物港务费、停泊费、装卸费、开关舱费、起货机工力费，以及属于使用服务费的租用港口船舶、机械、设备和其他杂项费用等。对国际过境货物则以包干费的形式，计收包括在中转港发生的装卸、搬运、港内驳运、堆存等费用在内的转口费。见表 14.6。

表 14.6　中国航运结算的主要内容和种类

境内外结算种类	结算、汇兑	内　　　容
生产经营收支	船舶买卖	新船、二手船
	船舶、集装箱租赁交易	融资租赁、经营租赁等

境内外结算种类	结算、汇兑	内　　容
生产经营收支	港口业务	根据费用性质,港口费的费用目的主要有:①各国对进出国境的外籍船舶征收的具有关税性质的船舶吨税。②为保持航道和港口水域畅通,使船舶安全进出港口和装卸货物,向使用航道、设备、港口水域的船舶和进出港口的进出口货物征收的港务费。这种费用不是按提供的劳务或服务计收,而是按当地主管机关的规定计收,因而又称规费。③港口有关机构因向船舶或货物提供装卸货物或理货的劳务,或向船舶或货物提供与装卸货物密切相关的其他劳务,或向船舶提供引航、移泊、拖船、泊位、系解缆,或向货物提供库场、堆存等劳务或设备而收取的装货费、卸货费、理货费、验舱费、熏舱费、平舱费、绑扎费、起货机工力费、引航费、移泊费、拖船费、系解缆费、停泊费、货物堆存费等。④船舶代理人接受委托代办进出港口的申报手续、代揽货载,以及联系安排船舶在港内各项作业和其他业务而向委托人计收的代理费。⑤港口有关机构提供其他杂项作业的劳务和出租港务船、车辆、机械设备等,向委托人或使用人收取的使用服务费
	运费收付	货物运输:基本费;附加费;其他附加费(如燃油附加、绕航附加、货币贬值、港口拥堵费、变更港口等)
结算收支	各类收付	超额责任附加、洗舱、熏蒸附加、冰冻附加等;拼箱运输费,集装箱运算费、集装箱超期费;旅客运输:内河、运输客船;邮轮旅游费
	保险收付	船舶险、货运险、责任险、能源险等
	其他	货运代理收付、船舶维修收付、船舶代理收付
	航运衍生品交易收付	航运运价期货、期权、航运指数的期货交易收付
筹资收支		银行借贷、股票发行与融资、租赁、发行债券、应收账款、保理业务、其他
投资收支		投资新船、投资二手船、设备更新、航运衍生品、碳排放权交易、其他投资

资料来源:《航行国际航线船舶及国外进出口货物港口费收规则》。

2. 航运结算存在的问题

第一,缺乏航运结算中心。在我国主要交通方式管理中,航运业缺乏类似中国航空结算中心、铁路结算中心的信息集中、结算集中的组织和机构,行业结算处于各自为政、散乱、粗放的低层次阶段。从航运金融的角度来看,目前的航运衍生品交易被分割成为两个结算体系:上海航运交易所衍生品交易和上海清算所的航运衍生品交易,不利于航运结算统筹规划。

第二,缺乏集约化的企业管理结算中心。结算中心是成本控制中心、资金集中中心、财富管理中心和价值创造中心,但相应的航运、港口企业财务中心(公司)较少。

第三，我国港口、船舶融资、船舶交易信息不透明，未建成统一的信息统计和管理系统。缺乏对航运类信息的统计管理制度。对航运人民币本外币结算的海关、口岸、税务等部门与金融资金收付系统、结算系统联网工作待加强。

第四，离岸航运资金结算中心建设有待进一步加强。我国离岸金融业务处于起步阶段，其经营币种仅限于可自由兑换的货币。当前我国在开展离岸金融业务的过程中存在诸多问题，企业对离岸业务知之甚少，相关法规落后于实务进展，监管上存在一定"真空地带"，可能放大风险。此外，仍未实现资本项目的自由兑换，结算业务只能以经常项目为主。

第五，对航运结算还没有形成统一的认识。无论是从经营、筹资和投资角度看没有航运结算专业化结算的意识。作为一个航运、港口、船舶制造大国，对其形成的物流带动的资金流，及其拉动的国民经济的贡献度和未来预测不足，对航运结算中心研究不足。现有理论研究主要针对航运、港口企业的结算中心，没有对航运结算进行系统研究。

14.5　实现"双碳"战略与航运绿色金融

为应对气候变化，2015 年，全球近 200 个国家签署了《巴黎协定》，明确减少温室气体排放，21 世纪内控制温升在工业化前水平 2 摄氏度以内，并力争 1.5 摄氏度的气候共识，全球需在本世纪中叶前后实现温室气体净零排放。在本世纪中叶前后实现温室气体净零排放是实现《巴黎协定》目标的关键。为此，全球 GDP 前 10 国家的气候承诺对实现全球碳的中和作出承诺。确定实现碳达峰、碳中和时间表。

14.5.1　"双碳"战略与能源转型

1."双碳"战略

"双碳"战略是中国提出的两个阶段碳减排奋斗目标（简称"双碳"战略目标）。二氧化碳排放力争于 2030 年达到峰值，努力争取于 2060 年实现碳中和。

"双碳"战略是统筹国内国际两个大局作出的重大战略决策，是着力解决我国资源环境约束突出问题、实现中华民族永续发展的必然选择，是构建人类命运共同体的庄严承诺。

2020 年 9 月 22 日，中国在 75 届联合国大会一般性辩论上宣布了中国力争 2030 年前二氧化碳排放达到峰值,努力争取 2060 年前实现碳中和。中共中央、国务院印发《关于完整准确全面贯彻新发展理念做好碳达峰碳中和工作的意见》,明确了我国实现碳达峰碳中和的时间表、路线图;国务院印发《2030 年前碳达峰行动方案》,聚焦 2030 年前碳达峰目标描绘路线图,在顶层设计和政策执行等层面都积极布局和进行指导。实现"双碳"战略的核心是能源转型。

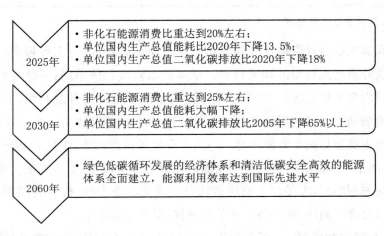

资料来源:前瞻产业研究院。

图 14.5 2025—2060 年中国碳中和、碳达峰节能减排规划

2. 全球能源转型总体思路

能源种类繁多,根据不同的划分方式,可以将能源分为不同的类型,具体见表 14.7。

表 14.7 能源分类

分类标准	类　型	区分标准	实　　例
是否可再生	可再生能源	消耗后能否短期内获得	水能、风能、太阳能、生物质能等
	不可再生能源		化石能源、核能等
开发先后顺序	常规能源	是否新开发	煤、石油等
	新能源		太阳能、地热能、核能等
产生方式	一次能源	是否可以直接获得	化石能源、地热能、核能、生物质能
	二次能源		电能、酒精等

资料来源:作者根据相关资料整理。

能源转型就是人类从高碳能源向低碳、零碳能源使用的转型。低碳能源、碳中和能源和零碳能源见表 14.8。

表 14.8　低碳能源、碳中和能源和零碳能源

低碳能源	碳中和能源	零碳能源
化天然气(LNG)	生物燃料(biofuels)	氢燃料(hydrogen)
甲醇(methanol)	电燃料(electrofuels)	氨燃料(ammonia)
二甲醚(dimethyl ether)		零碳电池(battery)

资料来源:作者根据资料整理。

　　全球能源需求量与日俱增及气候变化影响日益加剧,给能源市场带来巨大压力,故需在全球加快开展能源转型的相关行动。全球能源转型总体思路:一是发展清洁能源。二是全球范围内要实现能源转型,应继续推进清洁能源大规模开发利用,提升技术创新并不断降低清洁能源开发利用成本,构建清洁安全高效的能源体系。

　　能源转型主要包括两个方面内容。一是实现能源结构调整,由化石能源向可再生能源转型,从能源生产、输送、转换和存储全面进行改造或者调整,形成新的能源体系,全面提升可再生能源利用率;二是加大电能替代及电气化改造力度,推行终端用能领域多能协同和能源综合梯级利用,推动各行业节能减排,提升能效水平。

　　3. 交通运输业绿色转型、能效提升和负碳技术开发利用成为零碳发展重点领域

　　交通运输业是碳排放的大户,国际能源署发布 2018 全球二氧化碳排放报告显示,2018 年全球各部门碳排占比中,交通领域碳排放占比为 28%。

　　在中国,交通运输业绿色转型是系统性支持碳中和及能源转型的重要组成部分。具体举措见图 14.6。

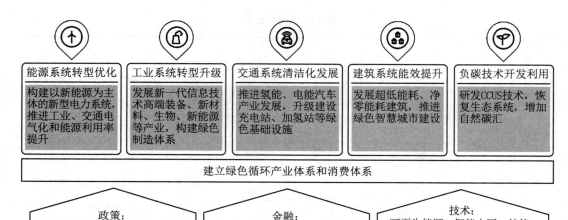

图 14.6　中国系统性支持碳中和及能源转型的举措

14.5.2　国际海事组织的航运减排政策

国际海事组织(International Marine Organization，IMO)是联合国负责海上航行安全和防止船舶造成海洋污染的一个专门机构,同时也是一个促进各国政府和航运业改进海上安全、防止海洋污染与加强海事技术合作的国际组织。目前该组织拥有172个成员。受《联合国气候变化框架公约》的委托,国际海事组织开始探讨一个全球性的旨在减少海洋运输GHG排放量的具有约束性的制度。

国际海事组织自成立以来,一直积极探索航运碳减排之路,不断推出新的法规和减排措施。其组织下的海洋环境保护委员会(Maritime Environment Protection Committee，MEPC)对于船舶使用燃油质量和大气污染物排放问题的谈论研究问题的谈论研究从未间断。从既重视经济发展,又重视节能减排的视角出发,国际海事组织提出了能效规则方案。总量控制着眼于整个航运业的排放规模,而能效规制则着眼于每艘船舶的排放效率。

1. 国际海事组织的航运减排政策实施时间表和措施

国际海事组织的减排政策实施时间表见图14.7。

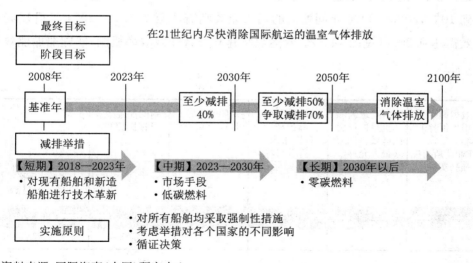

资料来源:国际海事(中国)研究中心。

图14.7　IMO的航运减排政策实施时间表

国际海事组织的航运减排主要措施,主要体现措施和对象方面,如表14.9。

2. 新船制造方面的要求

海洋环境保护委员会于2011年7月11—15日召开的第62次会议上通过了新船能

表 14.9　IMO 的短、中、长期碳减排主要候选措施

类型	时　间	措　　施	对　　象
短期	2018—2023 年	新船能效设计指数(EEDI)阶段	新船
		营运效能措施：例如船舶能效管理计划(SEEMP)，营运能效标准	存量营运船舶
		存量船舶升级计划	存量营运船舶
		船舶速度优化和降速	存量营运船舶
		甲烷和挥发性有机化合物(VOC)有机废气的处置方法	主机排放
中期	2023—2030 年	实施低碳及零碳燃料替代燃油项目	燃料、新增和存量营运船舶
		提升营运效能措施：例如船舶能效管理计划，营运效能标准	存量营运船舶
		市场机制措施	存量营运船舶和燃料
长期	2030 年以后	开发和使用零碳或者非化石燃料	燃料、新增和存量船舶

资料来源：国际海事(中国)研究中心。

源效设计指数(energy efficiency design index，EEDI)和船舶能效管理计划(ship energy efficiency management Plan，SEEMP)，并纳入国际防止船舶造成污染公约附则Ⅵ中强制实施。根据该次会议通过的船舶能效规则，2015—2019 年间建造的船舶需要改善能效达到 10%，2020—2024 年间建造的船舶能效则需增至 20%，而 2024 年后建成的船舶能效需达到 30%(见图 14.8)。营运船将建立改善能源效率机制，实施船舶能效管理计划。

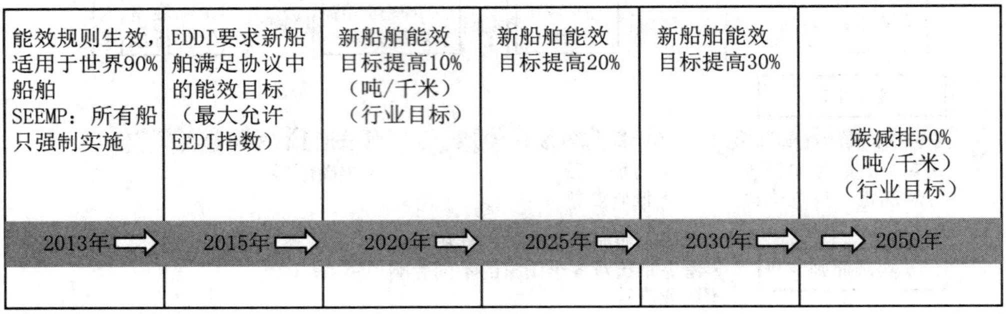

能效规则生效，适用于世界90%船舶 SEEMP：所有船只强制实施	EDDI要求新船舶满足协议中的能效目标(最大允许EEDI指数)	新船舶能效目标提高10%(吨/千米)(行业目标)	新船舶能效目标提高20%	新船舶能效目标提高30%	碳减排50%(吨/千米)(行业目标)
2013年 ⇨	2015年 ⇨	2020年 ⇨	2025年 ⇨	2030年 ⇨	⇨ 2050年

资料来源：中国疏浚协会。

图 14.8　新船能效时间表

3. 船舶排放标准

国际海事组织要求 2018 年前完成全球燃油市场供需状况评估，确定在非排放控制区域将船舶使用燃油中硫含量 0.5% 上限的标准调整到 2025 年 1 月 1 日起实施。

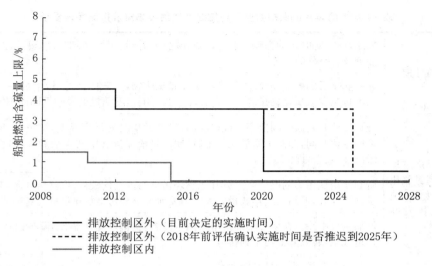

排放控制区外（目前决定的实施时间）

排放控制区外（2018年前评估确认实施时间是否推迟到2025年）

排放控制区内

资料来源：船讯网，https://www.shipxy.com，2022 年 11 月 4 日。

图 14.9　附则Ⅵ对船舶使用燃油中硫含量上限的控制要求

4. 技术和管理措施

对船舶低碳减排，国际海事组织建议采取的措施是技术、管理和市场手段有以下几方面。

（1）技术手段。

国际海事组织强制实施控制船舶废气排放政策除要求新船能效设计指数标准、船舶能效管理计划等减排管理措施以外，还要求船舶采用配备岸电装置靠港使用岸电、安装柴油机颗粒过滤器、废气循环系统或选择性催化还原系统等减排技术手段。

① 船舶建造。从既重视经济发展，又重视节能减排的视角出发，国际海事组织提出了"能效规则方案"。"能效规则"是对船舶能源效率方面做出的限制，需要导入一个衡量能源效率的指标：

能效指标＝二氧化碳排放量（克）/载货重量（吨）×航行距离（海里）　　　　（14.1）

其评价指数为：EEDI＝二氧化碳换算系数×燃料消耗率×发动机功率/载货重量×航行距离。

② 船舶靠港使用岸电。船舶在港时通过采用港口岸电减少油耗以达到减少温室气体排放的目的。即船舶靠泊之后关闭使用船用柴油机供电，通过船舶上备用岸电箱和连接电缆使用码头的供电设施提供的岸电。

③ 提高船用燃油质量和研发新型替代燃料。对于船舶燃油大气污染，海洋环境保护委员会提出了燃油大气污染物排放控制手段要求，见表 14.10。

表 14.10　海洋环境保护委员会对燃油大气污染物排放控制手段要求

燃烧前处理	采用低硫燃油(燃油去硫)，低氮燃油，减少芳香烃含量，精细过滤，乳化磁化，放添加剂及对空气喷水等
	使用乳化后的燃油，能较大幅度地减少氮氧化物，一般的情况下，增加一个百分点的水将减少氮氧化物排放一个百分点。其影响程度随机型号的不同而不同
发动机燃烧过程中的处理氮氧化物、硫氧化物、碳氧化物、挥发性有机物	推迟喷油并提高喷油速率。推迟喷油，降低燃烧时的最高温度，缩短氮、氧在高温下的停留时间，抑制了氮氧化物生成，缺点是增加排气中的炭烟和碳氢化合物，且经济性、动力性降低
	研制使用低污染的燃烧室。分开式燃烧污染物排量均较低，但经济性差，直喷式燃烧经济性好，但污染物排放量较大。需要研发一种污染物排量低的直喷式燃烧室
	增加空气中冷。在增压柴油机中采用空冷器，提高功率的措施，降低缸内温度，增加进气量，有效降低污染物排放
	提高喷射质量，保证良好的混合
对尾气后处理	废气再循环。将排气管中的一部分废气引入进气管与新气混合后再进入气缸中，抑制燃烧，降低燃烧室中的温度，减缓氮氧化物生成，降低氮氧化物排放浓度。缺点是增加炭烟排放，降低柴油机功率下降，耗油率增加
	排烟脱硫。把柴油机或锅炉排出的烟气水洗脱硫，一般采用洗涤塔用海水脱硫，除硫率在 90% 左右，甚至可高达 98%
	催化反应法。利用氮氢化合物有选择地对氮氧化物反应，将有害的氮氧化物转化成无害的氮气和水蒸气

④ 研发使用清洁环保替代能源。氢、液化天然气、太阳能燃料电池和风能驱动技术相对于传统石油燃料是更为清洁的燃料，以及 LNL 燃料、甲醇、氢能、氨能等。

（2）营运性措施。

营运性措施是在现有硬件条件基础上，通过更加高效的管理和运作来提高营运效率。主要有以下几种方式。

① 降低船舶航速。

船舶温室气体排放量取决于船用燃油的质量和船舶航速，研究发现，螺旋桨所消耗的功率与转速的立方成正比，因此降低航速可减少船舶主机功率，从而减少燃油的消耗。这不仅可以降低船舶的营运成本，还可以减少温室气体排放。通过合理的航速控制，综合运用船队规划、航线优化、气象导航，可以避免出现因航速过高而在航线瓶颈处或者港口停驶、排队，或者以次优的速度航行的情况，以海运物流效率的提高促进能源效率的提高和温室气体排放的减少。

② 提高船舶运输组织管理水平。

一是加强船舶运输组织管理，引导航运企业公司化改造，促进航运企业向规模化、集约化方向发展。积极发展大宗散货专业化运输、多式联运等现代化运输组织方式，提高船舶锚泊、靠泊效率和装卸效率,全面提升船舶营运组织效率,减少温室气体排放。

二是提高船舶载重量利用率,加强货物集散地规划及建设,形成高效的物流系统。充分运用信息化、网络化技术,合理组织货源,保持货流平衡,提高舱容利用率。

三是优化船舶运力结构,加快发展与航道能力相匹配的标准化船舶,淘汰高能耗、污染大的落后船型,引导发展专业化运输船队,提高船舶平均载重吨位,发展规模化运输,降低燃料消耗。

③ 控制制冷气体的泄露。

船舶使用的制冷剂、灭火剂、洗涤剂、发泡剂(隔热材料)等,在船舶营运、消防演习、检修、拆装过程中,会将一些耗损臭氧层的气体排入大气。2006年,联合国环境规划署把船舶和其他运输方式排放的制冷剂列入了评估报告中。

图14.10表示了不同阶段的措施。

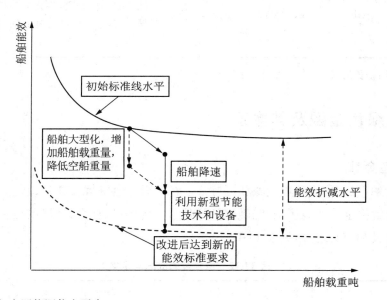

资料来源:全国能源信息平台。

图14.10　船舶的低碳减排的手段

④ 市场机制

市场机制是指通过对污染者采取适当的激励性或者惩罚性的经济手段,促使污染者直接或者间接减少温室气体排放,主要包括燃油税、碳税、温室气体补偿基金及碳排放权交易等。市场机制作用有资源配置、市场定价、风险管理。市场机制手段包括税费、碳交易、技术手段、低碳能源使用等。国际海事组织在市场机制提案的主要内容见表14.11。

表 14.11　国际海事组织在市场机制提案的主要内容

市场机制方案	提案方	方案核心内容
国际航运温室气体基金机制 (The Green House Gas Fund, GHG FUND)	丹麦,塞浦路斯,马绍尔群岛,尼日利亚,国际包裹油轮协会(IPTA)	制定《联合国气候变化框架公约》或国际海事组织的航运全球减排目标。对符合吨位船舶征收碳税,该资金可购买业外配额以抵消超排
港口征收排放费用(port state levy, PSL)	牙买加	向所有停泊在其各自港口的船只征收统一的排放物排放费,以该船只在前往该港口的航程中所消耗的燃料量为基准
能效激励(efficiency incentive scheme, EIS)	日本,世界航运公会(WSC)	为船舶设立能效基线标准,对低于基线的船舶征收一定费用,所得税款将交给特定基金组织用于减少船舶温室气体排放的工作方面
船舶能效信用交易(ship efficiency and credit trading, SECT)	美国	所有船舶均受制于强制性能效标准,作为遵守标准的一种手段,将建立有效的能效信贷交易计划,这些标准将随着时间发展变得更加严格

资料来源:信德海事。

14.5.3　绿色金融及其体系

1. 绿色金融

绿色金融,也被称为环境金融和可持续金融。绿色金融旨在通过最优金融工具和金融产品组合解决全球环境污染和气候变迁问题,实现经济、社会、环境的可持续发展。绿色金融有狭义和广义之分,见表 14.12。

表 14.12　绿色金融的国际定义

狭　义	广　义
一是侧重过程:用来评估环境管理、生命周期的影响; 二是侧重重点行业、技术以及问题	一种有助于可持续发展的金融系统; 侧重实质影响:经济转型、稳定、增长等

2015 年 9 月,党中央、国务院印发《生态文明体制改革总体方案》,首次提出"建立绿色金融体系"。2016 年 8 月,中国人民银行等七部委印发《关于构建绿色金融体系的指导意见》,明确了绿色金融的定义,即:绿色金融是指为支持环境改善、应对气候变化和资源节约高效利用的经济活动,即对环保、节能、清洁能源、绿色交通、绿色建筑等领域的项目投融资、项目运营、风险管理等所提供的金融服务;绿色金融体系是指通过绿色信贷、绿

色债券、绿色发展基金、绿色保险、碳金融等金融工具和相关政策支持经济绿色低碳循环发展的制度安排。

2. 绿色金融的类别

（1）绿色贷款。

绿色贷款一般是指银行用较优惠的利率和其他条件，来支持有环保效益并同时限制有负面环境效应的贷款项目。绿色贷款包括了针对零售银行个人顾客的房屋贷款、汽车贷款、绿色信用卡业务，以及面向企业的项目融资、建筑贷款、设备租赁等。

在企业贷款方面，赤道原则（the Equator Principles）是目前全球流行的自愿性绿色信贷原则。如果贷款企业不符合赤道原则中所提出的社会和环境标准，赤道原则的参与银行将拒绝为其项目提供融资。赤道原则第一次将项目融资中模糊的环境和社会标准数量化、明确化、具体化。

全球银行业经典绿色信贷产品情况见表 14.13。

表 14.13　全球银行业经典绿色信贷产品情况

信贷种类	产品名称	银　行	内　　容
按揭住房贷款	节能抵押品	美国花旗银行	将申请按揭贷款的商品房、节水、节电等指标纳入贷款人的申请评分体系中
	生态家庭贷款	英国联合金融服务社	为所有房屋购买交易提供免费家用能源评估及二氧化碳的服务。每年能够抵消 3 万吨二氧化碳排放
商业建筑贷款	优惠建筑贷款	美国新资源银行	为符合条件的绿色商业和居住单元提供 0.125% 的贷款利率优惠
	第一抵押贷款	美国富国银行	为通过专业机构认证的节能商业建筑物提供第一笔贷款和再融资，为开发商免除为绿色商业建筑物支付的评估保险费
商业净值贷款	便捷融资	花旗银行	与夏普电器公司签订联合营销协议，向购买民用太阳能技术的客户提供便捷融资
	贷款捐赠	美洲银行	根据环保房屋净值贷款申请人使用 Visa 卡消费金融金额按一定比例捐赠给环保非政府组织
汽车贷款	清洁空气汽车贷款	加拿大 Vancity 银行	该银行为所有小排量的车型提供利率优惠的汽车消费贷款
	汽车贷款	澳大利亚 MECU 银行	要求汽车消费贷款申请人以种植树苗的方式间接吸收私家汽车排放的污染的贷款
运输贷款	美洲银行	小企业管理快速贷款	对于购买石油升级套装的汽车车主或货车公司提供无抵押优惠贷款，帮助进行节油技术升级改造，并通过快速审批流程。

信贷种类	产品名称	银　行	内　容
绿色信用卡	气候信用卡	欧洲的rabobank银行	按信用卡购买能源密集型产品和服务的金额，捐献一定比例给世界野生动物基金会（WWF）
	信用卡	英国巴克莱银行	向该卡用户购买绿色产品和服务提供折扣及较低的借款利率，卡利润的50%用于世界范围内的碳减排项目
项目融资	转废为节能项目融资	爱尔兰银行	给转废为节能项目提供长达25年的贷款支持，只需与当地政府签订废物处理合同，并承诺支持合同范围内范围外的废物的处理

在中国，目前已经有一些鼓励绿色信贷的规定和政策意见（如《关于落实环境保护政策法规防范信贷风险的意见》《节能减排授信工作指导意见》以及《绿色信贷指引》），但许多还停留在原则的层面，实际操作还没有到位。这些绿色信贷政策主要针对遏制"高污染、高能耗"企业的贷款，较少提到为环保行业或环境友好型企业提供贷款等促进类措施。在推广赤道原则方面，环保部编译出版了《促进绿色信贷的国际经验：赤道原则及IFC绩效标准与指南》，但赤道原则尚未在我国商业银行中普及。

（2）碳基金。

碳基金（carbon funds）是一个专业基金，投资由政府、金融机构、企业和个人的投资凭证、投资基金（全球），通过投资碳信用额或投资全球温室气体减排项目，主要是使用公共和/或私募基金在一级市场购买减少温室气体排放的《联合国气候变化框架公约》从项目机制生成的碳信用投资决议。世界上第一个碳基金业务是世界银行建立的世界原型碳基金（prototype carbon fund，PCF），是世界银行对清洁发展机制项目进行投资的主力基金，世界原型碳基金是一支具有封闭性的共同基金。PCF建立于1999年，其参与资本为1.8亿美元，来自包括荷兰、芬兰、瑞典、挪威、加拿大、日本银行在内的6个国家政府和17个公司，这些基金通过购买项目减少的碳排放量即"经核证的减排量"（CCERs），或者称为碳信用指标，通过在国际碳市场进行交易，进行的清洁发展机制（CDM）项目的投资与合作，为发展中国家减少温室气体排放的项目提供融资，协助发展中国家获益。

碳基金组成存在多种方式，分别与狭义和广义碳基金的定义对应，主要包括下面三种：

① 严格意义上的狭义碳基金主要以信托（公司）、股份公司、有限公司或风险投资的形式的成立运行。

② 广义上的碳基金，不仅采购碳信用，还通过对CDM项目进行详尽的管理，以促进项目碳信用的生成。

③ 政府部门采取直接购买项目碳信用或招标的形式，满足《联合国气候变化框架公约》的减碳指标要求。

（3）绿色债券。

绿色债券是若干国际金融组织和一些政府支持的金融机构发行的债券。由于发行者的信用级别较高或享受政府免税等政策,可以以较低的利率来支持绿色项目。

绿色债券也是指将所得资金专门用于资助符合规定条件的绿色项目或为这些项目进行再融资的债券工具。相比于普通债券,绿色债券主要在四个方面具有特殊性:债券募集资金的用途、绿色项目的评估与选择程序、募集资金的跟踪管理,以及要求出具相关年度报告等。

绿色债券能够吸引投资者原因包括:①绿色题材、社会价值;②期限较短、高流动性,绿色债券的期限比其提供融资支持的项目短很多,一般为 3—7 年。具有二级市场的流动性,投资者卖出方便;③良好的投资回报,某些绿色债券享受免税优惠;④较低的风险,通过投资绿色债券,投资者避免了对单个环保类项目投资的风险。而且世界银行以及其他发行机构本身会对所投资的项目进行严格筛选。

国际上已经发行绿色债券的机构包括:世界银行、亚洲发展银行、英国绿色投资银行、韩国进出口银行等。这些债券的承销商一般是国际主要投资银行,投资者包括大型的机构投资者和部分高净值的个人投资者。这些债券的平均期限为 5—6 年。国际上,绿色债券发展开始于 2007 年,学术上通常认为,绿色债券首先由欧洲投资银行、世界银行分别提出。2007 年,欧洲投资银行创新发行了世界范围内第一支气候意识债券(climate awareness bond),为欧洲投资银行自己的再生能源、能效提高型项目进行债券市场融资。该气候意识债券明确债券募集资金被用于环境治理绿色项目,并且设立严格的专款专用标准。

作为绿色金融的重要组成部分,绿色债券以其绿色环保、期限长、融资成本低等显著特点而受到国际资本市场的青睐。2008 年,世界银行首先发行了全球首支绿色债券,绿色债券募集资金专项用于缓解气候恶化的项目。从此之后,绿色债券发行规模不断增大,发行人、发行品种和投资者类型逐渐多样,相关发行逐渐完善。绿色债券从欧洲市场向世界特别是亚洲、北美等区位辐射扩展。

自 2013 年,中国国内外绿色债券进入飞速发展时期。截至 2021 年底,中国在境内外市场累计发行贴标绿色债券 3 270 亿美元(约 2.1 万亿元人民币),其中近 2 000 亿美元(约 1.3 万亿元人民币)符合债券倡议组织的绿色定义。2021 年,中国在境内外市场发行贴标绿色债券 1 095 亿美元(7 063 亿元人民币),其中符合债券倡议组织的绿色定义的发行量为 682 亿美元(4 401 亿元人民币),同比增长 186%,且碳中和债券占中国发行的贴标绿色债券总额的 40% 以上。①

---

① 数据来源:气候债券倡议组织(CBI)与中央国债登记结算有限责任公司中债研发中心联合编制的《中国绿色债券市场年度报告 2021》。

（4）绿色保险。

绿色保险即环境责任保险（environmental liability insurance），是一种商业保险，是投保人在污染事故后对他人造成的直接或间接的损害赔偿责任为标的的保险。为了使污染受害者得到有效迅速的救济，依据保险合同的规定，保险机构向投保人收取一定的保险费在保险标的发生承保范围内的保险事故时，由其对受害者的损失承担赔偿或给付的责任。绿色保险的主要作用有：一是能有效分散企业的经营风险促使其快速恢复正常生产；二是充分发挥保险机制的社会管理功能；三是保障受害人及时获得经济补偿。为了维护污染受害者合法权益和提高防范环境风险目的，实行绿色保险是一种行之有效的手段。绿色保险具有经济补偿和社会管理的双重职能。

由于欧盟始终坚持以立法的形式强调"污染者付费"原则，并于 2004 年发布《环境责任指令》，强调污染责任，相关保险业务在欧洲最为发达。德国政府在 1990 年通过环境责任法案，在法案的附件中规定了 10 个大类 96 个小类行业必须参保，主要包括了热电、各类采矿、石油等。英国保险业协会也组织全国保险公司推出类似保险，一旦污染发生，赔付内容不仅包括清理污染的数额，还包括罚金、不动产价值损失、全部相关法律费用、医疗费用等。

国际绿色保险产品主要可以划分为环境保护、灾害应对以及绿色倡议三方面，几乎涵盖传统保险产品和服务的各个领域，具体见表 14.14

表 14.14　绿色保险分类

绿色保险	种类	服务领域	险种内容
广义	环境责任保险	1. 绿色资源。主要指国有绿色资源保护； 2. 绿色产业包含节能减排、绿色农业、绿色融资支持和绿色项目运营保障等； 3. 绿色服务涉及环境污染风险管理服务、农业牲畜养殖中的无害化处理等	1. 污染损害责任保险，即废气、污水、噪声及辐射等造成的损害赔偿责任； 2. 属地清理责任保险，主要存在于属地清理责任保险和土地资产转移环境保险中； 3. 补救止损责任保险，在属地清理责任保险，保险公司为了限制自身的风险，往往会设定一个最高限额，主要用于覆盖实际清理费用高于属地清理责任保险的超出费用
狭义	气候保险	巨灾保险	巨灾衍生品分散巨灾风险；巨灾债券
		低碳保险：主要针对 CDM 项目的运营风险、交付风险、交易对手风险和政治风险	如 CDM 项目工程险/利损险/操作险、碳信用价格保险、碳排放信贷担保保险、清洁发展机制支付保险、碳损失保险、采碳执照吊销保险等

中国于 2007 年开始试点环境污染责任保险。2013 年 1 月，环保部和中国保监会联合发文，指导 15 个试点省份在涉重金属企业、石油化工等高环境风险行业推行环境污染强制责任保险，首次提出了"强制"概念，但现阶段仍处于"指导意见"。

（5）环境、社会和公司治理。

环境、社会和公司治理（environment，social and governance，ESG），从环境、社会和公司治理三个维度评估企业经营的可持续性与对社会价值观念的影响。

ESG 理念强调企业要注重生态环境保护、履行社会责任、提高治理水平。具体见图 14.11。

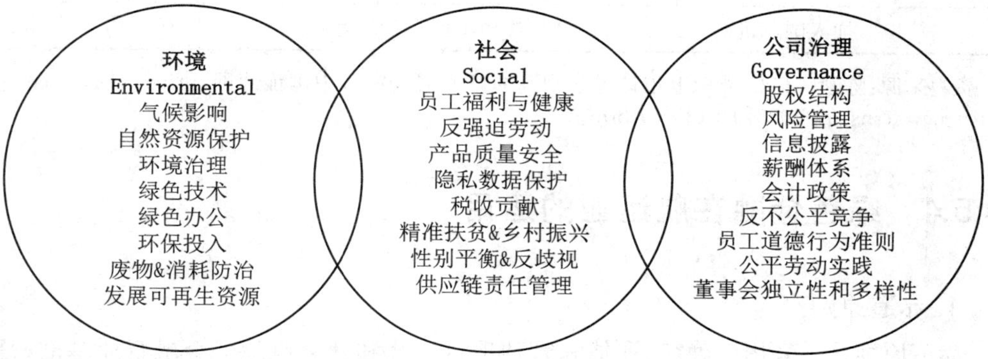

图中三个圆形：

- 环境 Environmental：气候影响、自然资源保护、环境治理、绿色技术、绿色办公、环保投入、废物&消耗防治、发展可再生资源
- 社会 Social：员工福利与健康、反强迫劳动、产品质量安全、隐私数据保护、税收贡献、精准扶贫&乡村振兴、性别平衡&反歧视、供应链责任管理
- 公司治理 Governance：股权结构、风险管理、信息披露、薪酬体系、会计政策、反不公平竞争、员工道德行为准则、公平劳动实践、董事会独立性和多样性

资料来源：中国清洁发展机制基金。

图 14.11　ESG 理念体系

践行 ESG 理念的行动有：积极响应双碳目标、加快 ESG 信息披露、强化 ESG 能力建设、推进布局 ESG 投资。

ESG 评价体系又称 ESG 评级（ESG ratings），是由商业和非营利组织创建的，以评估企业的承诺、业绩、商业模式和结构如何与可持续发展目标相一致。它们首先被投资公司用来筛选或评估其各种基金和投资组合中的公司。求职者、客户和其他人在评估商业关系时也可以使用这些评级，而被评级的公司本身也可以更好地了解他们的优势、劣势、风险和机会。

国外主要 ESG 评价体系包括 MSCI、路孚特（Refinitiv）、富时罗素（FTSE Russell）、标普全球（S&P Global）、晨星（Sustainalytics）。

表 14.15　国际证券公司 ESG 信息披露内容

ESG 相关		主要内容
ESG 披露的标准		参考的国内外机构和监管的标准
ESG 理念		公司可持续发展理念、核心价值观等
企业相关的 ESG	环境（E）	碳中和、可再生能源、节能降耗等
	社会（S）	多元化、文化、健康、安全、慈善公益等

续　表

ESG 相关		主要内容
企业相关的 ESG	治理(G)	董事会结构、薪酬、商业道德、信息保护等
	重要课题	确定的流程、评估、解决方案等
ESG 投资		说明 ESG 投资的理念、过程、方法等;介绍擅长的 ESG 投资方法;涵盖主动投资、指数构建、固收等方面
加入国际机构		以 PRI 和 TCFD 为主

资料来源:陈刚:《ESG 推动上市证券公司高质量发展研究》,中国证券网,https://www.cnstock.com/v_news/sns_qy/202310/5135557.htm。

14.5.4　绿色金融在航运业的运用

1. 赤道原则

赤道原则是一套用以确定、评估和管理项目环境和社会风险的金融行业基准,是参照国际金融公司(IFC)可持续发展政策与指南所建立的一套自愿性金融行业准则,旨在判断、评估和管理项目中的环境与社会风险,被称为可持续金融领域的黄金标准。赤道原则的产生来源于国际可持续发展理念和 NGO 的推动,为避免由于项目产生的负面环境影响和引发社会问题而带来争议,并给机构声誉带来损失,金融机构依托赤道原则来对项目相关融资中的环境和社会问题进行调查与评估,并督促借款人采取有效措施来消除或减缓所带来的负面影响。

截至 2018 年 12 月,遍布全球 37 个国家的 94 家金融机构采纳了赤道原则,这些金融机构大概占据了新兴市场 70% 以上的项目融资份额。它第一次确立了国际项目融资的环境与社会的最低行业标准。

采纳赤道原则的金融机构类型包括商业银行、金融集团、出口信贷机构、开发性金融机构等。

赤道原则协会不间断地对赤道原则进行审视、回顾和修订、更新,以保持赤道原则的与时俱进和最佳实践标准。自 2003 年问世以来,赤道原则已发布了三版,从 2019 年起,第四版开始修订。赤道原则的适用范围、评估范围均在不断扩大,信息披露要求更加严格,并开始纳入气候变化因素的考量。

2. 航运融资原则——波塞冬准则

波塞冬准则以国际海事组织 2018 年的气候承诺为基础,即到 2050 年,至少将二氧化碳排放量从 2008 年的排放水平降低 50%,并在 2030 年前,将个别船舶的排放量从 2008 年水平降低 40%。

2019 年 6 月，由 11 家大型航运银行机构发起了船舶融资全球倡议——波塞冬准则。该准则建立起一个共同的基线，用于定量评估和披露金融机构的贷款组合是否符合通过的气候目标。其目标是通过发放激励性贷款的方式鼓励船东购买或建造低碳排放的船舶。

波塞冬准则首次把环保因素作为航运贷款或者融资的决策条件。波塞冬准则设立的是一个可以用于定量评估、披露金融机构贷款是否符合气候目标的一致性框架，并包含评估、问责、执法、透明度等四个独立的原则。

根据波塞冬准则，金融部门可以根据自身利益，也可以通过集体代理机构，将投资组合和实体经济与气候目标相结合。波塞冬准则的一大关键创新就是通过在全球范围内采取"集体行动"来克服"竞争问题"，目前已有 11 家大型银行加入这一阵营，而随着规模的不断扩大，这一团体在数量上的安全性和前所未有的强大力量，将使客户（即航运公司）不得不在短期或长期内削减排放量，以换取贷款。

2019 年，波塞冬准则的签署方扩展到 29 个，共同代表了约 1 850 亿美元的航运金融份额，已经超过全球船舶融资组合的 50% 以上。

3. 海上保险波塞冬准则

2021 年 12 月，由 6 家公司发起了海上保险波塞冬准则。

海上保险波塞冬准则是衡量和报告保险公司航运投资组合与气候目标一致性的框架。考虑到保险公司在促进整个海事价值链中负责任的环境管理方面的作用，海上保险波塞冬准则为他们提供了促进与客户合作、获得洞察力以加强战略决策，以及应对气候变化影响的工具。

海上保险波塞冬准则建立在四项原则之上：气候调整评估、问责制、执法和透明度，这与金融机构波塞冬准则和海上货运宪章共享。这三项倡议均是在全球海事论坛（Global Maritime Forum）的主持下成立的，旨在提高全球海运贸易中环境影响的透明度，促进整个行业的变革，并支持行业和社会的更美好未来。

4. 绿色金融在航运业的运用

航运业脱碳所需的资本投资在 1 亿—1.9 万亿美元之间。而业内更普遍的一种观点是，如果航运业要在 2050 年实现净零排放，至少需要进行 2.4 万亿美元的投资。

绿色金融在航运业的运用，主要体现在三方面：一是技术，包括研发、低碳生产、绿色物流；二是船舶，包括新造船与原有船舶的洗涤器、压载水处理系统或螺旋桨帽鳍等；三是船舶燃料，油改电、油改气（LNG 燃料）、低碳能源、零碳能源、港口的岸电技术等。

目前，航运业的绿色金融按形式来说主要分为两种：贷款和债券。按用途来说可以分为三种：绿色金融、可持续发展关联金融和过渡性金融。

绿色金融通常为具有明确收益用途的资产融资。船舶需要满足气候债券倡议、或绿色航运计划等组织或标准概述的特定标准。这通常意味着其船队 AER（年能效比）或 EEOI（能效运营指数）需要低于定义的脱碳轨迹。

绿色金融或可持续发展关联金融的主要特征为：债券的借款人或发行人承诺在中短期内实现一项或多项与可持续发展相关的关键绩效指标的实质性改善。金融工具的利率与是否满足关键绩效指标有关，即利率成本的高低。

在国际方面，自 2018 年 5 月，日本船东 NYK Line 发行了航运业第一只绿色债券以来，航运业绿色金融发展在近两年突飞猛进。根据克拉克森的统计，2020 年，国际船东公司完成绿色金融相关项目 7 笔，2021 年增加到 22 笔。

在国内方面，2022 年 7 月 21 日，中国船舶租赁成功定价发行了 5 亿美元绿色和蓝色双标签债券，为中资企业首次在境外发行绿蓝色双认证的债券，这次绿色蓝色双认证债券所募集的资金，将用于进一步支持能源效率升级、污染防治和控制、低碳及清洁燃料、可持续运输等合格绿色项目的融资或再融资，顺应船舶绿色化、智能化发展的需求，助力中国航运业实现绿色环保及可持续发展。如国内金融企业在 2021 年，开展了首笔"可持续发展关联银团"贷款在上海签约落地，该贷款为招商租赁首笔采用 ESG 可持续发展指标关联结构的绿色概念贷款，旨在顺应全球能源清洁化、船舶绿色化的需求，助力招商租赁在可持续发展方面的布局。

思考题

1. 请简述国家战略与产业政策的概念及其关系。

2. 运输政策内容是什么？

3. 航运政策的种类有哪些？

4. 请简述自由贸易区与自由贸易港的概念及其关系。

5. 人民币国际化的含义及其趋势是什么？

6. 中国的航运结算目前存在哪些问题？

7. 请阐述航运结算和人民币国际化之间的关系。

8. 什么是绿色金融？绿色金融主要有哪些类型？

9. 绿色债券能够吸引投资者的原因是什么？

10. 国际海事组织目前指定减排政策目标和实施原则分别是什么？

参考文献

[1] 弗雷德·戴维、福里斯特·戴维、梅雷迪思：《战略管理：建立持续竞争优势（第 17 版）》，中国人民大学出版社 2021 年版。

[2] N.格里高利·曼昆：《宏观经济学（第十版）》，中国经济出版社 2020 年版。

［3］林毅夫、张军、王勇、寇宗来:《产业政策:总结、反思与展望》,北京大学出版社2018年版。

［4］王受文:《中国自由贸易区建设的理论与实践》,中国商务出版社2019年版。

［5］刘伟、张辉:《一带一路:区域与国别经济比较研究》,北京大学出版社2018年版。

［6］朱隽等:《新形势下的人民币国际化与国际货币体系改革》,中国金融出版社2021年版。

［7］袁志刚:《碳达峰碳中和:国家战略行动路线图》,中国经济出版社2021年版。

［8］甘爱平、杨旻骅:《航运碳交易与金融衍生》,中国金融出版社2020年版。

［9］甘爱平:《航运碳金融交易市场的探索与建设》,人民交通出版社2018年版。

［10］陈沛然、王成金、刘卫东:《中国海外港口投资格局的空间演化及其机理》,《地理科学进展》2019年第7期。

第 15 章   "一带一路"合作倡议与航运金融

15.1   "一带一路"合作倡议

"一带一路"(the belt and road,缩写 B&R)是"丝绸之路经济带"和"21 世纪海上丝绸之路"的简称。2013 年 9 月和 10 月,中国国家主席习近平分别提出建设"新丝绸之路经济带"和"21 世纪海上丝绸之路"的合作倡议。其依靠中国与有关国家既有的双多边机制,借助既有的、行之有效的区域合作平台,"一带一路"旨在借用古代丝绸之路的历史符号,高举和平发展的旗帜,积极发展与沿线国家的经济合作伙伴关系,共同打造政治互信、经济融合、文化包容的利益共同体、命运共同体和责任共同体。

2015 年 3 月 28 日,国家发改委、外交部、商务部联合发布了《推动共建丝绸之路经济带和 21 世纪海上丝绸之路的愿景与行动》。

"一带一路"的合作重点内容是:"一带一路"沿线各国资源禀赋各异,经济互补性较强,彼此合作潜力和空间很大。以政策沟通、设施联通、贸易畅通、资金融通、民心相通为主要内容,重点在以下方面加强合作。

15.2   "一带一路"与航运业

设施联通是共建"一带一路"的优先领域。共建"一带一路"以"六廊六路多国多港"为基本架构,加快推进多层次、复合型基础设施网络建设,基本形成"陆海天网"四位一体的互联互通格局,为促进经贸和产能合作奠定了坚实基础。

第一,海上互联互通水平不断提升。共建国家港口航运合作不断深化,货物运输效率大幅提升。截至 2023 年 6 月底,"丝路海运"航线已通达全球 43 个国家的 117 个港口。300 多家国内外知名航运公司、港口企业、智库等均加入了"丝路海运"联盟。"海上丝绸之路海洋环境预报保障系统"持续业务化运行,范围覆盖共建国家 100 多个城市。

第二,"空中丝绸之路"建设成效显著。共建国家间航空航线网络加快拓展,空中联通水平稳步提升。中国已与 104 个共建国家签署双边航空运输协定,与 57 个共建国家实现空中直航,跨境运输便利化水平不断提高。

第三,国际多式联运大通道持续拓展。中欧班列、中欧陆海快线、西部陆海新通道、连云港—霍尔果斯新亚欧陆海联运等国际多式联运稳步发展。中欧班列通达欧洲 25 个国家的 200 多个城市,86 条时速 120 公里的运行线路穿越亚欧腹地主要区域,物流配送网络覆盖欧亚大陆。中欧陆海快线从无到有,成为继传统海运航线、陆上中欧班列之外中欧间的第三条贸易通道。

第四,贸易投资规模稳步扩大。2013—2022 年,中国与共建国家进出口总额累计19.1 万亿美元,年均增长 6.4%;与共建国家双向投资累计超过 3 800 亿美元。中国与共建"一带一路"国家的贸易额从 2013 年的 1.63 万亿美元增长至 2022 年的 2.84 万亿美元,其中绝大多数贸易通过航运实现。①具体见图 15.1。

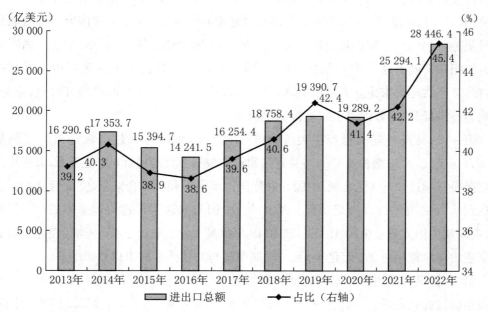

资料来源:国务院新闻办公室:《〈共建"一带一路":构建人类命运共同体的重大实践〉白皮书》,2023 年 10 月 10 日。

图 15.1　2013—2022 年中国与共建国家进出口总额及其占中国外贸总值比重

---

① 张亚蓓:《航运贸易数字化与"一带一路"合作创新白皮书》,《中国水运报》,2023 年 10 月 20 日。

15.3　"一带一路"倡议的金融需求

资金融通是共建"一带一路"的重要支撑。共建国家及有关机构积极开展多种形式的金融合作，创新投融资模式、拓宽投融资渠道、丰富投融资主体、完善投融资机制，大力推动政策性金融、开发性金融、商业性金融、合作性金融支持共建"一带一路"，努力构建长期、稳定、可持续、风险可控的投融资体系。

"一带一路"倡议的金融需求包括四大方面：投融资需求；服务机构多元性需求；金融产品的多样性需求；统一货币结算需求。

1. 投融资需求

一是在交通基础设施建设上加大投资力度，首先加强对公路、铁路和港口的修缮与建造；二是加大投资力度，在资源基础设施建设方面，协调能源与环境间的发展，实现可持续性发展，开发新能源及寻找其他能源替代品。

从投资看，截至2023年6月底，共有13家中资银行在50个共建国家设立145家一级机构，131个共建国家的1 770万家商户开通银联卡业务，74个共建国家开通银联移动支付服务。"一带一路"创新发展中心、"一带一路"财经发展研究中心、中国—国际货币基金组织联合能力建设中心相继设立。中国已与20个共建国家签署双边本币互换协议，在17个共建国家建立人民币清算安排，人民币跨境支付系统的参与者数量、业务量、影响力逐步提升，有效促进了贸易投资便利化。

第一，贸易投资规模稳步扩大。2013—2022年，中国与共建国家进出口总额累计19.1万亿美元，年均增长6.4%；与共建国家双向投资累计超过3 800亿美元，其中中国对外直接投资超过2 400亿美元；中国在共建国家承包工程新签合同额、完成营业额累计分别达到2万亿美元、1.3万亿美元。2022年，中国与共建国家进出口总额近2.9万亿美元，占同期中国外贸总值的45.4%，较2013年提高了6.2个百分点；中国民营企业对共建国家进出口总额超过1.5万亿美元，占同期中国与共建国家进出口总额的53.7%。

第二，投融资渠道平台不断拓展。中国出资设立丝路基金，并与相关国家一道成立亚洲基础设施投资银行。丝路基金专门服务于"一带一路"建设，截至2023年6月底，丝路基金累计签约投资项目75个，承诺投资金额约220.4亿美元；亚洲基础设施投资银行已有106个成员，批准227个投资项目，共投资436亿美元，项目涉及交通、能源、公共卫生等领域，为共建国家基础设施互联互通和经济社会可持续发展提供投融资支持。具体见图15.2。

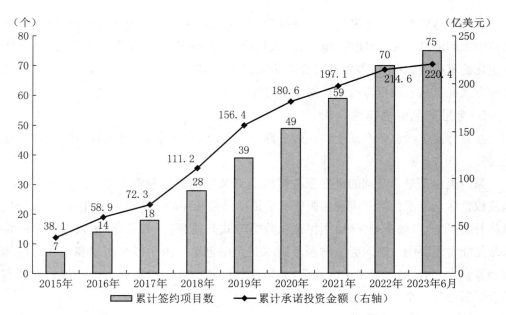

资料来源：同图 15.1。

图 15.2　2015 年以来丝路基金历年累计签约项目数和承诺投资金额

中国海外港口投资在"一带一路"合作倡议的推动下开始高速发展，成为中国"海上丝绸之路"倡议的重要支撑点，在增进"海上丝绸之路"沿线国家海上运输合作和贸易往来中发挥了基础性的作用。成为国家投资和进入的海外经济载体。

2013—2022 年十年来，中国企业对共建"一带一路"港口的承建或投资运营，为港口城市和东道国带来成倍增长的货运流量。2022 年每个港口的平均船舶挂靠量是2013 年的 1.1 倍，大中小港口均呈现显著的增长态势。《共建"一带一路"国家港口发展活力指数（2023）》发现，承建类港口生产活力指数获得显著提升。作为港口基础设施，27 个中国企业承建港口的平均泊位数量从 12.6 个增长到 19.6 个，共计增加 187 个泊位，增幅达 54.8%；港区的平均面积从 3.7 平方公里增长到 5.3 平方公里，共计增加 43.8平方公里，增长 43.5%。①

2. 服务机构的多元性需求

由于"一带一路"沿线经济体很多还是不发达经济体或贫困经济体，需要较多的政策性金融服务，比如对世界银行、亚洲开发银行等传统多边政策性金融机构的服务需求。我国发起或参与设立的丝路基金、亚洲基础设施投资银行、金砖银行等一定程度上可以满足"一带一路"沿线经济体政策性金融的服务需求。

---

① 徐瑞哲、符哲琦：《哪些共建"一带一路"港口更有活力？ 中企承建 27 个港口平均泊位数增长超一半》，上观新闻 2023 年 10 月 30 日，https://www.jfdaily.com/news/detail.do?id=673609。

"一带一路"两个经济带的基础设施建设、互联互通建设和经济一体化进程,涉及亚洲各国家和地区的交通、能源、电信、市政建设、生态环保、农田水利等全局性、基础性和民生化的基础设施项目,需要通过金融手段、贷款支持、政策扶持、技术援助以及捐赠等多种方式提供高效而可靠的中长期金融支持。

3. 金融产品的多样性需求

在具体的金融服务产品上,"一带一路"倡议实施最为急迫、最为核心的金融产品就是融资。

第一类也是最为基础的金融服务需求是贷款等债权性融资。第二类金融服务需求是股权性融资需求。第三类金融服务需求是担保类和保险类产品。因此,健全市场化的风险补偿机制,以融资担保、信用保证保险等方式来缓释"一带一路"倡议实施中的各种风险是非常重要的。第四类金融服务需求是金融创新。由于各个国家和地区金融体制机制差异大,而金融需求又十分复杂,如何通过创新的方式来实现"一带一路"倡议实施的金融服务是一个技术性问题。

4. 统一货币结算需求

在跨境合作过程中,涉及多个国家、多种货币,行之有效的资金清算体系是关键。规避汇率风险,提高投资的稳定性和安全性也是统一货币结算的重要原因。因此,各国积极寻求新的替代货币。其中,人民币是有力的支持投资和贸易结算的重要货币,特别是在近几年,人民币国际化进展得到越来越多的关注,且在对外贸易中有着越来越重要的地位,这意味着人民币的在国际上的地位也越来越重要了。

15.4 "一带一路"倡议的风险管理

由于"一带一路"沿线国家和地区发展程度存在巨大的差异,风险水平亦存在重大差别。不管是国内的金融机构,还是境外的金融机构,在对"一带一路"沿线国家和地区提供金融服务,构建"一带一路"倡议金融支持体系过程中,都将面临重大的风险,比如政治风险、市场风险、法律风险、经营风险、文化风险等,而不同风险可能呈现相互交织的状况。由于"一带一路"沿线国家和地区的形势复杂性和项目运作的跨境性,未来金融服务面临的风险更加复杂,将挑战金融机构风险管理能力。

15.4.1 中国企业投资面临的风险

从中国出口信用保险公司 2016 年对 600 多位企业风险管理者的问卷调查中得出,

对中国企业影响最大的海外十项主要风险(见表15.1)。分区域和国别来看,"一带一路"国家风险评级多为5—9级,风险水平处于中等及以上的国家有48个,占比为76%,区域绝对风险水平处于相对高位。在21个关键国别中,风险水平在中等及以上的国家有14个,占比为66.7%。

表 15.1 中国企业海外面临的前十项大风险

风险事件	损失可能性	损失严重程度
战争与内乱	4.9	4.7
国有化与征收	4.1	4.4
汇兑限制	4.2	4.3
国际制裁	3.5	4.0
汇率大幅波动	4.2	3.9
法律缺少对投资者的保护	3.8	3.9
利润汇出限制	3.7	3.8
法律变更风险	3.9	3.8
退出成本高	3.2	3.4
银行系统性风险	3.2	3.4

资料来源:甘爱平:《"一带一路"建设与航运保险风险的防范》,《航海》2016年4月。

15.4.2 "一带一路"建设的航运保险需求与险种

风险保障和资金融通是保险的两大功能,也是保险服务"一带一路"的两大主要领域。在航运领域涉及的险种主要是:

设施联通是"一带一路"的基础和优先发展领域如何确保投资安全性是保险资管行业面临的首要问题。如海内外工程险、货运险、财产损失保险、船舶保险、境外投资保险等保险产品都是不可或缺的风险保障工具,特别是涉及航运业的船舶、海洋工程设备等重大技术装备保险、港口投资保险等将为中国装备"走出去"提供重要支持。

在贸易畅通领域,涉及航运保险的有船壳险、货运险、建造险、责任险、港口险、能源险等,其保障了整个贸易流程以及产品使用的各种风险,而出口信用险等产品则确保了应收账款支付到位。

在资金融通领域,保险的支持可以归纳为直接支持和间接支持两大方面。在"一带一路"建设中,保险必将是投融资体系的重要主体。一方面,通过保险投资基金、债券保证、贷款保证、信用保险等方式,保险将在投融资中发挥重要的增信功能,成为促进资金融通的催化器和保障货币体系良好运作的稳定保障。

此外，还有一些特殊的航运保险。如跨境并购保险和涉及人员安全的险种，包括海盗、战争险，船舶油污险，船东互保险等；还有再保险，巨灾保险等。

15.4.3 "一带一路"的风险管理

第一，加强顶层设计。一是从行业层上，要积极推动把保险机制作为一项制度性安排纳入国家"一带一路"建设的总体布局中，出台保险业服务"一带一路"建设的指导意见，推动出台保险业服务"一带一路"建设的支持、鼓励政策。二是从政府和行业层面梳理并设立重点国家、重点产业、重点企业保障目录，引导鼓励保险机构向重点领域倾斜和配套保险服务。有关部门应及时出台保险机构参与"一带一路"建设的具体实施细则。

第二，加强基础建设。从行业层面，由交通部、商务部等部门牵头建立国家风险评价模型和"一带一路"沿线国家风险数据库，为保险公司和再保险公司风险识别、风险评估和风险管理提供支持。此外，还应建立健全我国保险业与"一带一路"沿线国家保险监管部门之间、保险机构之间以及国际多边金融机构之间的信息共享、沟通协调和服务。

第三，实施合作机制。加强专业人才储备和队伍建设，加大力度研究"一带一路"沿线国家政策法规、人文宗教等相关知识，加强对国家地缘政治风险、经济金融风险、资金运用风险、宗教文化风险等全方位的分析研究，加大与海外机构的合作，统筹信息、人员、技术等方面的共享与互通，以解决保险机构参与"一带一路"建设中可能会遇到的重大项目对接难、缺少专业平台、沟通协调难度大等困难，通过合作实现共赢。同时，重视再保险的发展，构建"一带一路"区域的国际再保险中心。

第四，构建有利于"走出去"的保险支持体系。通过政府引导，设立专门的"一带一路"航运保险保障基金，与保险资金共担风险。加强保险业公共产品的服务，需要风险信息的调查，需要专业的评级机构、第三方智库提供相应的专业服务，重视保险信用体系、资信评估体系和风险管理信息服务体系的建设。

第五，加强国际机构的合作。政府引导保险机构与世界银行、亚洲基础设施投资银行、金砖国家开发银行、丝路基金等多边国际机构加强沟通与协调，建立沟通合作机制。同时，积极组织国内保险机构与"一带一路"沿线国家保险机构开展合作，举办双边、多边的监管论坛和行业研讨，重点在市场准入、监管政策、信息交流等方面加强协调与信息共享，形成金融支持和风险管控的合力。

思考题

1."一带一路"倡议的主要内容是什么？

2. "一带一路"金融需求是什么?

3. "一带一路"的金融风险与管控手段是什么?

参考文献

[1] 国务院新闻办公室:《〈共建"一带一路":构建人类命运共同体的重大实践〉白皮书》,2023 年 10 月 10 日。

[2] 华东师范大学:《共建"一带一路"国家港口发展活力指数(2023)》,2023 年 10 月 30 日。

[3] 国务院发展研究中心国际合作局:《推动共建"一带一路"高质量发展:进展、挑战与对策研究》,中国发展出版社 2022 年版。

图书在版编目(CIP)数据

航运金融学 / 甘爱平，曲林迟主编. — 2版. — 上
海 ：格致出版社 ：上海人民出版社，2023.12
ISBN 978 - 7 - 5432 - 3529 - 8

Ⅰ.①航… Ⅱ.①甘… ②曲… Ⅲ.①航运-金融学
Ⅳ.①F550

中国国家版本馆 CIP 数据核字(2023)第 239508 号

责任编辑 王浩淼

装帧设计 路　静

航运金融学(第二版)
甘爱平　曲林迟 主编
曹珂　李梓毓　赵燕 副主编

出　　版　格致出版社
　　　　　上海人民出版社
　　　　　(201101　上海市闵行区号景路 159 弄 C 座)
发　　行　上海人民出版社发行中心
印　　刷　浙江临安曙光印务有限公司
开　　本　787×1092　1/16
印　　张　28
插　　页　1
字　　数　541,000
版　　次　2023 年 12 月第 1 版
印　　次　2023 年 12 月第 1 次印刷
ISBN 978 - 7 - 5432 - 3529 - 8/F · 1554
定　　价　98.00 元